全国实物地质资料管理年鉴
（2015）

中国地质调查局
国土资源实物地质资料中心　编

地质出版社
·北　京·

内 容 简 介

本年鉴由中国地质调查局国土资源实物地质资料中心编撰，内容主要分为4个部分。第一部分为实物地质资料中心2015年工作，包括工作概述、2015年实物地质资料管理工作情况、领导重要讲话、重要会议、业务工作进展与成果、项目管理、质量管理体系运行情况、国内合作与对外交流、技术标准等。第二部分为省级实物地质资料馆藏机构2015年工作，包括各省实物地质资料馆藏机构基本情况、实物地质资料库房基础设施建设、实物地质资料管理和服务开展等情况。第三部分为实物地质资料委托保管单位2015年工作，包括委托保管单位基本情况、实物地质资料库房基础设施建设、实物地质资料管理和服务开展等情况。第四部分为国家、国土资源部、中国地质调查局实物地质资料相关规章制度等。

本年鉴较为全面地反映了2015年我国实物地质资料管理及服务利用情况，可供各实物地质资料馆藏机构交流经验与使用。此外，本年鉴中汇编了《实物地质资料馆藏管理技术要求》《实物地质资料馆藏设施设备建设指南》《国土资源实物地质资料中心实物地质资料服务利用办法》等技术标准和规章制度，可供各实物地质资料馆藏机构工作参考与使用。

图书在版编目（CIP）数据

全国实物地质资料管理年鉴. 2015 / 中国地质调查局国土资源实物地质资料中心编. —北京：地质出版社，2017.7

ISBN 978-7-116-09376-8

Ⅰ.①全… Ⅱ.①中… Ⅲ.①地质-非书资料-中国-2015-年鉴 Ⅳ.①G275.3-54

中国版本图书馆CIP数据核字（2017）第108420号

Quanguo Shiwu Dizhi Ziliao Guanli Nianjian 2015

责任编辑：杨 艺 孙亚芸
责任校对：韦海军
出版发行：地质出版社
社址邮编：北京海淀区学院路31号，100083
咨询电话：(010)66554528（邮购部）；(010)66554590(编辑室)
网 址：http://www.gph.com.cn
传 真：(010)66554686
印 刷：北京地大彩印有限公司
开 本：787mm×1092mm 1/16
印 张：27.75 图 版：26面
字 数：670千字
版 次：2017年7月北京第1版
印 次：2017年7月北京第1次印刷
定 价：118.00元
书 号：ISBN 978-7-116-09376-8

一、国土资源实物地质资料中心

2015 年 10 月 21 日，国土资源部党组成员、中国地质调查局局长钟自然在参加矿业大会期间参观中国地质调查局实物展区

2015 年 11 月 6 日，国土资源部矿产资源储量司司长于海峰一行到实物地质资料中心调研

2015 年 6 月 10 日，廊坊市委书记王晓东一行到实物地质资料中心调研

2015 年 11 月 24 日，2015 年度地质资料管理年报编报暨信息报送工作会召开

2015 年 4 月 22 日，实物地质资料中心邀请李廷栋院士在世界地球日主题宣传活动上作科普报告

2015 年 1 月 14 日，实物地质资料中心提供突参 1 井岩心取样服务

2015 年 4 月 10 日，在全国地质资料馆电子阅览室增设了实物地质资料服务窗口

2015 年 11 月 27~29 日，实物地质资料中心“全国立典性剖面调查”工作项目顺利完成野外验收，获优秀级成绩

2015 年 10 月 19 日，实物地质资料中心与甘肃省国土资源厅在兰州举行电子数据异地备份签约仪式

2015 年 3 月 30 日，北京大学地球与空间学院师生到实物地质资料中心进行认知实习

2015 年 8 月 14 日，“2015 年埃塞俄比亚地质矿产技术培训班”技术官员代表到实物地质资料中心参观考察

2015 年 4 月 22 日，在实物地质资料中心世界地球日主题宣传活动中学生参观大标本园

二、省级实物地质资料馆藏机构

建设中的北京市实物地质资料档案馆新馆

天津市实物标本库房，精品展示区展示的中、新元古界剖面图片及实物标本

河北省承德市三岔口岩心库岩（矿）心缩减工作现场

2015 年 10 月 10 日，全国地质资料馆及全国各省地质资料馆工作人员到山西地质博物馆参观

2015 年 11 月 10 日，国土资源实物地质资料中心工作人员到吉林省地质资料馆座谈交流

2015 年 10 月，黑龙江省财政厅、国土资源厅领导检查黑龙江省西部实物地质资料库区建设情况

2015 年 9 月，江苏省国土资源厅副厅长祖耀升率省厅资源处、省地质资料馆工作人员对有色金属华东地勘局实物地质资料保管情况进行实地调研

2015 年 4 月，安徽省地质资料馆实物库汇交的沙坪沟钼矿岩心

2015 年 8 月 23 日，山东省国土资源资料档案馆收集归来庄金矿隐爆角砾岩金矿石大标本

2015 年 12 月 23 日，河南省国土资源厅资源储量处处长冯进城一行在河南省地质调查院石佛村实物地质资料库房及实验室考察工作

湖北省国土资源厅开展实物地质资料分馆建设情况检查调研工作

湖南省国土资源信息中心工作人员现场验收筛选出的岩心

云南省国土资源厅副厅长李连举、云南省地质调查局局长李文昌到江城县勐野井钾盐矿外围矿区检查工作

建设中的青海省实物地质资料库

宁夏国土资源档案馆库房密集架

三、实物地质资料委托保管单位

2015 年 3 月 29 日，青岛海洋地质研究所大陆架钻探项目组技术人员在探海一号钻井平台钻取岩心

2015 年 11 月 22 日至 12 月 5 日，波兰什切青大学 Andrzej Osadczuk 教授一行访问中国地质调查局广州海洋地质调查局

大庆油田勘探开发研究院岩心库内保管的岩心资料

辽河油田自动化岩心库中控室，工作人员正在进行调度管理

2015 年 7 月 23 日，长庆油田总经理杨华陪同中国科学院院士、中国石油天然气股份有限公司副总裁孙龙德一行到长庆油田数字化岩心资料中心检查指导

中国石油塔里木油田岩心岩屑库自动观察平台

2015 年 12 月 28 日，中国科学院院士陈旭在西南油气田岩心库调研指导

中国石油吉林油田岩心库

2015 年 4 月 22 日，西北大学教授柳益群在吐哈油田岩心库观察、描述三塘湖盆地二叠系钻井岩心

冀东油田工作人员在进行岩心整理

2015 年 5 月 25 日，山西省保德县煤层气公司保 3 集气站

2015 年 5 月 14 日，中国石油天然气集团公司副总经理、股份公司副总裁赵政璋赴南方石油勘探开发公司听取工作汇报

中国石化中原油田分公司总经理孔凡群一行在勘探开发研究院查看拐参1井岩心情况

中国石化河南油田西部实物地质资料清理工作现场

中国科学院南京地质古生物研究所院士陈旭到中国石化西南油气分公司德阳岩心库观察威页1井岩心

2015年4月1日，中国科学院院士、中国石油化工股份有限公司副总地质师、中国石化石油勘探开发研究院院长、教授金之钧在中国石化西北油田分公司岩心库听取勘探开发研究情况汇报

中国石化华北油气分公司岩心库工作人员进行岩心数字化扫描

2015 年 9 月 13 日，中国石化副总经理焦方正到东北油气分公司考察

2015 年 6 月 16 日，国土资源部矿产资源储量评审中心石油天然气专业办公室主任吴国干一行到中国石化勘探分公司储量审查中心考察岩心管理情况

2015 年 9 月 22~23 日，中海油湛江分公司配合国土资源实物地质资料中心开展《实物地质资料整理与保管工作指南》编制工作调研

2015 年 5 月 20 日，中海石油研究中心南海西部研究院高工刘景环指导中海油深圳分公司员工观察岩心

中海油上海分公司实物库工作人员正在进行岩心整理与校对

2015 年 5 月 22 日，中海油天津分公司勘探部管理人员在观看岩心

2015 年 11 月 26 日，延长石油集团公司董事长贺久长到南泥湾采油厂调研基层单位降本增效工作

《全国实物地质资料管理年鉴（2015）》

编　委　会

《全国实物地质资料管理年鉴（2015）》

编　辑　部

目　录

第一篇　国土资源实物地质资料中心工作

第二篇　省级实物地质资料馆藏机构工作

第三篇　实物地质资料委托保管单位工作

第四篇　重要文件与规章制度

第一篇　国土资源实物地质资料中心工作

国土资源实物地质资料中心工作概述

2015年，在中国地质调查局和中国地质调查局发展研究中心的正确领导下，国土资源实物地质资料中心认真贯彻落实党的十八大、十八届三中全会、十八届四中全会、十八届五中全会和习近平总书记系列重要讲话精神，坚决落实局党组重大决策部署，全体干部职工认真履行职责，谋实事、干实事，首次获得了国土资源科学技术奖1项、地质调查奖1项。两个项目成果作为国土资源部公益性地质资料信息服务产品向社会提供服务，首次开展了实物地质资料服务案例编写和技术标准规范汇编，被中国科协命名为“全国科普教育基地”，全面完成了地质调查和预算执行任务，业务、管理、队伍、党建等工作均取得了明显成效。

一、业务工作成效显著

1. 大力支撑部、局实物地质资料管理工作

按照分级管理、分类筛选、分散保管、共享服务的工作思路，继续修改完善《国土资源部关于进一步加强实物地质资料管理工作的通知》，在贵州、湖南、湖北三省进行试用，根据实际操作情况进一步细化职责。在贵州、湖南、湖北等五省开展分级分类筛选试点工作，推动实物地质资料分级分类管理。对实物地质资料汇交进行有效监管，全年处理汇交清单近7000份，筛选出22个项目汇交资料，为建立实物地质资料及时汇交、有效汇聚的格局奠定了基础。

2. 推动全国实物地质资料管理工作

充分发挥对各省（自治区、直辖市）实物地质资料管理工作的推动、引领作用，编制了《实物地质资料筛选工作要求和资料整理》《数字化及目录数据库建设工作指南》等一系列技术规范，供省馆使用；继续修改完善了《实物地质资料建档及保管工作技术规范》，启动了新技术规范的研制，全力推动省馆按照统一标准开展工作。带领山东、安徽、福建等省（自治区、直辖市）开展实物地质资料联合采集。深入甘肃、福建、四川、贵州、新疆、青海等省（自治区）馆开展实物地质资料管理工作调研，与省馆工作人员一起研究问题，解决困难。加强对山东、广东、江西等省（自治区）馆建馆及业务工作的指导。组织省馆研讨“十三五”实物地质资料工作发展思路，进一步统一认识，凝聚共识。通过编制《全国实物地质资料管理工作年鉴2015》和《实物地质资料管理动态与参考》，搭建了与省馆和委托保管单位的业务交流平台。

3. 业务建设再上新台阶

国家级实物地质资料“收、管、用”工作成效明显，区域地质调查、实验测试、海平面观测等业务工作取得新进展。

一是加强顶层设计，职责定位进一步清晰并有效落地。根据国家经济社会发展需求和

上级单位的要求，提出了“全力支撑国土资源部、中国地质调查局实物地质资料管理工作，带动引领各省（自治区、直辖市）开展实物地质资料管理与服务工作，做好国家馆实物地质资料‘收、管、用’工作”的职责定位，并全面贯彻落实到业务工作中，确保职责落地生效。深入研究了重中之重工作的内涵、外延及与实物地质资料管理和服务工作之间的关系，明确任务目标，并将“两重”工作落实到项目中，确保工作有抓手、落地有实效。完成《实物地质资料中心“十三五”业务发展规划》初稿的编制，进一步明确“十三五”业务发展思路。

二是全国重要地质钻孔数据库建设超额完成任务，作为国土资源部公益性地质资料信息服务产品向社会提供服务。新验收与汇总30万个重要地质钻孔数据，建成了含70万个钻孔的全国重要地质钻孔图表数据库，其中固体矿产钻孔包含样品分析数据。完成了36万个钻孔数据的技术处理，公开发布了41万个钻孔的柱状图及基本保管信息和1万条样品分析数据，上线服务以来受到社会各界的高度关注，点击率超过6万次。完善了全国重要地质钻孔数据库服务平台，提供便捷的网上检索查询服务；实现了与各省（自治区、直辖市）地质资料信息服务平台的对接，完成云南等10省（自治区、直辖市）钻孔数据库服务平台分节点部署，为提供全国统一的实物地质资料共享服务打好基础。

三是馆藏资源不断丰富，库藏管理及数字化工作取得新进展。接收、采集了一批重要矿床和油气实物地质资料，并录制了湖南省、贵州省两个整装勘查区实物资料采集影像；全程跟踪松科二井钻探工程，岩心及时整理、运输、入库；全年新增加岩心近 5×10^4m、标本1000余件，委托省馆保管一级实物地质资料5000m。截至目前，馆藏实物地质资料总计459档，岩心总量达 36×10^4m，标本1.7万块，大标本260块，薄片4万片等。实物地质资料建档、整理、保管工作有序开展，超额完成年度目标任务，整理岩心达 4×10^4m，纸质和电子资料管理进一步规范。首次开展实物地质资料多元信息提取技术方法研究，完成 3×10^4m 岩心扫描、3千块标本整理及照相任务，截至目前扫描图像数据总量达2.2TB。

四是社会化服务更加主动、快捷，在地质行业的影响力进一步提升。首次总结编写了《实物地质资料应用典型案例》，引导社会各界重视实物地质资料的应用。增加服务资源，全国重要岩心图像信息数据库新增 10×10^4m 岩心图像，总发布量达 20×10^4m，作为国土资源部公益性服务产品向社会提供服务；国家馆藏资料目录数据库对外发布，100档资料分析测试信息上线提供服务，服务资源不断丰富。拓展服务对象，主动服务松科二井、国外培训班和重大课题项目，在2015年中国国际矿业大会期间为国土资源部、中国地质调查局展台做好实物地质资料展览展示和成果宣传服务，得到部、局领导的充分肯定和表扬。全年接待到馆专业服务2027人次、教学实习服务2450人次，服务利用岩心 2.5×10^4m，取样3916件，中国实物地质资料信息网络点击率达7万人次，服务数量较往年有较大幅度提升，服务满意率达100%。改进服务方式，实物地质资料电子阅览室建成并正式投入使用，有效提高了馆藏实物地质资料借阅服务效率；初步完成实物地质资料集群服务系统开发，为试点目录数据集群服务提供支撑。

五是科普工作取得明显成效。被中国科协命名为“2015～2019年全国科普教育基地”，获得“2015年国土资源优秀科普基地”荣誉称号，获得“2015年全国科技活动周宣传活动”荣誉证书。编制了《地调局实物地质资料中心科普规划方案》，编写完成《国家实物地质资料馆展览大纲》。坚持“用大众的语言讲好地质调查故事”的理念，开展了世界地球日、科技活动周、院士讲座、科普进校园、进社区等活动，全年接待参观人数4000余人次。编制了《趣话实物地质资料》《馆藏十大精品》《世界地球日科普活动片》等科普产品。做好了标本的固定和流动展览展示。

六是信息化建设进一步推进。加强信息化建设顶层设计，提出“数据有效汇聚、集中管理加工、统一集群服务”的信息化建设模式。首次开展实物地质资料信息异地备份工作。实现实物资料业务管理系统有效运行，有力支撑了馆藏目录数据、岩心图像、光薄片与标本数据、实验测试信息及全国重要地质钻孔数据等一批重要数据的发布工作，并实现数据同步更新、多级检索等功能。完成中国实物地质资料信息网改版升级和中心政务网创建工作。

七是地质调查、实验测试及秦皇岛野外海平面观测基地建设等工作取得新进展。完成全部应结题的地质调查项目成果验收，“全国立典性剖面调查”项目成果评审获得优秀，“内蒙古1∶5万呼格吉勒图”等4幅区调项目报告评审获一优三良，“1575高地金矿调查评价”项目野外验收获优秀。实验室通过计量认证复核换证审核，积极承接市场项目，完成产值近100万元。做好秦皇岛野外海平面观测数据采集、整理及服务工作，全年获得连续观测数据10.51万个；完成“津冀地区海平面变化及影响”等4个项目年度工作任务。

八是地质调查科研与国际交流进一步增强。全年承担科研项目13项，新开项目5项，续作项目8项，其中4个项目立项获优秀，4个项目设计获优秀，2个项目成果报告获优秀。全年共发表论文48篇，出版专著9部，获国土资源科学技术奖1项，获地质调查奖1项，获软件著作权5项。与西澳大利亚地质调查局开展互访，就实物地质资料无损分析技术深入交流、研讨，国际交流取得实质性进展。

二、管理工作成效明显

1. 依规办事能力进一步增强

持续开展制度“立、改、废”工作，全年建立完善规章制度17项，制度体系进一步完善；通过领导干部带头执行制度、定期监督检查、推进事务公开等方式，有效促进了制度执行；制度没有明确规定的问题，采取制定有效措施，以会议纪要的形式印发执行，既提高了工作效率，又避免出现反复修改制度或制度出台草率不易执行等问题，干部职工初步树立了法治思维和依规办事的意识。

2. 目标责任体系进一步完善

围绕“两重一主”将全年工作细化，明确责任部门、落实措施和进度安排，共分解出目标任务298项，并以此作为年终考核的重要依据。健全完善督办机制，以“列表督办”为抓手，一项一项抓落实，每月对列表督办事项落实情况进行一次通报，确保责任目标全面完成。

3. 项目管理进一步加强

精心做好项目立项、设计、委托外协、资料汇交和成果登记报奖等项目管理各个环节工作。重点加强项目质量管理，认真组织开展项目自查自纠及“局项目大检查”的整改工作，项目管理进一步规范，着重加强委托外协和出版物的管理。

4. 预算及资金管理进一步加强

合理编制预算，建立了预算执行责任制并严格落实，考核结果与绩效工资和年终考核挂钩，有效推动了预算执行，全年预算执行率达92%，完成了中国地质调查局下达的考核目标。严格执行内控制度，加强财务核算工作，保证了资金使用安全。认真完成“局财务大检查”等多项外部审计和内审的整改工作，干部职工审计风险意识增强，财务管理进一步规范。

5. 人事管理进一步加强

加强工资管理，全面统筹人员经费，合理编制工资计划，按要求及时调整工资标准，开展了职工收入政策宣传。精心做好职工养老保险经办有关工作。完善特殊奖励绩效发放方案，按“四问”要求对项目负责人工作成效进行考核，按推选等次发放绩效，改变了对项目负责人均等奖励的方式，强化了激励作用。完善考核工作，将“两重”工作和“四问”落实情况作为年终考核的重要内容，扩大考核参评人员范围，全体职工对部门和中层干部履职情况打分，确保考核更加全面、公正、客观。

6. 装备和基地建设持续推进

完成配套服务楼内部装修工程建设，全力做好消防、洽商工程变更及审计等各项验收准备工作。严格按政策制度采购设备，全年新增设备253台套，总值581万元，完成进口岩心扫描仪招标工作；做好“局装备大检查”整改和设备清查等工作，进一步规范装备管理。

7. 安全生产和保密工作进一步加强

严格落实安全生产责任制，加强重点部位和重点时段安全生产管理，开展危险化学品等多项安全检查，举办安全生产系列宣传教育活动，配备一批北斗车载及个人终端设备，全年未发生安全生产事故。落实领导干部保密工作责任制，调整保密委及保密办成员，组建保密技术支撑小组，开展保密检查及整改工作，配备了移动保密资料柜等一批保密设备，全年未发生失泄密事件。

8. 旧房遗留问题处理取得新进展

坚持合法合理、公开公正的原则，扎实有序推进旧房遗留问题处理，依法依规地完成了无房户及换房户问题的处理，已经完成过户手续办理。全力推进加房户问题处理，召开多次座谈会听取老同志的意见，开展政策咨询、走访调研、专家咨询等工作，上门逐户向加房户做好政策宣传解读，介绍咨询调研及专家咨询情况。按照住房相关政策，实物地质资料中心已将加房户问题处理工作转入对5000元购房款的问题处理，同时还做好加房户有关案件的应诉工作。

9. 物业管理水平进一步提高

加强物业管理，开展了整治私搭乱建和违规养狗问题专项行动，取得一定进展，标志着单位大力扭转不良风气的开端。保卫、维修及保洁工作有序开展，食堂有序运转，为单位发展提供了后勤服务保障。

三、队伍建设成效明显

1. 领导班子建设进一步加强

不断加强思想政治建设，强化理论武装，班子进一步坚定理想信念，讲政治、守规矩意识进一步增强。始终坚持民主集中制和开展批评与自我批评等优良传统，领导班子进一步提高了发现和解决自身问题的能力。不断强化责任担当，敢于坚持原则，领导班子面对歪风邪气敢于坚决斗争，努力营造风清气正的干事氛围，驾驭全局的能力有所提高。

2. 中层干部队伍建设进一步推进

完成干部试用期满转正考核工作，8 名干部按期转正。按中国地质调查局要求成立了监察审计处，配备了 1 名主持工作的副处长。采取平级调整和临时主持工作的方式配齐了部分处室负责人。加强干部教育培养，选派干部参加司局级干部选学和中央党校学习。开展干部选拔任用政策宣传。做好干部监督检查，做好干部个人有关事项报告和干部档案专项审核等工作。

3. 人才队伍建设取得新进展

认真落实中国地质调查局《关于加强地质调查成果评价的指导意见》《关于加强地质科技人才队伍建设的指导意见》和《关于计划协调人责任与权利的暂行规定》《关于工程首席专家责任与权利的暂行规定》《关于项目负责人责任与权利的暂行规定》精神，深入学习领会“四问”要求，印发了《实物地质资料中心关于落实局党组两个〈指导意见〉和三个〈暂行规定〉工作安排的通知》，提出从 6 个方面贯彻落实的具体意见。核定了项目负责人等人员的基准绩效工资。以“四问”为评价标准，组织完成项目负责人的遴选。制定《实物地质资料中心优秀青年科技人才管理暂行办法》，评选出 2 名优秀青年科技人才。陈新宇同志入选国土资源杰出青年科技人才培养计划。首次选派 2 名业务骨干到发展中心挂职锻炼，选派 3 人到部、局机关借调，为职工成长成才搭建了锻炼平台。全年接收引进毕业生 7 名，选派 5 名技术骨干参加学历学位教育，组织开展了一系列职工培训活动，职工组织意识、岗位意识进一步增强。

四、党建和精神文明建设成效明显

1. 党的思想、作风和组织建设得到加强

加强思想建设，认真学习贯彻习近平总书记系列重要讲话精神及党的十八届三中、四中、五中全会精神，深刻领会精神实质和内涵，指导工作实践，进一步促进思想政治工作与业务工作的有机融合。加强作风建设，扎实开展“三严三实”专题教育。认真学习习近平总书记关于“三严三实”的重要论述及中央领导同志相关重要讲话精神，精心制定工作方案，党委书记带头讲党课，班子成员在学习研讨中带头发言，取得了较好效果。认真查找领导班子及成员“不严不实”问题，列出问题清单，能立即整改的立行立改，不能立即整改的，制定了整改措施。严格遵守中央“八项规定”精神，规范会议秩序、公务接待、公务用车、劳务费发放等工作；领导干部加强调研，进一步密切联系群众，工作作风进一步改进。加强组织建设，制定党员发展计划，3 名预备党员转正，接受 1 名预备

党员；加强党的基层组织建设，召开支部书记和纪检委员培训会，组织各支部开展学习，各支部开展了主题党日活动，党员党性意识和组织纪律观念不断增强。

2. 党风廉政建设见成效

认真履行主体责任。调整党风廉政建设领导小组，完善党风廉政建设责任制。以“六个强力推进”为抓手，部署落实全年党风廉政建设工作。分解落实“两个责任”，落实“八问”传导机制，逐级签订廉政建设责任书。领导班子听取了上半年党风廉政建设情况和17个处室负责人及分管领导落实主体责任情况的汇报。全力支持纪委监督执纪问责，按中国地质调查局要求单独成立了纪检监察审计处，配齐人员。加强廉政教育，组织学习党章、《中国共产党党员领导干部廉洁从政若干准则》和《中国共产党纪律处分条例》，党委副书记做专题党课，开展了廉政文化活动周等活动，干部职工廉洁自律意识明显增强。认真履行监督责任。明确纪委职能定位，深化“三转”，退出了政府采购等议事机构，集中监督执纪。加强廉政惩防体系和廉政制度建设，全面排查廉政风险点，提出50条防控措施。强化审计监督，开展了委托业务费、劳务费、维修费、“三公”经费等专项资金审计，并做好整改。及时受理群众来信来访，全年共接受处理信访举报7件。推进事务公开，最大限度保障职工的知情权、参与权和监督权，让权力在阳光下运行。

3. 精神文明建设成效明显

充分发挥群团组织的积极作用。工会按时召开职代会，充分发挥民主参与、民主管理、民主监督作用；组织职工参观北平抗日烈士纪念馆，举办3次职工运动会；加强“职工小家”建设，努力争创先进“职工之家”。团委举办首次青年论坛，组织开展青年读书、参观教育、素质拓展及篮球联谊赛等活动，促进青年整体素质提升。积极做好离退休服务管理工作，落实离退休职工有关待遇，召开座谈会通报相关情况，积极开展健康有益的老年文体活动，坚持走访和重大节日慰问制度，及时了解并积极解决老同志的生活困难和合理诉求，为离退休职工做好各项服务工作，营造老有所乐、老有所为的良好环境。

（撰稿人：曹德婕）

实物地质资料管理工作概述

一、基本情况

（一）单位概况

国土资源实物地质资料中心（以下简称实物中心）为中国地质调查局直属公益性事业单位，是国家实物地质资料馆藏机构，承担国家重要实物地质资料采集、管理、开发研究和利用工作，为政府主管部门提供决策与业务技术支撑，向社会提供公益性服务。此外，还进行区域地质调查、地质矿产调查评价、海平面监测研究和实验测试等工作。

实物中心内设管理部门包括办公室、财务资产处、科技处、人事教育处、党委办公室、物业管理部、离退休职工服务处；技术业务部门包括综合研究室、汇交采集室、库藏管理部、资料服务室、网络信息室、岩矿测试实验室、地质调查室。现有在职职工 200 人，其中在编职工 196 人。

2004 年建成并投入使用的国家实物地质资料馆，建筑面积为 5613m^2，共有储存架位 10920 个，可保管岩心大约 60×10^4m，实现了实物地质资料立体存储和自动化管理，规模和设施达到国内一流、国际先进水平。馆内设有观察室、扫描室、档案室以及陈列馆等，可向社会公众提供多种服务。

2011 年，实物中心建成了占地约 20000m^2 的大标本园，园内展示了采自全国 20 多个省（自治区、直辖市）的 112 个典型矿山的 176 块大型矿石标本，是目前种类最全的户外大型矿石标本园。大标本园既是国内大型矿山的科研基地，又是独具特色的科普公园，能够使专业技术人员、院校师生、社会民众了解我国各类矿石特点与矿产资源情况，掌握我国大型矿床的成因类型及其在国际上的地位，增加矿产资源知识，提高资源保护意识。

2011 年 8 月，实物中心被国土资源部命名为“国土资源科普基地”（科技场馆类）；2012 年 10 月，实物中心被中国地球物理学会命名为“中国地球物理学会科普教育基地”。近年来，实物中心相继成为华北科技学院、防灾科技学院、中国地质大学（北京）、北京大学等院校地质类专业学生的教学实习基地。2014 年 11 月，国土资源实物地质资料中心“国土资源科普基地”被国土资源部评为“2014 年度部优秀科普基地”；2015 年 6 月，被中国科协正式命名为“2015～2019 年全国科普教育基地”。

（二）人员情况

2015 年，根据“两重”工作需要、业务发展、人员结构以及编制空缺情况制定了进人计划，接收引进人才 7 名，其中硕士 6 人、本科 1 人。目前，实物中心在编人员 196 人，其中中级职称及以上的专业技术人员共计 79 人。学历结构较上一年度进一步优化，现有硕士及以上学历 38 人、本科 65 人，本科及以上学历共计 103 人，占总人数的 52%，保障了实物中心业务发展的需求（表 1）。

表1 实物中心在编职工基本情况统计

职称情况	年龄情况	学历情况
初级及以下，66人	30岁以下，31人	大专以下，51人
中级，47人	30～40岁，36人	大专，42人
副高级，23人	41～50岁，68人	本科，65人
正高及以上，9人	50岁以上，61人	硕士及以上，38人
其他，51人		

认真贯彻落实中国地质调查局出台的《关于加强地质调查成果评价的指导意见》《关于加强地质科技人才队伍建设的指导意见》和《关于计划协调人责任与权利的暂行规定》《关于工程首席专家责任与权利的暂行规定》《关于项目负责人责任与权利的暂行规定》精神，深刻领会以“四问”为原则的人才评价标准及“五不唯”正确用人导向的精神，结合单位实际，研究制定贯彻落实的具体措施。通过分析单位人才队伍现状和队伍结构，根据中国地质调查局关于人才队伍建设指导意见的精神，明确了近期以培养选拔青年科技人才为重点的工作思路，制定印发了《中心优秀青年科技人才管理暂行办法》，以“四问”和“五不唯”为评价标准，评选出2名优秀青年科技人才。

制定培训计划并组织实施，共推荐5人参加学历学位教育，其中参加在职硕士研究生教育2人、在职博士研究生教育3人；开展各类培训，包括业务培训、新进人员入职培训、安全生产培训、岗位技能培训和政治理论培训等，职工的政治素质和专业技术素质普遍得到增强。

（三）馆藏情况

1. 馆藏设施建设情况

2013年4月底，以特殊实物库和实物研究实验室为主体的实物地质资料二库——国家实物地质资料库配套服务楼开始建设，作为实物地质资料馆的后备库，规划总建筑面积约7000m^2，地下1层，地上4层，总投资2730.34万元，工程已基本完工。目前，正在进行实物地质资料展厅的形式设计与布展公开招标工作。

2. 实物地质资料馆藏和数字化情况

（1）实物地质资料馆藏情况

近年来，实物中心按照典型性、代表性、特殊性、系统性原则接收和采集具有重要保管意义和利用价值的各类实物地质资料，馆藏日益丰富。这些实物地质资料主要包括：科学钻探和油气勘查岩心、岩屑；典型矿山的钻孔岩心和标本；“青藏高原1∶25万区域地质调查”标本和薄片；中国10枚“金钉子”剖面标本和柱状样；重点煤矿区样品、极地和境外地质调查标本。初步形成了以典型矿山岩心和区调标本为主体、以大陆科钻岩心岩屑和“金钉子”标本等为精品的国家实物地质资料馆库藏体系。

截至目前，实物中心共收藏实物地质资料461档，涉及674个钻孔，岩心总长366559.22m，标本18005块（含大标本），光薄片40814片，样品9020袋（含副样），岩屑16148袋。

2015 年度（2014 年 12 月 1 日至 2015 年 11 月 30 日）实际接收实物地质资料数量为 68 档，涉及 117 个钻孔，岩心总长 54779.94m，标本 1885 块，样品 3246 袋，岩屑 7348 袋。

（2）实物地质资料数字化情况

实物中心对入库的实物地质资料进行详细整理、建档、著录、扫描及成果集成和产品开发，形成了日益丰富的数字化实物地质资料成果。按照《实物地质资料馆藏管理技术要求》（DD 2010－05）和《实物地质资料数字化工作要求（试用版）》，开展钻孔岩心扫描工作，截至 2015 年 11 月 30 日，累计完成 518 个钻孔的岩心扫描，涉及资料 238 档，岩心总长 244739.1m，扫描信息总数据量 896.63GB。其中，2015 年度（统计时间段为 2014 年 12 月 1 日至 2015 年 11 月 30 日）共完成 84 个钻孔的岩心扫描，涉及资料 39 档，岩心总长 43903.26m，扫描信息数据量 317.07GB。

在馆藏电子资源安全管理方面，完成馆藏资料电子数据的异地备份工作，备份档案资料 400 余档，保证了数据安全。

二、实物地质资料汇交情况

（一）总体情况

2011 年 6 月 16 日，国土资源部下达了关于印发《地质资料汇交监管平台建设工作方案》的通知（国土资发〔2011〕78 号）。按照部文件要求，实物中心开始使用地质资料汇交监管平台接收实物地质资料，及时有效地接收、处理实物地质资料目录清单，圆满完成了实物地质资料汇交监管任务，切实履行了国家赋予的实物地质资料管理职责。

（二）汇交通知书发放情况

自 2012 年 1 月，实物中心正式开始接收汇交人报送的实物地质资料目录清单，经筛选后，按要求向汇交人出具回执或发送汇交通知书。截至 2015 年 11 月 30 日，实物中心共接收汇交人报送的实物地质资料目录清单 26617 份，经筛选后下发实物地质资料汇交通知书 110 份，约占全部实物地质资料目录清单的 0.41%，其余均及时回复了实物地质资料目录清单回执。从总体上看，各项工作规范，基本达到了国土资源部的文件要求。

2014 年 12 月 1 日到 2015 年 11 月 30 日，实物中心共接收汇交人报送的实物地质资料目录清单 8542 份，发放回执 8519 份，经筛选后下发实物地质资料汇交通知书 23 份，约占全部实物地质资料目录清单的 0.27%（表 2）。

表 2 2015 年度实物地质资料目录清单统计

接收实物地质资料目录清单	总量/份	26617
	新增量/份	8542
发放实物地质资料目录清单回执	总量/份	26507
	新增量/份	8519
下发实物地质资料汇交通知书	总量/份	110
	新增量/份	23

注：新增量统计时间段为 2014 年 12 月 1 日至 2015 年 11 月 30 日。

（三）实物目录清单类型

实物目录清单类型按照地质工作类型划分为区域地质、物化遥、矿产勘查、地质科研、油气地质、技术方法、海洋地质、水工环及其他9种类型。2015年度实物中心接收的实物目录清单仍以矿产勘查、其他、水工环这3种类型为主（图1）。

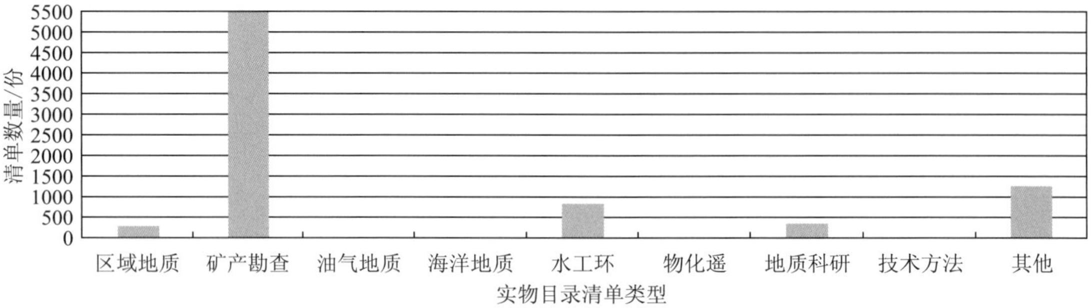

图1　实物目录清单类型统计

三、实物地质资料保管情况

（一）岩心库房、实物地质资料展厅及大标本园维护情况

1. 岩心库房维护情况

始终把安全生产放在第一位，严格遵守设备使用操作程序和操作规程。进入库区巷道必须配戴安全帽；严格执行设备定期维护保养制度；为保证设备正常运行，使用前要对设备进行检测，每月进行一次设备检测与保养，并将设备故障及检测情况填写入月检表。

配合保卫部门更换岩心库所有灭火器中干粉、消防栓水袋。注重库房管理人员安全意识，下班后做到关闭总电源和所有岩心库门窗，认真落实安全防火、防盗措施，通过制度的落地和具体工作人员的共同努力，保证了岩心库的安全，岩心库安全生产无事故。

2. 实物地质资料展厅及大标本园维护情况

对地球资源展厅、科普长廊、大标本园进行了全面维护。制作更换展厅实物展示展板图件32幅、标本标签56个，更换标本及岩心垫布63块；更换科普长廊晶体矿物展示标签44块，调整晶体矿物标本位置摆放16块；补充与完善展厅与长廊展示内容讲解词2次；全面清扫展厅与长廊卫生8次，清扫大型标本说明牌、名称牌7次。对新采集未入园大标本进行了统计整理、规划，完成了14个矿山的24块大型标本入园工作，制作了大型标本说明牌30块、大型标本名称牌60块，制作大型标本水泥墩17个，调整大型标本摆放位置6块，完成库房南侧26块大型标本位置调整，清绘和更换大型标本位置与导游图2次，补充与完善大型标本园展示内容讲解词3次。对标本园的大标本进行防护处理2次，防止标本风化。

（二）纸电资料保管情况

1. 纸电资料库房维护情况

根据档案管理有关要求，结合实际工作场所现状，对档案室的档案整理区、档案柜摆放区、薄片柜摆放区、电子档案存储区等进行了空间调整，实现了纸电分离保管的安全保管目标，对资料库房建立了温湿度定期记录制度，增加灭火器等消防安全设备，对保密数据的存放电脑、移动存储介质等设置了安全保护措施，实行专人专管。

2. 纸电资料保管情况

在纸电资料规范化组织整理方面，按照《实物地质资料建档工作指南》的要求，开展纸质资料规范化组卷、装订、盖章、装盒及电子资料的规范化命名、组织、编目等工作。截至目前，完成了100档纸质资料的规范化整理。

（三）实物地质资料保管情况

截至目前，实物中心共收藏实物地质资料461档，涉及674个钻孔，岩心总长366559.22m，标本18005块（含大标本），光薄片40814片，样品9020袋（含副样），岩屑16148袋。

系统地开展了岩心和标本整理工作，包括清洁、清点、更换装具、补充标识、包装、分配货位、登记存储位置等内容，确保入库的岩矿心得到清洁、有序、安全、长期的保管。截至目前，共完成254档馆藏岩心的整理工作，包括钻孔总数595个，总孔深320122.43m；完成110档馆藏标本的整理工作，标本总数11195块。其中，2015年度完成32档馆藏岩心的整理工作，包括钻孔76个，总深53840.18m；整理标本33档，包括标本4019块，标本照片共计7823张。

四、实物地质资料服务利用情况

（一）服务产品开发

在广泛调研、充分分析的基础上，根据实物地质资料特征和服务用户需求，开发了一系列实物地质资料服务产品。

1. “基础服务产品”不断更新

根据馆藏最新进展，更新了国家实物地质资料馆简介（中、英文版），内容包括基本情况、实物资料库、实物库藏体系、大标本园、实物资料数字化、全国重要钻孔数据库建设、社会服务等；更新了馆藏实物地质资料总目录（中文版）和馆藏实物地质资料目录索引（中、英文版），补充目录信息63档；更新了国家实物地质资料馆服务指南（中、英文版），包括馆藏资源及分布图等，并在矿业大会上进行了发布服务；依托馆藏资源新进展，整理了358～406档实物资料相关信息，并补充到馆藏简介、馆藏目录、服务指南中，同时编制了馆藏实物地质资料分布图、全国重点成矿区带实物地质资料分布图、三批整装勘查区实物地质资料分布图，并将这些信息更新到中国实物地质信息网和地球资源展厅触摸屏系统中，丰富了服务形式和服务内容。

2. “地质钻孔和样品分析数据库建设”取得明显进展

一是完成25万个钻孔数据的入库工作，基本完成2011年前信息齐全钻孔数据的入库，建成了含70万个历史回溯性钻孔的全国重要地质钻孔数据库，其中，固体矿产类钻孔包含样品分析数据。二是完成36万个钻孔柱状图的脱密技术处理，并在2015年中国国际矿业大会上公开发布。三是编制《新形成钻孔资料采集入库技术方法》初稿，探索研究钻孔数据日常更新机制。四是更新完善全国重要地质钻孔数据库服务平台，完成云南等10省（自治区、直辖市）服务平台的安装部署，为提供便捷的网络服务奠定基础。

3. “扩大服务，增强在地质行业影响力”取得明显成效

一是在收集实物地质资料二次开发利用案例线索基础上，先后赴辽宁丹东、江西鹰潭、四川攀枝花等地开展了系统的实物地质资料二次开发利用案例调研，走访知情人和直接参与开发利用的老地质专家，系统总结编写典型案例，完成《全国实物地质资料服务利用案例汇编》。二是在2015年科技活动周期间，推出“馆藏十大精品”，为了更好地宣传和利用好“馆藏十大精品”资料，开展“馆藏十大精品”资料汇编工作，并顺利完成了《“馆藏十大精品”资料汇编》，进一步丰富了实物中心科普服务产品。三是组织编纂《中国典型矿床系列标本与光薄片图册》系列丛书，该专著被列为中国地质调查局“地质数据更新与服务计划”重要进展之一，2015年3月公开出版钨钼铜矿分册，9月出版铅锌金银锑矿分册，稀有金属、黑色金属、非金属分册计划于2017年出版。

（二）服务利用情况

实物中心依托丰富的馆藏资源，开展了多种社会服务，通过网络服务、到馆服务和主动服务等多种方式推介开发的实物地质资料服务产品，为地质勘查、地质科研提供实物观察取样服务，为专业教学和社会公众提供教学和科普服务，均取得了良好成效。

1. 网络服务

实物中心通过中国实物地质资料信息网及时发布了实物地质资料信息和服务产品，服务网址为 http：//www. cgsi. cn/。

1）发布馆藏岩心、薄片和标本数字化资源，扩大服务，丰富了中国实物地质资料信息网服务内容。目前，全国重要岩心图像服务系统已累计导入181196m钻孔岩心图像及描述信息、7454个标本及16817张标本图像、10467个薄片及105340张薄片图像。2015年除继续更新岩心图像及描述信息数据外，国家馆首次发布了标本和薄片数据，丰富了网络服务内容，扩大了服务范围。2015年7月21日，实物中心获得中华人民共和国国家版权局颁发的计算机软件著作登记证书。

2）提供中国实物地质资料信息网专业服务。已完成10×10^4m岩心图像信息、5000块标本、5000块薄片数据的发布，标本、薄片发布模块导入了7454个标本、16817张标本图像、10467个薄片和105340张薄片图像信息。系统亮点有多个：一是实现图片动态加载，提升了浏览者访问速度体验；二是在一个页面实现多个剖面、薄片和镜下描述显示，减少了页面跳转次数，提高了访问友好性；三是数据导入实现智能化，根据数据文件夹结构类型，将采集标本和薄片的图像信息、描述信息和属性信息与岩心图像信息集成统一发布服务。

3）更新全国重要地质钻孔数据库服务平台，便于社会公众网上检索查询。更新了全国重要地质钻孔数据库服务平台，实现与地质调查信息网格平台、各省地质资料信息服务平台等系统对接；完成云南等10个省（自治区、直辖市）钻孔数据库服务平台分节点部署，实现了全国地质钻孔资料的信息共享、资源共享和成果共享，为建立全国钻孔数据库管理与服务体系提供了基础。

2. 电话服务

向社会公布实物中心实物地质资料服务电话，用户可拨打服务电话010－61590184进行咨询、预约等。2015年，实物中心通过服务电话提供了百余次的咨询、接待登记、取样申请等服务。

3. 观察取样服务

服务内容主要包括取样、岩心扫描、岩心观察、借出交流。2015年共接待到馆专业人员2027人次，包括地质科研人员、境外矿产培训班学员等，提供油气资源地质调查、松科二井等重大项目实物地质资料观察取样服务，累计利用岩心19305.42m（2014年利用岩心1275m），利用标本100块和岩屑1789袋，取样3453件。

4. 教学实习服务

2015年累计提供教学实习服务1631人次，包括教学认识实习、生产实习、毕业实习及毕业论文指导、地质技能竞赛培训等，圆满完成了北京大学地空学院、华北科技学院和防灾科技学院教学实习服务任务，得到学校师生的好评。完成实物地质资料教学实习产品——《2015年版认知实习指导书》的编写，并提供教学实习使用，获得师生的好评。完成150件教学标本的描述，包括矿物标本70件、岩石标本80件，为丰富教学服务内容提供了基础。

5. 科普服务

1）科普基地获批科技类国家科普基地。经中国地质调查局、国土资源科普基地管理办公室、国土资源部科技与国际合作司推荐，全国科普教育基地资格审查和专家评审、实地抽查等程序，实物中心于2015年6月正式被命名为“2015～2019年全国科普教育基地”。

2）编制完成《地调局实物地质资料中心科普规划方案》，编写完成《国家实物地质资料馆展览大纲》，进一步明确加强科普基地建设的思路及重点工作。

3）坚持“用大众语言讲好地质调查故事”原则，通过科普展板，科普互动，科普专题报告，科普进校园、进社区等方式，开展丰富多彩的科普活动。邀请李廷栋院士做专题科普报告，举办科普活动走进李四光中队、走进北京大学、走进中国地质科学院水文地质环境地质研究所活动；开展地质调查实物资料进社区活动，2015年累计科普服务受众人数达4000余人。

4）完成“馆藏十大精品”资料的汇编，完成首部科普活动宣传片录制，进一步丰富了科普产品。

6. 到馆接待服务

2015年度共接待到馆参观157个团体、2211人次，满意度基本达100%。接待国外团体2次，分别是“2015年埃塞俄比亚地质矿产技术培训班”的20名技术官员和“发展研究中心援外培训班”的来自巴基斯坦、土耳其、塔吉克斯坦等9个国家的71名官员代表。

五、主要工作进展

（一）进一步丰富了馆藏实物地质资料

依托“国家级岩心标本采集与数字化”“实物地质资料采集管理”“典型矿山实物地质资料采集与集成”“整装勘查区实物地质资料采集集成与服务利用示范”“油气岩心数据采集与处理”等项目，完成了2015年度实物地质资料采集工作，进一步丰富了馆藏实物地质资料。

1. 完善了矿床实物地质资料库藏体系

一是典型矿床标本的采集。完成了福建省上杭县洋坡坑离子吸附型稀土矿、福建省古田县西朝钼矿、福建省福州市寿山石二号矿、福建省龙岩市东宫下高岭土矿山、四川省会东县淌塘铜矿、四川省会理县黑箐铜矿和四川省会理县新铺子铁矿7个典型矿床的系列标本采集工作，目前已有3个矿山完成野外验收及入库，其余正在进行野外采集工作；确定了内蒙古乌拉特中旗大乌淀石墨矿、山东省平邑县归来庄金矿、湖南省凤凰县花垣铅锌矿等24个矿区（项目）的岩心标本采集事宜，部分矿区（项目）的岩心标本已经接收入库，剩余矿区（项目）的岩心标本还在野外采集整理过程中；对松科二井岩心进行现场管理，截至目前，接收入库松科二井岩屑1789包、岩心729.34m；接收入库河南太康隆起上古生界参数井等22井共计15336.93m的岩心入库。二是重要构造单元标本的采集。康滇地轴系列标本采集工作已经顺利完成，采集了主要地层、岩体及典型矿床中具有代表性的岩石标本共计320块；采集淌塘矿区及外围年龄测试样12件，淌塘矿区及外围原生晕测试样39件；泰山岩群及寒武系标准剖面地层实物地质资料采集工作，已完成5条剖面的标本采集，包括标本113套，制作光薄片85片。

2. 丰富了古生物化石实物地质资料

完成贵州省凯里生物群实物地质资料采集外协的审查工作。目前，凯里生物群实物地质资料采集工作正在有序开展。

（二）加快实物地质资料信息化建设

1）研发部署全国实物地质资料信息集群服务系统。全国实物地质资料信息集群服务系统功能定位是将实物资料目录数据、相关资料数据、实物资料数据、服务产品和实物资料行业信息进行集群共享。软件架构确定围绕一个数据中心，经数据转换汇聚馆藏和全国目录数据信息，实现数据中心输入输出为应用系统服务。此系统亮点一是实现了国家馆数据库和多元异构文件数据导入，将国家馆结构化和非结构化数据汇聚到大数据库中统一管理与服务；亮点二是实现了国家馆和试点辽宁省馆实物地质资料数据资源、服务产品和行业信息共享；亮点三是与全国地质资料馆目录中心对接，实现了成果、原始数据三位一体服务。目前已完成系统主中心和分中心开发工作。

2）扎实推进实物地质资料信息提取。截至目前，完成50档馆藏实物地质资料著录，并对著录的信息进行校对，同时对完成的300余档实物地质资料著录信息进行汇编；完成薄片显微照相4006片，形成图像38037张，涉及145条实测剖面，并对采集的薄片显微图像信息进行了自查、互查、抽查三级质量检查。

3）开展馆藏322档服务目录整理加工工作，完成了322档服务目录数据库建设工作。在辽宁省开展实物地质资料信息组织试点工作，完成了32家地勘单位实物地质资料服务目录信息提取、整理加工工作，建立了辽宁省实物目录数据库。

4）结合实物中心现有实物地质资料服务利用流程、服务利用相关表单、电子数据格式等，提出了实物地质资料电子阅览室业务需求，包括用户需求、业务现状、业务机构、业务范围、电子阅览室借阅主要流程、数据资源、数据组织需求；开展国家实物地质资料馆电子阅览室系统服务信息整理加工工作，完成了50档实物地质资料服务信息提取、整理加工，包括实物基本信息、图像信息、描述信息等；根据实物地质资料服务业务需求，研究开发了电子阅览室系统，为全面建成电子阅览室和开展电子阅览服务奠定了基础。

（三）推进地质钻孔和样品分析数据库建设

1）建成含70万个历史回溯性钻孔的全国钻孔图表数据库。完成25万个钻孔的入库工作，建成含70万个历史回溯性钻孔的全国重要地质钻孔数据库，总数据量达10TB。其中，固体矿产类钻孔包含样品测试分析数据。

2）完成36万个钻孔的数据整理和公开发布。完成36万个钻孔的工程布置图、勘探线剖面图和钻孔柱状图的拼接、裁剪、格式转换和图片压缩、钻孔柱状图上的经纬度坐标擦除处理和钻孔经纬度坐标随机漂移处理工作，并于2015年国际矿业大会上公开发布。

3）更新全国重要地质钻孔数据库服务平台，便于社会公众网上检索查询。更新全国重要地质钻孔数据库服务平台，实现与地质调查信息网格平台、各省地质资料信息服务平台等系统对接；完成云南等10个省（自治区、直辖市）钻孔数据库服务平台分节点部署，实现全国地质钻孔资料的信息共享、资源共享和成果共享，为建立全国钻孔数据库管理与服务体系提供了基础。

（四）实物地质资料展览展示稳步推进

1）全面分析实物地质资料展览展示服务需求，研究确定了实物地质资料展览展示服务工作定位，系统开展了实物地质资料展示内容规划和研究，编制完成《国家实物地质资料馆展览大纲（展示内容）》和实物地质资料展览展示内容初步设计，并征求了专家意见。

2）根据实物地质资料展览展示内容，完成了国家馆实物地质资料展厅形式总体设计，并召开研讨会进行了研讨，根据专家意见进行了修改完善。

（五）全面完成立典性剖面及区调项目、海平面观测及实验测试任务

1）完成立典性剖面及区调项目任务。开展内蒙古阿巴嘎期新生代玄武岩填图调查方法调查研究，建立多元数据剖面及火山岩相构造图，厘定了玄武岩喷发时代，为该地区火山作用研究提供了重要依据。全面梳理总结重要构造带透闪石－蛇纹石化岩石的地质背景、岩石组合特点、显微构造特征、形成环境及成因类型。开展大兴安岭南段浅覆盖特征地貌类型区填图方法研究，指导地质调查工作；“内蒙古乌拉特中旗1575高地矿产调查评价”项目通过野外验收，获得优秀。“内蒙古角力格太－哈台山铁矿评价”项目成果通过

验收，获得良好。“内蒙古哈拉盖图牧场”等3幅矿调项目已完成原始资料和成果资料汇交。“内蒙古1∶5万呼格吉勒图”等4幅区域地质矿产调查项目和“内蒙古1∶5万苏哈图”等4幅区域地质调查项目已基本完成报告的编写，年底前可完成最终成果验收。

2）完成实验测试和秦皇岛海平面观测工作。顺利通过了实验室计量认证，符合换证审核标准。积极承接市场测试项目，完成产值80万元。编制完成《开放实验室建设方案》的初稿；完成海平面观测数据的采集、整理、存档工作，并为海军某单位提供数据服务。完成“津冀地区海平面变化及影响”等合作项目年度任务。

六、支撑部局工作

1）按照国土资源部有关文件要求，实物中心制定了《实物中心地质资料管理年报编报与信息报送工作制度》，明确了实物中心各部门职责，提出了具体要求，确保信息报送及年报编报工作顺利完成。2015年度实物中心圆满完成了地质资料信息报送工作任务。实物中心联合全国地质资料馆，共同协助国土资源部开展了全国地质资料信息报送管理工作，分别组织召开了全国地质资料管理年报编报暨全国地质资料信息报送工作会、油气等委托保管地质资料管理工作研讨会。

2）地质资料汇交监管平台平稳运行。地质资料汇交监管平台运行以来，实物中心代表国土资源部承担全国实物地质资料汇交监管工作，以认真负责的态度，保证了监管平台的平稳运行。

截至2015年11月30日，实物中心共接收汇交人报送的实物地质资料目录清单26617份，经筛选后下发实物地质资料汇交通知书110份，对汇交合格的实物地质资料下发合格单，对无需汇交的实物地质资料下发回执，所有目录清单均在有效时间内做出回复，且监管平台上能够显示清单处置结果，供国土资源部、中国地质调查局和省级国土资源厅领导及时了解地质资料汇交情况。

3）配合国土资源部起草《国土资源部办公厅关于进一步加强实物地质资料管理的通知》。通过研究，实物中心提出“分类筛选、分级管理、分散保管和强化服务”的管理思路，组织编制了《实物地质资料分类要求》《实物地质资料馆藏设施设备》和《实物地质资料馆藏技术要求》3个技术规程，协助国土资源部完成《国土资源部办公厅关于进一步加强实物地质资料管理的通知（征求意见稿）》的编写工作。

4）协助国土资源部宣教中心完成2015年中国国际矿业大会标本挑选、展台布展、接待讲解等工作。实物中心围绕国家“358”找矿突破战略行动第一阶段成果以及中国地质调查九大计划实施以来取得的找矿成果展开了实物地质资料的精心挑选与整理工作，共挑选和展出了全国16个地区的21m钻孔岩心和36块岩矿标本，通过与国土资源部、中国地质调查局领导多次沟通确定了具有代表性的实物地质资料目录清单，展区分国土资源部实物展区和中国地质调查局展区两部分。本次实物地质资料展览展示得到了与会者的高度认可，尤其是2015年展出的两块大型标本更是吸引了不少学者围观，媒体竞相报道。展会期间在展台开展了多种形式交流活动，依托电子屏幕、实物标本进行专业知识传达，增加了会场氛围。同时，通过广泛交流，受到外国友人的广泛关注。展台工作人员多次与不同国别的官员学者交流我国实物地质资料基本情况、观察取样方法，在实物中心副主任颜世强的见证下，实物中心与瑞典地质调查局初步达成了2016年关于实物地质资料方面的外事出访交流计划意向。

5）支撑国土资源部在第83届加拿大勘探与开发者协会（PDAC）年会上开展了以“我国在找矿突破战略行动中取得的重大成果”为主题的实物资料展览展示，共挑选了青海夏日哈木铜镍矿等5个取得找矿突破的典型矿床钻孔岩心资料，制作了展板和宣传册。

七、存在问题与建议

目前报送的地质资料信息在全国地质资料管理信息报送系统中不能按照工作类型（如汇交、保管、服务利用、制度建设、库房建设等方面）进行分类统计，而仅限于新闻类型的分类统计，建议在系统中增加这一项功能，更好地为国土资源部和中国地质调查局决策提供依据。

八、2016年度工作计划

1）支撑国土资源部、中国地质调查局做好实物地质资料管理工作。做好《国土资源部办公厅关于进一步加强实物地质资料管理的通知》下发后的培训工作。组织开展全国统一的国家及省馆实物地质资料工作规划的编制。完善与推广相关技术标准，研制实物地质资料所需新技术标准。继续做好地质钻孔与岩心的管理与服务等工作。有效监管实物地质资料汇交工作。继续协助国土资源部做好信息及年报报送工作。

2）带动各省（自治区、直辖市）做好实物地质资料管理工作。加强对省（自治区、直辖市）馆实物地质资料管理工作调研与业务指导，推动各级实物地质资料管理职能落地。提供成熟的实物地质资料管理工作技术标准供省馆和行业单位使用。做好《实物地质资料管理动态与研究》刊物和《全国实物地质资料管理年鉴》的编辑，为省（自治区、直辖市）馆和行业单位沟通交流搭建平台。

3）做好实物地质资料“收、管、用”工作，向社会提供实物地质资料服务。做好实物地质资料专项采集、汇交接收，做好数字化工作，不断丰富馆藏资源，为服务提供基础。进一步扩大服务，做好服务产品开发，编制《实物地质资料服务案例》，不断拓展服务方式，试点开展无损分析测试服务，推进集群服务系统推广应用，建成电子阅览室并发布所有数字化资源，推进网络服务整合。做好科普基地建设，建设展览展示新展厅，开发有针对性的科普服务产品，举办地质工作百年实物资料展，举办好各类科普活动，创新科普活动亮点；做好重要钻孔数据库建设工作。完成20万个数据采集入库，实现新形成地质钻孔资料及时采集更新入库，完善和编制《全国地质钻孔数据库建设标准规范和技术要求》。实现固体矿产与油气矿产数据整合，全面推进样品数据库建设，继续通过服务平台公开发布20万个钻孔数据信息。更新维护全国重要地质钻孔数据库管理与服务平台；继续做好区域地质调查、实验测试及海平面观测工作。做好北山成矿带地质调查工作。建设好开放实验室，积极承接市场测试项目。做好秦皇岛地下水与海平面监测工作。

4）加强青年科技人才队伍建设，修改完善《中心优秀青年科技人才管理暂行规定》，按照“四问”和“五不唯”评价标准对入选的优秀青年科技人才进行考核。

（撰稿人：曹德婕）

认清新形势　明确新任务
扎实做好 2015 年各项工作

——许庆丰同志在 2015 年实物地质资料中心工作会议上的讲话

同志们：

这次会议的任务是以党的十八大和十八届三中、四中全会精神为统领，全面贯彻落实全国国土资源工作会议精神和全国地质调查工作会议要求，认真总结 2014 年工作，全面部署 2015 年任务。

下面，我代表实物地质资料中心（以下简称中心）班子做工作报告。

一、2014 年工作回顾

过去的一年，我们在国土资源部、中国地质调查局党组和中国地质调查局发展研究中心的正确领导下，全体干部职工认真落实国土资源部、中国地质调查局党组工作部署和中心重点工作，团结奋进、求真务实，在业务、管理、队伍、党建和解决旧房遗留问题 5 个方面均取得了显著成效。先后获得 2014 年度中国地质调查成果奖一等奖 1 项、二等奖 2 项，中国地理信息产业工程优秀银奖 1 项，中国地理信息科技进步奖二等奖 1 项，获著作权 1 项，发表论文 53 篇，出版专著 3 部。获“2014 年度国土资源部优秀科普基地”荣誉称号。继续保持中央国家机关文明单位荣誉称号。2014 年整体预算执行率达到 90%。安全生产和保密工作实现零事故目标。

（一）业务工作成效明显

一是支撑国土资源部、中国地质调查局实物地质资料管理工作的能力不断提高。提出全国实物地质资料分类分级管理思路，起草完成《国土资源部办公厅关于进一步加强实物地质资料管理的通知》，制定了实物地质资料分类、筛选、处置和馆藏建设要求等相关技术标准。做好全国实物地质资料汇交监管工作。全面支撑国土资源部、中国地质调查局做好实物地质资料服务产品发布工作。组织各省（自治区、直辖市）做好实物地质资料管理年报编写及全国实物地质资料信息报送工作。

二是积极推进全国实物地质资料管理工作。分西北、东南、西南等区域组织开展 5 次实物地质资料管理调研，全面掌握了各省（自治区、直辖市）实物地质资料管理工作进展。组织开展十几次实物地质资料业务培训，协助解决了实物地质资料汇交难题。摸清了油气等委托保管的实物地质资料管理及服务现状。开展了实物地质资料筛选示范试点工作，为全国实物地质资料筛选和分级管理提供了有益经验。

三是中心内部业务建设再上新台阶。第一，全国重要地质钻孔数据库建设取得重要阶段成果。建成含 45 万个钻孔的全国重要地质钻孔数据库。完成数据库服务平台部署，在

2014 年中国国际矿业大会上正式开通运行。开发 5 万个钻孔柱状图公开服务产品，向 200 多家地勘单位推广使用，并作为国土资源部"服务找矿突破战略行动专题服务产品"向社会发布。第二，国家馆实物地质资料馆藏资源不断丰富。采集一批重要的有色金属矿床、贵金属矿床、非金属矿床及古生物化石等实物地质资料，采集了加拿大、芬兰、印度尼西亚、蒙古等国外实物地质资料，极大地丰富了馆藏资源。跟踪做好松科二井岩心保管和入库准备工作。截至 2014 年底，中心馆藏实物地质资料共 394 份，包括 23×10^4m 岩心、1.6 万块标本、236 块大型矿石标本、4 万片薄片等。第三，库藏管理不断规范。编写完成《实物地质资料建档、整理及数字化工作指南》，规范实物地质资料建档、整理及数字化工作，为全国实物地质资料馆藏管理提供了可复制的制度经验。第四，社会化服务能力和水平逐步提升。发布了全国重要典型矿床的 10×10^4m 岩心扫描图像。编制了《实物地质资料信息共享服务方案》，开发了攀西整装勘查区等实物地质资料信息集成数据等服务产品，积极主动向地勘单位和矿山企业提供服务。开展实验测试信息整理工作，首次在中国实物地质资料信息网提供实物地质资料测试信息服务。接待到馆参观和实习人数累计 1.2 万多人次，提供到馆岩心取样服务 11 次。积极开展丰富多彩的科普活动。第五，信息化支撑保障能力得到加强，保障中心网络及各个系统运行正常。完成中国实物地质资料信息网改版升级。开发了统一资源分配管理系统，开展网络安全测评，提高网络系统使用效率和安全防护能力。第六，全国重要立典性剖面项目工作取得新进展。建立了大兴安岭中生代火山岩代表性多元数据剖面及岩石标本集，采集了全国 20 个省（自治区、直辖市）主要构造带透闪石－蛇纹石化蚀变岩系列实物地质资料，既为中国地质调查局基础部和区调项目等关键地段地质问题提供技术支撑，又丰富了中心馆藏资源。第七，区域地质调查、实验测试和秦皇岛野外观测基地建设工作稳步推进。全面完成野外实物工作量，其中"内蒙古呼格吉勒图"等 4 幅 1∶5 万区域地质矿产调查项目野外验收取得两优两良的好成绩。完成市场承接的实验测试任务，开展了实验室内审和管理评审。获取海平面变化观测数据 52.56 万个，完成"环渤海海平面变化研究"等科研项目。第八，国内外学术交流与合作进一步加强。赴德国波茨坦地学中心进行技术交流，初步达成项目合作意向。与俄罗斯、加拿大等有关专家研讨实物地质资料综合研究工作。先后 4 次邀请国土资源部、中国地质调查局及高校专家，到中心开展学术交流活动。这些活动的开展，既营造了浓厚的学术氛围，又为促进实物地质资料管理与科学研究有机融合奠定了基础。

（二）管理工作有效开展

1. 制度建设成效明显

全年修订《费用报销管理办法》等规章制度 17 项，制度体系更加完善。通过定期检查、加强督办、强化内审、事务公开等方式，有效地促进了制度执行。通过制度解读会、手机短信等方式，加强制度宣传。中心干部职工逐步树立起按制度办事的理念，制度的执行力有所提高。

2. 项目管理更加规范

严格通过竞争性谈判方式确定外协项目承担单位，认真做好外协项目自查自纠，完成整改落实任务。加强项目质量管理，认真开展质量检查，3 个项目顺利通过中国地质调查局质量抽查，其中 1 个项目获得优秀。质量管理体系有效运行，顺利通过复核换证审核。完成结题项目成果梳理，认真开展成果登记报奖，进一步加强成果管理。

3. 预算和资金管理再上台阶

合理编制预算，落实预算执行责任，加强预算的统筹协调，实现了预算执行数据实时查询，较好地处理了加快预算执行进度、提高资金使用效益和保障资金安全三者之间的关系。严格执行内控制度，认真做好财务核算，保证了资金使用安全。完成内审和自查自纠的整改落实。定期公布预算执行情况，进一步提高财务信息公开透明度。

4. 人事管理稳步推进

明确细化各处室和中层干部职责，有力地促进了干部履职尽责，提高了执行力。完成首个聘期内第二次岗位补充遴选，60 多人遴选到了更高一级的岗位。加强工资预算管理，完善特殊绩效发放工作，逐步提高绩效工资激励作用。进一步规范外聘人员管理。

5. 行政管理成效明显

以《月度督办事项一览表》为抓手，加强督办工作，定时对月度重点工作、会议决定事项及领导批示进行督办，加大落实情况通报力度，保证了国土资源部、中国地质调查局决策部署和中心重点工作落实到位。规范公文管理流程，明确公文办理职责，进一步提高公文质量和运转效率。

装备基建管理扎实推进。加大设备购置统筹力度，足额安排项目设备购置资金，新增设备 278 台，新增资产总额 623 万元。完成配套服务楼二次工程招标，认真抓好工程预算控制，严把施工材料质量关，确保基建项目保质保量按时推进。

安全生产、保密工作和后勤服务水平进一步提高。严格落实安全生产责任制，加强重点部位和重点时段安全生产管理及专项检查，开展安全生产系列宣传教育活动，全年未发生安全生产事故。组织开展涉密测绘成果、涉密计算机管理专项检查，完成整改落实，全年未发生失泄密事故。及时做好基础设施维修及环卫保洁工作。保证食堂及医务室正常运行。强化综合治理及保卫工作，为单位发展营造了安全稳定的环境。

（三）队伍建设成效明显

1. 中层干部队伍建设得到加强

严格按照干部选拔任用程序和条件开展中层干部职级调整工作，8 名干部的职级得到调整。完成试用期满干部转正工作，4 名正处级干部、11 名副处级干部和 6 名正科级干部按时转正。选派 2 名青年干部到中国地质调查局发展研究中心交流学习，从发展研究中心申请选派 2 名干部到中心挂职，拓宽了青年干部培养渠道，充实了中层干部队伍力量。

2. 青年人才队伍素质不断提高

出台了《实物中心人才队伍建设的实施意见》，初步形成了中心人才队伍建设的总体框架。加强对青年科技人才的培养，在中心一些重要的项目中，大胆启用年轻人，2015 年担任项目负责、副负责的年轻人共有 12 人，最大限度地激发了年轻人的干劲与活力。团委积极为青年人成长成才搭建平台，开展了“如何做好项目”学习体会交流等活动。推荐 6 名业务骨干参加学历学位教育，组织各类职工教育培训。接收引进 7 名毕业生，安排其中4人到野外一线锻炼。人才队伍素质得到提高。

（四）党建工作成果丰硕

1. 党的群众路线教育实践活动整改成效明显

扎实推进党的群众路线教育实践活动整改落实，认真开展“回头看”工作。教育实践活动整改方案提出的64项整改措施全部完成，建章立制工作计划全部落实，专项整治活动旧房遗留问题处理工作取得了阶段性成果，切实转变了工作作风。“三公”经费总体上比2013年减少69%。

2. 党风廉政建设得到加强

加强廉政宣传教育，开展廉政宣传月等系列教育活动，召开中心党组理论学习扩大会，宣讲党风廉政建设“两个责任”基本内涵和具体内容。认真落实以“八问”为主要内容的责任传导机制，全面梳理出55个廉政风险点。加快“三转”，落实纪委监督责任，对中心食堂、差旅费、材料费等内容进行了内部审计，有效地促进了制度的执行。认真落实“一岗双责”“一案双查”责任制，严肃查处了1起违纪案件，对相关责任人进行了处理，并召开警示大会对党员干部进行了警示教育。

党建和精神文明建设稳步推进。认真学习贯彻党的十八大和十八届三中、四中全会精神，以及习近平总书记系列讲话精神，开展党章学习活动。坚持民主集中制，坚持从严治党，严肃党内政治生活和组织生活纪律，切实用好批评与自我批评的武器。加强基层党组织建设，完成支部书记选举，严格按规定发展党员。加强精神文明建设，开展社会主义核心价值观教育活动，发挥群团作用，指导团委及工会开展各项活动。工会开展了多项以民主管理和人文关怀为主题的活动。落实了关于离退休职工退休费的有关待遇，关注老同志思想动态，及时做好解疑释惑、心理疏导，确保了离退休职工队伍稳定。

（五）旧房遗留问题处理工作取得阶段性成果

在全面梳理历年来旧房遗留问题处理工作的基础上，深入分析了问题产生的原因及存在的问题，召开多次会议，研究下一步旧房问题处理工作方向。2014年8月，召开了旧房问题工作情况及下一步遗留问题解决意见的通报大会，正式启动了旧房遗留问题处理专项工作，将83户已交5000元购房款的职工作为旧房遗留问题的解决对象。专门成立工作小组和工作协调委员会，召开多次联席会议、意见征集会和专家咨询会，充分体现工作的依法性和民主性。目前，29名无房户和16名换房户问题基本得到解决，加房户问题已经启动，旧房清理工作积极推进。中心还积极与地方政府有关部门沟通协调，用足用好政策，减轻职工负担，切实为职工办了一件好事。

同志们，2014年各项工作成绩，离不开国土资源部、中国地质调查局党组和中国地质调查局发展研究中心的正确领导，更是全体干部职工团结奋进、努力工作的成果。借此机会，我代表中心班子，向全体干部职工表示衷心的感谢和崇高的敬意！

当前，我国经济社会发展进入新常态。我国经济增长速度由高速转为中高速，经济结构由中低端迈向中高端，能源资源需求增速放缓，但总量居高不下和结构持续优化成为新常态。2014年7月份以来，中国地质调查局准确把握经济发展新常态，对未来6年地质调查工作做出新部署，对地质调查工作进行了战略性结构调整。明确了做好“五个服务”、全力支撑能源资源安全保障、精心服务国土资源中心工作的定位，明确了建设世界一流地调局的目标和基本内涵，精心部署了九大计划、50 项工程、200 个项目。面对新形势、新要求，我们要科学认识、主动适应、积极应对新常态，进入新状态，找准工作定位，调整工作思路，优化业务布局，乘势而上，顺势而为，积极推动中心各项事业再上新台阶。

认清新形势、新要求的同时，我们也要清醒地看到，我们的单位仍然处于爬坡过坎阶段，工作中还存在许多不足。一是业务工作定位还不清晰，项目结构不够合理，成果的质量还不高，对社会的服务成效不明显。二是制度的科学性不够强，执行力还不高，项目资金管理还需进一步加强。三是加强队伍建设和人才培养的措施还需进一步落实。四是对新形势和新要求的理解把握还不够，对“两个责任”认识还不够透彻，文化建设还需进一步加强。五是旧房遗留问题还没有彻底解决，还需继续大力推进。对于这些问题和不足，我们要在今后的工作中切实加以改进。

二、扎实推进 2015 年工作

总体工作要求：以党的十八大和十八届三中、四中全会精神为统领，深入贯彻落实全国国土资源工作会议和全国地质调查工作会议精神，全力支撑国土资源部、中国地质调查局实物地质资料管理工作，全力落实助力九大计划，全面推进实物地质资料业务体系建设，夯实内部业务工作，切实提高依法办事能力，着力加强青年科技人才培养，强化党风廉政建设，解决 83 户旧房遗留问题，全面推进中心各项工作再上新台阶。

（一）推进业务工作，加快推动实物地质资料事业发展

1. 全力支撑国土资源部、中国地质调查局实物地质资料管理工作，全力推动全国实物地质资料管理工作

协助国土资源部、中国地质调查局推进全国实物地质资料管理体系建设，做好实物地质资料管理培训工作。开展实物地质资料管理政策及技术方法研究，制定实物地质资料筛选技术要求、馆藏管理工作规范、保管工作指南等技术要求和标准规范。进一步做好实物地质资料汇交监管工作。努力推进我国实物地质资料分类分级管理体系建设，选择 10 个省（自治区、直辖市）开展实物地质资料分类分级管理试点。研建全国实物地质资料信息集群服务系统，发布 2 个省（自治区、直辖市）的有关数据。继续做好省级实物地质资料馆工作调研和业务指导。做好油气等实物地质资料委托保管技术支撑。组织做好国土资源部实物地质资料管理年报编写和全国实物地质资料信息报送工作。办好《实物地质资料动态与研究》刊物。

2. 进一步夯实中心内部业务建设

第一，开展顶层设计，进一步明确工作定位。编写完成《实物中心业务中长期发展规划》，进一步明确中心业务体系框架，为下一步业务部门和科技人才结构调整优化奠定基础。

第二，全力推进全国重要地质钻孔数据库建设。认真总结前期数据库建设经验，基本完成回溯性数据入库，组织做好新数据入库工作。组织做好全国 31 个省（自治区、直辖

市）重要钻孔数据库建设、技术指导和质量检查，采集、加工、入库25万个钻孔数据。更新完善重要地质钻孔数据库服务平台，组织完成15万个重要地质钻孔基础资料数据入库工作，积极开发全国重要地质钻孔数据库信息服务产品，及时开展社会化服务。

第三，全面做好国家实物地质资料服务体系建设项目工作。做好实物地质资料接收采集和保管工作。筛选应向国家馆汇交的实物资料，做好接收整理入库工作。注重馆藏资源积累，重点开展重要矿床、整装勘查区和油气实物地质资料采集。做好实物地质资料库藏管理工作，扎实开展岩心扫描、标本照相和薄片显微照相等数字化工作，开展信息提取技术方法研究。做好实物地质资料服务工作，开展实物地质资料服务方案研究，开展全国实物地质资料信息组织与发布体系建设试点工作，建成实物地质资料电子阅览室，研究馆藏1∶25万区域地质调查实物地质资料信息集成方法，做好展览展示服务研究，开展专题服务产品开发，积极提供信息服务。精心做好到馆服务、网络信息和教学实习等服务工作，开展实验测试技术在实物地质资料服务中的应用研究。做好实物地质资料数据管理和数据发布的网络技术支撑，实现实物地质资料业务管理系统的有效运行使用，完成基础设施和统一资源分配管理系统升级，实现实物地质资料数据安全存储管理，完成配套楼机房配置工作，进一步完善中国实物地质资料信息网，保障网络系统安全和稳定运行。

第四，全面完成立典性剖面和区调项目任务。进一步明确中心地质调查工作定位。做好立典性剖面项目任务，梳理整合已收集的代表性多元数据资料，整合剖面信息，补充重要剖面调查资料。做好“内蒙古乌拉特中旗金矿调查评价”项目工作，完成“内蒙古1∶5万苏哈图”等4幅区域地质调查等3个结题项目报告编写和成果验收任务。

第五，扎实做好实验测试工作。完善质量管理体系，通过实验室计量认证复核换证审核。提出实验室对外开放基本要求。积极开展承接的市场测试项目。

第六，积极推进秦皇岛野外观测基地建设。做好基地软硬件建设，积极开展共建。完成海平面观测数据的采集、整理、存档。完成“渤海湾及邻区平面变化研究”等4个项目年度任务。

（二）加强管理工作，为事业发展提供有力保障

一是完善规章制度，强化制度执行。修改完善中心项目管理办法、采购管理办法等9项制度。加强制度宣传，增强按制度办事的意识。加大事务公开力度，领导干部带头执行制度，切实提高制度执行力。

二是加强项目和科技外事管理。修订《国土资源实物地质资料中心地调项目管理办法》，规范管理立项论证、项目优选、设计审查、质量检查、评审验收、资料汇交、成果登记等各环节工作。完善立项程序，提高立项工作科学性。加强项目外协管理，规范外协程序，明确预期成果。做好项目成果管理和登记工作。加强质量管理体系建设，增强体系运行的有效性。规范科技外事管理，增强外事工作效果。进一步加强科技交流，营造出浓厚的学术氛围。

三是加强预算和资金管理。明确预算编制和执行的主体及责任。科学编制预算，认真执行预算，确保完成预算执行任务。加强财务核算，确保提供数据的准确性。开展经济活动分析，提高经费使用效率，统筹中心经费的使用，保证各项工作的正常开展。加强制度建设，健全完善内控体系，切实防控财务风险。

四是完善目标责任制，加强责任制考核。做到目标具体、明确、可考核。加强目标责任制考核，加大问效追责力度，加强考核结果的运用。健全完善督办工作机制，推进责任制落实。

五是加强人事管理。做好收入分配工作，开展收入分配政策宣传，增强收入分配的激励和导向作用。总结首个聘期岗位遴选经验，进一步完善岗位职责及聘用条件，为第二轮岗位遴选做好准备。完善职工教育的管理。做好职工调配及外聘人员管理。紧密跟踪事业单位分类改革和养老保险制度改革，做好相关工作。

六是加强装备基建管理。紧密结合业务需求，配备高效、先进、适用的设备，统筹推进采购工作，严格执行政府采购等有关程序，提高采购效率。规范设备管理、使用及维修工作程序，提高设备使用效率。完成配套服务楼建设并投入使用，完成配套服务楼验收决算和科研楼决算工作。

七是加强安全生产、保密工作和后勤服务工作。强化安全生产和保密工作红线意识，坚持落实“一岗双责”，做好安全隐患整改，加强涉密测绘成果和涉密计算机管理，确保安全生产和保密工作不出问题。探索开展物业管理改革工作，做好保洁、保卫、维修工作，保证食堂和医务室正常运行。

（三）加强队伍建设，为事业发展提供人才保障

一是加强干部队伍建设。适时开展中层干部的选拔配备工作，完成试用期满干部的考核，开展干部选拔任用有关政策的宣传。加强干部教育，增强干部的组织意识、纪律意识和党员意识，提高执行力。

二是加强青年科技人才队伍建设。落实并细化中心人才队伍建设的意见，制定优秀青年科技人才选拔培养计划，开展选拔工作。

（四）加强党建工作，为事业发展提供政治保障

一是认真学习习近平总书记系列重要讲话，加强理想信念教育。深入学习贯彻党的十八大和十八届三中、四中全会精神和习近平总书记系列重要讲话精神，注重中心组理论学习，抓好干部教育培训工作。

二是加强党组织建设，严肃党内政治生活，使用好批评与自我批评武器。加强党支部书记队伍和党员队伍建设，充分发挥党支部的战斗堡垒作用和党员的模范带头作用。

三是加强党风廉政建设，进一步落实党风廉政建设责任制主体责任和监督责任，落实以“八问”为主要内容的责任传导机制，落实党风廉政建设责任制，坚持“一案双查”“一岗双责”，严肃责任追究，加强廉政宣传教育，加大内部审计力度，加大违规违纪案件查办力度，完善反腐倡廉建设制度体系。

四是加强作风建设，巩固群众路线教育实践活动成果，落实民主生活会的整改措施。持之以恒抓好“中央八项规定”精神的落实，防止“四风”反弹。健全党员领导干部联系服务群众制度。

五是认真落实民主集中制，强化党建工作责任制，坚持“集体领导、分工负责、民主集中、个别酝酿、会议决定”的原则，重大问题广泛征求意见，充分发扬民主，集体研究决定。班子成员要牢记党内职务，抓好分管范围内的党建工作。各支部书记要严格落

实党委工作部署，牢记“一岗双责”。

六是认真做好离退休服务工作，落实国土资源部、中国地质调查局关于离退休同志的有关待遇。关注老同志思想动态，做好解疑释惑、心理疏导工作，关心体贴老同志，切实为他们排忧解难，保证离退休职工队伍稳定。

（五）完成旧房遗留问题处理工作，为事业发展营造和谐氛围

按照中心旧房遗留问题处理意见，继续依法依规推进换房户、加房户及其他问题的解决，完成83户旧房遗留问题的处理，加大旧房清理力度，推进旧房管理基础设施改造，为全面解决旧房问题打好基础。

同志们，任务已经明确，关键在于落实。2015年，我们要在国土资源部、中国地质调查局党组和中国地质调查局发展研究中心的正确领导下，坚定信心、凝聚力量、开拓创新、真抓实干，全面完成2015年各项工作任务，全面提高实物地质资料业务支撑能力和服务水平，为实现世界一流实物地质资料馆努力奋斗，为地质调查事业和社会经济发展做出新的更大贡献。

国土资源实物地质资料中心实物地质资料服务利用办法

（国土资源实物地质资料中心　2015年4月2日发布）

第一章　总　则

第一条　为加强和规范国土资源实物地质资料中心（以下简称“实物中心”）的实物地质资料服务工作，提高服务工作效率和水平，结合实物中心工作实际，制定本办法。

第二条　实物地质资料服务工作（以下简称“资料服务”）坚持统一领导、牵头负责、协调配合、共同实施的原则。

第三条　本办法适用于实物中心提供的实物地质资料利用、相关资料借阅、来客参观等服务工作。

第二章　职责分工

第四条　资料服务室是实物中心资料服务的窗口，全面负责资料服务工作，主要职责有：

（一）负责受理、承办实物地质资料服务利用申请。

（二）负责用户到馆接待登记、服务过程跟踪、后续服务跟踪、服务质量跟踪等。

（三）负责各类馆藏实物地质资料服务目录和数据的编制、更新与离线发布。

（四）负责来客参观统一安排、统一登记、展厅和标本园讲解。

（五）负责对外服务情况统计分析和服务宣传。

第五条　库藏管理室是馆藏实物地质资料的日常管理部门，负责配合资料服务室做好资料服务工作，主要职责有：

（一）负责按照审批的服务利用申请，提供库藏实物资料的出入库和相关资料的借阅服务。

（二）负责参观库房的接待与讲解。

（三）负责定期向资料服务室提供馆藏资源目录。

（四）负责实物地质资料服务利用反馈成果的归档。

第六条　岩矿测试实验室是实物地质资料服务利用的技术支撑部门，负责配合资料服务室做好资料服务工作，主要职责有：

（一）负责实物地质资料取样。

（二）负责实物地质资料测试。

（三）参与实物地质资料取样、测试技术论证。

第七条　其他有关处室职责：

（一）网络信息室负责馆藏实物地质资料服务目录与数据的网络发布。

（二）中心办公室负责国内各级单位领导来实物中心参观的手续办理。

（三）科技外事处负责国外来宾来实物中心参观的手续办理。

第八条　接待人员职责：

（一）严格按规定办理资料借阅利用和来客参观手续，做到业务熟练，手续完备。

（二）主动向用户解释有关资料服务方面的规定，使用户自觉遵守有关规定。

（三）礼貌待人，文明服务，虚心听取意见，改进工作，不断地提高服务水平。

第三章　资料借阅利用管理

第九条　实物中心提供的资料借阅利用主要包括实物观察、取样、测试和实物相关资料借阅等。

第十条　资料服务室牵头负责资料借阅利用工作，与库藏管理室共同实施，并具体承担服务利用申请的登记、审核、资料明细开具等。

第十一条　到实物中心借阅利用资料的用户，根据借阅利用资料类型的不同，应出示不同的证件，资料服务室接待人员应严格查验证件。

（一）借阅利用公开地质资料，用户应出示本人有效身份证件。

（二）借阅利用保护期内地质资料，用户应出示本人有效身份证件和经汇交人同意的书面证明文件。

（三）借阅利用涉密地质资料，用户除出示本人有效身份证件外，还应出示《涉密地质资料借阅复制证书》。

第十二条　实物观察实行先预约申请后来馆观察，具体服务工作流程：

（一）申请。用户向资料服务室提交《实物地质资料观察申请表》（附件1）。

（二）审批。资料服务室收到用户的观察申请后，做好申请内容审核，履行签字审批手续，并及时与库藏管理室进行对接，协调安排用户来馆观察实物时间。

（三）到馆登记。用户来馆后，资料服务室接待人员应做好用户登记，并认真填写《实物地质资料服务来客登记表》（附件2）。

（四）查阅目录。用户自查或资料服务室接待人员协助查询服务目录，提供档号、题名等信息给库藏管理室，以便做好资料下架。

（五）入库观察。资料服务室接待人员全程陪同用户入库观察实物；库藏管理室接待人员凭资料服务室签字审批的《实物地质资料观察申请表》，为用户提供实物的出入库服务；用户观察实物过程中需要查阅实物相关资料的，需履行相关资料借阅登记手续，库藏管理室原则上只向用户提供复制件，不提供原件；用户观察实物后提出取样申请的，资料服务室负责履行相关审批手续。

第十三条　实物取样原则上实行先观察后取样，特殊情况下，用户也可直接提出取样申请，具体服务工作流程：

（一）申请。用户向资料服务室提交《实物地质资料取样申请表》（附件3）。

（二）审批。用户提交取样申请后，资料服务室应及时与库藏管理室和岩矿测试实验室沟通，根据取样申请内容确定是否允许取样、取样范围及数量是否合理等事宜，并履行审批手续；一般情况下，取样申请经资料服务室和库藏管理室负责人共同签字即可，遇到国外人员及中外合作项目取样申请等特殊情况，须经分管领导签字；取样申请一般应在5

个工作日内完成审批；经审批允许取样的，资料服务室应及时通知用户来馆取样；经审批不允许取样的，资料服务室应及时向用户说明情况。

（三）到馆登记与签订承诺书。用户来馆后，资料服务室接待人员应做好用户登记；用户如果是观察实物后提出取样申请再次来馆的，只需填写再次来馆日期，并按要求签订《实物地质资料取样分析测试申请人承诺书》（附件4）。

（四）查阅目录。用户直接提出取样申请的，需进行自查或由资料服务室接待人员协助查询服务目录，获得档号、题名等信息提供给库藏管理室，以便做好资料下架。

（五）入库取样。资料服务室接待人员全程陪同用户入库取样，并会同库藏管理室、岩矿测试实验室做好实物取样服务；库藏管理室接待人员凭签字审批的《实物地质资料取样申请表》，为用户提供实物下架；岩矿测试实验室负责为用户提供取样设备，并完成取样；取样工作在实物库内指定场所进行，取样后剩余的实物样品要放回原位置，并要进行登记并填写取样记录，库藏管理室接待人员要进行现场检查验收，合格后方可允许用户带离样品。

（六）样品测试。根据用户取样测试内容，实物中心具备测试条件的，原则上要求用户在实物中心岩矿测试实验室进行制样、测试工作，并填写《样品检测委托书》（附件5）；用户取样送其他测试机构测试的，测试分析后实物样品有剩余的，应按要求将样品包装送回实物中心继续保存。

（七）利用成果反馈。用户取样测试分析结束后6个月内，资料服务室负责督促用户按照承诺书要求向实物中心提交测试数据及相关研究成果，并提交库藏管理室统一归档管理。

第十四条 实物相关资料借阅工作由库藏管理室负责实施，具体负责相关资料的查询、阅览、复制等工作，并履行借阅登记手续。

（一）相关资料有电子版的，库藏管理室应向用户优先提供电子版资料，并采用光盘刻录。

（二）借阅纸质相关资料，用户须当面点清数量，单次借阅量不得超过3档，借阅时间不得超过15天，因工作需要延期借用者，可办理续借手续，但总的借阅时间不得超过30天。

（三）用户在使用纸质相关资料时，必须严加爱护，不得污损、涂改、划记号和随意折叠。

（四）用户归还资料时，库藏管理室应认真清点检查，归还资料与所借资料相符后当面办理借阅注销手续。

第十五条 实物中心提供实物取样、资料扫描、打印及刻盘等服务时，只收取工本费。

第十六条 用户观察取样结束时，资料服务室接待人员应对用户进行服务满意度调查，并认真填写《实物地质资料服务满意度调查表》（附件6）。

第十七条 资料服务室应定期开展实物观察、取样等资料服务利用情况汇总、统计分析工作。

第四章　来客参观管理

第十八条　实物中心的来客参观工作由资料服务室统一登记、统一安排，并与库藏管理室共同实施。

第十九条　所有来客参观的接待，资料服务室接待人员均应如实填写《实物地质资料服务来客登记表》，写明来客姓名、单位、联系方式、人数等。

第二十条　与资料服务室联系的客人参观，资料服务室直接安排参观。

第二十一条　与其他处室联系的客人参观，相关处室应及时通知资料服务室，由资料服务室负责安排参观。

第二十二条　中心领导接待的客人参观，由中心办公室负责履行相关手续，因特殊原因来不及按正常程序办理手续的，中心办公室可通知资料服务室先安排参观，参观工作结束后，由中心办公室负责补办手续。

第二十三条　到实物中心访问、交流的外国客人参观，由科技外事处按照外事活动规定负责接待工作，并及时通知资料服务室，由资料服务室负责安排参观。

第二十四条　来客参观结束时，资料服务室接待人员应对来客进行服务满意度调查，认真填写《实物地质资料服务满意度调查表》，并定期开展来客参观情况统计工作。

第五章　责 任 追 究

第二十五条　因违反中心规定提供资料服务给中心造成损失的，追究有关人员责任。

第二十六条　因违反国家的保密安全等法律规定给中心造成重大损失的，按国家法律有关条款追究其法律责任。

第六章　附　则

第二十七条　本单位人员因工作需要借阅利用资料参照本办法执行。

第二十八条　馆藏实物地质资料目录、数据发布程序参照实物中心有关规定执行。

第二十九条　本办法由实物中心资料服务室负责解释。

第三十条　本办法自印发之日起执行。

附件1　实物地质资料观察申请表

编码：CSC－D－7.5.1－23　　　　　　　　　　　　记录编号：

年　　月　　日

<table>
<tr><td rowspan="9">申请人填写</td><td>姓　名</td><td></td><td>工作单位</td><td colspan="3"></td></tr>
<tr><td>证件类型</td><td></td><td>证件号码</td><td colspan="3"></td></tr>
<tr><td>联系电话（手机）</td><td></td><td>电子邮箱</td><td colspan="3"></td></tr>
<tr><td>申请观察实物资料种类</td><td colspan="5">□ 岩心　□ 岩屑　□ 标本　□ 副样　□ 光薄片　□ 其他__________</td></tr>
<tr><td>档　号</td><td></td><td>题　名</td><td colspan="3"></td></tr>
<tr><td>钻孔编号</td><td></td><td>图幅编号</td><td></td><td>剖面编号</td><td></td></tr>
<tr><td>观察目的</td><td colspan="5"></td></tr>
<tr><td>观察内容</td><td colspan="5"></td></tr>
<tr><td colspan="6"></td></tr>
<tr><td rowspan="3">馆藏机构审批</td><td colspan="6">经办人签字：　　　　年　月　日</td></tr>
<tr><td colspan="6">资料服务室意见：
负责人签字：　　　　年　月　日</td></tr>
<tr><td colspan="6">库藏管理部门意见：
负责人签字：　　　　年　月　日</td></tr>
</table>

说明：本表格中实物地质资料种类一栏请在选项中打“√”，选项中没有的请手工填写。

附件2　实物地质资料服务来客登记表

序号	来馆日期	姓名	工作单位	证件类型	证件号码	联系电话	来馆人数	来馆目的	再次来馆日期	备注

附件3　实物地质资料取样申请表

编码：CSC－D－7.5.1－24　　　　　　　　　　　　　　　　记录编号：

年　　月　　日

<table>
<tr><td rowspan="15">申请人填写</td><td>姓　　名</td><td colspan="2"></td><td colspan="2">工作单位</td><td></td></tr>
<tr><td>证件类型</td><td colspan="2"></td><td colspan="2">证件号码</td><td></td></tr>
<tr><td>联系电话（手机）</td><td colspan="2"></td><td colspan="2">电子邮箱</td><td></td></tr>
<tr><td>申请使用实物资料种类</td><td colspan="5">□ 岩心　□ 岩屑　□ 标本　□ 副样　□ 其他__________</td></tr>
<tr><td>档　　号</td><td colspan="5"></td></tr>
<tr><td>题　　名</td><td colspan="5"></td></tr>
<tr><td>钻孔编号</td><td></td><td>图幅编号</td><td></td><td>剖面编号</td><td></td></tr>
<tr><td>产出地区</td><td colspan="5"></td></tr>
<tr><td>取样范围</td><td colspan="5">钻孔岩心：孔深______________m 至________________m
标本（或样品）：编号________________至________________</td></tr>
<tr><td>取样数量</td><td colspan="5"></td></tr>
<tr><td>申请使用实物资料的项目名称</td><td colspan="5"></td></tr>
<tr><td>取样目的</td><td colspan="5"></td></tr>
<tr><td>检测内容</td><td colspan="5"></td></tr>
<tr><td>检测方法</td><td colspan="5"></td></tr>
<tr><td>拟送检测机构</td><td colspan="5"></td></tr>
<tr><td rowspan="4">馆藏机构审批</td><td colspan="6">论证结论（并附论证报告）：
经办人签字：　　　　　　年　月　日</td></tr>
<tr><td colspan="6">资料服务室意见：
负责人签字：　　　　　　年　月　日</td></tr>
<tr><td colspan="6">库藏管理室意见：
负责人签字：　　　　　　年　月　日</td></tr>
<tr><td colspan="6">分管领导意见：
签　　字：　　　　　　年　月　日</td></tr>
</table>

说明：本表格中实物地质资料种类一栏请在选项中打“√”，选项中没有的请手工填写。

附件4　实物地质资料取样分析测试申请人

承　诺　书

取样实物资料名称：
取样钻孔（标本）编号：
取样单位：
取样人：
取样数量：
检测目的：
取样时间：　　　年　　月　　日

国土资源实物地质资料中心制

为避免后期重复取样测试工作，造成珍贵的实物地质资料浪费和缺失，依据国土资源实物地质资料中心（以下简称“实物中心”）实物地质资料服务利用办法相关规定，取样申请人应对取样测试副样及测试结果进行保护，承诺如下：

一、申请人取样测试完毕后，将测试数据及相关成果在6个月内反馈给实物中心，并及时向实物中心反馈实物地质资料取样利用效果。

二、申请人在后期利用测试结果发表论文和相关科研成果时，必须标注样品来源为“国土资源实物地质资料中心”。

三、申请人完成测试后，测试剩余全部样品要按照有关要求包装好送回实物中心继续保存。

四、申请人若不遵守以上承诺，实物中心将不再向申请人及申请人所在单位提供实物地质资料服务。

承诺人：
日　期：

附件5　国土资源实物地质资料中心样品检测委托书

编号：GTSC－JL68－04－2011

委托书编号：　　　　　　　　　　　　　　　　　　　　　　　　第　　页共　　页

<table>
<tr><td colspan="3">客户名称：</td><td colspan="2">联系人姓名：</td><td colspan="2">联系电话：</td><td colspan="2">传真：</td></tr>
<tr><td colspan="5">通讯地址：</td><td colspan="2">邮政编码：</td><td colspan="2">E-mail：</td></tr>
<tr><td colspan="2">要求提交报告时间</td><td colspan="2">年　月　日</td><td>报告发送方式</td><td>自取 □　邮寄 □　传真 □　E-mail □</td><td>封识情况</td><td colspan="2">封识完好 □　无封识 □</td></tr>
<tr><td>送样方式</td><td colspan="3">客户自送 □　邮寄送样 □　本室取回 □</td><td>检测方法</td><td>国家标准 □　行业标准 □</td><td>样品性状</td><td colspan="2">固体（块 □　粒 □　粉 □　其他 □）　液体 □</td></tr>
<tr><td>包装</td><td colspan="3">纸袋 □　塑料袋 □　瓶袋 □</td><td>余样处理</td><td colspan="2">客户自己取回 □　本室帮助退回 □　本室协助消纳 □</td><td>样品总数量</td><td></td></tr>
<tr><td>说明</td><td colspan="8">1. 委托送样时间以委托人或收样人签字为准。2. 委托检测样品仅对来样负责。3. 委托方确认检测项目、检测依据、保证所提供样品和资料符合检测要求。并按规定交纳检测费用。4. 委托方对提供的检测样品安全要求有如实告知的责任。5. 委托书一式二份，双方各一份。</td></tr>
<tr><td>备注</td><td colspan="6"></td><td colspan="2">以下由本实验室填写</td></tr>
<tr><td>序号</td><td>样品原号</td><td>样品名称</td><td>样品性质</td><td colspan="3">检测项目</td><td>本室编号</td><td>检查编号</td></tr>
<tr><td></td><td></td><td></td><td></td><td colspan="3"></td><td></td><td></td></tr>
<tr><td></td><td></td><td></td><td></td><td colspan="3"></td><td></td><td></td></tr>
<tr><td></td><td></td><td></td><td></td><td colspan="3"></td><td></td><td></td></tr>
<tr><td></td><td></td><td></td><td></td><td colspan="3"></td><td></td><td></td></tr>
</table>

委托人签字：　　　　年　　月　　日　　　　收样人签字：　　　　年　　月　　日　　　　单位盖章：

委托方地址：　　　　　　　　　　　　　　实验室地址：河北省三河市燕郊开发区燕灵路245号

委托方联系电话：　　　　　　　　　　　　实验室联系电话：010－61590154

附件6　实物地质资料服务满意度调查表

编码：CSC－D－7.5.1－25　　　　　　　　　　　　　　　　　　记录编号：

年　　月　　日

<table>
<tr><td>姓　　名</td><td></td><td>工作单位</td><td></td></tr>
<tr><td>职　　业</td><td colspan="3">□ 公务员　□ 科研技术人员　□ 管理人员　□ 教师　□ 学生　□ 一般工作人员
□ 离退休人员　□ 其他</td></tr>
<tr><td>单位性质</td><td colspan="3">□ 党政机关　□ 事业单位（包括学校）　□ 企业　□ 社会团体　□ 其他</td></tr>
<tr><td colspan="4">尊敬的顾客：
您好！为了提高我们的服务水平，请您配合我们完成以下调查，您提出的任何建议及意见都将有助于我们改进服务水平，我们会十分真诚地对待您的每项建议及意见。</td></tr>
<tr><td>服务环境</td><td colspan="3">□ 满意　　□ 基本满意　　□ 不满意</td></tr>
<tr><td>服务态度</td><td colspan="3">□ 满意　　□ 基本满意　　□ 不满意</td></tr>
<tr><td>意见及建议</td><td colspan="3"></td></tr>
</table>

说明：本表格中有选项的请在相应选项中打“√”，没有选项的请手工填写。

实物地质资料馆藏设施设备建设指南（内部资料）

一、前言

为指导实物地质资料馆藏机构、受委托保管单位和其他保管单位建设安全、经济、适用的实物地质资料库房，进一步提升实物地质资料的保管与服务利用水平，参照《档案馆建筑设计规范》（JGJ 25—2000）、《地质资料馆藏机构资质分级意见》（国土资发〔2010〕32 号附件）和《实物地质资料馆藏设施建设要求》（内部资料），提出本指南。

二、实物地质资料馆藏设施建设

实物地质资料各类馆舍建筑应遵循《档案馆建筑设计规范》建设，并按甲级档案馆的建设要求配备各项设施。

（一）工程设施

通常实物地质资料馆舍工程设施包括存储库房、办公与服务业务用房及其他用房。

1. 存储库房建设要求

存储库房一般包括实物库和档案资料库，实物库主要存贮各类实物（岩心、岩屑、标本、光薄片、副样）等，档案资料库主要存贮与实物相关的纸质资料和电磁介质资料。

（1）库房选址

存储库房选址应纳入并符合城市总体规划要求，选择工程地质条件或水文地质条件较好的地段，远离自然灾害频发地区和易燃、易爆场所，不设在有污染腐蚀性气体源的下风向；选择地势较好、场地干燥、排水通畅、空气流通和环境安静的地段。实物库房要建在交通方便、便于利用的地区；档案资料库房选址不应设在距离实物库房较远的地区，避免资料利用受限，不应设在锅炉房、配电室等危害档案资料安全的建筑旁。

（2）库房布置

实物库房宜根据长远建设要求，独立建造、自成体系、坚固稳定，按照Ⅶ级及以上地震基本烈度设防。应充分利用场地，合理布局，库房区内不应设置其他用房，其他用房之间的交通也不得穿越库区，库内道路布置应便于档案实物的运送、装卸，并应符合消防和疏散要求，每个库房应有两个以上的独立出口。

对于非独立库房，存储库房应位于建筑底层，有地下室时设在最下层，没有地下室时设在地面一层，对于带窗且保管有涉密资料的库房应带围护结构。

（3）库房建筑

档案库房建筑应防光，窗户应小而少，并注意朝向，东西向不宜设窗，南北向应少设窗；在档案库房外可设环形走廊，使阳光不能直射入库，有效减少阳光对纸质档案的破坏作用；也可在窗户上安装百叶窗或使用有色玻璃等，遮挡有色光及紫外线。库房总容量不宜过大或过小，一般预计满库年限以10年至20年为宜。

存储库房的地面载荷应满足需要。建库时，应精确计算出库房每平方米的负荷，并增加20%～25%的保险系数。

存储库房建筑饰材应节能环保，库内地面防潮应有措施，档案资料库门应为保温门，窗的气密性、水密性能及保温性能应当比当地办公建筑的要求高一级。

（4）库房环境

库房内的保管环境应符合防盗、防光、防高温、防火、防潮、防尘、防鼠、防虫八防要求，且通风良好、无腐蚀性气体，库房的温度、湿度根据保管的不同资料而设定。

应加强库房外的植物绿化，提高绿化覆盖率，优化库房环境，净化空气，减少污染气体对于资料的破坏。

对于特殊实物，如冰心、原油、危害人体健康或污染环境的实物、特别珍贵实物等，库房环境建设应满足其特殊保管需要，建设高质量防辐射库房，冰心、原油应存于冷库或设置冷柜保管，危害人体健康或污染环境的实物应单独保管等。档案资料库其建筑应该按照《档案馆建筑设计规范》（JGJ 25—2000）和《电子文件归档和管理规范》（GB/T 18894—2002）中的要求，严格控制温湿度等环境指标。

（5）库房密闭及通风

库房密闭及通风是为了减弱库外不适宜的温湿度对库房内的影响。库房密闭的重点是门窗，分为永久性密闭和暂时性密闭两种。永久性密闭即封闭部分窗户，除必要的通风和采光之外，其余的窗户永久性密闭，为馆舍建筑美观起见，可在外安装假窗；暂时性密闭则根据实际情况灵活密闭门窗，需要时再打开。

通风的方式有两种，自然通风和机械通风。机械通风一般采用下送上排的方法，将进风口安排在库房墙角下，排风口设在库房上面。

（6）库房检查与维护

实物地质资料馆舍库房应定期检修，更换老化、腐朽零件，检查电线走线是否规范、是否有老化现象，钢制货架是否在其承重范围之内，定期做好库房维护保养工作。

2. 办公与服务业务用房建设要求

根据工作需要，实物资料馆舍应设置用于实物资料整理，相关纸电资料整理，标本照相，岩心扫描，实物切样、取样等办公用房，使用面积应大于等于500m^2；设置用于实物观察、纸电资料阅览及会议报告厅、接待厅等服务业务用房，使用面积亦应大于等于500m^2。

（1）资料整理用房

实物整理室选址应尽量靠近实物库房，实用空间应足够大，便于实物资料的摆放、整理，整理前后实物资料的搬入和搬出，多档实物资料同时整理等。实物整理过程中，产生粉尘较多，要与岩心扫描、标本照相、实物观察等用房做好隔断。

纸质资料整理室应按照干燥通风、防雷防电防潮的要求建设，并保持适宜的温湿度。

电子文件整理室应具备防磁、防尘功能，确保电子资料的安全。

（2）标本照相和岩心扫描用房

标本照相室和岩心扫描室均应注意室内光照问题，宜采用日光灯照明，并保持光线柔和。工作室应与库房相通，留出充足的实物搬运通道，便于实物的搬运。

（3）实物取样、制样用房

实物取样、制样的噪声、粉尘较大，应与实物库、档案资料库及其他办公用房保持一定距离，建议不小于20m，实物取样室的用房环境主要应防尘降噪，且保持良好通风，上下水满足实验室相关要求。

（4）资料服务用房

实物地质资料馆藏机构服务业务用房应包含实物观察室（图1，图2）、纸质电子资料阅览室、实物展览室和会议报告厅等。此类用房皆应宽敞明亮，干净整洁，光线柔和、稳定，室内设置排水和通风装置。实物观察室应与库房相通，以方便搬运实物资料。

图1　全自动式实物观察厅

图2　一般实物观察厅

3. 其他用房

实物地质资料馆藏机构用房应设置打印室、复印室等基本用房，还应设置资料查阅室，方便查阅人员查询资料目录，使得借阅更迅捷。

（二）空间设施

1. 温湿度调节设施

根据不同库房存储的资料不同，有条件的单位应在各个库房应配备相应的温湿度检测控制系统，实时检测库内环境，实现温湿度的恒定和自动控制。温湿度要根据库房存储的资料种类和资料的不同载体决定。实物库房和纸质档案库的温度应控制在14～24℃之间，相对湿度为45%～60%；光盘磁带库温度应在14～24℃之间，相对湿度则应为40%～60%。档案库在选定温湿度后，每昼夜温度波动幅度不得大于±2℃、相对湿度波动幅度不得大于±5%。我国地域辽阔，南北温度差异较大，需根据当地的温度条件采取相应的增温、降温措施，达到适宜温度。

2. 消防设施

实物地质资料馆舍内各类建筑内皆应设置自动报警灭火系统、防排烟系统、防火分隔系统、消防广播系统、气体灭火系统、应急疏散系统等。常用的灭火系统分为人工灭火、半自动灭火系统和全自动灭火系统，在档案库房、空调机房及计算机用房等重地应配置全自动灭火装置。不同资料库房应设置相对有效的消防设施，如岩心和标本库房可设置水喷淋自动报警灭火系统或非卤代烷气体灭火系统，光（薄）片和副样库房应采用惰性气体灭火系统，不可采用水喷雾灭火系统。

3. 安防设施

实物地质资料馆舍内皆应设置摄像监视系统、震动报警系统、红外线双监自动报警系统，重要的电子档案保管库房应满足电测安全屏蔽要求，设置必要的网络防火墙，以确保各类资料的绝对安全。档案资料库房均应设置安全级别高的防盗门。

4. 空气净化设施

净化空气主要是指去除库房内的有害气体及灰尘，从而提高库房内的空气质量。主要依赖于空气净化系统，利用静电吸尘、灭菌的原理，由静电净化装置来实现。

三、实物地质资料馆藏设备建设

（一）基本设备建设

1. 温湿度控制设备

库房的温湿度直接控制着资料的寿命，因此必须因地制宜，采用多种方法，控制库内温湿度。基本的恒温恒湿控制设施由温湿度采集器（图3）、温湿度控制器（图4）和温湿度显示器（图5）3种设备组成。

图3　温湿度采集器

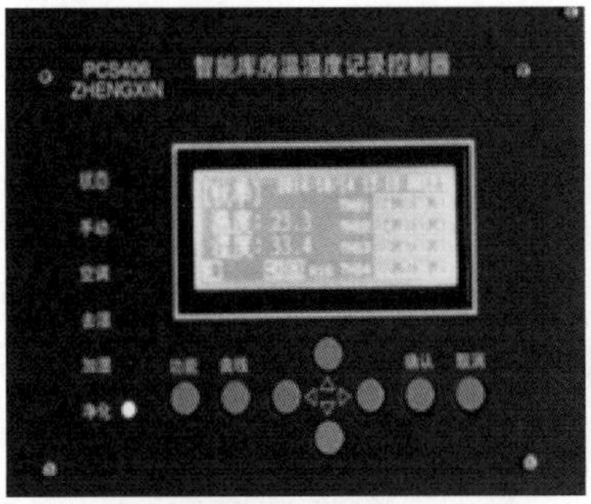

图4　温湿度控制器

图5　温湿度显示器

库房最理想的增降温方法是采用中央或局部空调设备，目前档案馆主要使用的增温设备是以蒸汽为热媒的暖气，安装在走廊内，通过换气设备使廊内加热空气和库房内空气交换。

2. 消防设备

火灾警报设备应设置火灾探测器、烟感探测器、警报按钮、警报器和火灾警报控制器等；灭火设备应设置各类灭火器（图6）、消火栓、水带和水枪；破拆工具类则应设置消防斧及各类切割工具等；部分电磁介质库房还可利用氧气吸收装置（图7），吸走助燃气体，消灭火灾。

3. 安防设备

安防系统应设置相应的安防设备，主要包括入侵探测器、防盗报警控制器、视频监控设备（图 8，图 9）等，重要馆舍建筑皆应设置防盗安全门和防盗窗，做好监测与防护。

图 6　灭火器箱

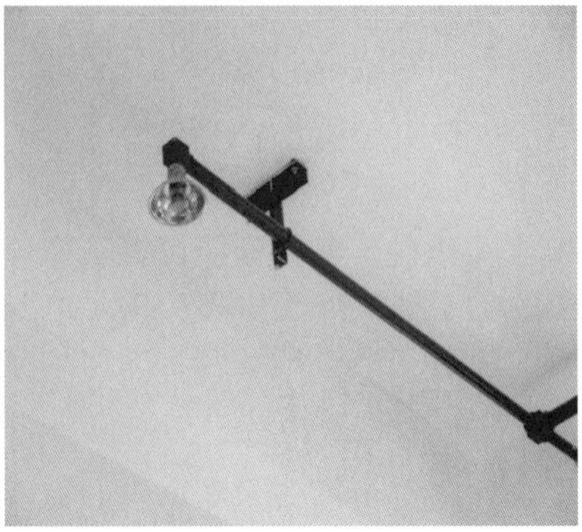

图 7　氧气吸收装置

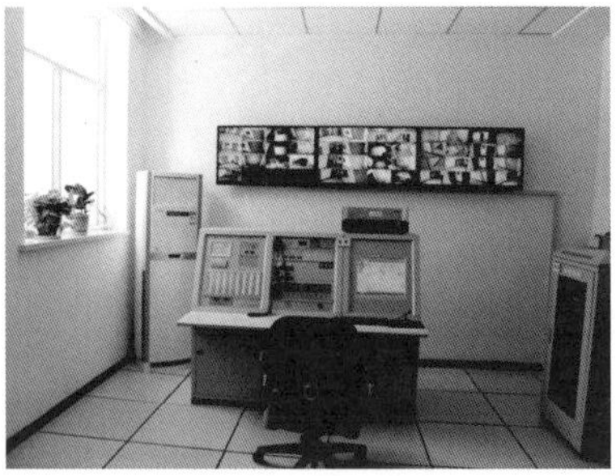

图 8　监控室

图 9　监控摄像头

4. 排水、通风、除尘设备

各类实物馆舍建筑皆应配置排水下水管道（图 10），保证污水、雨水等正常排泄，排水管道不用设置在档案资料库房相邻的内墙上；设置风机、空气过滤器、除尘器等通风换气设备（图 11），确保馆舍建筑内空气流通，避免粉尘过大，目前档案库房常使用的机械通风设备有离心式通风机及轴流式通风机。

图 10　排水口

图 11　排气扇

5. 安全设备

各类实物馆舍皆应配备各种人身安全保障设备，如安全帽（图 12）、眼防护具（图 13）、听力护具、呼吸护具、防护服、防护手套、防尘用具等劳动安全用品。各种大型仪器设备周围应标有黄色警示线、安全标语（图 14）等提示，避免工作过程中发生意外。

图 12　安全帽

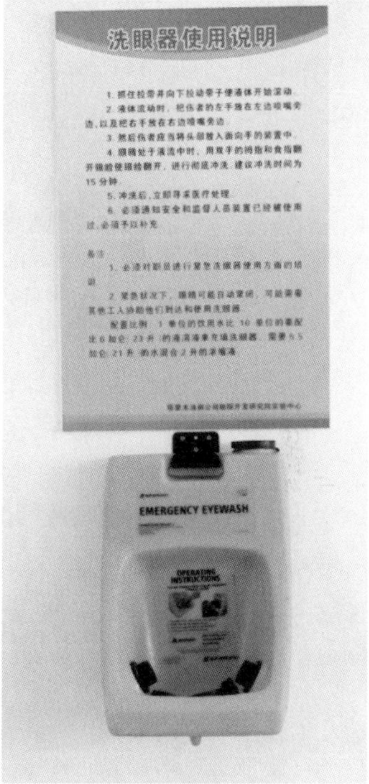

图 13　洗眼器

图 14　安全标语

（二）实物库房设备建设

1. 装具设备

不同的资料应配备不同的资料装具。

针对实物地质资料，岩心和标本一般采用统一规格的岩心箱（图 15）、标本箱（图

16，图17），有时为木质岩心箱，整齐排列于托盘内，置于货架存储；薄片和探针片装具为统一规格的薄片盒（图18），光片装具则为定制的百格盒；特殊实物地质资料如原油，则采用广口瓶（图19）密封乘装，岩屑则采用棉质岩屑袋封装等（图20，图21）。

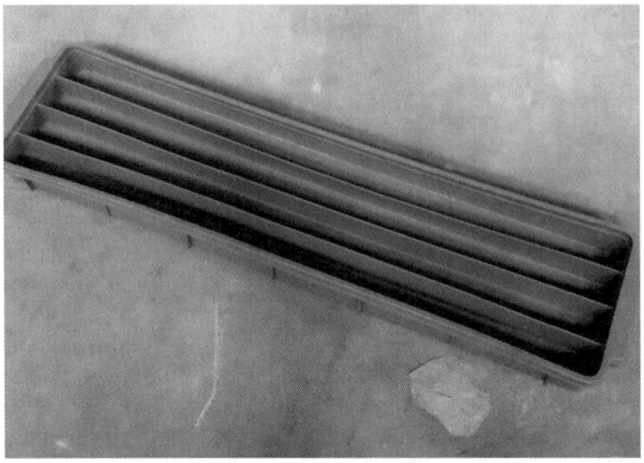

图15　四格岩心箱

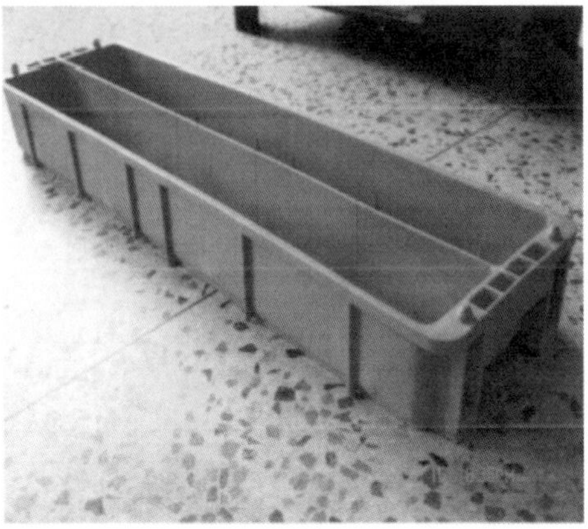

图16　标本箱

图17　铁制标本箱

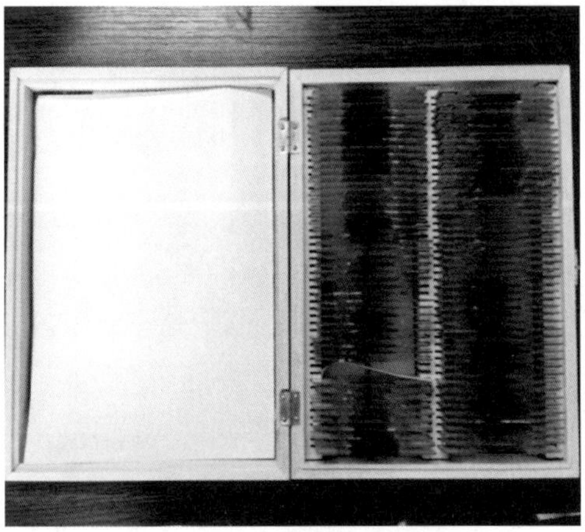

图18　薄片盒

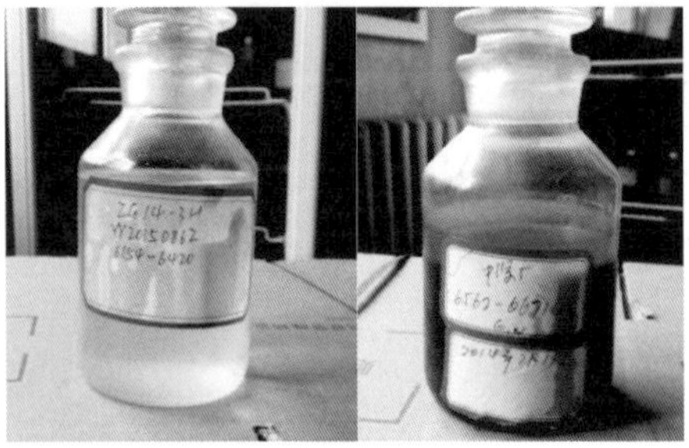

图19　原油广口瓶

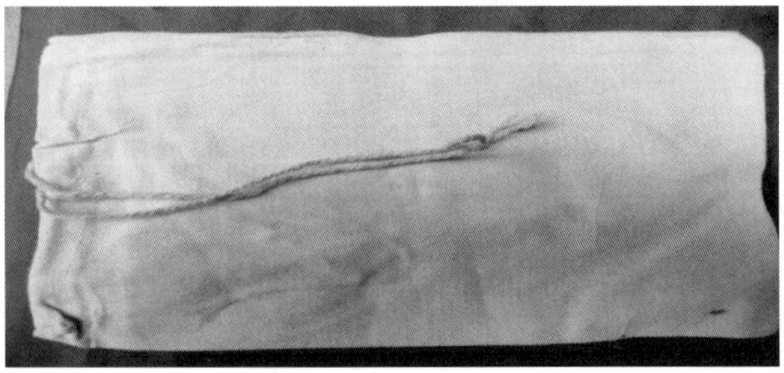

图20　纯棉布岩屑袋

针对纸电等相关资料，光盘、磁带、录像带等与实物相关的电子文件应严格按照《电子文件归档与管理规范》（GB/T 18894—2002）中的要求，采用光盘柜、光盘盒（图22）、磁带盒（图23）、录像带盒等磁性载体装具；文本类资料应使用档案架、档案柜、档案盒、资料袋等装具。

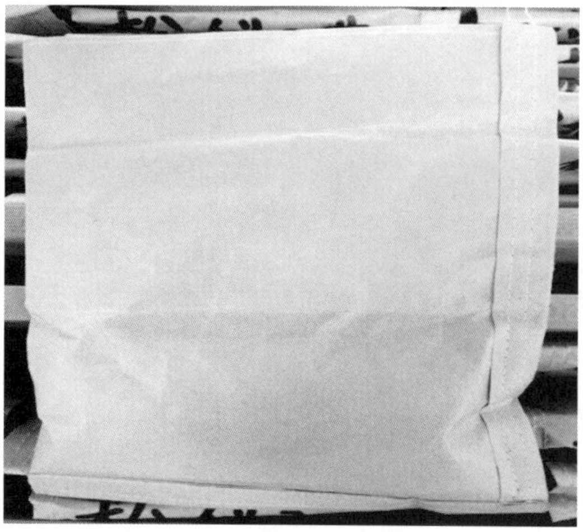

图 21　牛皮纸制岩屑袋

图 22　光盘装具

图 23　磁带装具

其他实物装具应选择适合实物资料特征和保管条件的、相应规格的装具进行存储。

2. 存储设备

岩心和标本的存储设备一般采用货架，空间净高度在 3m 以上的大型实物地质资料库房，应配备立体仓储设备存放实物地质资料，立体化仓储设备一般包括货架、托盘、堆垛机、轨道车及仓储管理系统（图 24）；小型实物地质资料库房可采用一般钢制货架（图 25），货架应满足承重需要，确保长期稳定，可在每个货位下设置滚轮（图 26），便于岩心盒出入；规格较小的标本、光（薄）片和副样可采用货架或密集架（图

图 24　立体仓储系统

27）存放。特殊存储库房中还见有特殊存储设备（图28），如用来存放副样、特殊海洋样品等的冷库和用来存放原油的冷柜等。

图25　一般钢制货架

图26　普通货架的货位滚轮

图27　手动密集架

图28　防磁柜

3. 搬运设备

实物库房的搬运设备应轻巧灵活，并能负载重物，立体仓储一般采用堆垛机（图29）实现实物的自动存取，一般岩心库可用叉车存取，存取后需要使用叉车（图30）、托盘车（图31）、地牛（手动、电动）（图32）等，以便于搬运标本、岩心等实物资料，部分库房还可采用全自动运移设备（图33，图34）。

在档案日常利用和工作中，常需要库内外运移，这类运移设备主要有档案手推车，档案架梯和档案过渡盒（主要因温差过大，避免因温度剧烈变化而引起档案结露等现象）等。

4. 其他设备

配备地基监测设备，确保仓储设备周围地基的平衡稳定。需要保管特殊实物地质资料的库房，还应根据实物保管环境需要，配置制冷、温湿度控制、通风、防辐射、高压等设备。

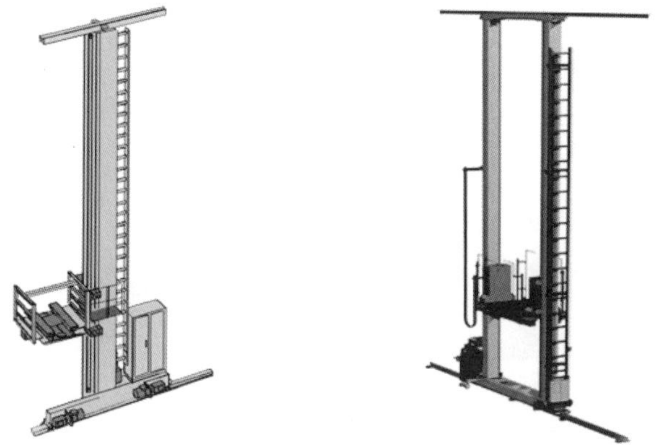

单立柱堆垛机　　双立柱堆垛机

图 29　堆垛机

图 30　电动叉车

图 31　手动液压托盘车

图 32　电动地牛

图 33　大庆油田岩心全自动搬运设备

图 34　塔里木油田全自动搬运设备

（三）办公与服务业务用房设备建设

1. 实物整理设备

业务与办公用房应配备开展日常整理工作所需设备，如工作台（图 35）、蜡封机、计算机、打印机（图36）、喷漆枪（图37）、切纸机、塑封机（图38）、标签打印机（图39）、清洁工具（气泵、高压水枪）、裁纸刀（图40）、保洁设备（普通吸尘器、工业吸尘器）等，确保日常工作顺利进行。

图35　工作台

图36　打印复印机

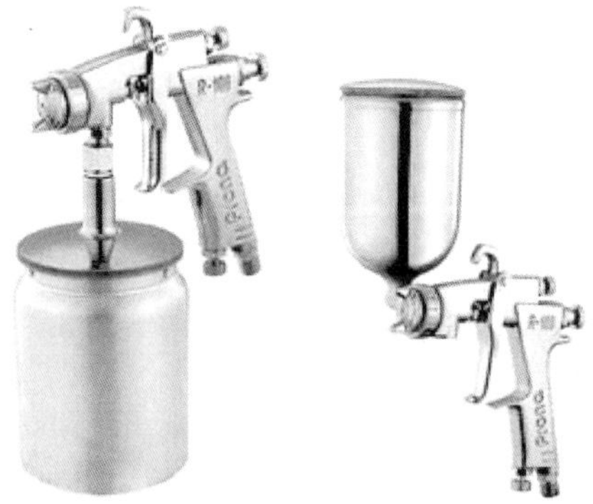

图37　喷漆枪

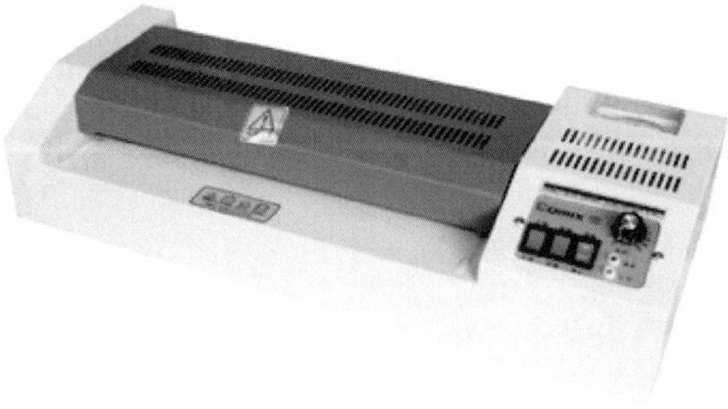

图38　塑封机

图39　标签打印机

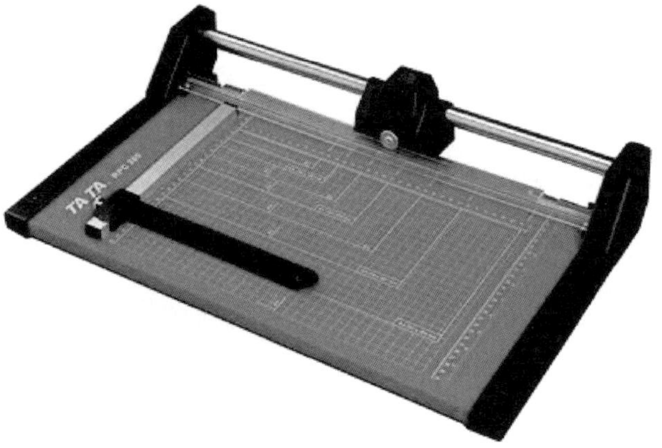

图40　裁纸刀

2. 取样、制样设备

国家实物地质资料馆藏机构业务与办公用房应配备切片机、岩心取样机（图41）、岩心钻柱机（图 42）、岩心剖切机（图 43，图 44）（便携和台式）、碎样机（图 45）、磨片机等实物取样、制样设备。

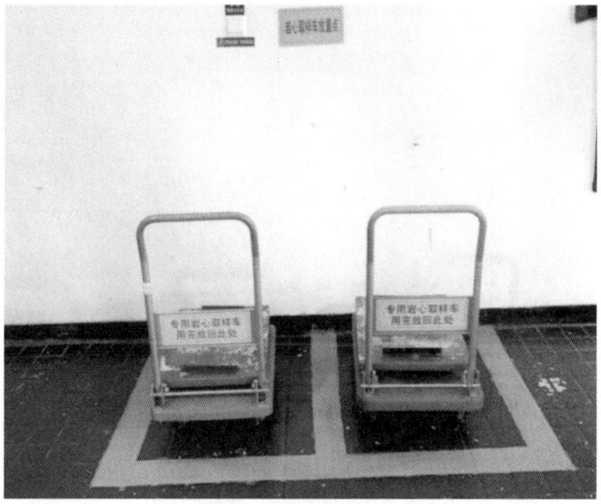

图 41　岩心取样车

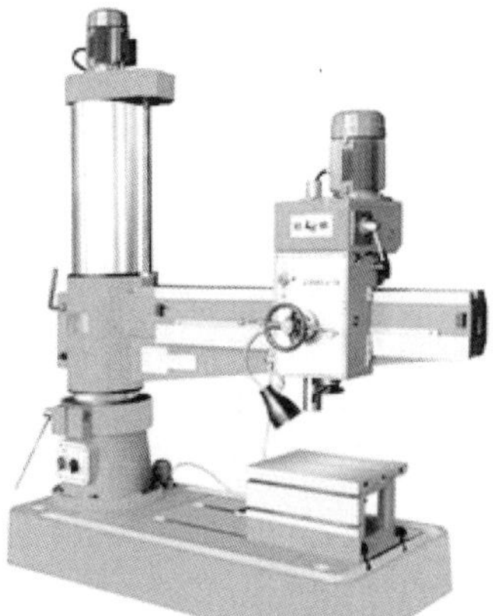

图 42　钻柱机

图 43　广海局样品剖切机

图 44　岩心剖切机

3. 实物观察设备

实物地质资料馆藏机构应配备基本的观察设备，应设有用来观察实物资料的观察台及观察工具，如放大镜、显微镜、罗盘、皮卷尺、钢尺、三角板、计算器、量角器、图版、照明灯具、稀盐酸等，为资料观察人员提供方便、适宜的观察环境。

4. 检索服务设备

检索服务用房应配备最基本的资料检索系统（图 46），方便资料借阅人员快速、准确查

图 45　鳄式破碎机

找所需资料。基础设备需要计算机，更高级的设施有掌上电脑、多点触控屏幕、多媒体展厅数字墙、网络在线虚拟现实展示系统等，实现网络在线查询、浏览、下载等，方便获取有用信息。

图 46　检索服务设备

条件好的单位，可建立虚拟岩心库房，实现库房环境、安全、设施设备、库位分配、实物出入库的全自动化管理（图 47）。

图 47　虚拟库房展示系统

图 48　岩心图像高分辨率采集仪

5. 实物地质资料扫描及数字化设备建设

实物地质资料馆藏机构应配备基本的实物表面图像扫描或照相设备，包括岩心表面图像扫描、标本摄像仪和带有照相功能的显微镜等（图 48 至图 55），实现对岩心全方位扫描，为利用者提供数字化成果，延长珍贵岩心的使用寿命。

实物地质资料馆藏机构还应配备实物定量、半定量参数扫描数字化设备，包括元素浓度、矿物组成、结构构造、电阻率、磁化率等扫描数字化仪器，专门用来无损化扫描、提取、解译岩心、标本等实物资料内部所蕴含的各种信息。

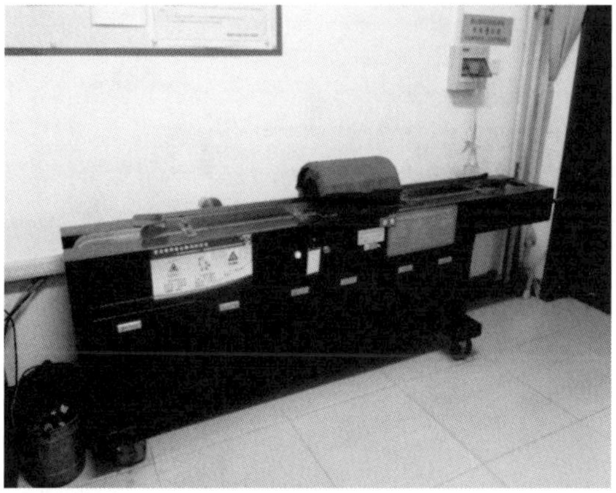

图 49　岩心地面伽马测试仪

图 50　YXCJ－Ⅶ型岩心图像高分辨率采集仪

图 51　柔光灯

图 52　照相机、三脚架

图 53　多参数岩心扫描仪

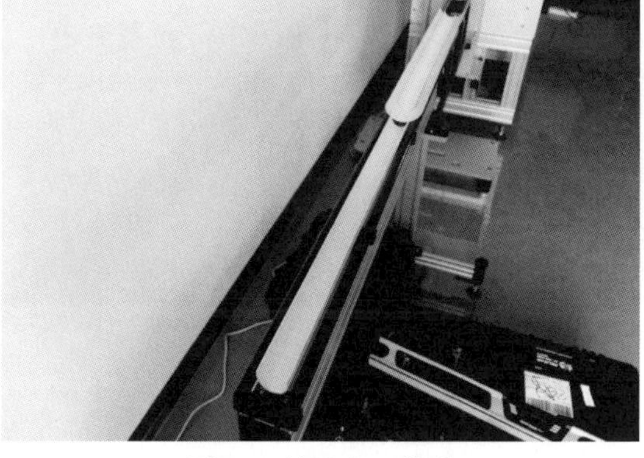

图 54　外置岩心轨道

图 55　系统主机＋氦气钢瓶

6. 其他设备

办公与服务业务用房应配备文本文件打印、复印、扫描设备、大幅面扫描仪（图 56）和大幅面打印机（图 57），以便于实物资料的利用，制作和复制大幅度的高精度、高分辨率、高质量的数字化成果，确保实物资料与相关文本资料实现纸电一一对应，为下一步工作奠定基础。

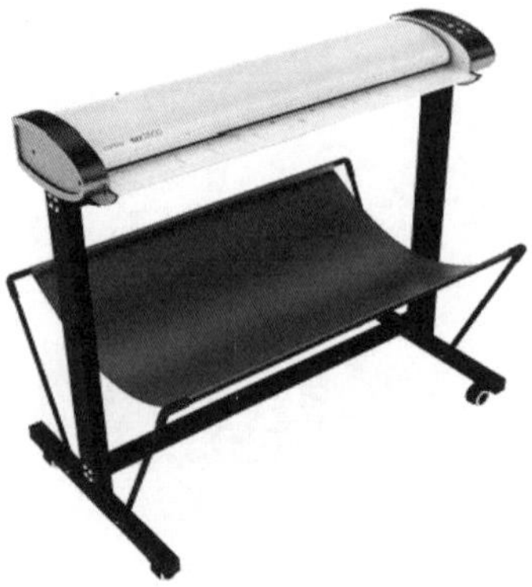

图 56　大幅面扫描仪

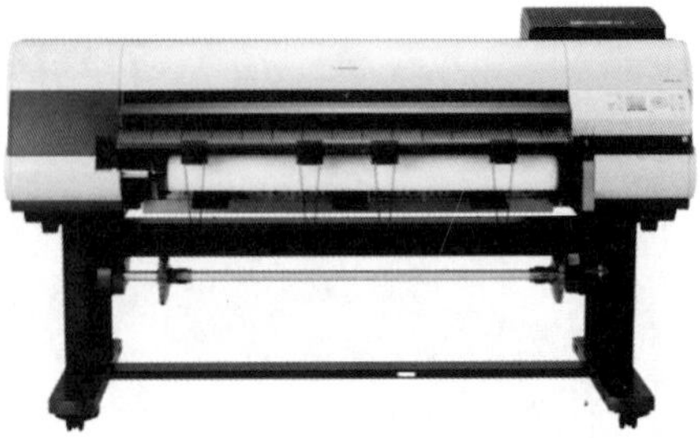

图 57　大幅面打印机

项目实施情况

一、项目执行情况

2015 年，国土资源实物地质资料中心承担地调项目总经费 5450 万元，开展的地质调查工作项目 13 个。其中，新开项目 5 个，续作项目 8 个。

共有涉及 11 个子项目的 80 项委托业务，委托业务总经费为 1867.61 万。2015 年共计 13 个项目通过设计审查，其中 3 个被评为优秀。2015 年完成结题的项目共计 4 个，苏哈图项目为延期结题项目，立典和典型矿山项目为中止项目，呼格吉勒图为结题项目，目前均完成最终评审验收，其中立典项目获优秀，苏哈图项目 4 个图幅获 2 个良、2 个合格，呼格吉勒图项目 4 个图幅获 1 个优、3 个良好，典型矿山项目获良好。成果报告合格率为 100%，优良率为 80%；按照地调局项目结题的要求，目前其余项目均已完成全部实物工作量，2015 年度委托外协成果已基本验收完成，成果报告初稿已经编写完成。

（一）全国实物地质资料管理

1. 国家实物资料库运行

通过每年的专项经费投入，保证实物地质资料中心国家实物资料库的正常运转，发挥国家库的作用，有效安全保管实物资料，向社会提供公益性服务；根据资料管理和社会需求开展专题研究和学术交流活动，出版研究成果，为全国实物地质资料库建设提供示范，为实物资料管理提供业务指导。

2. 实物地质资料采集管理

在全国范围内收集一批具有重要保存价值和地学意义的实物地质资料，丰富国家实物地质资料馆藏数量与内容，不断总结完善实物地质资料筛选采集工作方法，研究各主要工作环节流转程序，制定技术要求，引领全国实物地质资料管理工作，为省级实物地质资料管理提供示范作用。

3. 国家级岩心标本采集与数字化

做实建强国家实物地质资料馆藏机构，加强馆藏实物地质资料积累，开展国家级重要实物地质资料采集，健全完善实物地质资料体系；实施实物地质资料数字化工程，建立岩心扫描、标本照相、薄片显微照相等数字信息资源，为实物地质资料社会化服务和信息共享奠定基础。

4. 重要地质钻孔数据库平台建设与试点应用

研究重要地质钻孔数据库建设的技术要求，建立统一的数据标准、格式，开发统一的重要钻孔数据库系统平台；研究数据管理与维护、数据共享服务、数据安全保密的技术要求；筛选基础地质、矿产地质、水工环地质、城市地质等重要地质钻孔，建设重要地质钻孔数据库，形成公益性地质资料的信息产品，向社会提供信息服务。

5. 实物地质资料筛选及保管技术方法研究

开展实物地质资料筛选与保管的工作流程、关键技术、工作标准研究，提出实物地质资料筛选技术规程；开展实物地质资料分级管理研究，提出完善《实物地质资料管理办法》的相关建议；开展实物地质资料风化、变质等保护技术研究，提出解决办法和防范措施，促进馆藏实物地质资料的长期安全保管。

6. 实物地质资料集成与服务系统建设

以现代信息技术为支撑，依托馆藏实物地质资料，集成馆藏实物地质资料服务资源信息，开发实物地质资料系列服务产品，进一步完善实物地质资料信息管理与服务系统，为社会提供实物地质资料信息服务。

7. 实物地质资料服务研究

以满足社会对实物地质资料需求为目标，在充分调研实物地质资料管理情况的基础上，开展实物地质资料服务方式研究，研究形成实物地质资料服务产品体系，提出服务产品开发方法，开发系列服务产品，并开展实物地质资料服务，不断提升实物地质资料服务水平。

8. 典型矿山实物地质资料采集与集成

采集典型矿山重要实物地质资料，建立充实典型矿山实物地质资料库藏体系，进行实物地质资料成果集成。

（二）基础地质调查

1. 内蒙古1:5万苏哈图、小乌兰沟、锡林郭勒种畜场、沃村图儒幅区域地质调查

按照1:5万区域地质调查有关规范和技术要求，在系统收集和综合分析已有地质、物化探资料的基础上，系统调查区域地层、岩石、构造特征和成矿地质背景，于11月完成成果报告评审工作。

2. 内蒙古1:5万呼格吉勒图、巴彦华、巴彦布拉格、彦吉嘎庙幅区域地质调查

在系统收集和综合分析已有地质资料基础上，采用数字填图方法开展系统的1:5万区域地质矿产调查，突出构造－岩性填图和特殊地质体及非正式填图单位的表达，系统查明区域地层、岩石、构造特征和成矿地质条件，于12月完成成果报告评审工作。

3. 全国立典性剖面调查

随着地学理论水平不断的提高、综合研究与找矿工作的不断深入，逐步发现以往建立的岩浆岩部分层型地质剖面的地学信息量较少，区域对比性不强，满足不了现今区调、找矿及地学研究的需要，全国立典性剖面调查项目组对主要地质剖面进行了修测、补充、完善与研究对比，并于2015年12月完成了成果报告评审工作。

4. 内蒙古乌拉特中旗角力格太－哈台山铁矿评价

在1:5万区域地质调查成果的基础上，结合区域地质特征，采用地质、物化探测量等综合找矿方法圈定成矿有利地段，优选化探、矿化异常，并对成矿有利地段进行槽探揭露，圈定矿（化）体，大致了解工作区地质和矿体特征，了解矿石质量特征。在此基础上对工作区的资源潜力做出总体评价，于5月完成了成果报告评审工作，资料汇交工作也在进行中。

（三）海平面观测

实物地质资料中心秦皇岛海平面与地形变监测研究工作站运行，在维护观测站日常观测办公前提下，开展日常海平面观测工作，不断积累观测数据，逐步提高观测站服务层次、服务范围和服务质量。全年获得连续观测数据10.51万个，完成“津冀地区海平面变化及影响”等4个项目年度工作任务。

（四）实验室

实验室通过计量认证复核换证审核，积极承接市场项目，完成产值近100万元。

二、主要实物工作量完成情况

2015年计划安排的主要实物工作量完成情况如下：

1）全年接收、采集了一批重要矿床和油气实物地质资料，并录制了湖南、贵州两个整装勘查区实物资料采集影像；全程跟踪松科二井钻探工程，岩心及时整理、运输、入库；全年新增加岩心超5×10^4m、标本1000余件，委托省馆保管一级实物地质资料5000m。截至目前，馆藏实物地质资料总计459档，岩心总量达36×10^4m、标本1.7万块、大标本260块、薄片4万片等。实物地质资料建档、整理、保管工作有序开展，超额完成年度目标任务，整理岩心达4×10^4m，纸质和电子资料管理进一步规范。首次开展了实物地质资料多元信息提取技术方法研究，完成3×10^4m岩心扫描、3000件标本整理及照相任务，截至目前，扫描图像数据总量达2.2TB。

2）完善整合实物地质资料业务管理系统，研发部署了全国实物地质资料信息服务集群系统。系统以国家馆为核心节点，以省级资料馆为分节点，发布国家馆和全国实物资料目录数据，为推动实物资料社会化服务和构建全国实物地质资料管理体系发挥了重要作用。开发了全国实物地质资料目录数据采集工具，提交辽宁省32家地勘单位进行了试用，并对学员进行了培训，对全国实物地质资料目录数据库发布试点的数据采集工作的顺利完成奠定了基础。一是实现了国家馆数据库和多元异构文件数据导入，将国家馆结构化和非结构化数据汇聚到大数据库中统一管理与服务；二是实现了国家馆和试点辽宁省馆实物地质资料数据资源、服务产品和行业信息共享；三是与全国地质资料馆目录中心对接，实现了成果、原始数据三位一体服务。

全国重要岩心图像服务系统发布了国家馆数据，获得了软件著作权，新建了中文和英文门户网站。共完成10×10^4m岩心图像信息、5000块标本、5000块薄片数据发布任务，标本和薄片发布模块导入了7454个标本及16817张标本图像和10467个薄片及105340张薄片图像信息。实现了图片动态加载，提升了浏览者访问速度体验，在一个页面实现了多个剖面、薄片和镜下描述显示，减少了页面跳转次数，提高了访问友好型程度，数据导入实现了智能化，根据数据文件夹结构类型，将采集标本和薄片的图像信息、描述信息和属性信息与岩心图像信息集成统一发布服务。

3）全年共发表论文48篇，出版专著9部，获国土资源科学技术奖1项，获地质调查奖1项，获软件著作权5项。实地调研勘查单位、矿山企业岩矿心保存地或矿区，确定了内蒙古乌拉特中旗大乌淀石墨矿、山东省平邑县归来庄金矿、湖南省凤凰县花垣铅锌矿等24个矿区（项目）的岩心标本采集事宜，完成了7个典型矿床的系列标本采集工作。为了确保采集工作质量，采集工作都进行了前期的野外地质调查，与采集单位进行沟通，确定了采集对象、采集内容与采集工作报告的编写要求，完成了典型矿床采集工作方案的编写。截至11月底，已有3个矿山完成野外验收及入库。完成康滇地轴系列标本采集工作，设置实测剖面5条，采集了主要的地层、岩体及典型矿床中具有代表性的岩石标本共计320块，采集淌塘矿区及外围年龄测试样12件、淌塘矿区及外围原生晕测试样39件，目前标本野外验收合格后已入库。

完成泰山岩群及寒武系标准剖面地层实物地质资料采集设置实测剖面8条，钻探工程100m，计划采集标本300份、岩心100m，并进行镜下鉴定，编制相关材料。目前，已经完成野外质量检查工作，项目已完成5条剖面的标本采集工作，共采集标本113套，制作光薄片85片。入库的岩心标本等实物资料将进行整理、建档、著录、入库管理、数字化工作，形成完整性的集成资料。

4）完成了50档馆藏实物地质资料著录，并对著录的信息进行了校对，同时对完成的300余档实物地质资料著录信息汇编，为提供服务奠定了信息资源基础。完成了薄片显微照相4109片，形成38037张图像，涉及145条实测剖面，并对采集的薄片显微图像信息进行自查、互查、抽查三级质量检查。根据馆藏最新进展，更新了国家实物地质资料馆简介（中、英文版），内容包括基本情况、实物资料库、实物库藏体系、大标本园、实物资料数字化、全国重要钻孔数据库建设、社会服务等；更新了馆藏实物地质资料总目录（中文版）和馆藏实物地质资料目录索引（中、英文版），补充目录信息63档；更新了国家实物地质资料馆服务指南（中、英文版），包括馆藏资源及分布图等，并在矿业大会上进行了发布服务。完善了实物地质资料信息共享服务工作方案，形成了《实物地质资料信息共享服务工作方案》（建议稿），完善了实物地质资料目录编制要求，编写了《实物地质资料目录数据库建设工作指南》（初稿），开展了实物地质资料二次开发利用案例调研和编写，先后赴辽宁丹东、江西鹰潭、四川攀枝花等地系统开展了实物地质资料二次开发利用案例调研，走访知情人和直接参与开发利用的老地质专家，系统总结并完成典型案例报告编写1份，统稿完成《全国实物地质资料服务利用案例汇编》。

5）编制实物地质资料筛选工作要求和资料整理、数字化及目录数据库建设工作指南等一系列技术规范，供省级馆使用；继续修改完善实物地质资料建档及保管工作技术规范，启动新技术规范的研制，全力推动省级馆按照统一标准开展工作。带领山东、安徽、福建等省（自治区、直辖市）开展实物地质资料联合采集。深入甘肃、福建、四川、贵州、新疆、青海等省级馆开展实物地质资料管理工作调研，与省级馆一起研究问题，解决困难。加强对山东、广东、江西等省级馆建馆及业务工作的指导。组织省级馆研讨“十三五”实物地质资料工作发展思路，进一步统一认识，凝聚共识。通过编制《全国实物地质资料管理工作年鉴》和《实物地质资料管理动态与参考》，搭建了省馆和委托保管单位业务交流平台。完善全国重要地质钻孔数据库建设工作；新验收与汇总30万个重要地质钻孔数据，建成了含70万个钻孔的全国重要地质钻孔图表数据库，其中固体矿产钻孔包含样品分析数据。完成 36 万个钻孔数据的技术处理，公开发布了 41 万个钻孔的柱状图及基本保管信息和 1 万条样品分析数据，上线服务以来受到社会各界的高度关注，点击率超过 6 万次。完善全国重要地质钻孔数据库服务平台，提供便捷的网上检索查询服务；实现了与各省（自治区、直辖市）地质资料信息服务平台的对接，完成云南等 10 省（自治区、直辖市）钻孔数据库服务平台分节点部署，为提供全国统一的实物地质资料共享服务打好基础。

6）编写了《全国立典性剖面调查 2015 年度项目实施方案》《天山 - 北山成矿带那拉提—营毛沱地区地质矿产调查（国土资源实物地质资料中心）可行性报告》《全国立典性剖面调查成果报告》《全国重要立典性剖面调查计划项目成果集成报告》《火山岩、侵入岩、变质岩类剖面测制细则》《典型剖面及岩矿石特征标本图册》《重要蛇纹石、透闪石岩类标本图册》。“全国立典性剖面调查”野外验收和“全国立典性剖面调查”成果评审被评为优秀。以重要成矿带关键地段地质问题的地质体为目标，采用剖面和地质点调查相结合的方法，系统采集整理建立系列剖光岩石标本 376 件、手标本 2326 件、薄片 892 片、典型露头标本照片 2900 张、典型现象显微照片 6100 张等系列原始实物资料，为地质调查、研究、找矿及科学普及提供了系列服务。

（撰稿人：张晨光、陈阳、韩健）

实物地质资料业务体系建设

一、全国重要地质钻孔数据库建设、实物地质资料筛选技术标准制定

（一）全国重要地质钻孔数据库建设

1. 建成含70万个钻孔的全国重要地质钻孔图表数据库

在全国31个省（自治区、直辖市）地质资料馆藏机构的技术支撑下，全国重要地质钻孔数据库建设2015年度新增入库20万个钻孔三图一表资料（包含工程布置图2万张，勘探线剖面图8万张，钻孔柱状图24万张，样品分析结果表35万页），建成含70万个钻孔的全国地质钻孔图表数据库，实现了钻孔数据库的持续更新。

2. 公开发布40万个钻孔重要数据

2015年度完成35万个钻孔三图一表数据的图件拼接、脱密技术处理、图件压缩、结构化数据处理等技术处理工作，利用全国地质钻孔数据库服务平台（图1）公开发布了

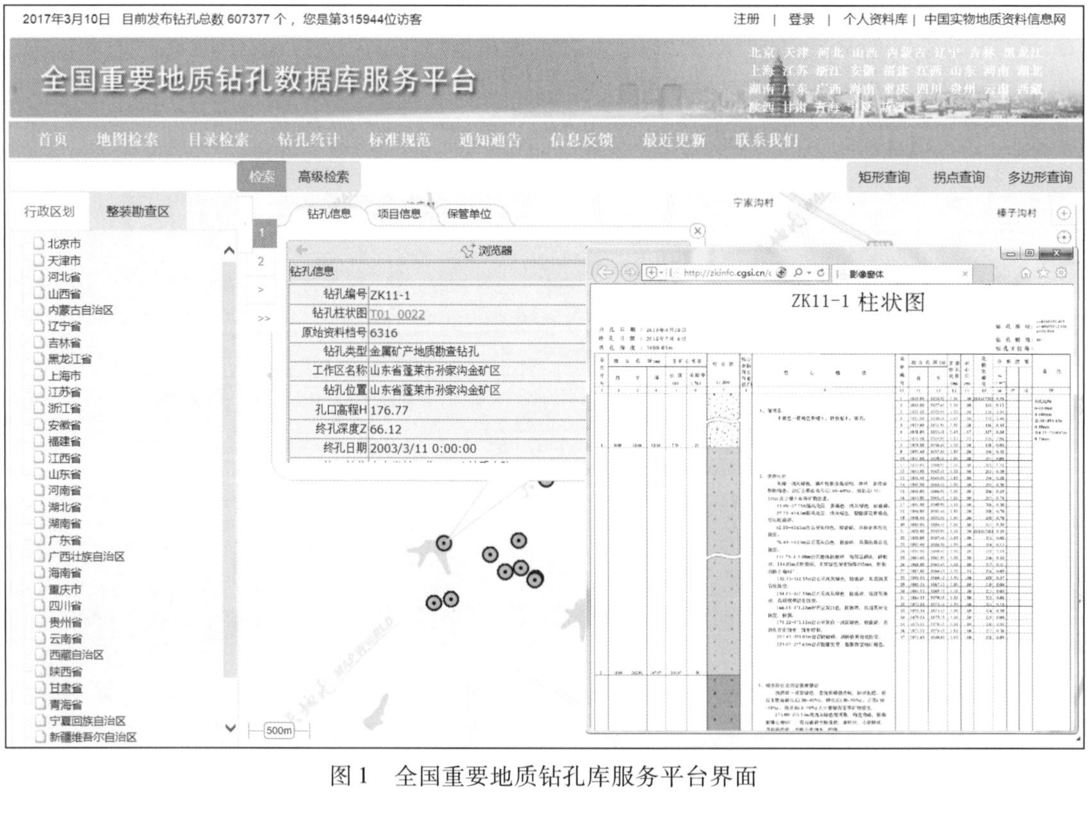

图1 全国重要地质钻孔库服务平台界面

35 万个钻孔重要数据，总计发布 40 万钻孔重要数据（2014 年发布 5 万个钻孔数据），实现全国地质钻孔资料信息共享。自 2015 年 4 月钻孔数据库服务平台升级上线，截至 2015 年底用户访问量达 6 万人次。

3. 开发了地质钻孔资料信息系列专题服务产品

开发全国重要地质钻孔数据库（2015 年）公益性地质资料信息服务产品（包含 40 万个钻孔的柱状图、钻孔基础信息以及与钻孔相关的项目和保管单位等信息）。2015 年 12 月以《国土资源部关于提供公益性地质资料信息服务产品（2015）的公告》（2015 年第 31 号）（图 2）向社会公开发布，提供服务利用。

中华人民共和国国土资源部

公　　告

2015 年　第　31　号

国土资源部关于提供公益性地质资料
信息服务产品（2015 年）的公告

为充分发挥地质资料信息作用，进一步推进基础性公益性地质资料信息的社会化服务，方便社会公众借阅利用，国土资源部组织全国地质资料馆、国土资源实物地质资料中心等单位开发了一批基础性公益性地质资料信息服务产品，包括全国矿产资源潜力评价成果、全国重要地质钻孔数据库（2015 年）、全国重要岩心图像信息数据库等（见附件）。

上述资料从即日起向社会提供公开利用，需查询借阅利用地

— 1 —

附件

公益性地质资料信息服务产品（2015 年）

产品名称	服务对象	服务内容	获取方式
全国矿产资源潜力评价成果	社会公众	本次提供的矿产资源潜力评价成果包括全国 30 个省级（上海除外）矿产资源潜力评价成果基本情况、基础地质编图图件及属性库清单、矿种潜力评价成果图件及属性库清单等信息。	社会公众可登陆全国地质资料信息网（http://www.ngac.cn）查阅，或凭有效身份证件到全国地质资料馆借阅查询利用。
全国重要地质钻孔数据库（2015 年）	社会公众	本次提供的全国重要地质钻孔数据库包含 40 万个钻孔的柱状图、钻孔基础信息以及与钻孔相关的项目和保管单位等信息。	社会公众可登陆中国地质调查局（http://www.cgs.gov.cn）或中国实物地质资料信息网（http://www.cgsi.cn）查阅，或凭有效身份证件到国土资源实物地质资料中心借阅查询利用。
全国重要岩心图像信息数据库	社会公众	本次提供的全国重要岩心图像信息数据库包含 15 万米（278 个项目 306 个钻孔）岩心的扫描图像、岩性描述及部分岩心化学分析数据信息。	社会公众可登陆中国实物地质资料信息网（http://www.cgsi.cn）查阅，或凭有效身份证件到国土资源实物地质资料中心借阅查询利用。

图 2　国土资源部关于提供公益性地质资料信息服务产品（2015）的公告及附件

（二）实物地质资料筛选技术标准研究

依托“实物地质资料筛选技术要求制定”子项目编写技术文件《实物地质资料筛选技术要求》（征求意见稿）。

二、实物地质资料汇交管理及采集工作

（一）全国实物地质资料汇交监管工作

2015 年，地质资料汇交监管平台运行平稳，全年共接收各省（自治区、直辖市）及中央财政安排项目报送的实物地质资料目录清单 8617 份（表 1）。可以看出，与 2014 年接收的 8976 份基本持平，相较于 2012～2013 年监管平台初运行的两年（2012 年、2013 年接收目录清单数量分别为 2641 份、7447 份）明显增加，2014～2015 年监管平台接收的目录清单数量已趋于稳定。

表 1　2014～2015 年实物地质资料目录清单统计

序号	项目或地区	2015 年接收目录清单数量/份	2014 年接收目录清单数量/份
1	国家财政项目	1193	1150
2	山东省	764	1120
3	重庆市	560	471
4	湖南省	523	280
5	内蒙古自治区	497	689
6	辽宁省	456	458
7	河北省	420	280
8	浙江省	412	352
9	山西省	408	508
10	贵州省	396	333
11	云南省	332	406
12	河南省	327	207
13	青海省	248	209
14	安徽省	240	447
15	新疆维吾尔自治区	234	177
16	广东省	223	239
17	四川省	159	168
18	吉林省	153	135
19	江西省	148	203
20	甘肃省	131	127
21	福建省	128	111
22	湖北省	116	145
23	陕西省	95	112
24	黑龙江省	90	76
25	天津市	76	142
26	广西壮族自治区	61	67
27	北京市	56	79

续表

序号	项目或地区	2015 年接收目录清单数量/份	2014 年接收目录清单数量/份
28	江苏省	56	55
29	西藏自治区	43	42
30	海南省	39	147
31	宁夏回族自治区	23	23
32	上海市	10	18
合计		8617	8976

通过地质资料汇交监管平台，各省（自治区、直辖市）已将实物地质资料汇交管理纳入地质资料汇交管理工作。从统计数据可以看出，实物地质资料汇交监管覆盖全面，涵盖了全国各省（自治区、直辖市）及中央出资的地质项目，汇交人的资料汇交意识明显增强，实物地质资料汇交管理工作不断推进，监管力度不断增强。基本实现了实物地质资料汇交管理工作常态化，进一步推动了成果资料和实物资料的一体化管理。

按省份来说，2015 年各省（自治区、直辖市）地质资料汇交进入常态化，汇交监管体系正在持续有效发挥作用。其中，山东省报送清单最多，为 764 份，其次为重庆市（560 份），国家财政项目报送清单为 1193 份（表 1；图 3）。

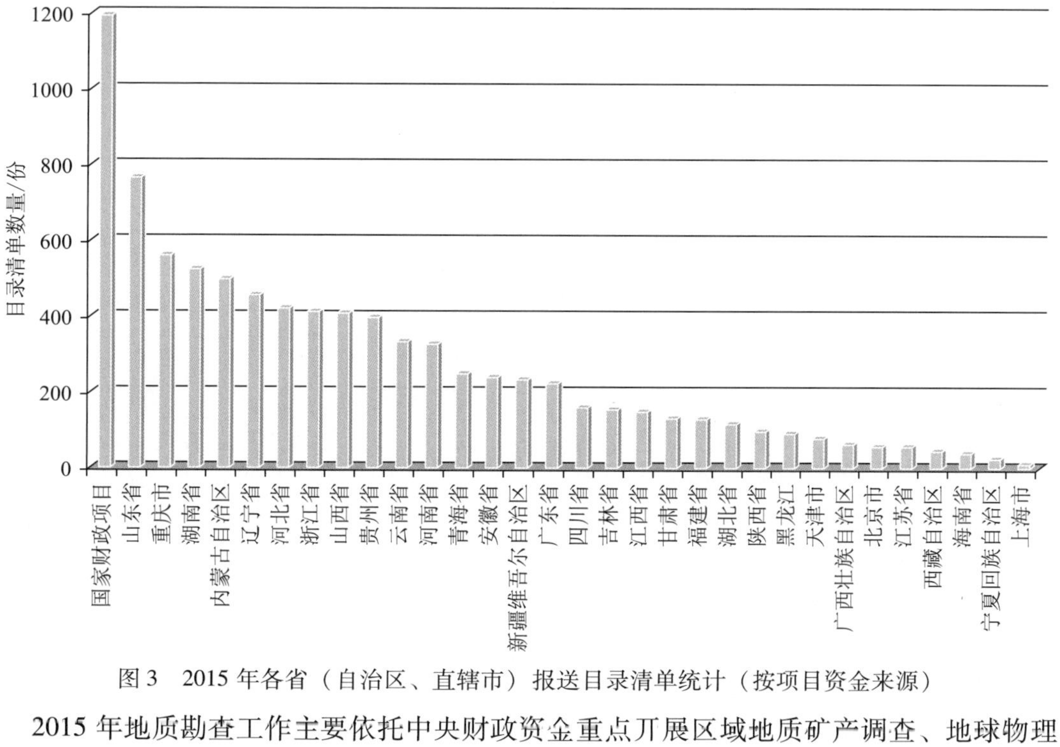

图 3　2015 年各省（自治区、直辖市）报送目录清单统计（按项目资金来源）

2015 年地质勘查工作主要依托中央财政资金重点开展区域地质矿产调查、地球物理、地球化学、遥感地质调查、矿产远景调查和评价工作，引导和拉动地方财政、社会资金开展矿产勘查工作的格局持续稳固。社会资金是地质勘查工作投资的主体，占到 60%；其次是地方财政提供资金支持地勘工作，占到 26%；中央财政及共同出资项目约占 14%（图 4）。

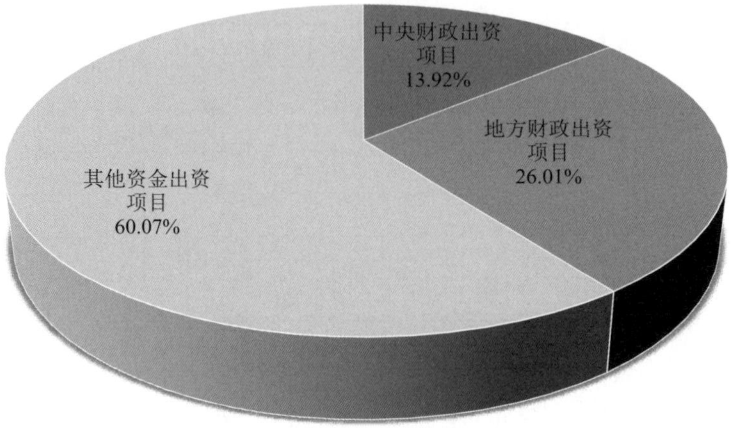

图4　2015 年实物地质资料目录清单统计（按项目资金来源）

按地质工作项目类型，2015 年接收的实物地质资料目录清单项目依然以矿产勘查类项目为主，约占总数的65%；其次为水工环地质调查项目，约占总数的 10%；区域地质调查和科学研究类项目均占 5%左右，如图 5 所示。

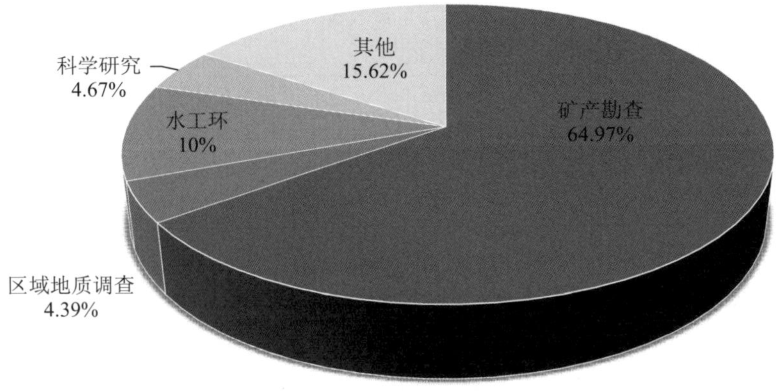

图5　2015 年实物地质资料目录清单统计（按项目类型）

监管平台为实物地质资料的筛选工作提供了完整、准确、有实用价值的地质项目信息，筛选专家根据汇交人报送的实物地质资料目录清单信息，综合考虑实物地质资料的档案价值、利用价值、稀缺程度和重置成本等因素，严格对实物地质资料进行筛选，确定应汇交的实物地质资料目录。2015 年从 8617 份清单中确定“内蒙古自治区乌拉特后旗查干德尔斯矿区钼矿勘探”等 26 个需要汇交实物地质资料的项目，其余 17547 份目录清单均回复了《实物地质资料目录清单回执》。

2015 年筛选专家经分析建议各省级馆进行收藏的项目有：①由湖北省地质局地球物理勘探大队汇交的“湖北省随县土地质量地球化学评价（一期）”“湖北省恩施市土地质量地球化学评价报告（一期）”“湖北省嘉鱼县土地质量地球化学评价（一期）”“湖北省京山县土地质量地球化学评价（一期）”；②由山东省第四地质矿产勘查院汇交的“山东省威海市海岸带综合地质调查”；③由江苏省地质调查研究院汇交的“江苏省 1∶25 万多目标区域地球化学调查”。

从实物地质资料汇交的覆盖面上看，实物采集的覆盖范围广泛，涉及内蒙古、西藏、山东、湖南、新疆、贵州等11个省（自治区、直辖市），分布在华北陆块成矿省、华北陆块北缘成矿省、大兴安岭成矿省、上扬子成矿省、下扬子成矿省等9个成矿省（表2）。项目类型以矿产勘查项目为主，包括了钼、铜、金、铁、银、铅锌等国家大宗紧缺矿种和重晶石、石墨矿、萤石矿等非金属矿产。

表2　2015年下发实物地质资料汇交通知书项目一览表

编号	项目名称	汇交人	归属地	主攻矿种	成矿省
汇交1号	内蒙古自治区兴和县曹四夭钼矿详查	河南省地质矿产勘查开发局第二地质勘查院	内蒙古自治区	钼矿	Ⅱ－3华北陆块北缘成矿省
汇交2号	中－印合作印度尼西亚巴东—明古鲁地区1∶25万地质地球化学调查、印度尼西亚中苏门答腊岛铜金等多金属矿产成矿规律研究	中国地质调查局武汉地质调查中心	国家		
汇交3号	内蒙古自治区乌拉特后旗查干德尔斯矿区钼矿勘探	内蒙古富量矿业有限公司	内蒙古自治区	钼矿	Ⅱ－6天山－北山成矿省
汇交4号	中蒙合作边界地区地球化学填图与勘查远景区优先	中国地质科学院地球物理化学勘查研究所	国家		
汇交5号	内蒙古自治区西乌珠穆沁旗白音查干东山铅锌矿勘探	西乌珠穆沁旗银漫矿业有限责任公司	内蒙古自治区	铅锌矿	Ⅱ－2大兴安岭成矿省
汇交6号	西藏自治区林周县切玛铅多金属矿详查	西藏中棱矿业开发有限公司	西藏自治区	铅多金属矿	Ⅱ－16雅鲁藏布江－唐古拉成矿省
汇交7号	湖南省花垣县大脑坡矿区铅锌矿普查	湖南省地质矿产勘查开发局四〇五队	湖南省	铅锌矿	Ⅱ－13上扬子成矿省
汇交8号	山东省平邑县榆林矿区（24～52勘探线）金矿详查	山东黄金归来庄矿业有限公司	山东省	金矿	Ⅱ－4华北陆块成矿省
汇交9号	江西省德兴市银山铜铅锌矿接替资源勘查（普查）	江西铜业集团地勘工程有限公司	国家	铜铅锌矿	Ⅱ－11下扬子成矿省
汇交10号	云南省鲁甸县乐马厂银矿生产勘探	鲁甸县龙头山水都矿业有限公司	云南省	银矿	Ⅱ－13上扬子成矿省
汇交11号	湖南省新邵县潭溪矿区钨矿勘探	湖南省地质矿产勘查开发局四〇七队	湖南省	钨矿	Ⅱ－12华南成矿省
汇交12号	内蒙古自治区四子王旗苏莫查干敖包矿区08～20线萤石矿勘探	内蒙古华兴矿业发展有限公司	内蒙古自治区	萤石矿	Ⅱ－3华北陆块北缘成矿省
汇交13号	山东省蒙阴县西峪地区金刚石原生矿深部及外围普查	山东省第七地质矿产勘查院	山东省	金刚石矿	Ⅱ－4华北陆块成矿省
汇交14号	新疆新源县卡特巴阿苏矿区金（铜）矿详查	新疆美盛矿业有限公司	新疆维吾尔自治区	金铜矿	Ⅱ－6天山－北山成矿省

续表

编号	项目名称	汇交人	归属地	主攻矿种	成矿省
汇交15号	贵州省天柱县美郎－亚进重晶石矿详查	西南能矿集团股份有限公司	贵州省	重晶石矿	Ⅱ－13 上扬子成矿省
汇交16号	西藏芒康县巴达矿区铜金矿资源储量核实	西藏熙坤矿业有限公司	西藏自治区	铜矿	Ⅱ－14 西南三江成矿省
汇交17号	内蒙古自治区乌拉特中旗大乌淀矿区晶质石墨矿详查报告	乌拉特中旗蒙晋龙腾工贸有限责任公司	内蒙古自治区	石墨矿	Ⅱ－3 华北陆块北缘成矿省
汇交18号	甘肃省敦煌市小独山西钨金矿区西段钨矿地质详查	甘肃省敦煌市三友矿业有限责任公司	甘肃省	钨金矿	Ⅱ－6 天山－北山成矿省
汇交19号	云南省会泽县矿山厂1764m标高以下铅锌矿勘探	云南驰宏锌锗股份有限公司	云南省	铅锌矿	Ⅱ－13 上扬子成矿省
汇交20号	安徽省南陵县姚家岭锌金多金属矿详查	铜陵有色南陵姚家岭矿业有限公司	安徽省	锌金矿	Ⅱ－11 下扬子成矿省
汇交21号	河南省洛宁县老里湾银矿勘探	河南省孚光投资有限公司	河南省	银矿	Ⅱ－4 华北陆块成矿省
汇交22号	大兴安岭北段—松嫩盆地地学剖面综合调查	黑龙江省区域地质调查所	国家		
汇交23号	山东省莱州市三山岛北部海域矿区金矿详查	莱州市瑞海矿业有限公司	山东省	金矿	Ⅱ－4 华北陆块成矿省
汇交24号	内蒙古自治区克什克腾旗拜仁达坝西矿区银铜铅锌矿生产及深部勘探	内蒙古拜仁矿业有限公司	内蒙古自治区	铜铅锌矿	Ⅱ－2 大兴安岭成矿省
汇交25号	北山－戈壁天山成矿带构造与成矿时空对比研究	中国科学院地质与地球物理研究所	国家		Ⅱ－6 天山－北山成矿省
汇交26号	江西省浮梁县朱溪铜矿外围（30线至78线）铜多金属矿普查（江西省浮梁县朱溪外围铜多金属矿调查评价）	江西省地质矿产勘查开发局九一二大队	江西省	铜多金属矿	Ⅱ－11 下扬子成矿省

（二）实物地质资料筛选采集工作

依托“国家级实物地质资料采集与数字化”“实物地质资料采集管理”“整装勘查区实物地质资料采集集成与服务利用示范”“油气岩心数据采集与处理”等工作项目，将全国范围内的实物地质资料精品收藏入库，具体如下：

1. 岩心、标本及化石采集

开展了内蒙古乌拉特中旗大乌淀石墨矿、山东省平邑县归来庄金矿、湖南省凤凰县花垣铅锌矿等24个矿区（项目）的岩心、标本采集事宜，相关岩心标本全部接收入库；开展了贵州省凯里生物群实物地质资料采集工作，采集入库化石102件、标本15件、薄片15件（表3）。

表3　2015年度岩心、标本采集一览表

序号	项目或矿区名称	采集标本	采集岩心/m
1	内蒙古乌拉特中旗大乌淀石墨矿	0	900
2	山东省平邑县归来庄金矿榆林矿段	大标本1块	1100
3	内蒙古曹四夭钼矿	0	1900
4	内蒙古查干德尔斯钼矿	0	1200
5	贵州贡溪重晶石矿	0	900
6	新疆萨瓦亚尔顿金矿	0	1400
7	湖南新邵县潭溪矿区钨矿勘查	0	1100
8	甘肃小独山西钨金矿	0	1700
9	河北张北县、陕西西安长安区地应力钻孔	0	1100
10	云南鲁甸乐马厂银矿	0	1042
11	内蒙古西乌旗白音查干东山铅锌矿	0	2000
12	山东临沂蒙阴金刚石矿	大标本2块	850
13	内蒙古四子王旗莫干敖包萤石矿	大标本1块	500
14	西藏昌都巴达铜金矿岩心采集	0	1100
15	新疆新源县卡特巴尔苏金矿	0	1470
16	江西南岭科学钻探第一钻、第二钻	0	5000
17	大兴安岭北段—松嫩盆地地学剖面	系列标本3700块、薄片4100件	0
18	安徽南陵县姚家岭铅锌多金属矿	0	1477
19	云南会泽矿山厂铅锌矿		1000
20	河南洛宁老里湾银铅锌矿	大标本1块	1200
21	湖北官店铁矿干溪坪矿段	大标本1块	1000
22	山东莱州三山岛北部海域金矿		1900
23	湖南花垣铅锌矿	标本300件、大标本1块	1483
24	贵州贞丰水银洞金矿整装勘查区	标本142件、大标本1块	2080
25	贵州凯里生物群化石采集	化石102件，标本15件，薄片15件	
总计			33402

2. 油气岩心现场管理与入库

对松科二井岩心进行了现场管理，保证了岩心的现场安全，截至目前，接收入库松科二井岩屑1789包（二开：452～2826m）、岩心729.34m（二开：492.09～1256.01m，三开：2822.07～3288.97m）。接收入库河南太康隆起上古生界参数井等22井共计

15336.93m 岩心入库（表4）。

表4　2015 年度油气岩心采集一览表

序号	项目或矿区名称	采集岩心/m
1	河南太康隆起上古生界参数井（尉参1井）	203.3
2	云南滇东北地区页岩气调查井工程（曲页1井）	1106.16
3	新疆塔里木盆地西北缘柯坪冲断带（青松1井）	936.9
4	新疆塔里木盆地和田凹陷杜瓦1井钻探工程（杜瓦1井）	1014.73
5	新疆准噶尔盆地东部博格达山北麓博参1井钻探工程（博参1井）	1051
6	黑龙江东宁盆地老黑山含矿区宁油页1井钻探工程（宁油页1井）	415.2
7	内蒙古鄂尔多斯盆地伊陕斜坡宜参1井钻探工程（宜参1井）	139.43
8	广西桂中坳陷桂页1井地质钻探工程（桂页1井）	1150
9	新疆塔里木盆地柯坪断隆萨拉姆布拉克背斜柯坪1井钻探工程（柯坪1井）	109.61
10	新疆准噶尔盆地南缘玛煤参1井钻探工程（玛煤参1井）	200
11	安徽下扬子孤峰向斜泾页1井地质钻探工程（泾页1井）	1247.3
12	湖北巴东地区页岩气巴页1井钻探工程（巴页1井）	940.6
13	新疆柴达木盆地北缘鱼卡地区鱼油砂1井钻探工程（鱼油砂1井）	303.6
14	新疆巴里坤三塘湖巴油页1井钻探工程（巴油页1井）	410.6
15	新疆准噶尔盆地南缘喀油砂1井钻探工程（喀油砂1井）	301.46
16	新疆塔里木盆地北缘库车坳陷巴油砂1井钻探工程（巴油砂1井）	353.83
17	新疆和什托洛盖盆地和地1井钻探工程（和地1井）	595.8
18	内蒙古二连盆地马尼特坳陷马油砂1井钻探工程（马油砂1井）	304.08
19	山东汶东凹陷页岩油地质调查井汶页1井钻探工程（汶页1井）	1500.15
20	贵州黄平地区黄地1井钻探工程（黄地1井）	1476.01
21	内蒙古索伦—林西地区贺斯格乌拉凹陷贺地1井（贺地1井）	630.82
22	内蒙古索伦—林西地区贺斯格乌拉凹陷贺地2井（贺地2井）	946.35
总计		15336.93

从表3、表4可以看出，国家实物地质资料馆2015年度收藏的实物地质资料完全契合典型性、代表性、系统性、特殊性的馆藏要求，涵盖我国大部分地质构造单元，涉及矿产、能源、地层、古生物等多个学科，包括岩心、岩屑、标本、薄片、化石等多种实物地质资料类型；重点突出，以矿产和能源实物地质资料为主，以松科二井、南岭科学钻探等科研项目实物地质资料为亮点。这些实物地质资料极大地丰富了国家实物地质资料馆的库藏资源。

（三）推进实物地质资料分级管理

按照分级管理、分类筛选、分散就近保管、共享服务的工作思路，指导省级馆依托监管平台开展实物资料的分类筛选，2015 年在山东、安徽、福建等省（自治区、直辖市）开展了实物地质资料的联合采集，在贵州、湖南、湖北、吉林、西藏 5 个省（自治区）开展了分级、分类筛选的试点，促进了与省级馆藏机构的交流和合作，推进了全国实物地质资料的分级管理。

（撰稿人：易锦俊）

实物地质资料库藏管理

一、实物地质资料接收、整理、数字化情况

1. 实物地质资料接收、整理

2015 年，国土资源实物地质资料中心库藏管理室新建实物地质资料档案 65 档，涉及 115 个钻孔，总孔深 64241.88m；小标本 1412 块，生物化石标本 296 块，大标本 9 块，汇水域沉积物及化探样品共计 112 箱（8358 件），煤炭样品 12 箱，油砂样品 24 管。截至 2015 年 12 月，实物中心共收藏实物地质资料 459 档，涉及 672 个钻孔，孔深总长 362516.12m；标本 17348 块，大标本 260 块；薄片 40298 片，光片 81 片；样品 8747 件，煤样 118 件，岩屑 16148 件，油砂样品 24 管。

2015 年共完成岩心整理 32 档，涉及岩心钻孔 76 个，岩心总深 53840.18m；完成标本整理 33 档，涉及标本 4019 块。累计完成岩心整理 254 档，涉及 595 个钻孔，总孔深 320122.43m；累计完成标本整理 110 档，涉及标本 11195 块；累计完成 40298 片薄片和 81 片光片的整理。

2. 文本数字化、岩心扫描、标本照相

经过 2015 年的工作，在纸电资料规范化组织整理方面，按照《实物地质资料建档工作指南》的要求，开展纸质资料规范化的组卷、装订、盖章、装盒，电子资料的规范化命名、组织、编目等工作。截至 12 月，完成 100 档纸质资料的规范化整理工作。在馆藏电子资源安全管理方面，完成馆藏资料电子数据的异地备份工作，备份档案资料 400 余档，保证了数据安全。

全年共计完成了 84 个钻孔的数字化工作，涉及 39 档资料，岩心长 43903.26m，岩心扫描电子文件占用空间约 317.07GB。累计完成 238 档，涉及 518 个钻孔的岩心，岩心总长 244739.1m，岩心扫描电子文件占用空间约 896.63GB。

全年完成标本照相 33 档，涉及标本 4019 块，完成标本照相 7823 张，电子照片数据量 42.38GB。累计完成标本照相 110 档，涉及标本 11195 块，完成标本照相 31785 张，电子照片数据量总计约 710.53GB。

二、积极参与“国家级岩心标本采集及数字化”项目

1. 典型矿床系列标本采集

2015 年库藏管理室完成了福建省上杭县洋坡坑离子吸附型稀土矿、建省古田县西朝钼矿、福建省福州市寿山石二号矿、福建省龙岩市东宫下高岭土矿山、四川省会东县淌塘铜矿等 7 个典型矿床的系列标本采集工作。为了确保采集质量，采集工作进行了前期的野外地质调查、与采集单位沟通，确定了采集对象、采集内容与采集工作报告的编写要求，

完成了典型矿床采集工作方案的编写。后期采取野外验收的形式，确保每份采集的标本符合要求，配套资料翔实可靠，极大地加强了质量把控环节，保证了入库资料的完整和采集程序的科学、规范。

2. 重要构造单元系列标本采集

2015 年库藏管理室完成了四川康滇地轴主要地层及典型矿床实物地质资料采集和泰山岩群及寒武系标准剖面地层实物地质资料采集工作。

四川康滇地轴共设置实测剖面 5 条，采集了主要的地层、岩体及典型矿床中具有代表性的岩石标本共计 320 块，采集淌塘矿区及外围年龄测试样 12 件、淌塘矿区及外围原生晕测试样 39 件，并提交了相关的剖面图、标本登记表、野外照片等相关资料。

泰山岩群及寒武系标准剖面地层实物地质资料采集设置实测剖面 8 条，采集系列标本 341 ×2 块，完成钻探工程 109. 72m，采集古生物化石样品 60 件，完成光薄片制作及岩矿鉴定 227 块，并提交了相关的剖面图、标本登记表、野外照片等相关资料。

3. 编制出版了《中国典型矿床系列标本与光薄片图册》系列丛书

组织编纂《中国典型矿床系列标本与光薄片图册》系列丛书，2015 年 3 月公开出版钨钼铜矿分册，9 月出版铅锌金银锑分册。稀有金属、黑色金属、非金属分册已完成标本挑选、光薄片磨制及矿床综述、标本描述等工作，并通过学术委员会和保密委员会的审核。

本系列丛书入选《中国地质调查成果快讯》，列为中国地质调查局“地质数据更新与服务计划”重要进展之一，被局网站、《中国矿业报》等多家媒体报道。系列图书总计收录 40 多个典型矿床，组织了矿种概述、矿床地质特征及成矿模式概述、标本肉眼描述及镜下显微特征描述等方面的信息，既适用于对矿床成矿对比与成因模式进行研究，也适用于高校开展地质教学、科普等工作。

4. 开展实物地质资料多元信息提取技术方法研究

与数岩科技（厦门）有限公司、中国地质调查局油气中心等单位合作开展了实物地质资料多元信息的提取工作。使用全直径岩心 CT 扫描仪扫描油气岩心 7m，扫描固体矿产岩心 8m；使用高光谱扫描系统扫描代表性钻孔岩心，目前已完成多宝山斑岩铜矿等固体矿产岩心及突参 1 井等油气岩心共计 2867m，获取了岩心的光谱及图像信息，并形成了相应的岩心矿物组成柱状图；使用扫描电镜矿物定量分析测试岩矿石标本 16 块；完成了《全直径岩心 CT 扫描技术报告》《岩心高光谱扫描技术报告》和《扫描电镜矿物定量分析技术报告》的编写工作，整理提交了实验数据 220GB。该项工作的研究对今后开展实物地质资料多元信息提取与利用具有借鉴作用，为下一步开展多参数扫描数字化工作奠定了基础。

三、组织开展“实物地质资料管理政策及技术方法研究”项目

“实物地质资料管理政策及技术方法研究”项目进展顺利。2015 年 6 月 14 日中国地质调查局发展研究中心组织专家对续作子项目 2015 年度工作方案进行了评审，经专家组评定该子项目得分 90. 3 分，评为优秀级。取得的具体成果如下：

1.《加强实物地质资料管理通知》的起草情况

该项工作列入了国土资源部2015年度重点工作任务。通过研究，实物中心创新性地提出了“分类筛选、分级管理、分散保管和强化服务”的管理思路，组织编制了实物地质资料分类要求、馆藏建设要求和保管要求3个技术规程，协助国土资源部完成了《国土资源部办公厅关于进一步加强实物地质资料管理的通知》（征求意见稿）的编写工作。该征求意见稿于2014年底以部办公厅函的形式印发全国征求意见，于2015年3月经部长专题会研讨，列入部2015年第三季度发文计划。

为了对稿件进行充分的修改完善，先后在单位内部、北京、南京等地组织研讨，多次参加国土资源矿产资源储量司司务会，并通过国土资源部、全国地质资料馆、国土资源实物地质资料中心门户网站和《中国矿业报》等媒体，发布该通知正文，以达到广泛征求意见的目的。

2015年7月6～11日，根据储量司统一安排，实物地质资料中心组织湖北、湖南、贵州3个省对该通知进行试用，分别选择了地矿、有色及矿山企业作为试用对象，对真实地质工作项目，联合省级地质资料馆、汇交人实际操作实物地质资料筛选分类、汇交、分散保管、处置等工作。试用工作显示，《国土资源部办公厅关于进一步加强实物地质资料管理的通知》（征求意见稿）总体上较为成熟，流程可行、标准可用，有利于发挥各方保管能力，促进服务利用。

2. 修改完善实物地质资料建档、整理和数字化工作指南

2015年，库藏管理室继续开展实物地质资料馆藏技术方法的研究与编制工作，重点调研了省级地质资料馆及海洋、油气等行业部门和实物地质资料委托保管等单位。组织内部研讨会5次，组织项目阶段性研讨会2次，咨询专家40人次，同时组织安徽省地质资料馆对工作指南进行试用，共试用了10档资料。根据调研和试用情况，对原工作指南进行了修改完善，并汇编形成了一套《实物地质资料整理工作指南》《实物地质资料建档工作指南》《实物地质资料数字化工作指南》《实物地质资料保管工作指南》，内容涵盖了实物地质资料筛选、接收、整理、保管与扫描数字化等各流程和环节，并指导了安徽、四川、福建、山东等省级馆开展工作。

3. 研究编写了《实物地质资料保管工作指南》

2015年，课题组调研了中国地质科学院地球物理地球化学勘查研究所、青岛海洋地质研究所、国家海洋局第一海洋研究所、中国石油塔里木油田、中国海油湛江分公司等单位的实物地质资料保管技术方法，了解了各类实物地质资料的种类、性状、加工处理、包装、保管环境等。研究编写了《实物地质资料保管工作指南》（试用稿），内容主要包括：岩心、标本、光（薄）片、副样、海洋样品、极地等特殊实物的入库保管方法，埋藏保管方法，入库保管设施设备要求及库房管理制度要求等。

4. 编写《实物地质资料库藏保管与信息提取技术方法》

《实物地质资料库藏保管与信息提取技术方法》立足于实物地质资料的特点，探讨如何规范实物地质资料库藏保管与信息提取工作，包括：如何开展实物地质资料的建档、整理和扫描数字化工作；如何实现岩心、标本等实物和与其配套的各类纸质、电子资料的有序化组织，确保资料的安全与长期保管；如何提取实物蕴含的各类物化信息。同名专著

2016 年出版。

5. 编写《实物地质资料管理培训教程》

《实物地质资料管理培训教程》编写进展顺利，通过资料收集、专家咨询等方式确定了编写提纲及教程的主要内容。内容包括实物汇交、筛选与分级、资料建档、实物整理、实物扫描数字化、实物保管、实物服务、馆藏设施建设、资料清理、钻孔数据库建设、实物资料信息化等方面。截至 2015 年 12 月，各章节文稿已分工编写完成，正在进行统稿和文字排编工作。

6. 开展“省级实物地质资料库藏保管”工作研究

2015 年，与安徽省地质测绘技术院合作开展“省级实物地质资料库藏保管”工作进展顺利，目前外协单位已经按照实物中心提供的《实物地质资料建档、整理、数字化工作指南》（试用稿），完成国家 I 类岩矿心试验性整理和扫描 500m；在试点应用的基础上，研究编制的《实物地质资料建档、整理、数字化工作指南试用报告及修改建议》和《安徽省实物地质资料库藏保管工作建议》。此外，研发了实物地质资料建档及分散保管管理系统，该系统能够较好地实现实物建档的标准化与分散保管过程中联合建档的信息化。

四、国际交流与合作

应西澳大利亚地质调查局及珀斯岩心库邀请，2015 年 9 月 13 ~ 17 日，赴西澳大利亚地质调查局及珀斯岩心库进行交流研讨。通过本次考察、交流，了解了西澳大利亚实物地质资料管理的主要机制，在实物地质资料筛选、接收、保管、数字化与服务等方面与澳方进行了深入交流，是实物中心与国外同行建立业务联系的一次重要尝试。

10 月 18 日，西澳大利亚地质调查局 Rick 局长、Gao Mai 主任利用参加矿业大会的时机，对实物中心进行了回访，进一步研讨了岩心资料管理与服务合作事宜。在实物中心人员的陪同下，参观了全国科普基地——户外大型矿石标本园、实物地质资料展厅与岩心库的设施设备，并就重要钻孔数据库及服务平台建设、岩心图像扫描数据库与服务系统建设等进行了交流。

五、制度建设

1. 健全临时库藏管理室聘用人员聘用及管理制度

为加强库藏管理室流动岗位聘用人员管理工作，规范人员聘用，提高人力资源管理实效，保质保量地完成工作任务，库藏管理室编写了《库藏管理室流动岗位聘用管理办法（试行）》和《库藏管理室 2015 年流动岗位聘用工作方案》，从人员聘用原则、日常管理、岗位需求、聘用考核等方面健全人员聘用管理制度。

2015 年，库藏管理室继续推动执行《库藏管理室管理工作制度》，进一步明确职责分工、规范劳动纪律、规范财务制度、规范审批制度、公平绩效分配等，执行情况总体良好，推诿扯皮现象明显减少，劳动纪律有一定的提高，财务执行过程日趋合规合理，绩效分配总体体现了按劳分配的原则。

2. 继续推进年轻技术人才的培养，基本形成以年轻人为主的科研业务团队

2015 年库藏管理室通过项目实施，培养了一批年轻业务骨干，这些业务骨干担任项目负责和专题负责，既得到业务成果，又达到锻炼人才队伍的目的，使本处室的专业技术人员队伍的结构得到进一步优化。

由于本处室负责整个实物地质资料库房的运行与维护，需要的材料和设备较多，对处室的人员分工进行了进一步梳理和完善，安排专人负责材料、设备的计划、领用和管理。为了提高工作效率，设置了信息报送负责人、财务报账负责人、工作量统计负责人等专门的岗位。通过一年的锻炼与培养，年轻人的进步较快，成长显著。

六、安全生产情况

始终把安全生产放在第一位，严格遵守设备使用操作程序和操作规程，进入库区巷道必须配戴安全帽，严格执行设备定期维护保养制度，为保证设备正常运行，使用前要对设备进行检测，一个月进行一次设备检测与保养，并将设备故障及检测情况填写在月检表中。

按时报送库藏管理室安全生产月报至中心安全管理办公室。配合保卫部门更换了岩心库所有灭火器中干粉、消防栓水袋。注重库房管理人员安全意识，下班后做到关闭总电源，关闭所有岩心库门窗，认真落实安全防火、防盗措施，通过制度的落地和具体工作人员的共同努力，保证了岩心库的安全，岩心库安全生产无事故。

七、业务支撑

在实物地质资料中心业务建设的总体原则下，库藏管理室积极参与全国实物地质资料管理与服务体系的建设，主要针对全国的实物地质资料库藏体系建设积极开展工作。先后接待了安徽馆、四川馆、宁夏馆等实物地质资料馆藏机构的到馆学习与业务交流，将实物中心相对较为成型的技术方法和工作经验与同行们进行交流，对省馆的业务有较大的指导和促进作用，对自身业务能力也有了很大的提高。同时，还积极选派优秀业务骨干赴各地进行授课交流，宣传与推广实物地质资料中心库藏管理方面的工作理念与方法技术，得到了邀请方的好评。

（撰稿人：高鹏鑫、史维鑫）

实物地质资料社会化服务

一、实物地质资料服务研究取得新进展

1. 实物地质资料电子阅览室建成并投入使用

根据实物地质资料服务利用办法，在系统梳理实物地质资料及相关资料电子数据借阅流程基础上，研究开发了电子阅览室系统，开展了实物地质资料及相关资料电子数据的整理、加工、入库，建成了实物地质资料电子阅览室，提高了馆藏实物地质资料借阅服务效率。同时为全国各地质资料馆藏机构在实物地质资料电子阅览室系统建设方面起到了引领示范作用。

1）在需求调研的基础上，研究提出了实物地质资料电子阅览室业务需求，包括用户需求、业务现状、业务机构、业务范围、电子阅览室借阅主要流程、数据资源、数据组织需求，为软件公司开发系统提供了基础。

2）根据服务需求，完成了实物地质资料电子阅览室系统研发，实现了实物资料借阅全流程管理与服务，可为用户精准查询实物资料详细信息，提高了服务效率。系统主要包括实物资料查询、实物资料浏览、实物资料借阅管理、实物资料借阅统计、用户管理、数据管理6个模块。

3）完成了100档国家实物地质资料馆电子阅览室系统服务信息整理、加工、入库，包括实物基本信息、图像信息、描述信息等。

4）建成了实物地质资料电子阅览室并投入运行。建成的电子阅览室可提供的馆藏实物地质资料服务信息资源主要包括：322档案卷级目录信息，480个钻孔的200067.50m钻孔岩心图像信息，5591个标本的17217张标本图像信息，10872个薄片的109409张薄片图像信息，100余档的相关资料信息。

2. 示范编写实物地质资料二次开发典型案例

为了总结实物地质资料再利用在地质找矿过程中、在矿床成因研究中所起到的重大作用，指导矿山进行深部找矿、外围找矿，同时推动高校、科研院所等对矿床成因、成矿模式等重要地质问题的深入研究，实物中心开展了实物地质资料二次开发利用案例调研和编写，先后赴辽宁丹东、江西鹰潭、四川攀枝花等地系统开展了实物地质资料二次开发利用案例调研，走访知情人和直接参与开发利用的老地质专家，系统总结并完成典型案例报告编写1份，统稿完成《全国实物地质资料服务利用案例汇编》。案例汇编一书在全国地质资料管理工作会（馆长会）上进行宣传，使各馆藏机构进一步认识到实物保管的意义和价值。

3. 实物地质资料信息共享服务研究

2015年，完善了实物地质资料信息共享服务工作方案，形成了《实物地质资料信息共享服务工作方案》，总结了2014年辽宁省10家单位实物地质资料信息组织与发布试点

工作经验，完善了实物地质资料目录编制要求，编写了《实物地质资料目录数据库建设工作指南》，在国家馆和辽宁省全省开展了试点建设工作，建立了辽宁省实物地质资料目录数据库并提供服务。

（1）完善形成《实物地质资料信息共享服务工作方案》

2015 年，研究设计全国实物地质资料信息共享服务体系框架，在征求国土资源部、中国地质调查局、各级馆藏机构和汇交人等专家意见建议的基础上，认真修改完善，形成《全国实物地质资料信息共享服务工作方案》，供上级主管部门决策参考。《实物地质资料信息共享服务工作方案》内容共分 5 个部分，包括现状分析、总体目标、工作任务、组织分工、保障措施。

（2）编制完成《实物地质资料服务目录数据库建设工作指南》

在调研、研讨、征求专家意见的基础上，编写并完善了《全国实物地质资料目录数据库建设工作指南》，形成了《实物地质资料服务目录数据库建设工作指南》。内容包括范围、规范性引用文件、术语和定义、数据采集格式及填写说明、工作流程、质量控制、成果提交等。

（3）建立实物地质资料目录数据库并提供服务

2015 年，在国家实物地质资料馆和辽宁省开展实物地质资料信息组织与发布试点工作，完成了国家馆 322 档和辽宁省八大行业 43 家地勘单位实物地质资料服务目录信息采集、整理加工，建立了国家馆和辽宁省全省的实物地质资料目录数据库，并通过全国实物地质资料集群系统进行发布，提供服务。

二、国家实物地质资料馆展览展示服务研究工作有序推进

2015 年，启动展览展示服务研究，全面分析了实物地质资料展览展示服务需求，研究确定了实物地质资料展览展示服务工作定位，系统开展了实物地质资料展示内容规划和研究，完成了国家实物地质资料馆展览展示内容初步设计和展览展示形式总体设计，完成了新配套楼展厅展览展示设计和展品挑选、整理、加工等准备工作。

1. 实物地质资料展览策划和需求调研

研究提出了总体设计、分步实施、不断完善的展览展示服务总体思路，在总体思路指引下开展了调研、学习并收集需求信息，全面分析了实物地质资料展览展示服务需求，研究确定了实物地质资料展览展示服务工作定位，提出了 1 个序厅、3 个专题厅的总体规划，并按照一次性总体方案设计、分年度完成展品制作与布展进行实施。

2. 完成《国家实物地质资料馆展览大纲》编写

按照展厅目标定位开展了展览展示基本内容确定、展览结构层次规划安排、展览展示的分主题凝练、展览展示内容重点和亮点研究、展览素材选择和安排、展品及其组合研究、展览大纲文字编写等一系列工作。

经过调研咨询与征求意见，完成了《国家实物地质资料馆展览大纲》编写工作，开展了二期配套楼展厅空间规划，包括序厅、矿产资源厅、基础地质厅和金钉子厅 4 个部分展示内容空间设计。

3. 完成《国家实物地质资料馆展厅总体布展方案》设计

依据国家实物地质资料馆展览大纲，组织设计公司完成《国家实物地质资料馆展厅总体布展方案》设计和2015年需要布展的序厅和矿产资源厅中黑色金属、有色金属以及贵金属展区的内容与形式深化设计。

其中，序厅设计面积150m^2，重点形式设计是岩心柱群主题标志物、国家实物地质资料管理框架与类型分布电子地图；矿产资源厅设计面积620m^2，主要包括矿产资源实物地质资料分类展示、滑轨式展柜、矿床模式模型、矿床形成过程动画、矿产实物地质资料信息多媒体查询等形式设计内容；基础地质厅设计面积280m^2，主要设计多点触摸互动、动态场景复原、科学钻探岩心系统展示等内容；金钉子厅设计面积43m^2，拟采用内容索引和多点触摸查询墙形式。

4. 实物资料展品的挑选、整理、加工等工作

2015年，开展了序厅电子地图展示数据的整理工作，重点整理出国家实物地质资料馆现有各类馆藏实物地质资料目录信息；挑选准备拟在序厅展出的实物标本10块；挑选拟在矿产资源厅展出的各类实物标本300余件、岩心超10m；编写展板文字25000余字；收集、绘制相关图件70余幅；编写矿床成因展示内容脚本4个。

三、实物地质资料信息提取与服务信息更新

1. 实物地质资料信息提取

（1）实物地质资料著录

截至2015年底，累计完成405档馆藏实物地质资料信息著录工作。2015年度完成50档，并对著录的信息进行了校对，同时对完成的300余档实物地质资料著录信息汇编，为提供服务奠定了信息资源基础。

（2）区域地质调查实物地质资料信息采集与服务

截至2015年底，已完成区域地质调查52个图幅的818条实测剖面27.5万条实物地质资料信息采集、整理、加工、集成，并通过中国实物地质资料信息网提供了服务。信息主要包括图幅信息、实测剖面信息、实测剖面分层描述信息、标本信息、薄片信息，并对采集的信息进行了校对。

（3）薄片显微图像采集

2015年度，完成了薄片显微照相4109片，形成38037张图像，涉及145条实测剖面，并对采集的薄片显微图像信息进行自查、互查、抽查三级质量检查。

2. 实物地质资料展厅、科普长廊、大标本园展品更新维护

2015年度，对展厅、科普长廊、大标本园进行了全面更新维护。一是地球资源展厅，制作更换展厅实物展示展板图件32幅、标本标签56个，更换标本及岩心垫布63块；更换科普长廊晶体矿物展示标签44块，调整晶体矿物标本位置摆放16块；补充与完善展厅与长廊展示内容讲解词2次；全面清扫展厅与长廊卫生8次。二是大标本园完成了新采集的14个矿山的24块大型标本入园和32块大型标本位置调整工作，制作大型标本水泥墩17个，制作大型标本说明牌30块、名称牌60块，绘制和更换标本园导览图4次，更新

大型标本园展示内容讲解词3次；对标本园的大标本进行防护处理2次，起到了防止风化的作用。

3. 服务信息更新

2015年，根据馆藏最新进展，更新了国家实物地质资料馆简介（中、英文版），内容包括基本情况、实物资料库、实物库藏体系、大标本园、实物资料数字化、全国重要钻孔数据库建设、社会服务等；更新了馆藏实物地质资料总目录（中文版）和馆藏实物地质资料目录索引（中、英文版），补充目录信息63档；更新了国家实物地质资料馆服务指南（中、英文版），包括馆藏资源及分布图等，并在矿业大会上进行了发布服务。

依托馆藏资源新进展，整理了358～406档实物资料相关信息，编制了馆藏实物地质资料分布图、全国重点成矿区带实物地质资料分布图、整装勘查区实物地质资料分布图，并将信息更新到中国实物地质信息网和展厅触摸系统，丰富了服务内容。

四、实物地质资料服务

1. 考察交流与接待服务

2015年度，共接待3642人次，满意度基本达100%。其中，接待国外团体2次，分别是“2015年埃塞俄比亚地质矿产技术培训班”的20名技术官员和“中国地质调查局发展研究中心援外培训班”来自巴基斯坦、土耳其、塔吉克斯坦等9个国家的71名官员代表。

2. 观察取样服务

服务内容主要包括取样、岩心扫描、岩心观察、交流展示等。2015年度，提供了油气资源地质调查、松科二井等重大项目实物地质资料观察取样服务，累计利用馆藏岩心24818.52m，利用馆藏标本100块，利用馆藏岩屑3578袋，共取样3916件。利用单位主要为地质科研、地质勘查单位和大专院校。

3. 教学实习服务

2015年度，主要为大专院校提供了教学地质认识实习服务、实物地质资料认知培训服务、生产实习、毕业实习及毕业生论文指导服务、地质技能大赛服务。累计提供教学实习服务160次，共计2450人次，圆满完成了北京大学地空学院、华北科技学院和防灾科技学院教学实习服务任务，得到了学校师生的好评，受华北科技学院和防灾科技学院的表扬。开发了实物地质资料教学实习产品，完成了《2015年版认知实习指导书》编写，并提供教学实习使用，获得师生好评。完成了150件教学标本描述，包括矿物标本70件、岩石标本80件，为丰富教学服务内容提供了基础。

4. 科普宣传服务

主要开展了第46个世界地球日主题宣传活动和2015年科技活动周活动，包括实物地质资料展示讲解、图文科普展板展示、科普报告、科普互动、科普影片播放以及科普活动进校园、进社区等活动内容。地球日活动期间，邀请了李廷栋院士等专家做专题科普报告，举办了科普活动走进李四光中队、走进北京大学、走进中国地质科学院水文环境地质环境研究所活动，在燕郊公园开展了地质调查实物资料进社区活动。在科技周活动期间除了开展系列科普活动，同时通过网络服务推出了“馆藏十大精品”，宣传实物中心成立十几年来在全国地质调查和地学研究热点领域的馆藏资源。此外，完成了《趣味实物地质资料》科普产品开发，丰富了科普服务内容。

2015 年，组织申报了全国科普教育基地，经中国地质调查局、国土资源科普基地管理办公室、国土资源部科技与国际合作司推荐，全国科普教育基地资格审查和专家评审、实地抽查等程序，实物中心于 2015 年 6 月被正式命名为“2015 ~ 2019 年全国科普教育基地”。

5. 部局支撑服务

协助国土资源部、中国地质调查局完成 2015 年中国国际矿业大会实物地质资料展览展品挑选、整理、展板制作、展台布置和服务支撑等工作。共挑选和展出了全国 16 个地区的 21m 钻孔岩心和 36 块岩矿标本，圆满完成了展览展示和接待讲解等服务工作。

实物中心联合全国地质资料馆，共同协助国土资源部开展全国地质资料信息报送管理工作，组织召开了 2015 年度全国地质资料管理年报暨信息报送工作会、油气等委托保管地质资料管理工作研讨会等。

（撰稿人：刘向东、杜东阳）

实物地质资料信息化建设

一、中国实物地质资料信息网建设与运维

中国实物地质资料信息网于2010年创建，主要发布全国范围内实物地质资料服务信息、行业新闻、重要成果、国家馆馆藏资源、地质科普服务信息以及全国实物地质资料数据服务信息等。信息网作为全国性专业权威的实物地质资料服务网站，运行以来访问量每年都在持续增长，体现了网站的重要性。

信息网英文站点的建立填补了实物地质资料国际服务的空缺。作为实物地质资料信息网的重要补充，该站点主要发布国内重要的实物地质资料信息和重要成果，并发布国家实物地质资料馆重要馆藏资源，作为国际用户查询实物地质资料信息和国际交流的一个窗口和平台。

国土资源实物地质资料中心政务门户网站是根据中国地质调查局统一门户网站、统一网站风格的要求而建立的。政务门户网站是社会了解实物地质资料中心的一个服务窗口，主要发布实物地质资料中心重要活动、实物地质资料管理与服务、重要工作进展、国家实物地质资料馆馆藏精品以及与实物地质资料中心有关的政务活动新闻等内容。该网站与中国地质调查局网站做信息调用，间接发布地调局地调要闻和成果快讯。

3个外网门户网站均由中国实物地质资料信息网应用服务系统对网站进行管理，包括内容管理、页面设计、权限分配以及其他管理工作。

二、全国重要岩心图像服务系统

全国重要岩心图像服务系统是在实物地质资料信息管理与服务系统的基础上，将各服务模块进行整合开发，最终实现项目、岩心、标本、薄片等实物资料图文信息的一体化管理和统一发布，并向用户提供基于“天地图”的空间地理位置服务。

实物地质资料中心代表国土资源部行使实物资料管理职责，按照实物地质资料采集规范要求，在全国范围内采集的资料基本涵盖各地质单元、成矿区带，具有典型性、系统性和代表性等特点。按照实物地质资料中心实物地质资料收藏规划，制定采集计划，采集和管理实物地质资料，确保了系统数据的不断积累和及时更新。

全国重要岩心图像服务系统作为国土资源部2015年公共服务产品向社会进行推介，体现了该系统在科学研究、环境保护、地质找矿等多领域的重要程度。全国重要岩心图像服务系统基本涵盖国内主要构造单元、地质时期、全部重要矿种和地质工作类型的库藏资源和青藏高原1:25万区域地质调查的重要实物地质资料，具有典型性、系统性和特殊性的特点，能够满足社会用户的服务需求。

本系统2014年开发了钻孔岩心数据信息管理和数据发布模块，2015年增加了标本和薄片数据管理和发布模块。截止到2015年12月，本系统累计发布了200067.50m钻孔岩

心图像和观察描述信息；7454 个标本，16817 张标本图像信息；10467 个薄片，105340 张薄片图像信息，数据量达到 1. 5TB。本系统被国土资源部作为 2015 年度重点推介服务产品向社会推介，得到了用户的好评。

三、全国实物地质资料集群服务系统建设

根据实物地质资料分散保管、集中服务的指导思想，进一步提升实物地质资料服务利用水平，2015 年开始建设全国实物地质资料集群服务系统，提供目录和数据服务，汇聚全国实物资料数据、发布馆藏数字化资源。让社会大众、地质专业人员等利用者从目录数据中了解到实物地质资料有什么（包括目录信息、文件级信息）、在哪里、谁保管等信息。

通过全国实物地质资料集群服务系统的建立，发布国家实物地质资料馆和全国实物资料目录数据，避免了全国实物资料服务系统的重复建设，减少了实物地质资料获取给环境带来的二次破坏，为重大地质灾害应急和资源短缺问题实现实物资料数据集中服务，为推动实物资料社会化服务和构建全国实物地质资料管理体系发挥了重要作用。

该系统建立了以实物地质中心为核心节点，以省馆为分节点的集群模式的服务系统。系统框架已经建立了实物地质中心核心节点和辽宁省试点分节点，并发布了国家实物地质资料馆（实物地质中心）和辽宁省馆数据。为了在全国推广的顺利进行，还进行了《实物地质资料目录数据标准规范》的编写，同时开发了全国实物地质资料目录管理工具。

全国实物地质资料集群服务系统建设立足于实物资料信息化基础成果，以实物目录数据集群化、智能化服务应用需求为驱动，以实物资料信息化管理服务水平的全面升级提档为根本目标，开展了标准规范研究编制、总体设计、平台研发、推广应用及模式探索等一系列工作，取得了初步成效。系统部署一年来，运行安全稳定，数据发布与同步准确，数据检索高效，为实物地质资料从业者和专业研究人员提供了基础服务平台，为政府机构信息决策提供了数据支撑，推动了全国实物地质资料服务体系的建设。

四、实物地质资料电子阅览室建设

伴随国家实物地质资料馆馆藏资料资源的不断丰富和数字化程度的不断提高，用户对实物地质资料借阅的形式提出了更高的要求。因此，实物地质资料服务形式需要改变以往用户通过到馆查询借阅利用或纸质、门户网站等单一的查询，提高用户对借阅资料内容的精准查询，改变以往主要停留在馆藏实物地质资料目录信息级别，通过实物地质资料电子阅览室系统研建，可进一步加快用户对实物的观察取样的进程，减少出入库压力。

电子阅览室系统主要包括实物地质资料查询、实物地质资料浏览、实物地质资料借阅管理、实物地质资料借阅统计、用户管理、数据管理 6 个模块。其中，实物地质资料查询包括模糊查询、全文检索、高级检索等查询功能；实物地质资料浏览包括案卷级目录、文件级详细信息、扫描数字化照片、电子文档在线浏览等功能；实物地质资料借阅管理包括电子资料借阅、纸质资料借阅、观察申请、取样申请等管理功能；借阅统计包括实物地质资料统计和借阅统计功能；用户管理包括用户登录账号管理、个人信息管理、借阅单打印等功能；数据管理包括数据导入导出、数字化图片采集、权限设置等功能。

通过开发实物地质资料电子阅览室系统，实现对实物地质资料数字化信息查询、借阅、加工和岩心、岩屑、标本、样品、光薄片等实体的观察取样等进行全流程信息化管理以及对借阅数据的实时统计分析，与业务管理系统实现数据及软件接口对接，促进岩心、标本、光薄片、样品及其相关资料的科学化、规范化管理与使用，包括借阅人员信息、出入馆登记、借阅单、借阅内容、加工单、加工内容等信息管理。电子阅览室系统通过信息分级能够在单位内网和互联网运行，方便用户优先在互联网进行目标搜索，并能够支持远程订单服务，全面提升服务能力和管理水平。

五、数据安全存储

1. 编写了《国土资源实物地质资料中心电子数据管理办法》

该办法于2015年8月已经印发。办法中明确了网络信息室、资料服务室和其他业务的职责，确定了实物地质资料电子数据的归档范围，为实物资料电子数据安全存储和服务利用提供了依据。

2. 硬件平台搭建

根据《实物中心网络管理工作指南》存储系统管理章节，网络信息室利用大型存储系统搭建集中备份存储环境，使用华为S5600T型号存储设备搭建机房物理隔离局域网存储涉密数据，使用EMC NS480存储设备搭建SAN存储网络，服务内外网虚拟化统一资源管理平台和存储非涉密数据。

3. 数据备份完成情况

已完成资料服务室2011~2014年薄片照相电子数据备份共600GB；

已完成库藏管理室标本照相数据，共计7682块标本的697GB的数据；完成367档归档实物资料的相关资料数据；

已完成综合研究室钻孔数据库29个省（自治区、直辖市）的钻孔资料数据，共计约45TB。

网络信息室于各业务处室工作人员，核对数据一致性、完整性无误后，分别签订电子数据移交清单。

4. 数据异地备份工作已启动

与甘肃省国土资源厅信息中心初步达成合作共识，开展数据异地备份前期准备工作。甘肃省兰州市符合数据异地备份地理远缘原则，气候适宜存储介质保管与存放，入库备份存储介质为磁盘和光盘，仓储介质为专用音响防磁柜。异地数据备份介质均为光盘和硬盘。全国重要地质钻孔的数据库数据异地备份介质为硬盘，新增原始数据备份计划周期为每年度一次，经脱密加工处理后形成数据备份计划周期为每半年度一次。

（撰稿人：米胜信）

立典剖面工作

2015年，“全国重要立典性剖面调查”计划项目、“全国立典性剖面调查”工作项目因故中止，2015年度的主要工作内容是完成计划项目及工作项目的收尾工作以及成果验收，并监督推进计划项目下属工作项目的汇交工作。

一、主要工作完成情况

1. 全面完成年度工作任务

完善野外调查采集的实物地质资料及各类资料，梳理和整合代表性多元数据资料；补充完善大兴安岭中生代火山岩典型剖面资料，整理出示范性多元数据整合剖面2条，提供大区所及地质调查相关单位应用服务；编辑完成《典型剖面及岩矿石特征标本图册》《火山岩、侵入岩、变质岩剖面测制细则》《重要蛇纹石、透闪石岩类标本图册》；计划项目下属13个结题工作项目完成野外验收和成果报告评审工作；召开全国立典性剖面调查技术研讨会1次。做好业务进展和成果的宣传，全年报送政务信息和新闻宣传稿22篇。

2. 全面把控“全国立典性剖面调查”工作项目质量

1）作为“全国重要立典性剖面调查”计划项目负责单位、“全国立典性剖面调查”工作项目承担单位，对计划项目以及工作项目各阶段工作安排任务部署进行全面细致把控。

2）计划项目方面：在中国地质调查局及发展研究中心部署下，全面推进计划项目工作。顺利完成下属工作项目的质量检查工作。开展7个工作项目的野外验收工作，并且取得优异成绩，7个项目全部顺利通过野外验收，其中4个项目获得优秀级。下属13个结题工作项目全部顺利完成成果报告评审，其中4个工作项目成绩为优秀级。现阶段正在进行成果报告修改完成情况审核，之后进入到资料汇交阶段。

3）工作项目方面：梳理整合已收集的代表性多元数据资料，整合剖面信息，补充重要剖面调查资料，完善原始资料以及外协成果汇总，顺利通过野外验收并取得优秀级成绩；项目成果报告评审顺利通过，取得优秀级成绩。

二、2015年项目立项论证

组织编写了《天山－北山成矿带那拉提—营毛沱地区地质矿产调查（国土资源实物地质资料中心）可行性报告》，并且顺利通过论证审核。

三、项目取得的主要成果

1）“全国重要立典性剖面调查”计划项目，严格把控工作项目质量，监督完成各个阶段质量检查，全面完成任务，13个工作项目顺利评审验收各类技术文档与报告资料，形成一系列完整的研究资料。取得的主要成果如下：

a）地层剖面测制的指导思想上有所创新，在造山带地层剖面实测技术方法上取得明显进展。

b）通过典型火山构造的路线地质调查、火山地层剖面及火山岩性岩相构造剖面的测制与研究，初步总结和完善了陆相火山岩剖面测制细则和陆相火山岩区填图方法。

2）完成《国家重点保护古生物化石名录》拟新编入的种500个（讨论稿），提出《特殊埋藏环境下化石的保护规范、保护措施和技术要求》（讨论稿），编制了《化石资源、保护管理机构分布图和化石规划图》，编写了《全国化石保护规划（2016～2020）》（建议稿），编写出版了《化石保护》等相关科普书籍8本。

3）完成《古生物化石标本管理现状与需求调研报告》，完成全国古生物化石标本数据库系统，开展观赏石分类与命名办法的研究，提出了《观赏石命名指南》，首次编制了《中国观赏石图典》。

4）完成国内10颗“金钉子”剖面调查，制作电子专题片共10集，每一集介绍一颗“金钉子”；完成专著《嵌在岩石中的一颗“金钉子”》、报告文学集《“金钉子”报告文学》的编写与出版。

5）完成《中华赏石文化史论》及《中国历代石谱概论》的初稿，开展了《中国观赏石图谱》编撰的研究工作。

6）“全国立典性剖面调查”工作项目对重要构造成矿带各岩类区长期存在的区域地层划分对比、岩浆岩活动期次划分与成矿关系、造山带洋盆－活动陆缘地层系统及构造格架建立等存在的重大基础地质问题开展典型剖面与关键地段调查与实物及多元数据剖面整合，取得的主要成果如下：

a）针对天山－北山、兴蒙及华南地区重要构造成矿带火山岩、侵入岩、变质岩各岩类区长期存在的区域地层划分对比、岩浆岩活动期次划分与成矿关系、造山带洋盆－活动陆缘地层系统及构造格架建立等存在的重大基础地质问题补充开展典型剖面与关键地段调查，以及实物资料与多元数据资料剖面整合，为地质调查与研究提供示范性和多元数据表述剖面与调查成果资料。

b）针对大兴安岭中生代火山岩火山地层填图单位划分对比存在的问题，进一步对大兴安岭火山岩带中生代火山岩主要建组层型（副层）剖面进行实物地质资料标本及多元数据补充采集，重新进行岩性、岩相及喷发韵律的划分对比，建立了集实物标本、宏观与显微照片、化学分析及高精度测年数据于一体的多元划分对比标志。初步完成了三叠系哈达陶勒盖组，侏罗系塔木兰沟组、满克头鄂博组、玛尼吐组，白垩系白音高老组、梅勒图组、龙江组、光华组及甘河组建组剖面调研或修测，以及多元数据资料收集和实地采集。

c）针对大兴安岭中生代火山岩年代和生物地层划分存在的问题，对大兴安岭南段满克头鄂博组、玛尼吐组、白音高老组建组剖面及结合周边正在开展的区调项目进行U－Pb高精度测年和化石样品进行梳理，高精度锆石U－Pb测年数据：满克头鄂博组（159.2±4.7）Ma、（155.6±3.5）Ma、（160.4±1.5）Ma、（159.2±2.2）Ma，玛尼吐组（144±2）Ma和（141.3±1.3）Ma，白音高老组（135.4±4.2）Ma。为今后地质调查、火山活动特征及岩相研究等提供新的资料。

d）针对区域地质填图与研究中火山岩剖面测制、成果表述与多元信息服务存在的问题，建立示范性可多元对比的剖面图及系列实物岩石标本等。为填图单位的正确建立、合理划分对比、找矿及科学普及提供扎实、可视、融多元数据资料于一体的多元数据整合剖面资料。

e）对大兴安岭南段浅覆盖区阿巴嘎期玄武岩代表性火山机构应用十字路线调查与追索，侧重喷发沉积相特征调查、光释光测年、遥感影像宏观解译等方法，结合常规火山地貌、岩性、岩相、火山构造调查方法，为草原－沙漠浅覆盖区新生代火山岩调查提供了丰富的地质资料和更有效的调查方法。

f）针对大兴安岭岩浆岩带选择嫩江—加格达奇地区中生代燕山期白垩纪—古生代加里东期奥陶纪的21个代表性侵入体，进行岩体代表性标本、薄片、照片、岩石化学、地球化学、锆石U－Pb同位素测年等多元数据采集整理，为区域岩浆岩的多元数据资料划分对比、地质找矿与研究提供多元数据资料服务。

g）针对天山－北山、二连－贺根山重要构造——蛇绿构造混杂岩带，进行系统资料收集、野外剖面实地补充调研，并进行系统的标本、样品及相关多元数据采集、野外素描及构造形迹与构造样式收集。合理表述地质体、构造及接触关系、构造样式，采集建立了典型系列蛇绿构造混杂岩带实物及多元服务资料。

h）针对我国大地构造单元划分中重要构造带蚀变岩、蛇纹岩、透闪石化岩石的分布及地质意义，补充重要构造带透闪石、蛇纹石化岩石产出地质背景、岩石组合特点及成因类型调查，补充采集系列实物标本、照片、素描等系列资料，编制地质分布图，逐步形成系统的服务资料，为区域构造单元的划分对比、明确地质问题、找矿、综合研究、科普、考古及其他地质工作提供系列相关数据资料和社会服务。

i）以重要成矿带关键地段地质问题的地质体为目标，采用剖面和地质点调查相结合，系统采集整理建立系列剖光岩石标本、手标本、薄片、典型露头标本照片、典型现象显微照片等系列原始实物资料，为地质调查、研究、找矿及科学普及提供系列服务。

j）协助中国地质调查局基础调查部和中国地质调查局发展研究中心组织开展计划项目所属工作项目质量检查、野外验收、成果验收、技术研讨及日常计划项目管理工作，促使项目有序开展并取得系列成果。

7）编写的报告：

a）《全国典型地质剖面调查总体方案》。

b）《重要立典性剖面调查2015年度项目实施方案》。

c）《天山－北山成矿带那拉提—营毛沱地区地质矿产调查（国土资源实物地质资料中心）可行性报告》。

d）《全国立典性剖面调查野外验收简报》。

e）《全国立典性剖面调查成果报告》。

f）《全国重要立典性剖面调查计划项目成果集成报告》。

g）《火山岩、侵入岩、变质岩类剖面测制细则》。

h）《典型剖面及岩矿石特征标本图册》。

i）《重要蛇纹石、透闪石岩类标本图册》。

8）获奖情况：

a）全国立典性剖面调查野外验收，评分90分，优秀级。

b）全国立典性剖面调查成果评审，评分90分，优秀级。

（撰稿人：柳少鹏）

地质调查工作

一、基础地质调查及矿产资源评价

国土资源实物地质资料中心始终坚持中国地质调查局业务兴局的战略思想，积极开展地质调查工作，近十年来地质调查室一直致力于从事基础地质矿产调查与矿产资源评价工作，2015 年度，地质调查室在完成以往项目结题验收的基础上，承担矿产评价项目一项，取得了大量调查成果。

二、蒙古乌拉特中旗巴音温都尔 1575 高地矿产地质调查项目

该项目由中国地质调查局下达工作任务，是中国地质调查局天津地调中心承担的“阴山成矿带地质矿产调查”项目的子项目，工作年限为 2013～2015 年。项目主要在 1∶5 万区域地质调查成果的基础上，结合区域地质特征，对已发现的地球化学异常、金矿化点和含矿层位，采用地质、化探测量等综合找矿方法圈定成矿有利地段，优选化探、矿化异常，并对成矿有利地段进行槽探揭露，圈定矿（化）体，大致了解工作区地质和矿体特征，了解矿石质量特征。经过 2013～2015 年的地质调查工作，通过对 5 个工区开展 1∶1 万地质草测、1∶1 万土壤地球化学测量工作和 1∶2 千土壤、地质综合剖面测量工作，确立了区内地层及构造特征，明确了尖山组为工作区主要的含矿地层。完成了Ⅳ、Ⅴ工区的 1∶5 万及 5 个工作区 1∶1 万地质草测工作，初步查明了区内地层、侵入岩及构造特征，了解了成矿地质背景、金矿化蚀变带的分布特征。通过 1∶1 万土壤地球化学测量，在Ⅰ工区共圈出综合异常 19 个，在Ⅱ工区圈出综合异常 26 个，在Ⅲ－1 区圈出综合异常区 32 个，在Ⅲ－2 区圈出综合异常区 12 个。根据地质调查及土壤地球化学测量工作，新发现金矿（化）点 5 处、铜矿化点 1 处、石墨矿化点 1 处。对调查区的 5 个选区进行优选，圈定出成矿远景区 3 处，其中 B 类远景区 2 处、C 类远景区 1 处。对区内成矿进行了预测，圈定出找矿靶区 3 处，其中 B 类找矿靶区 2 处，即巴音温都尔金找矿靶区、伊和花金找矿靶区；C 类找矿靶区 1 处，即包日呼热金找矿靶区。

（撰稿人：周毅）

实验测试工作

截至2015年底，实验室现有正式在编人员17名，各类仪器设备73余台（套），拥有占地2000m^2的综合检测楼。通过了国家级计量认证，并经国土资源部授权挂牌成立国土资源部实物地质资料及煤炭监督检测中心，业务范围包括煤炭、泥炭、岩石、水质、土壤等测试分析和实物地质资料有关研究。实验室拥有的仪器设备主要有荷兰帕纳科AxiosmAXX射线荧光光谱仪、德国Elementar vario MACRO cube元素分析仪、德国耶拿ZEEnit700P原子吸收光谱仪、180/80原子吸收分光光度计、AFS－2000原子荧光分光光度计、756紫外可见分光光度计、HI3221－02离子计、碳氢分析仪、量热仪、定硫仪、最高内在水分测定仪、黏结指数测定仪、灰熔点测定仪、低温干馏测定仪、胶质层测定仪、煤炭活性测定仪、结渣性测定仪、热稳定性测定仪等一整套煤炭、泥炭检测设备及实物地质资料常规检测设备，价值400多万元。

一、项目方面

实验室开展岩矿测试技术在实物地质资料服务过程中的应用研究。在实物的测试数据管理方面，对实物地质资料岩矿测试信息进行整理，并在中国实物地质资料信息网发布。对实物地质资料岩矿测试信息整理技术要求和服务要求进行试用和修改完善。同时，初步开展建立国家实物馆样品分析数据库研究。在实物取样测试研究方面，探索性开展取样测试试验，初步了解实物地质资料开展取样测试的流程及有关要求。在提高服务水平方面，开展实物地质资料开放实验室建设研究，提出了相关建设建议。

二、测试服务方面

实验室全年检测样品800余件，主要为煤样分析、岩石分析和水样分析，实现测试收入约96万元。主要承接中国煤炭科学研究院、中国地质大学、西安地质矿产勘查院、天津市地质矿产测试中心、三河新源供热有限公司、北京经济技术职业学院、中国科学院尾矿中心等多家单位的测试任务。全年协助有关部门开展岩心剖切103盒，取样262块。其中实验室与松科二井科研人员合作对超大直径易碎岩心剖切加工进行研究，通过对北京周边进行多次调研和试验后总结技术方法，完成103盒超大直径岩心进行剖切，使得松科二井研究人员如期正常取样，保证了工作进度。

三、质量体系运行方面

实验室按照质量管理体系要求于2015年3月完成实验室质量体系内部审核，4月完成实验室质量体系管理评审工作，进一步完善质量体系。通过认真的准备，提交实验室资质认定复查换证申请书，并改善实验室环境、整理检查记录档案、邀请专家指导讲课等自查工作后，邀请评审组对实验室进行国家级计量认证复核换证现场评审，完成现场检查、样品考核和后期整改工作，顺利取得国家级计量认证证书。

四、处室建设方面

1. 提高人员技术水平和质量意识

积极派送技术人员参加行业培训班，提高技术人员的测试水平。通过邀请专家来实验室讲课，提高全体实验人员的质量意识，使得年轻技术人员得到培养，质量管理水平得到提升。

2. 完善实验楼工作环境和安全设施

在中心领导的支持下、有关部门的帮助下，开展了实验楼内部墙面整理粉刷、部分设备用电线路重新更换、排风设备维修、签署废液处理协议、实验楼大门安装电子锁、试剂分类隔断保管等工作，使得实验楼环境和安全设施得到极大改善，全年无安全事故发生。

五、加强仪器设备管理

实验室仪器设备总共70余台（套），对检测设备定期进行了期间核查和检定，对不常用的设备进行了维修维护，确保在用仪器基本运行正常。对中国地质调查局拨付的大型设备X射线荧光光谱仪进行了安装、调试及人员培训，并开展了测试。

（撰稿人：邓晃）

海平面测试工作

一、安全生产

秦皇岛工作站全体员工积极履行安全生产责任书职责，在办公大院人员稀少的情况下，保证正常办公及维护大院安全，保证大院和观测站老旧的基础设施仪器设备安全运行，保证观测数据连续获取。工作站按与实物地质资料中心签订的保密工作责任书严格执行，保证了全年没有观测数据泄密责任事件发生。

二、日常海平面观测

秦皇岛工作站日常海平面观测工作按规章流程顺利开展。每天有 1 名值班人员检查监测仪器工作状态、检查校对潮汐数据，次日另外 1 名值班人员对前一天数据记录进行核查并完成当日值班任务，本站 3 名值班人员依次循环，月末完成整月报表原始数据的记录、计算；2 名技术人员对月报表潮高和潮时的选择进行审核，形成一份当月报表的数字打印版本，然后由每一位记录者、审核者、部门领导签字，最终保管人员将资料存入档案柜。

三、一等水准测量

为监测验潮站水尺零点（潮高基准面）变动和地壳升降变化，并为分析地形变幅度对海平面变化的影响提供基础数据，海平面观测中需要定期进行验潮站基本水准点与国家水准网的水准联测。

2015 年 7 月，工作站委托中国地震局第一监测中心由秦皇岛第二中学院内国家一等水准点（山津 4 - Ⅱ）到海平面监测站（BM01）线路进行水准测量，往返约 7.8km，按一等水准测量精度要求进行外业施测。具体水准观测路线确定为：起点秦皇岛二中，途经河北大街、海阳路、文化路、海滨路港区，终点为海平面监测站（图 1）。

从 1981 年 11 月至 2015 年，工作站先后共进行了 15 次从山津 4 - Ⅱ至验潮站的水准测量。除 2007 年、2014 年两次为二等水准测量外，其余均为一等水准测量。从测量结果序列看，似有升高的趋势（图 2），即验潮站平台水准点相对山津 4 - Ⅱ水准点高差在逐渐变大。

四、栈桥维修

工作站海上监测井为岛式监测井，通过栈桥、桥墩与岸边相连。栈桥为钢结构，受海水海风侵蚀严重。为进一步做好验潮井水位测量及数据采集，确保工作人员日常工作安全有序的顺利进行，2015 年 10 月，工作站组织相关工作人员对栈桥进行维护，包括对栈桥进行桥体加固、桥面维修及两侧护栏的除锈刷漆等（图 3，图 4）。

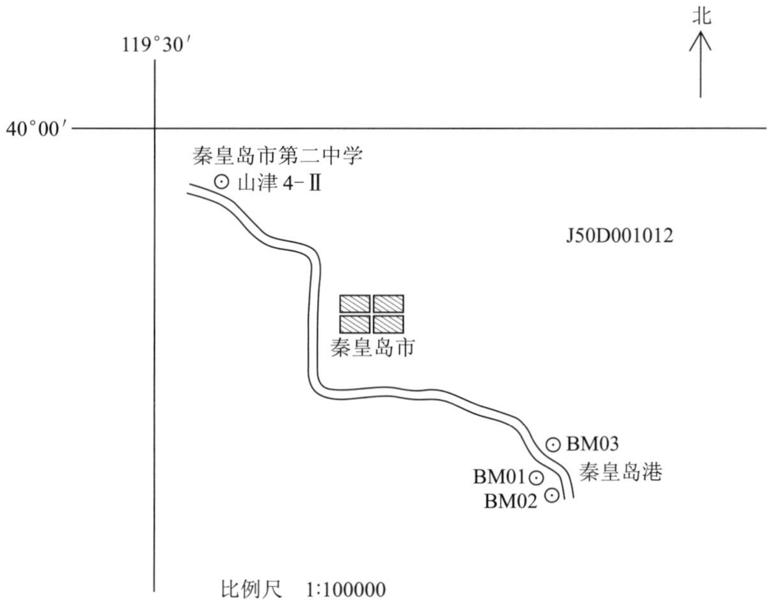

图1　一等水准测量线路示意图

BM01—基本水准点；BM02—室内观测标志；BM03—栈桥桥墩水准点

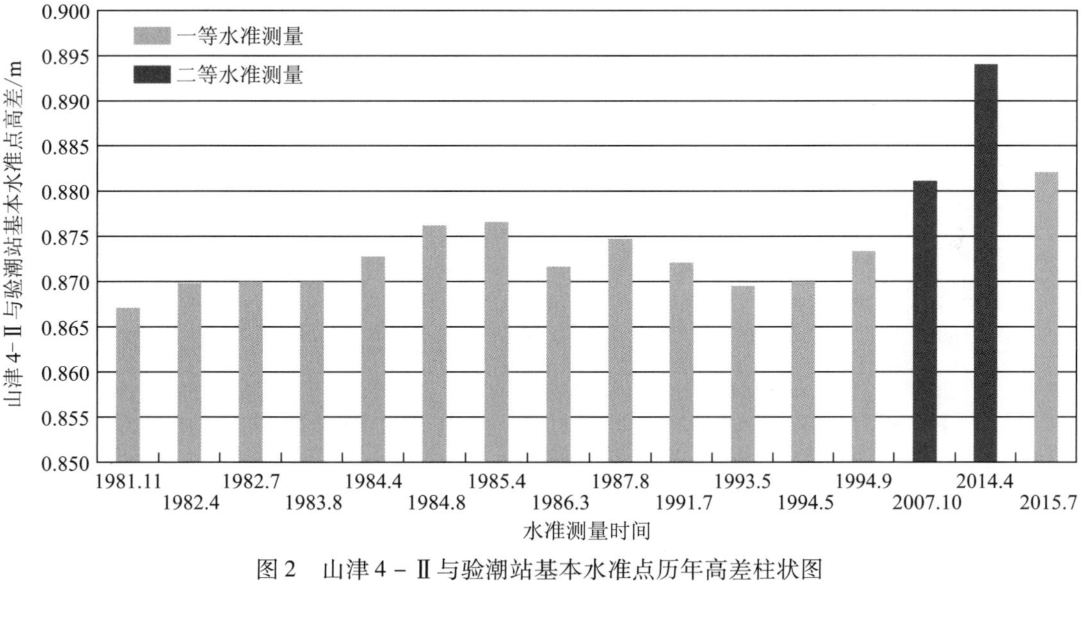

图2　山津4－Ⅱ与验潮站基本水准点历年高差柱状图

五、项目研究

2015年5月秦皇岛工作站承担了“京津唐重点规划建设区地质环境综合调查”二级项目。依托此项目完成对京津唐地区重点验潮站（秦皇岛、曹妃甸、塘沽、黄骅）的海平面变化规律研究，开展了秦皇岛沿海典型地段环境地质调查与水准测量。

通过收集总结他人的研究成果及工作站对津冀沿海不同岸段海平面序列资料的分析，对中国沿海区域性海平面变化和局部岸段的海平面变化取得以下主要研究成果：

图3　栈桥维修前后对比

图4　栈桥维修工作照

1）中国沿海海平面变化总体呈波动上升趋势。1980～2013年，中国沿海海平面上升速率为2.9mm/a。

2）渤海沿海海平面变化总体呈长期波动上升趋势，1980～2013年平均上升速率为4.14mm/a，海平面变化速率因所取时段的不同而差异较大。

3）秦皇岛沿海1950～2013年海平面变化呈波动下降趋势，平均年速率为－0.7mm/a，1980～2013年呈波动上升趋势。塘沽沿海1951～2013年海平面变化呈波动上升趋势，平均上升速率为3.6mm/a。曹妃甸沿海1951～2013年海平面变化呈波动剧烈上升趋势，平均上升速率为3.2mm/a。黄骅沿海海平面变化与塘沽沿海相似，1951～2013年海平面平均上升速率为3.3mm/a。

4）预测了不同岸段未来海平面变化，未来时期塘沽、黄骅、曹妃甸沿海海平面上升仍将延续。

5）山津4－Ⅱ国家一等水准点至秦皇岛验潮站的水准联测证明，二者高差似有升高趋势，原因有待查明。

6）海平面上升将使研究区沿海风暴潮灾害加剧，工程设计和防灾标准提高，地质环境恶化。

六、社会服务

工作站以往的对外服务是被动式服务，仅仅是用户上门才提供服务，观测数据的利用效率较低。伴随工作站建设，2015年工作站开展了积极的和更加广泛的服务，服务对象主要有：

1）地方政府部门。具体包括秦皇岛市地震局、秦皇岛市发展改革委员会、秦皇岛市海港区防汛办、秦皇岛市土地局、秦皇岛市旅游局（多个景区建设）。

2）生产部门。具体包括秦皇岛港务股份集团公司、秦皇岛市新悦港务总公司、秦皇岛航务工程五处船队、中交天津航道局有限公司、中交上海航道局有限公司。

3）事业单位。具体包括天津海事局海测大队、秦皇岛海事局海上交管中心、天津水利科学研究院、国家海洋局秦皇岛中心海洋站。

4）国防部门。具体包括中国人民解放军海军北海舰队司令部航海保证处、中国人民解放军海军北海舰队船测大队、大连海军基地。

5）科研院所。具体包括中国地质调查局天津地调中心、中国地质调查局地质环境监测院、中国地质调查局地质力学研究所、中国科学院遥感与数字地球研究所。

以上这些服务单位对工作站提供的海平面监测数据资料的准确性、连续性给予了充分的肯定。海平面监测站已成为秦皇岛市不可或缺的一部分，融入这个城市的方方面面，成为国家基础科学观测的重要一环。

七、科普宣传

2015 年 5 月 16 ~ 24 日科技活动周，工作站积极进行海平面潮汐观测科普宣传，主要工作为两大部分：

1）海上监测站的参观活动。实地考察参观海上监测站，由专人为参观者讲解秦皇岛海平面观测站的历史、建站优势、基本设施、基本水准点的测量、潮汐观测原理、潮汐观测流程、数据采集方式、自动报表的校对及审核、潮汐数据资料的社会服务情况、潮汐资料的重要性等；同时向到访人员介绍自建站以来所取得的一些科研成果，以及在国家和国土资源部加强野外观测站点建设和野外观测工作方针政策指引下对工作站未来的发展设想。

2）潮汐知识图文展板展览活动。以潮汐基本成因、潮汐术语、潮汐类型、潮汐应用、潮汐表使用等知识为依托，围绕“海洋科学一隅之潮涨潮落”主题，欣赏图文展板（图 5）。

活动期间，工作站迎来了沈阳师范大学古生物专业的学生（图 6）。

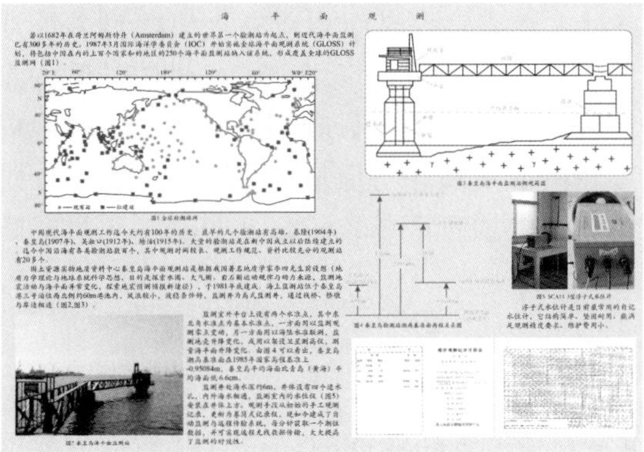

图 5 海平面观测科普展板

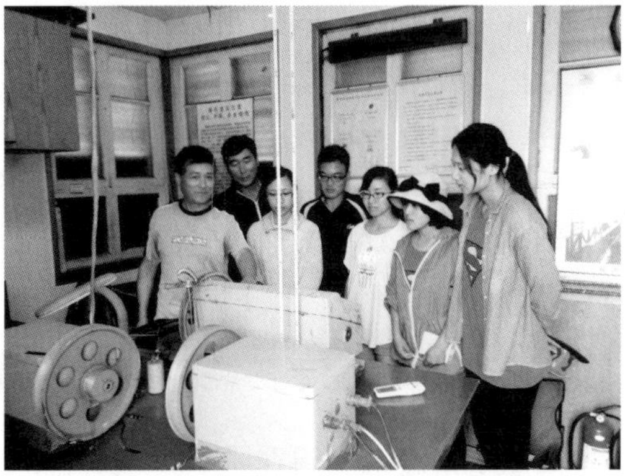

图 6 沈阳师范大学学生参观学习

（撰稿人：董美玲）

项目管理和质量管理体系运行情况

一、项目日常管理和全流程管理工作

组织“国家实物地质资料服务体系建设”项目下属7个子项目参加中国地质调查局2015年续作子项目考核，最终7个子项目全部通过续作考核，并有3个子项目获得优秀。

2015年8月，组织开展了2016年度二级项目立项可行性报告的编制工作，组织召开二级项目立项初审会议，完成实物地质资料中心4个二级项目初审工作，完成实物地质资料中心1个备选二级项目的初审工作。2015年9月，组织完成2016年度4个二级项目立项可行性报告的编制工作，开展财政部和国土资源部4个二级项目相关材料入库工作。

二、组织完成2015年项目设计（工作方案）编写与审查工作

2015年4月，组织中国地质调查局2015年度任务书讨论会，完成各子项目任务书的修改和下达工作。2015年6月，组织“国家级实物地质资料服务体系建设”项目的各子项目2015年度设计审查工作，并完成“局项目管理系统”各项材料上传和登记工作。

三、制定实物地质资料中心年中质量抽查工作计划，对在研项目进行了质量中期检查

按照质量管理工作计划，制定实物地质资料中心2015年项目中期质量检查方案，提交专题会审议并印发，从2015年9月开始，组织专家对“内蒙古乌拉特中旗1575高地金矿调查评价”项目进行2次项目质量检查，该项目10月中旬通过华北项目办的野外成果验收，并获得优秀。2015年11月初，组织专家对实物地质资料中心所有在研项目进行项目中期质量检查，及时发现各项目在工作进度、质量记录、节点记录、工作量统计等方面存在的问题，并要求各项目组按照专家意见进行修改完善，为项目顺利结题和成果体现提供了保障。同时，要求各项目组要加强对外协项目的质量管理与质量检查工作，确保外协成果的提交与有效利用，按照要求，形成了较为完备的检查记录，较好地控制了项目实施的进度和质量。

四、加强项目委托外协业务管理工作

完成了中国地质调查局2014年《关于地质调查项目委托业务活动检查及整改情况报告》的编制和上报工作，完成了委托业务情况汇总表信息的填报和上报工作。

编写了《实物地质资料中心2015年度委托业务承担单位优选工作方案》，组织召开专题会议后上主任办公会审议；组织开展实物地质资料中心2015年度委托业务承担单位优选工作，包括发布公告、组织报名并发放响应文件、制定工作手册、招投标实施、结果公示等系列全流程工作；组织开展了2015年度项目委托外协合同审查、工作方案审查等

工作；组织开展了实物地质资料中心 2014 年委托外协项目工作成果审查，确保实物地质资料中心委托外协工作的合法性、合规性和合理性，保障了外协成果的及时提交和有效利用。

五、完成结题项目资料汇交归档工作

及时统计实物地质资料中心各项目工作进度，并在实物地质资料中心内网进行通报，督促各项目加快工作进展，按照要求完成项目工作。同时完成 1 个结题项目资料汇交归档工作，并督促实物地质资料中心 5 个未及时结题项目制定工作计划，做好项目结题的各项准备工作。

（撰稿人：陈阳）

国内合作与对外交流

举办4次科技交流及培训活动，邀请科技论文写作专家和地质调查专家开展专题讲座，提高了实物地质资料中心科技人员的写作水平，提升了实物地质资料中心技术人员的专业水平，使年轻人员更加熟悉项目如何申请、如何实施，了解国际前沿发展动态。

一、国内交流

获得中国科学技术协会颁发的“2015～2019年全国科普教育基地”称号。获得全国科技活动周组委会和科技部联合颁发的“2015年全国科技活动周活动荣誉证书”。

1）完成了《国土资源实物地质资料中心国土资源科普基地2015年世界地球日主题宣传活动周活动方案》和《全国科技周活动方案》的编写，并通过实物地质资料中心正式下发执行，确保了科普活动正常进行，并取得预期效果。

2）组织完成了实物地质资料中心2015年第46个世界地球日主题宣传活动和2015年科技活动周活动，通过科普展板、大标本园、地球资源展厅、科普互动、科普专题报告、科普进校园、进社区等方式，开展了丰富多彩的科普活动。地球日活动期间，邀请了李廷栋院士等专家做专题科普报告，举办了科普活动走进李四光中队、走进北京大学、走进中国地质科学院水文环境地质环境研究所；在燕郊公园开展了地质调查实物资料进社区活动，在科技周活动期间除了开展系列科普活动，同时通过网络服务推出了“馆藏十大精品”，宣传实物地质资料中心成立十几年来在全国地质调查和地学研究热点领域的馆藏资源。

3）完成了科普总结报告的编写。在2015年第46个世界地球日主题科普活动和科技周活动结束后，及时编写了科普总结报告和科技周活动总结，并上报中国地质调查局和国土资源部，制作科普影片1部并在内网发布。同时根据中国地质调查局通知要求，完成了科普统计报表填写和上报工作。

4）开展科普进校园活动两次。2015年4月27日，实物地质资料中心走进北京大学，开展了实物地质资料科普宣传活动，此次活动得到了北京大学师生的认可，同时进一步推进了与高校之间的合作交流，进一步扩大了实物地质资料中心科普活动影响力。4月20日，实物地质资料中心科普报告走进李四光中队，开展了“说说地球日，讲讲实物地质资料”“奇特的地貌”及“矿物世界”系列演讲和代表性岩心、薄片、矿物、岩石标本等实物进课堂与学生进行互动活动，增强了小学生们对实物地质资料的直观认识，使他们进一步了解了地球资源和实物地质资料的相关知识。此次科普知识进校园系列演讲活动，赢得了师生的一致好评。

5）开展科普基地交流活动1次。2015年4月22日，实物资料科普展示走进中国地质科学院地科院水文环境地质环境研究所科普基地，开展了科普基地交流活动。实物地质资料中心精心挑选出河北地区两个典型矿床的6m沉积变质型铁矿含矿岩心段、9块赋存于碱性杂岩体中的石英脉型金矿石标本以及10块常见矿物晶体、集合体标本在该科普基地进行了展出，并现场进行矿物、岩石、宝玉石等科普讲解。本次是实物地质资料中心首次开展的国土资源科技场馆类和科研实验类优秀科普基地间的科普合作，活动成效初现，为下一步强强联合提供了借鉴。

6）申报全国科普教育基地获得成功。2015年资料服务室组织申报了全国科普教育基地，经中国地质调查局、国土资源科普基地管理办公室、国土资源部科技与国际合作司推荐，全国科普教育基地资格审查和专家评审、实地抽查等程序，实物地质资料中心于2015年6月正式被命名为“2015～2019年全国科普教育基地”。

7）完成了《趣味实物地质资料》科普产品开发，丰富了科普服务内容。

二、外事工作

1. 组团赴澳大利亚进行实物地质资料无损技术研究及交流

2015年9月13～17日，经国土资源部批准同意，由国土资源实物地质资料中心组成的2人考察团赴澳大利亚进行实物地质资料无损技术研究及交流。与Rick局长、高励处长进行座谈，详细了解了澳大利亚实物地质资料管理的政策制度及西澳大利亚地质调查局在数据库建设、数据链接、共享与发布等方面的方法与经验；访问了西澳大利亚地质调查局下属的珀斯岩心库，与珀斯岩心库工作人员就油气、固体矿产、化探副样的筛选、加工处理与原位保管方法，岩心高光谱扫描技术要点以及实物取样测试等进行了座谈交流。通过考察、交流，了解了西澳大利亚实物地质资料管理的主要机制，在实物地质资料筛选、接收、保管、数字化与服务等方面与澳方进行了深入交流，是实物地质资料中心与国外同行建立业务联系的一次重要尝试。澳大利亚实物地质资料的管理、保管与利用模式以及政府补贴的远景区地质钻探计划等，对我国实物地质资料管理乃至地质调查事业的发展均具有较高的参考价值。本次交流考察，将是双方今后进一步加强业务交流与合作的起点。

2. 西澳大利亚地质调查局Rick局长一行回访实物中心，进一步研讨岩心资料管理与服务合作事宜

2015年10月18日，西澳大利亚地质调查局Rick局长、高励处长利用参加矿业大会的时机，对实物地质资料中心进行回访，进一步研讨岩心资料管理与服务合作事宜。在实物地质资料中心人员的陪同下，参观了全国科普基地——户外大型矿石标本园、实物地质资料展厅与岩心库的设施设备，并就重要钻孔数据库及其服务平台建设、岩心图像扫描数据库与服务系统建设等进行交流。在户外大型矿石标本园，对一些著名矿山大型标本的地质特征进行了详细观察，了解了中国铜、铁、金等大宗矿产的成因类型与发育特征，与澳大利亚成矿进行了对比，并就大型户外矿石标本的展示与保护方法等进行了交流；在实物地质资料展厅，进一步了解了中国危机矿山等勘查专项的实施情况与突出成果，交流了“金钉子”等重要实物地质资料的展示与保护；在岩心库房，双方实地交流了实物库与立体仓储建设、岩心盒材质、岩心整理工作方法、岩心扫描数字化方法等。参观结束后，双方交流了中国重要钻孔数据库建设和澳大利亚奥斯库普虚拟岩心库等工作经验，就实物地质资料扫描、数据库与服务平台建设等工作进行了深入交流。交流结束后，澳方表示，实物地质资料中心的立体仓储设施、户外大型矿石标本园、实物地质资料展厅、钻孔数据库

等为西澳大利亚地质调查局下一步的岩心库房建设提供了较好的参考；同时，双方就实物地质资料无损信息提取、数据解译分析技术方法研究领域达成了较好的合作意向，下一步将继续加强交流与合作，相互学习，共同促进实物地质资料管理事业的发展。

3. 实物地质资料参展国际矿业大会

2015 年 10 月 20～23 日，以“新常态、新机遇、新发展”为主题的 2015 中国国际矿业大会在天津梅江会展中心胜利召开。中国地质调查局实物地质资料中心在国土资源部、中国地质调查局的正确领导与部署下，围绕国家“358”找矿突破战略行动第一阶段成果以及中国地质调查九大计划实施以来取得的找矿成果展开了实物地质资料的精心挑选与整理工作，通过与部、局领导多次沟通确定了具有代表性意义的实物地质资料目录清单，展区分国土资源部实物展区和中国地质调查局展区两块。在大会期间，国土资源部部党组书记、部长姜大明，国土资源部副部长汪民，国土资源部党组成员、中国地质调查局局长钟自然等部局领导、中国工程院院士裴荣富等专家学者纷纷驻足岩心、标本区进行查看并询问；其中中国地质调查局局长钟自然亲自到国土资源部展台观看实物地质资料的展出情况，并在中国地质调查局相关领导、实物地质资料中心副主任颜世强同志的陪同下仔细查看了中国地质调查局展台的实物资料的展出情况，对展出的实物地质资料表示满意，并对以后的工作提出了更高的要求。来自多个国家和地区的政府官员、专家学者和矿山企业、金融机构代表们、大中专院校学生兴致勃勃地参观了实物地质资料中心所展示的实物地质资料展品。本次实物地质资料展览展示依然得到了与会者的高度认可，尤其是 2015 年展出的两块大型标本更是吸引了不少学者围观，媒体竞相报道。展会期间在展台开展了多种形式的活动交流，依托电子屏幕、实物标本进行专业知识传达，增加了会场氛围。本届矿业大会，通过广泛交流同时得到外国友人的广泛关注，展台工作人员多次与不同国别的官员学者交流我国实物地质资料基本情况、观察取样方法，同时在实物地质资料中心副主任颜世强的见证下实物地质资料中心与瑞典地质调查局初步达成了 2016 年关于实物地质资料方面的外事出访交流计划的意向。圆满完成了部局交给的实物展示支撑任务，得到了部局领导的一致好评。

4. 为国外来访地学专家提供岩心观察及服务

多次为“2015 年埃塞俄比亚地质矿产技术培训班”技术官员代表及“中国地质调查局发展研究中心援外培训班”官员及相关地学专家提供岩心观察及相关服务。

（撰稿人：陈阳）

综合行政管理

2015 年视频采集工作不断探索进取，在实践工作中总结经验，工作有序开展并逐步取得阶段性成果，全年基本完成了视频采集的工作计划，现将 2015 年度视频采集工作情况做如下汇总。

一、规范视频采集工作流程及专业设备使用管理

视频采集工作于 2013 年年初正式开始试运行，目前视频采集主要设备为松下 AG－HPX500MC 型广播级数字摄录机、索尼 HVR－7C 便携型高清数字摄录机、苹果 MAC PRO 图形工作站、MATROX 高清采集器及 TOPAVID 二十四盘位苹果磁盘阵列，以上设备构成中心视频采集的硬件框架，由于视频采集设备专业性较强、价值昂贵，必须建立相应的设备使用管理制度加以约束，按照实物地质资料中心的设备管理规定以及设备厂商对设备的技术要求，对设备的使用、保管、维护做出合理规定。

通过 3 年的视频采集工作，实物地质资料中心不断探索经验，逐渐确立了视频采集制作工作流程和标准，对于采集项目的确定、采集计划书、采集素材、整理素材、后期制作、标准化出片、留存归档等各个程序都严格监管、层层审核，视频新闻时效性增强，内容更真实完整。

二、提高视频采集内容质量

视频采集设备都为专业型设备，所涉及专业知识较多，通过 3 年的实践学习已经可以独立完成采集制作的全程工作，对于摄像的特殊要求、行业的执行标准、素材的艺术处理等高级应用也有所掌握，但对于实践应用还有很大提升空间。目前基本确定由 Sony Vegas Pro、Adobe Premiere Pro、Final Cut Pro 作为视频编辑的主要制作软件工具，以 Adobe After Effects、Adobe Photoshop 作为视频特效处理工具，以松下 AG－HPX500MC 型广播级数字摄录机为中心内部会议活动的主要拍摄设备，以索尼 HVR－7C 便携型高清数字摄录机为野外项目专题的主要拍摄设备，都以设备标准高清格式进行记录。

三、年度视频采集工作汇总

作为实物资料采集工作的一部分，同时也为实物地质资料中心业务宣传开拓新的途径，以视频形式真实地记录实物地质资料中心各项地质工作的进展，力求完整地记录实物地质资料管理的真实过程，同时也丰富了实物地质资料中心实物库藏的实物地质资料影像内容。

2015 年，积极完善了“实物地质资料中心视频专题”网页专栏，明确分类栏目“新闻动态”“采集纪实”“会议活动”，极大地丰富了中心政务宣传的内容。

视频采集工作先后对“湖南花垣—凤凰地区铅锌矿整装勘查区”“贵州贞丰—普安金矿整装勘查区”两个勘查区进行实地采集，在湖南花垣—凤凰地区铅锌矿整装勘查区内共采集工作完成5个典型矿区的代表性矿石及矿物标本360件、大型铅锌矿标本1块、钻孔岩心1483.26m；贵州贞丰－普安金矿整装勘查典型矿床钻孔岩心4114m、矿石系列标本130件、大标本1件。经过历时一个月的野外实地拍摄，圆满完成了实物地质资料采集影像资料的拍摄工作，重点拍摄了能反映成矿地质情况的地貌及实物地质资料采集工作场景，取得了大量在平时只能在文字报告中记录的地学场景及工作场景，全面记录了相关岩心、标本采集过程，以及汇交实物地质资料规范操作，为采集工作留下了宝贵的第一手影像资料，可作为采集工作档案和科普素材使用。

通过前期的素材采集，视频采集工作利用3个月的时间进行整理剪辑，完成了片头制作、内容剪辑、字幕对白、对白配音、背景音乐以及后期特效，并已经将成片提交到项目组，圆满地完成了2015年度专题视频工作计划。

2015年度还制作完成5部新闻视频（局乒乓球赛报道、松科二井首批岩心入库、2015年度工作会议、2015整装勘查区报道、2015松科二井视频采集报道）和1部专题短片视频（2015实物地质资料中心地球日活动）。2015年度基本完成了视频采集工作的全部工作部署，也基本形成了采集工作下一步工作的思路，也为2016年度的工作打下了坚实的基础。

四、2016年度视频采集工作计划

1. 进一步完善视频采集管理流程

在未来的一年里，将按照实际工作要求，对视频采集的申请组织、采集计划、编写脚本、视频剪辑、资料保存等全程工作逐步整理和改进，发掘出一套较为合理的工作流程，对原有管理流程加以完善改进。

2. 提高视频采集专业技术

目前视频采集的技术力量较为薄弱，对于大量原始数据无法进行及时整理制作，对于编辑制作软件的应用还很肤浅，制作水平粗糙，还没有独立开发特效的能力，理论脚本与实际制作相差甚远。在2016年度要加紧组织系统深入的学习相关理论知识，多借鉴其他专业机构成熟力量，协助实物地质资料中心视频采集工作的质量提升，以此来带动实物地质资料中心视频采集的专业技术水平。

3. 加强与各业务处室沟通

视频采集工作的工作内容与各处室的业务工作联系紧密，每年各业务处室的工作计划很大一部分都是视频采集工作的重点，如何在有限的拍摄时间中将业务工作进展的情况较全面翔实地采集拍摄回来，如何较为准确地表达出各业务部门想要展现的工作实质，这都离不开与各业务部门的密切配合。而且，对于各业务处室的项目所涉及专业不同，视频资料中所用的专业概念、定义、词汇等，都要以严谨的态度与各业务处室进行商讨。在以后的工作中，要积极主动与各业务处室沟通，多学习、多交流，把视频采集工作向更为科学化推进。

4. 加大视频采集工作的宣传力度

视频采集工作的初衷就是为了更好地服务于库藏资料，不仅要把视频采集资料成果做好，更要加大视频采集成果的宣传与展示，体现视频采集工作存在的必要性，同时也为以后更好地开展工作打下良好基础。

视频采集工作经过一年的辛勤探索，已经基本完成视频采集工作的年度计划，对现有设备、管理流程及制作标准的制定都已经达到既定目标，接下来的工作就是细化工作内容，提高制作水准，争取在较短时间内将视频采集工作推向更加高效、更加专业的服务行列。

（撰稿人：张宝林）

财务管理

一、2015 年实物地质资料中心经济运行概况

1. 总体收支情况

2015 年实物地质资料中心资金总量 11519.63 万元，其中 2014 年结转和结余资金 1991.53 万元，2015 年收入 9528.09 万元。本年财政拨款收入 9282.52 万元，占本年全部收入的 97.42%；事业收入 154.81 万元，占本年全部收入的 1.63%；其他收入 90.76 万元，占本年全部收入的 0.95%。

2015 年实物地质资料中心共形成支出总额 9747.66 万元，其中基本支出 3870.03 万元，占总支出的 39.7%，项目支出 5877.63 万元，占总支出的 60.3%。

支出总额按支出内容分：工资福利支出 2636.05 万元，占总支出的 27.04%；商品和服务支出 4285.68 万元，占总支出的 43.9%；对个人和家庭补助支出 2407.43 万元，占总支出的 24.7%；基本建设支出 172.3 万元，占全部支出的 1.77%；其他资本性支出 246.2 万元，占总支出的 2.53%。

2015 年末结转资金 1771.97 万元，其中基本支出结转 41.95 万元，项目支出结转 1730.03 万元。基本支出结转资金 41.95 万元，为住房改革支出中购房补贴结转，由于购房补贴未全部发放完毕形成的结转。项目结转资金中，矿产资源专项收入结转 975.73 万元，其他国土资源事务支出结转 277.68 万元，事业运行费结转 476.61 万元。项目结转形成是由于本年度项目未完工部分结转下年部分。

2. 财政拨款收支情况

2015 年实物地质资料中心财政拨款收入 9282.52 万元，其中基本支出收入 3358.04 万元，占财政拨款收入的 36.18%，项目支出收入 5924.48 万元，占财政拨款收入的 63.82%。基本支出收入中人员经费收入 2650.84 万元，公用经费支出 707.2 万元。项目支出收入中公益服务项目收入 220 万元，矿产资源专项收入 5374.48 万元，其他国土资源事务收入 330 万元。

2015 年实物地质资料中心财政拨款支出 9453.34 万元，其中基本支出 3674.93 万元，占财政拨款支出的 38.88%，项目支出 5778.41 万元，占财政拨款收入的 61.12%。基本支出中人员经费支出 3276.38 万元，公用经费支出 398.55 万元。项目支出中公益服务项目支出 220 万元，矿产资源专项支出 5386.11 万元，其他国土资源事务支出 172.3 万元。

3. 资产情况

截至 2015 年 12 月 31 日，实物地质资料中心资产总额为 10397.84 万元，比年初减少 668.19 万元，增长率为 -6.43%。负债总额 368.68 万元。净资产总额 10029.15 万元，比年初减少 640.04 万元，增长率为 -6.08%。

4. 财务指标分析

1）预算收入和支出完成率是衡量单位收入和支出总预算完成的程度。2015 年预算收入完成率 =102%，预算支出完成率 =103%。

2）人员支出、公用支出占事业支出的比率是衡量单位事业支出结构。2015 年人员支出比率 =31. 73%，公用支出比率 =69. 27%。

3）人均基本支出是衡量单位按照实际在编人数平均的基本支出水平。2015 年人均基本支出 8. 96 万元。

4）资产负债率是衡量单位利用债权人提供资金开展业务活动的能力，以及反映债权人提供资金的安全保障程度。2015 年资产负债率 =3. 55%。

5）其他分析指标：在职人员人均收入 =13. 52 万元；在职人员人均公用支出 =27. 32 万元；人均资产 = 资产总额/在职人数 =5. 32 万元；财政收入比率 =97. 42%；非财政收入比率 =2. 58%。

二、2015 年财务工作开展情况

2015 年财务资产处按照中心“两重一主”工作安排及《2015 年工作要点及目标任务分解》的要求，落实中国地质调查局保证预算执行和审计不出大问题的要求，中心财务管理工作以推进预算执行和保证资金安全为主线，顺利完成全年工作任务，现将全年工作总结如下。

1. 以预算管理为核心，加强预算管理，圆满完成预算执行任务

2015 年在预算下达晚、任务重的情况下，以预算管理为核心，全面统筹推进预算的执行，完成中国地质调查局下达全年预算执行率各节点的考核，截至 2015 年底实物地质资料中心国库预算执行率达到 92%，财政预算执行率达到 87%，超出中国地质调查局预算执行要求指标，圆满完成了全年预算执行任务。

1）全面合理统筹，确定预算申报规模。在总结以往预算管理经验的基础上，预算管理继续实施全面统筹的管理方式，根据实物地质资料中心工作实际合理测算预算资金规模，编制 2015 年度资金申报计划，完成年度部门预算的申报。对实物地质资料中心的存量资金进行清理分析，及时进行调剂上报，年内共调剂资金 182 万元。

2）实物地质资料中心财务适应国家财政体制改革，合理测算实物地质资料中心 2016 ~ 2018 年中期预算规模及 2016 年资金规模，完成 2016 年部门预算及 2016 ~ 2018 年中期预算的编制上报。

3）细化预算落实，明确预算管理责任。根据财政下达的部门预算对各项指标进行分解，制定 2015 年度预算落实方案，下达了各部门全年预算执行分解指标，明确预算管理责任，落实预算执行主体。根据下达的指标制定各部门月度执行计划，落实预算执行进度。建立预算执行台账，实现预算适时查询系统，按月提供预算执行分析报告，按月进行考核并在进行公示。根据执行进度确定年度预算执行考核办法，落实预算执行责任。

4）加强预算控制，实现预算核算挂接。为加强预算的控制，保证预算执行的准确性，聘请专家对现有的国土资源部财务管理系统进行开发，利用现有的核算数据，与预算控制数据进行挂接，实现了预算与核算费用的适时控制，提供查询功能，使各部门及时了解预算执行情况，加强了预算的控制力度，实现了预算与核算的挂接。

5）统筹资金使用，保证实物地质资料中心正常运转。在部门预算较往年晚3个月的情况下，积极与上级沟通合理，申报资金用款计划，统筹安排资金使用，保证了实物地质资料中心的正常运转。

6）加强数据分析，完成预算报表编制。组织完成了各月预算执行情况的分析和上报，完成了地质调查项目设计预算审核上报，完成2016年行政事业单位项目和地质调查项目“一上”预算❶的审核和上报，完成中国地质调查局上报各类预算报表及分析。

2. 以财务核算为基础，落实审计整改，保证资金安全

1）完善内控制度，落实制度执行。组织开展了财务制度培训班，对实物地质资料中心职工进行内控制度及财务制度的培训，提高自觉遵守制度的意识。及时修订《实物中心费用管理办法》《实验室市场收入管理暂行规定》，对2015年内新印发的各项财务制度进行梳理，并组织部门职工学习各项制度，落实制度的执行。

2）规范核算程序，加强财务审核。2015年内顺利完成国土资源部财务核算系统的全面升级，完成了财务核算数据的衔接，同时加强规范财务核算程序，增加复核流程，加强稽核力度，保证资金的安全。严格推进公务卡结算制度，公务卡强行结算的目录中费用全部实行公务卡结算，并扩大公务卡的支付范围，减少了现金的支出。认真贯彻落实厉行节约制度，严格控制“三公”经费，全年未发生超支现象，特别是公务招待费比预算节约12万元。

3）加强会计基础核算，完成报表统计。完成全年会计核算，处理业务4284笔；完成全年工资发放及职工工资卡升级换卡，更换工资卡330张；完成全年增值税及个人所得税纳税申报工作；完成单位法人账户和财政资金专户的年检。组织完成年度部门决算、国有资产决算、资产决算、住房改革决算、地质调查项目各项决算报表的编制；完成11个完成项目经费的验收报告的编制和上报。圆满完成全年的统计报表报送工作。完成综合统计年报及三河市统计局和北京市统计局统计年报编报工作。

4）加强审计整改，保证资金安全。2015年既是中心财务的预算执行年，也是审计整改年，全年共接受来自审计署、会计师事务所、部局等各类检查10次。配合审计署完成了2014年财务收支情况的审计、结转结余资金清理的审计、管理信息系统审计专项审计及联网审计，配合国土资源部财务中心完成财务管理系统适时监控审计，配合中国地质调查局完成张新兴主任的离任审计及财务大检查、装备大检查和项目大检查工作和预算执行系统监控检查，配合会计师事务所完成了中国地质调查局安排的对2013～2015年9月期间财务收支情况的审计；共提交内部审计、财务大检查及张新兴主任离任审计的审计整改报告3份和各项整改报表7份。通过审计整改工作，进一步提高了实物地质资料中心职工的审计风险意识，规范了实物地质资料中心经济管理工作，规范了财务核算。

3. 加强国有资产管理，保证国有资产安全

完成国有资产管理工作。按时提交国有资产年报及相关报表，协助办公室做好固定资

❶ “一上”预算是指由基层单位根据本单位的实际情况，按照政府有关部门的规定，自己编制的年度收入和支出预算。然后将预算上报给上级有关主管部门审核。

产的盘点及报废工作，办理国有资产相关手续，保证了国有资产的安全。

4. 加大财务公开力度

在实物地质资料中心内网设置“财务管理”专栏，及时发布财经政策、财务制度及财务管理信息，并开通预算执行适时查询系统，大大提高了财务公开力度。重视财务信息的宣传，发布宣传稿15篇，发布各项预算财务管理信息20多篇。

（撰稿人：姜文利）

干部人事教育

一、干部队伍建设

1. 干部思想政治培训

加强学习型干部队伍建设。各级领导干部积极加强理论学习，提高政策理论水平。先后选派1名领导干部参加中国地质调查局在京司局级干部选学，选派2名中层干部参加中央党校中央国家机关分校2014年春（秋）季直属班学习。

2. 干部选拔任用

根据中国地质调查局局属单位处级干部调整方案的要求，结合实物地质资料中心的实际情况，制定实物地质资料中心处级干部调整方案，并报中国地质调查局审批。配合用人部门的分管领导，对个别缺正职的处室干部，按照实物地质资料中心党委确定的干部调整方案，进行了调整。同时，落实局党组第45次会议精神，成立监察审计处，严格按照《党政领导干部选拔任用条例》的规定，选拔配备了3名干部，并将监察审计处的人员配备情况和主持工作的副处长拟任人选报中国地质调查局审批。

3. 干部管理监督

开展了试用期满干部转正考核工作，经过个别谈话考核、查阅档案等程序，形成试用期满干部考察报告，上会。完成了33名副处级以上领导干部个人有关事项报告的上报工作；按照部局要求清理和上报处级干部社会团体兼职（任职）情况，并完成处级以上干部因私出国（境）备案登记及上报工作；开展副处职级和副高职称以上干部档案的专项审核工作，并按照部局要求，每月上报档案审核月报。

4. 干部政策宣传

在实物地质资料中心内网设立专栏，对有关干部选拔任用政策进行宣传，以便职工有效参与、监督，增加工作的透明度和选人用人的公信度。

5. 组织人事干部自身建设

坚持理论学习，狠抓作风建设，主动查找问题，强化服务意识，梳理大局观念。每月召开一次部门例会，明确个人岗位责任，总结工作布置任务，加强处室建设，提高工作水平。人事处干部职工团结协作，努力工作，积极参加实物地质资料中心举办的各项集体活动，认真执行廉政建设和安全生产方面的规定，自觉遵守劳动纪律、财经纪律等规章制度，热情接待职工来信来访，全年没有发生影响团结、违规违纪和安全责任事故。

二、职工队伍建设

1. 职工队伍情况

2015年末，实物地质资料中心共有在职职工195人，其中管理岗35人，专业技术岗

122 人，工勤岗 38 人；处级干部 30 人，其中正处级 14 人，副处级 16 人；具有高级职称 25 人，中级职称 29 人，初级职称 68 人；本科及以上学历 109 人（其中博士 2 人，硕士 42 人）。2015 年公开招录工作人员 7 名，其中硕士 6 名，本科 1 名。

2. 人才队伍建设

一是用足用好每年的进人指标，根据“两重”工作需要、业务发展、人员结构以及编制空缺情况制定进人计划，2015 年来共接收引进人才 7 名，其中硕士 6 人，本科 1 人。二是为进一步加强高层次专业技术人才培养，组织开展中国地质调查局首批卓越、杰出地质人才计划的提名推荐工作，推荐 2 人参加评选。三是出台了《实物地质资料中心优秀青年科技人才管理暂行办法》，并按计划开展优秀青年科技人才的选拔工作，经过个人申请、处室审核、资格审查、专家评选、党委研究等程序，已在内网公布优秀青年科技人才人选，入选者所在的处室正在制定年度和 3 年培养期的培养方案，此次选拔工作是实物地质资料中心加强人才队伍建设的一次有益尝试。

3. 职工教育培训

2015 年初，制定了《职工培训计划》，并有效实施，截至目前，共推荐 5 人参加学历学位教育，其中参加在职硕士研究生教育 2 人，在职博士研究生教育 3 人。各处室按照职能要求，分别开展了综合业务培训、新进人员入职培训、安全生产培训、岗位技能培训和政治理论培训。通过不同类型的教育培训，职工的政治素质和专业技术素质得到了普遍增强。

4. 机构设置和岗位管理

进一步规范岗位管理，协同用人处室开展了内部人员招聘和临时用工的招聘。

5. 年终考核工作

结合中国地质调查局“两重”工作以及“四问”“五不唯”人才评价原则，在总结以往考核经验的基础上，对考核内容和考核程序进行了不断地修改完善，重新修订考核方案，力争客观公正地反映部门和职工的工作实绩，并对其做出恰当的评价。

6. 人事制度改革

重新修订了《流动岗位聘用人员管理办法》《劳务费管理规定》《职工教育管理办法》3 个办法，通过制度的修订，对规范管理行为、保障工作有效运行起到了积极的推动作用。

（撰稿人：张腾）

综合保障

一、基本建设管理

在国土资源部、中国地质调查局大力支持下，实物地质资料中心基地基本建设取得可喜成绩，基地环境面貌发生可喜改观，为实物地质资料保管、收藏、科研及社会服务提供了基础保障。

1. 制度保障

严格落实建设项目管理制度，推进项目标准化、精细化、规范化和制度化，严格实行招标投标制、合同管理制和工程监理制。规范变更设计管理，坚持先批准、审计，后变更的原则。严格控制重大设计变更，完善变更报批手续。加强概算管理，明确变更设计责任主体，落实责任追究，严格执行投资管理程序，为基地建设项目提供了保障。

2. 制度落实

（1）项目管理

在基建领导小组领导下，各部门统一思想，各司其职，协调配合，统一决策，进行任务分解，分级责任管理，经费控制，质量控制相互协调，实现了建设总目标。

（2）合同管理

合同是工程项目管理的核心，合同管理贯穿于建设项目实施的全过程，对整个项目的实施起着控制和保证的作用。加强合同签订前的评审是基础，加强合同履约过程的动态管理是重点。

（3）经费管理

严格执行项目建设程序，合理和有效地使用资金，提高投资效率，配合财务监督，保证资金安全，严格执行建设资金专款专用。按照规定标准建设，未发生改变资金的使用性质、建设规模和超标准装修的问题。

（4）制度保障

建立健全建设工程项目责任制，按照档案管理的有关规定，及时收集、整理、归档。从项目立项到竣工验收各个环节的文件资料，建立健全建设项目档案。充分行使基建领导小组的作用，对一些不适合当前基建建设管理的条款及时进行补充、修改，保障了基建各个环节有章可循。

（5）其他保障

加强建设项目各项方面质量、安全责任，落实工程质量安全终身责任制。加强对建设工程尤其是事故易发频发的重点部位和环节的日常监管和监督检查，开展重点部位的旁站监督，保证了工程质量和安全事故的零发生。

3. 组织开展实物地质资料中心基地建设规划修编工作

根据中国地质调查局中长期发展规划要求，依据中国地质调查局对所属单位队伍建设和业务发展对基地建设的需求，认真梳理总结实物地质资料中心建设的成就，科学规划，合理布局，合理申报建设项目。完成实物地质资料中心房屋清查，制定了整改措施，为班子决策提供了依据。

4. 基本建设项目

配套服务用房建设工程及所属配套设施基本完成，等待验收，实物资料库配套用房的建成，将为实物地质资料中心的发展提供基础保障。

5. 加强业务基础建设

参加中国地质调查局举办的业务培训班，提高了基建管理人员业务水平。按照建设项目管理要求，重点抓好建设项目的质量管理和安全防范，严格遵守“八项规定”和基建廉洁自律规定。

二、装备后勤保障

根据实物地质资料中心2015年工作部署，围绕贯彻落实实物地质资料中心年度“两重”工作任务，以全面提升装备保障能力，支撑业务工作发展为目标，有序开展装备管理工作。

1. 修订中长期装备规划

结合实物地质资料中心工作实际情况，对《国土资源实物地质资料中心地质技术装备建设规划（2016～2025年）》进行了修编。

2. 编报设备预算

根据中长期装备规划，编报2016年购置设备预算。对中国地质调查局批复2015年装备购置计划，按照中国地质调查局对地质调查项目编制设备购置计划要求的相关性、合理性原则进行分解落实到2015年各地质调查项目中。组织相关人员编写50万元以上装备的《项目可行性研究报告》，并且通过专家论证评审及上级批准工作。

3. 装备管理与采购工作

统筹推进设备和材料的采购，2015年初提前明确采购的设备材料内容及采购方式，集中召开政采领导小组会议研究决定，大大提高了采购工作效率，为在时间紧、任务重的情况下顺利完成预算执行任务奠定了良好基础，全年共执行预算1092万元，超额完成预算执行任务。

严格按照国家及实物地质资料中心有关规定开展岩心盒、冷冻设备采购等工作。全年共采购设备253台套，采购材料14万件，资金总计808万元。认真开展设备清查工作，涉及设备1791台、家具等76701件，对发现的问题提出整改意见并组织整改。做好了中国地质调查局装备大检查的迎检和整改工作。配合做好外部及内部审计发现问题的整改工作，设备管理工作的严谨性、规范性进一步提高。

三、安全生产工作

2015年，在中国地质调查局正确领导下，实物地质资料中心高度重视安全生产工作。认真贯彻国家、国土资源部、中国地质调查局安全生产工作会议精神，严格按照安全第一、预防为主、综合治理工作原则，坚持科学发展观，视安全生产为一切工作的重中之重，建立了行之有效的安全管理网，切实把安全工作落到实处。实现了2015年初实物地质资料中心提出的“做好安全生产宣传、教育和管理工作，杜绝一切因中心工作失误造成的安全责任事故，消除中心的安全隐患，全年不发生重大安全事故、车辆交通事故和人员伤亡事故的目标”。

1. 领导高度重视，安全工作布置到位

1）3月31日召开了实物地质资料中心2015年安全生产工作会议，会议分析了实物地质资料中心安全生产形势，研究部署了实物地质资料中心安全生产管理工作，出台了2015年度安全生产工作计划。

2）认真落实安全生产责任，坚持“一岗双责”，层层落实安全生产责任制，在3月初逐级签订了安全生产责任书。

3）5月30日为落实局安全生产工作，出台了实物地质资料中心安全生产月活动方案。

4）按照中国地质调查局通知要求，完善灭火、应急疏散预案和防汛预案。认真开展消防应急演练，提高应急处置能力。

2. 加大安全投入，提高保障水平

1）用于安全生产宣传、教育、培训支出。

2）为野外作业人员配备现场安全防护用品和地质勘探单位野外应急食品、应急器械、应急药品支出。

3）为野外作业车辆及人员配置北斗终端。

4）为实物库及实验室作业场所的监控、监测、通风、调温、防火、灭火、防潮、防雷等设施设备支出。

5）配备、维护、保养应急救援器材、设备支出和应急演练支出。

6）用于职工劳动保护用品。

7）配备应急救生用品（用具）地质救生包。截至12月18日安措费总额为133多万元。

3. 开展隐患排查治理行动，强化事前预防措施

为落实安全生产管理责任，实物地质资料中心在1月30日、2月10日、4月3日、6月24日、8月21日、9月29日，由分管领导带队组成检查组对实物地质资料中心各处室办公场所、在建配套楼工程及重点部位用电、防火、规章制度、值班等情况进行了严格细致、突出重点、不留死角、不留有余地的安全隐患大检查。“内蒙古乌拉特中旗巴音温都尔1575高地矿产地质调查”项目组，每月进行一次本部门安全检查。以上述安全检查为契机，在实物地质资料中心范围内形成会会讲安全、事事讲安全、人人讲安全的良好安全局面，确保实物地质资料中心2015年安全生产目标的全面实现。

4. 深入野外一线，开展野外安全生产检查

8月3~5日，以实物地质资料中心分管安全工作王彦洪副主任为组长的安全检查组，赴乌拉特中旗对“内蒙古乌拉特中旗巴音温都尔1575高地矿产地质调查”野外项目组开展安全工作检查。安全检查组根据中国地质调查局《关于进一步做好暑期汛期安全生产工作的通知》要求，对野外作业防护装备、车辆交通安全、驻地安全、消防设施、地质资料安全、应急保障措施、日常安全生产工作开展情况、北斗车载及个人终端使用情况、野外临时用工（聘用司机）、食品安全卫生等进行详细检查工作，安全生产形势总体情况良好。

针对内蒙古特殊野外安全生产环境，检查组召集项目组召开会议，对野外项目组安全生产意识较强，野外安全生产制度、野外车辆交通安全管理制度及应急预案齐全、并做到上墙，野外生产作业装备配备符合规定并严格执行《地质勘探安全规程》等予以充分肯定。就下一步开展安全工作提出了具体要求：一是要认真贯彻国土资源部、中国地质调查局、实物地质资料中心关于进一步加强安全生产工作有关通知精神，落实野外安全防范措施；二是执行安全第一、预防为主、综合治理的安全生产方针，严格执行《地质勘探安全规程》，防范雷电、暴雨、滑坡、泥石流等自然灾害事故，确保野外工作人员的生命安全；三是加强野外工作车辆的日常管理和检查维修，遵守交通安全法规，严禁酒后驾驶、疲劳驾驶、超速驾驶等行为，保证车辆交通安全；四是要加强野外驻地的防火防盗及职工饮食卫生工作，确保人员、设备、资料安全。

根据《中国地质调查局关于全面深入开展生产安全隐患大排查的紧急通知》精神，按照实物地质资料中心工作安排，8月27~28日，由实物地质资料中心安全生产管理处汇同工会组成检查组深入秦皇岛台站检查安全工作，并对野外一线职工进行慰问。

此次对台站检查内容重点是对海平面观测设备的安全运转和供配电系统维护、值班记录、日常维护检修记录、各项制度、机房防火等进行检查。同时对秦皇岛台站所承担的“京津唐重点规划建设区地质环境综合调查”项目现场进行了检查。检查组现场传达了《中国地质调查局关于全面深入开展生产安全隐患大排查的紧急通知》精神，要求“京津唐重点规划建设区地质环境综合调查”项目组要严格执行地质勘查职工安全生产规定。检查组查看了台站应急值守、消防器材、应急预案及安全保卫等情况。通过检查认为，台站对做好安全保障工作十分重视，按照中国地质调查局和实物地质资料中心的有关要求，结合台站实际，落实了具体措施，台站安全保障准备工作较为充分。

5. 全面开展危险化学品、易燃易爆物品、放射性物品安全隐患排查工作

按照《关于深入开展危险化学品和易燃易爆物品安全专项整治的紧急通知》要求，8月24日，实物地质资料中心安全生产管理处会同实验室工作人员对实验室库存的危险化学品、易燃易爆物品开展一次彻底排查，对储量、使用台账、特殊操作岗位培训以及事故应急预案进行了重点排查。按照中国地质调查局通知要求，填报《危险化学品、易燃易爆物品、放射性物品安全隐患排查情况表》。

6. 按照中国地质调查局通知要求，深入开展交通隐患排查

按照《局野外工作用车安全管理规定》要求，实物地质资料中心野外用车在出队前按照《野外工作交通安全技术条件会审表》进行了严格会审，野外用车全部符合规定要求。实物地质资料中心野外项目没有租赁车辆及外聘驾驶员。为加强实物地质资料中心交通安全管理，实物地质资料中心办公室车管人员和安全生产管理处人员定期与野外驾驶员联系，询问野外行车情况及驾驶员身体状况，及时将实物地质资料中心有关规定传达到野外项目负责人及驾驶员，力争把事故隐患消灭在萌芽状态，以达到全年无事故的目标。

7. 配备北斗终端设备，切实提高安全生产保障能力

目前有野外车辆6辆，野外从业人数约16人（含外聘4人）。截至2015年12月，累计购买车载北斗6台、个人北斗16台。

实物地质资料中心认真执行落实项目组出队检查、安全教育学习和审批制度，安全生产管理保障系统运行正常。按照中国地质调查局通知要求，建立了安全工作台账。实物地质资料中心安全生产管理平台全面运行并不断改进与完善，安全生产管理平台相关模块已经日趋成熟，实现了地质调查安全生产工作的规范化、标准化、现代化管理，对于提高地质调查安全生产管理水平、有效预防和降低安全事故起到了有力的推动作用。

8. 加强安全宣传教育，将安全隐患消灭在萌芽中

2015年，按计划、有针对性地开展了宣传教育工作。2月2日，在五楼会议室举办了学习贯彻新《安全生产法》培训班，3月26日在五楼会议室举办了第五期消防知识讲座，4月10日在五楼会议室举办了第十二期安全生产知识培训班，4月24日举办第四期交通安全知识讲座，4月25日进行了中心驾驶员野外行车技能拉练，6月份全员参加安全生产知识竞赛活动，8月19日对新入职人员进行了安全知识培训。全年利用安全生产管理平台、实物地质资料中心内部网络、板报橱窗、图文快报、中国地质调查局统一下发的主题招贴和壁报等多种形式开展安全生产宣传活动。共计发放宣传材料280余份，张贴宣传品30余张，简讯、通知等50余条。

通过一系列宣传教育活动，强化了全员安全发展理念和安全生产意识，做到了警钟长鸣。

9. 加强基地防范措施，提高安全保障

在加强安全管理工作中，实物地质资料中心始终坚持预防为主的方针，采取相应措施，充分发挥安全管理网络的作用，针对重点部位、大型节假日、重要活动，制定了详细的应急预案，做到有备无患。

利用安防监控设备，对公共场所、重点部位实行全方位、全天候实时监控，形成人防、技防一体化管理，有效发挥了人机互补作用，提高了防范能力。在元旦、春节、清明、五一、端午等重大节假日提前安排部署值班力量、加大值班力度，确保了节日安全。加强值班管理，提高了防范能力。基本实现了为实物地质资料中心创造了一个安全、放心、和谐的学习、办公和生活环境的目标。

（撰稿人：南青民、杨国威）

物业管理

2015 年物业按照年度目标任务要求，不断加强实物地质资料中心各项物业工作，努力为单位业主做好后勤保障。

1. 努力做好物业基础服务工作

在物业基础服务方面，一是继续做好单位公共区域和 360 户家庭的水电气的供停管理服务，及时逐家入户完成水电表查抄工作，定期做好职工食堂液化气的购进管理；二是户籍工作正常办理，及时办理职工家属户籍有关事项证明，全年办理入户 9 户；三是及时完成电话维修、电话缴费等工作；四是负责物业文档、报纸信件分发管理以及对内协调、对外服务等事宜；五是按照质量体系的要求，对各种文件、制度、报表等及时检查登记造册存档。

2. 及时做好维修服务

一是及时完成实物地质资料中心各处地面井因承重结构、车压等原因出现损毁以及污水管道、线路管线等日常维修；二是组织施工单位完成实验室装修、维修、改造，完成了水电线路的更新改造；三是完成有关废气、废液的招标和合同签订；四是完成办公楼新开办公门、门窗、锁等的维修等；五是组织施工队完成部分旧房卡式水表安装、防盗门安装，完成了单位大院 1 ~5 号楼及秦皇岛所有漏水及锈蚀严重的暖气管线更新任务；六是为实物资料库区安装应急灯及安全出口标示牌，完成库区厕所管线维修。

3. 做好环卫保洁，努力服务职工群众

一是不断加强绿化环卫工作的管理，认真做好花草树木的及时维护、养护工作，对缺失苗木进行及时补栽（每半月清除杂草 1 次、剪枝树木 4 次、草地施肥 2 次、喷药 5 次、草坪梳理 5 次），同时确保每天清除生活垃圾一次，有效提高了小区和办公环境卫生的质量；二是进一步加强室内保洁服务，对服务人员及时提出工作要求、强化服务意识等。

4. 进一步抓好职工食堂的管理服务

一是继续开展定点采购检查，确保食品来源安全和份量、质量不出现问题；二是按照审计要求，及时盘点库存、检查内部规定的落实情况，从食堂员工个人卫生到食品卫生、从现金管理到财务核消等各方面都不断得到加强或改进，一年来食堂整体运行良好，确保了职工就餐安全。

5. 努力做好综合治理和保卫工作

物业管理部在结合实际的基础上认真对照执行内部绩效规定，确保完成平时保卫值班工作及节日值班任务，特别在春节、“两会”、清明、五一、端午、十一等重大节日及国家重大会议（如 APEC 会议）期间，实行部门主任带班督查，力争保证重点部位的安全，每天向中国地质调查局及时报告安保情况。认真开展养狗专项治理，有效推进工作。

6. 职工医疗保健工作得到了充分保障

一是进一步落实职工就诊程序，落实开药、划价、收费药日核对制度，不断加强医药管理；二是及时完成医药采购定点单位的邀标及日常药品采购和药费统计上报工作；三是全力做好工会承办中国地质调查局各种活动的后勤医疗保障；四是及时组织开展医疗人员的定点定期学习培训；五是按照规定程序完成体检单位的选定，及时安排完成职工的体检；六是及时做好大院内卫生防疫工作。

7. 全面加强基建管理，确保保质保量完成年度基建工程建设目标任务

一是协调推进配套楼内部建设，完成了各项建设任务；二是协调推进相关施工单位完成消防水池设备更新改造和室内外消防管线的布设；三是完成配套楼道路铺设、路灯安装和绿化工作；四是全力做好配套楼验收前的准备工作；五是全力配合财务推进科研楼决算审计，积极联系各有人员查找资料，完善有关手续；六是努力推进配套楼洽商工程变更的报审，积极与廊坊华玺公司联系沟通，推进工程款支付的进度及合规性审计，确保符合预算、概算要求。

8. 努力做好旧房问题处理工作，努力推进旧房遗留问题的处理

一是对旧楼加房户工作思路进行了调整。从思路探讨、政策调研、工作程序、意见通报、风险评估等各方面努力做到协调有序、沟通有效、落实见地，真正把加房户工作做稳做好；二认真为职工办实事，陆续办理了 20 户换房户的公证书及过户手续；通过法律程序，处理单位两名职工子弟侵犯个人房屋所有权问题，其中一户已经强制执行完毕；三是组织召开各类咨询会、座谈会、专家评审会、联席会议等，为推进处理旧房遗留问题献计献策；四是积极走访加房户，悉心听取意见，汇总了 5 条调研意见，并及时向加房户通报情况；五是积极答复职工信访意见，引导职工用法制思维处理旧房有关问题。

（撰稿人：南青民）

离退休服务管理

一、概况

2015年，实物地质资料中心老干部工作以组织离退休干部学习党的十八大精神和《中共中央办公厅国务院办公厅关于进一步加强和改进离退休干部工作意见的通知》等文件精神为契机，落实离休干部生活和政治“两项待遇”，推进老干部学习和文化活动建设为重点，不断提高老干部工作管理水平。全中心有离退休人员226人，其中离休干部4人。成立离退休干部党支部2个。离退休老干部处在编人员4人。

二、老干部政治待遇落实

2015年，按照国土资源部离退休干部局的通知要求，通过召开座谈会、问卷等形式，组织部分退休干部开展“我看从严治党新气象”调研活动；并利用《实物地质资料中心夕阳红内部参考》每年4期等媒介，抓好离退休干部政治理论学习。落实副处级以上离退休干部1年2次情况通报会制度。为离退休干部订阅15类报刊、杂志，共征订千余份。

三、老干部生活待遇落实

2015年，做好离退休职工中秋、国庆、重阳节和元旦、春节期间的慰问工作，全年对离休、老领导、老专家、老党员以及特困、失能、病患等慰问68人次，并带去了慰问金和慰问品。各类生活补贴、医疗费等得到及时发放。

四、离退休活动室建设

离退休职工活动室室内面积累计超100m^2，室外面积累计超10000m^2。设有门球队、歌咏队、阅览室、书画组等。

（撰稿人：任宝成）

党群及纪检监察工作

2015年，实物地质资料中心党委深入贯彻落实党的十八大、十八届三中、四中、五中全会精神，深入学习习近平总书记系列重要讲话精神，认真落实中央和部局党组关于党要管党、从严治党的要求，围绕中心、服务大局，积极落实主体责任，以深入开展“三严三实”专题教育为契机，深化党务与业务工作的有机结合，促进了各项工作的顺利开展和任务的完成。继续保持“中央国家机关文明单位”荣誉称号。

一、扎实开展“三严三实”专题教育

实物地质资料中心党委坚持高标准、严要求，把“三严三实”作为从严治党的重要举措，作为干事创业、推动发展的良好契机，精心组织、扎实开展，取得明显成效。

1. 充分发挥党委的带头作用，突出主题、提高认识

在专题教育启动前，实物地质资料中心党委进行了系列学习。学习了习近平总书记关于“三严三实”的重要论述，学习了《中共中央办公厅印发〈关于在县处级以上领导干部中开展“三严三实”专题教育方案〉的通知》，学习了刘云山同志、赵乐际同志在“三严三实”专题教育工作座谈会结束时的讲话。认真学习了国土资源部、中国地质调查局的《中共中国地质调查局党组关于局系统开展“三严三实”专题教育实施方案》，领会精神实质。同时，组织全体党员干部认真参加部局党组“三严三实”专题教育党课暨动员会，聆听姜大明部长和钟自然局长的专题党课。通过学习统一了思想，提高了认识。

2. 精心制定实施方案，抓好专题教育的整体部署

在专题教育开展之初，实物地质资料中心党委就提出了明确目标和要达到的效果。通过专题教育让全体党员增强党员意识；通过专题教育让领导干部在忠诚、干净、担当上更进一步；通过专题教育真正推动“两重一主”工作的完成。通过系列学习，结合实物地质资料中心实际，经过党委认真研究，党委书记提出明确思路，起草了《实物地质资料中心党委关于开展“三严三实”专题教育实施方案》初稿。征求各支部意见后，进一步修改完善，最终形成了《实物地质资料中心党委关于开展“三严三实”专题教育实施方案》。《实物地质资料中心党委关于开展“三严三实”专题教育实施方案》准确地贯彻了中央、部党组和姜大明部长党课精神，切实贯彻局党组《实物地质资料中心党委关于开展“三严三实”专题教育实施方案》和钟自然局长讲党课时提出的系列要求。

3. 党委书记带头讲党课，强调增强党员意识

在讲党课前，实物地质资料中心党委做了充分的准备工作。党委书记亲自把关、起草修改了讲话稿。在专题教育动员会上，党委书记以“准确把握‘三严三实’、深入查找‘不严不实’、努力践行‘三严三实’”为题，给全体党员干部讲了一次党课，党课取得了很好的效果。

4. 实物地质资料中心领导做专题发言，带头开展研讨，取得良好效果

实物地质资料中心党委成员既带头接受教育，又带头进行主题发言，大大提高了中心组理论学习的效果。6 月、9 月、11 月中心组分别召开了 3 个专题的学习研讨。3 个专题的理论学习主题突出，3 名班子成员结合分管的工作实际，都做了精心思考准备，带头讲了党课，既起到示范带动作用，也促进了实际工作的开展。各支部也组织了 3 个专题的学习研讨。

5. 从严从实查摆整改问题，着力解决“不严不实”突出问题

通过自己找、群众提等形式，实物地质资料中心党委和党委成员查找出 6 个方面 43 条“不严不实”问题，对查找出来的一些问题进行了立行立改，比如在业务方面进一步明确了发展思路和业务定位，在管理工作中加强了督办和制度执行等。不能立即整改的，正在制定整改措施和时间表，落实责任人。各支部结合“迎七一”主题党日活动，开展了一次专题研讨。每名中层以上党员干部认真查摆了“不严不实”的突出问题，并在组织生活会上做了对照检查和批评与自我批评。

二、以严格落实主体责任为重点，深化党风廉政建设

实物地质资料中心党委认真履行主体责任，党委书记作为第一责任人投入足够的精力抓学习教育、抓工作部署、抓贯彻落实，切实把主体责任落到实处。

1. 严格落实领导责任

调整了实物地质资料中心党风廉政建设领导小组，完善了党风廉政建设责任制，明确了领导班子成员分管责任，督促纪委履行监督职责，形成齐抓共管、各负其责的工作格局。召开了 2015 年党风廉政建设工作会议，及时传达落实国土资源部、中国地质调查局党风廉政建设工作会议精神和领导的重要讲话精神，安排部署了 2015 年党风廉政建设工作。印发了《实物地质资料中心 2015 年纪委工作要点》，明确了新形势下党风廉政建设工作思路和方向。出台了《实物地质资料中心党委关于落实党风廉政建设主体责任和监督责任的实施意见》，对党风廉政建设工作任务进行了责任分解，明确了领导班子、中层干部在党风廉政建设中的职责和任务分工，并按计划推动实施。8 月，党委召开专门会议，听取了 17 个处室负责人及分管领导关于落实党风廉政建设主体责任的汇报，并向局党组提交了报告。中心党委定期听取纪委工作情况汇报。6 月，党委听取了纪委上半年党风廉政建设情况的汇报，分析研判党风廉政建设形势，对工作部署中的重大问题，积极协调、切实解决，保证了全年党风廉政建设工作任务完成。

2. 强化教育责任

加强廉政学习。召开了以“贯彻局党风廉政建设会议精神、落实‘六个强力推进’”为主题的中心组理论学习会议，切实把局党组 6 个强力推进落到实处。组织开展学习《中国共产党廉洁自律准则》及《中国共产党纪律处分条例》。制订学习方案，党委进行了集中学习，党委副书记给全体党员做了“学习两项法规坚持说廉洁高线守住纪律底线”的专题辅导。组织收看了杨晓渡同志辅导报告会，开展了知识答卷活动，组织广大党员干部学习研讨，并开展了监督检查。针对廉政问题经常性地提醒，在每月的主任办公会或政

务会上，党委书记都会结合具体工作，对中层干部提出廉政方面的要求和提醒。加强廉政教育，开展了2015年“廉政文化活动周”系列教育活动。对部、局下发的《关于违纪违法案例的通报》进行了学习讨论。组织党员干部观看了勤政廉政题材电影——《焦裕禄》。组织实物地质资料中心党员干部到警示教育基地——燕城监狱，开展警示教育活动。举办了廉政书画展。下发了《履职忠告》《优秀领导干部先进事迹选编》等书籍，开展读书思廉活动。

3. 深化正风责任

加强了对中央“八项规定”精神落实情况的监督检查。规范公务用车、办公用房管理，严格控制会议费支出，来客招待一般安排在职工食堂并严格控制陪同人数，没有邀请函的原则不予接待。加强了外事计划管理。加强了办公用品管理。规范了劳务费发放，对中心现行的发放科目、标准及范围进行梳理规范。实物地质资料中心工作人员一律不得在实物地质资料中心管理的项目或外协项目中领取评审咨询费、讲课费等劳务报酬。杜绝了送节礼、滥发福利现象。修订了实物地质资料中心《改进工作作风密切联系群众具体措施》。加大信息公开力度，畅通群众监督渠道，凡涉及群众切身利益的重大决策，都进行公开，接受群众监督。

4. 严格选人用人责任

加强干部选拔任用的监督检查。实物地质资料中心的干部选拔任用工作都严格按照《党政领导干部选拔任用条例》的规定，加强对干部选任工作全程监督，在考察过程中，严格考察人选的党风廉政情况，及时与纪委沟通情况，认真听取纪检监察部门的意见。

5. 加强了保障责任

结合廉政风险点加强廉政制度建设。在排查实物地质资料中心廉政风险的基础上，印发了实物地质资料中心《廉政风险点及防控措施》《建立健全惩治和预防腐败体系2013～2017年工作规划任务分解》和《党建工作责任制》等制度，把党风廉政建设工作任务分解到党委成员，细化到各处室、各项目组，并狠抓落实。认真落实“八问”责任传导机制，通过开展教育、健全制度、加强监督、专项审计、明确责任、问题整改等举措，建立了主要领导以身作则、班子成员各负其责、处室领导具体负责的责任传导机制。实物地质资料中心主任与分管领导，分管领导与部门负责人、项目负责人签订《廉政责任书》共35份。

三、全力领导和支持纪委落实监督责任

1. 加强纪检队伍建设

按中国地质调查局要求，单独成立了监察审计处，实物地质资料中心设立支委的党支部已经设立纪检委员，不设立支委的党支部已经明确1名纪检监察员分管实物地质资料中心党支部纪检监察工作。举办了纪检监察工作业务培训。

2. 突出抓早抓小

纪委对于群众反应的问题，及时向涉及的干部进行询问、提醒。健全了党员干部廉政档案，坚持党员干部廉政谈话提醒，抓住春节、五一等节点，统一制作和发送廉政短信，

提醒党员干部牢记中央“八项规定”和相关规定。

3. 加强审计监督检查

制定了实物地质资料中心《2015年内部审计工作计划》，按计划开展内部审计工作，开展了实物地质资料中心委托业务费、劳务费、维修费、三公经费等专项审计，并按中国地质调查局要求对每一个地调项目进行了审计。对审查出内控制度建设、制度执行、预算执行等方面存在的问题进行了剖析，并提出了切实可行的具体整改建议，规范了实物地质资料中心专项资金使用，推动实物地质资料中心内部经济管理水平提升。

4. 及时受理信访举报

2015年，共接到群众信访举报5件，按照管理权限和职责分工，全部进行了认真调查处理，对案情单一、线索清楚、易查易结的信访举报进行速查速办，已全部完成调查并已将调查结果报上级纪委。努力做到接访及时、查处迅速、反馈准确、群众满意。

四、以认真学习习近平总书记系列重要讲话精神为重点，严守政治纪律和政治规矩

1. 抓好中央和部、局系列精神的学习宣传贯彻

及时组织传达学习了习近平总书记系列重要讲话精神，领会核心要义，掌握精神实质，提高思想认识。组织学习了中纪委十八届五次全会精神、十八届五中全会精神和《关于制定国民经济和社会发展第十三个五年规划的建议》。组织学习了2015年两会精神。积极参加部、局组织的相关视频辅导讲座。及时学习传达部、局党风廉政建会议精神和局属某单位违纪案件的通报。对部、局党组重要会议精神和决策部署进行了全面系统、完整准确的学习贯彻。不定期发放政策理论书籍，以利于党员自学。通过认真学习，党员干部进一步坚定了理想信念。

2. 充分发挥党委中心组学习的引领示范作用

实物地质资料中心党委坚持理论联系实际的学风，把中心组学习作为学习型党组织建设的重要抓手和主要学习阵地，丰富学习形式，提高学习质量，2015年初印发了《2015年中心组理论学习计划》，全年共召开中心组理论学习5次，切实发挥了中心组学习武装头脑、指导实践、推动工作、引领示范的作用。

3. 认真执行民主集中制，确保正确行使权力

实物地质资料中心党委按照民主集中制的内涵、原则和要求，坚持科学决策、民主决策，决策前深入调查研究，广泛听取意见，决策中充分发扬民主，并在民主基础上进行集中。坚持集体领导、分工负责的原则，健全完善了集体领导和个人分工负责相结合的工作制度，按照责权统一的原则，集体讨论决定实物地质资料中心的“三重一大”问题及重要工作安排。会前，都要求上会事项提出具体意见、征求相关部门的意见并召开专题会，决策发言时实物地质资料中心主要负责人都是最后发言，充分发挥每一个班子成员在全局决策中的作用，有效避免了盲目决策和决策失误情况的发生，保证了实物地质资料中心各项工作的顺利开展。坚持事务公开及情况通报制度，确保了班子正确使用权力。

4. 召开了2015年度党员领导干部民主生活会

按照中央和部、局党组的部署，2015年2月，以“严格党内生活，严守党的纪律，深化作风建设”为主题，中心召开了2015年度党员领导干部民主生活会。会后，制定了详细整改方案，落实了整改措施，确保了工作实效。民主生活会的召开得到了局督导组的充分肯定。

5. 密切联系群众，切实转变作风

根据有关党内法规制度规定，结合实物地质资料中心群众路线教育实践活动开展以来查找“四风”方面存在的突出问题，修改完善了《改进工作作风密切联系群众的具体措施》，通过改进调查研究、改进文风会风、规范管理行为、加强纪律约束4个方面17项规定。党委及党委成员自学遵守“八项规定”，切实改进了党员干部工作作风，加强了与职工群众的密切联系。

6. 严守政治纪律和政治规矩

按照《局党组关于转发部党组落实把纪律和规矩挺在前面实施意见的通知》要求，对实物地质资料中心党委遵守政治纪律和政治规矩情况进行了认真梳理，听取了相关部门关于落实情况的汇报。在中心组理论学习会上，深入学习了党章和习近平总书记和部、局党组关于严守政治纪律和政治规矩的有关要求，做到始终与习近平同志为总书记的党中央保持高度一致、与部党组和局党组保持一致。认真贯彻落实局党组的决策部署。

五、以增强凝聚力、战斗力为重点，进一步加强组织建设

1. 组织召开了全体党员大会

2015年3月，实物地质资料中心召开党员大会，全面贯彻落实党的十八大、十八届三中、四中全会精神和全国地质调查工作会议精神，回顾总结2014年工作，安排部署2015年党建工作任务，并向全体党员通报了2014年民主生活会召开情况。

2. 加强党员队伍建设

制定《2015年党员发展计划》，严格按规定和程序发展党员，为3名预备党员转正，接收1名预备党员。召开了支部书记、纪检委员培训会。开展了党员承诺活动，并将每名党员的承诺上网公布，大家基本兑现了承诺。加强党员的日常教育管理，多次下发通知，要求支部组织党员加强学习，不断增强党员意识，增强组织纪律观念，带头践行社会主义核心价值观。各支部组织开展了“三严三实”专题组织生活会。开展了党员述职工作。

3. 加强干部队伍建设

落实了局党组第45次会议精神，成立监察审计处，严格按照《党政领导干部选拔任用条例》的规定，选拔配备了3名干部。开展了8名试用期满干部转正考核工作，经过个别谈话考核、党委研究等程序，试用期满干部按期转正。对个别缺正职的处室干部，按照中心党委确定的干部调整方案，进行了调整。

4. 开展了“迎七一”系列活动

为纪念中国共产党成立94周年，组织开展了系列庆祝活动，并加强宣传，营造了浓

厚的活动氛围。以支部为单位，开展了纪念中国人民抗日战争胜利70周年主题参观教育活动。

六、充分发挥群团组织的积极作用，持续推进精神文明建设

以党委统一领导、党委工作部门组织协调、党政工团妇老齐抓共管的工作机制，形成了各具特色的创建载体，对推动精神文明创建取得积极效果。

1. 加强工会工作

按时召开职代会，发挥民主参与、民主管理、民主监督作用。组织春节、五一、十一职工运动会。组织职工前往爱国主义教育基地进行参观；组织职工健康知识答卷。加强“职工小家”建设，努力争创先进“职工之家”。开展以三八节为主题的系列活动。羽毛球、篮球、乒乓球和钓鱼等协会利用业余时间积极开展活动，带动全民健身取得了很好的效果。

2. 积极发挥团员青年作用

开展了青年读书活动，进一步引导青年树立终身学习的理念。举办了青年工作交流活动。组织开展青年素质拓展、篮球联谊赛、参观中国航空博物馆和798艺术展等丰富多彩的文体活动，进一步增强青年的团队合作意识，促进整体素质的提升，丰富精神文化生活。

3. 积极做好离退休职工管理工作

落实了离退休职工有关待遇，召开座谈会通报相关情况，及时传达工作进展和重要决定，积极开展健康有益的文体活动，坚持走访和重大节日慰问制度，及时了解并积极解决老同志的生活困难和合理诉求。

（撰稿人：张芳慧）

党风廉政建设工作

一、强化责任担当，党风廉政建设主体责任落地

以“八问”责任传导机制和“六个强力推进”为抓手，按照“一岗双责”要求，通过会议部署、签订责任书、听取汇报、实地调研、工作指导、廉政谈话等方式，逐级传导责任，认真履行主体责任。2015 年初，召开了 2015 年党风廉政建设工作会议，认真落实国土资源系统党风廉政建设工作会议精神和局系统党风廉政建设工作会议精神，总结了 2014 年党风廉政工作，安排部署了 2015 年工作，分级签订了党风廉政建设责任书，对党风廉政建设工作任务进行了责任分解，明确了党政负责人、分管领导、部门负责人和项目负责人在党风廉政建设中的职责和任务分工，建立健全了党风廉政建设三级责任体系。2015 年中，调整了实物地质资料中心党风廉政建设领导小组，各部门向实物地质资料中心党委汇报了本部门党风廉政建设工作情况，更加完善了党风廉政建设责任制。2015 年末，将“八问”纳入了廉政建设责任制考核内容，提高了落实主体责任的实效。

二、完善廉政制度，着力推进惩防体系建设

制定印发了《关于落实党风廉政建设主体责任和监督责任的实施意见》《建立健全惩治和预防腐败体系 2013～2017 年工作规划任务分解》，明确了 5 项主体责任和 4 项监督责任，细化了党委成员、各处室和项目组的党风廉政建设工作任务，促使党员领导干部更好地履职尽责，并充分发挥党内监督专门机关的作用，构建抓落实的保障机制。紧紧围绕实物地质资料中心工作和重点任务，着重防控重点领域、重点部门和重点岗位廉政风险，印发了《实物地质资料中心廉政风险点及防控措施》，从违反中央“八项规定”精神、项目管理、资金管理、干部人事管理、资产管理和外事管理 6 个方面排查廉政风险点 50 条，做到每个风险点都有制度保障和防控措施，着力规范管理行为，不断完善用制度规范管理行为的有效机制。

三、强化纪律约束，提高党员干部讲纪律守规矩主动性

加强对党员干部执行党的政治纪律政治规矩情况的检查，全面落实把纪律和规矩挺在前面的要求，引导广大党员干部始终同党中央在思想上、政治上行动上保持高度一致，自觉维护党的权威，做到不妄议中央，工作中严守党的政治纪律和政治规矩，切实把局党组和实物地质资料中心党委决策部署真正落实到位。通过听取汇报、谈话、完善个人廉政档案等形式，加强对党员干部的日常教育和监督，引导党员干部严格遵守党的组织纪律，坚决做到“四个服从”，自觉接受组织安排和纪律约束，服从组织决定，坚决执行部局党组和实物地质资料中心党委的政策和决定，坚持请示报告制度，真正使纪律和规矩立起来，严起来。

四、加强检查力度，落实监督责任

1. 落实“八项规定”精神，严防“四风”反弹

组织实物地质资料中心中层以上干部和项目负责人参加部和局党风廉政建设工作会议，深刻领会上级有关精神实质；按照实物地质资料中心《改进工作作风密切联系群众具体措施》，开展落实有关“三公”经费支出、办公用房、厉行节约反对浪费等方面的监督检查，同时将落实中央“八项规定”精神情况作为监管重点，严格监督检查，畅通信访举报渠道。始终保持查处问责的高压态势，紧紧盯住具体问题和时间节点，注重提醒预防，严格禁止公车私用、公款吃喝、公款旅游等行为，每逢重要节假日，通过召开会议、中心内网、廉政短信平台等方式，及时发布提醒通知，要求各级领导干部严格遵守中央有关要求和相关规定，不断发出纠正“四风”的强烈信号，严格执纪监督。2015 年，没有发现违纪案件和违反“八项规定”精神问题。

2. 中心纪委坚持廉政谈话提醒

1）利用政务会、办公会、党委会等会议，传达中央、部局党风廉政建设精神，督促部门和项目负责人抓好责任落实，提醒党员领导干部要廉洁自律。

2）坚持党员干部廉政谈话。纪委书记及分管领导对就任新岗位的 4 名中层干部进行任前廉政谈话，对领导作风、工作作风、生活作风和廉洁自律等方面需注意的问题进行提醒和要求。

3）发现苗头，及时约谈。对准备婚礼的中层干部进行了约谈，明确提出不能大操大办的要求，强调廉政规定。

4）针对信访、查办案件发现的党员干部苗头性、倾向性问题，进行谈话提醒。

3. 开展项目专项检查，取得实效

以专项行动落实中国地质调查局关于加强项目管理推进党风廉政建设工作的要求。开展了实物地质资料中心地质调查二级项目负责人提名推荐监督检查工作，按照要求认真开展检查，结合实物地质资料中心项目工作实际，重点检查了地质调查二级项目负责人候选人的推荐条件、产生程序、答辩要求和推荐工作安排等方面，按照单位内部发布公告、个人申请、资格审查、集中答辩、学术委员会审议、建议名单公示、单位领导班子研究确定、形成上报名单等程序，从严把关，保证了中心 2016 年地质调查二级项目负责人推荐工作公平、公正、公开。

4. 坚持请示报告制度，强化日常监督

坚持请示报告制度，领导干部坚持述职述廉，报告个人事项。2015 年初，实物地质资料中心领导、中层干部分别在年度考核会上述职述廉，并将述职述廉报告在实物地质资料中心内网上公示，副处级以上干部报告了个人 2014 年度有关事项。及时向中心党委和上级纪委请示报告，2015 年 6 月向中心党委、局监察审计室汇报了上半年中心党风廉政建设情况，12 月向局监察审计室报告了全年实物地质资料中心党风廉政建设情况，积极协调、切实解决工作中的重大问题，保证了实物地质资料中心党风廉政建设工作任务完成。健全党员干部廉政档案，按照干部管理权限，建立了实物地质资料中心 32 名副处级以上干部2015年廉洁从政系统，进一步规范完善了实物地质资料中心领导干部廉洁从政信息，加强了对党员干部的日常监督。

5. 加大推进公开促监督

强化事务公开、公开权力运行流程，让广大干部群众在公开中监督。依据《实物地质资料中心事务公开管理办法》《实物地质资料中心事务公开目录》等制度，监督实物地质资料中心事务公开落实情况，凡是涉及实物地质资料中心发展重大事项、群众普遍关注事项、群众切身利益事项、容易发生腐败问题领域和环节的事项，都要做到及时公开，促使权力规范化、公开化。

五、开展审计活动，提升审计效果

1. 科学安排审计计划

制定了实物地质资料中心《2015年内部审计工作计划》，突出审计重点，明确了年度审计任务、审计方法和审计时间，并按计划开展内部审计工作，保证内部审计工作制度的常态化。

2. 积极开展专项资金审计，保障专项资金有效使用

针对重点领域、重点岗位和关键环节的廉政风险防控工作，开展了实物地质资料中心委托业务费、劳务费、维修费、三公经费等专项审计。2015年审计资金达7500多万元，对审查出内控制度建设、制度执行、预算执行等方面存在的问题进行了剖析，并提出了切实可行的具体整改建议，规范了实物地质资料中心专项资金使用，推动实物地质资料中心内部经济管理水平提升。

3. 加大审计覆盖面，开展地调项目审计

初次开展了地质调查项目的审计，重点对地质调查项目资金管理和使用情况、项目预算落实情况、项目任务完成情况等进行了审计。揭示出项目预算执行过程中存在的问题，剖析了问题原因，提出了问题整改建议。

4. 加强审计整改，提升审计工作效果

落实离任审计、三项财务大检查、内部审计问题整改，督促检查被审计部门认真执行审计决定，跟踪督查审计整改情况，对审计发现的问题积极督促被审计部门认真整改，纠正存在问题，建章立制，堵塞漏洞，加强管理，对整改不认真、不到位的，查明原因，及时督查落实，防范违规问题的发生，审计工作效果明显提升。

六、开展廉洁从政教育，引导党员干部依法廉洁从政

1. 组织学习、讲党课，落实廉政新规

组织党员干部，深入学习贯彻中央和部局廉政新规。4月的第二次中心组理论学习（扩大）会议上，纪委书记以“贯彻局党风廉政建设会议精神，落实六个‘强力推进’”为主题的发言，教育引导党员干部，切实把局党组“六个强力推进”落到实处。开展贯彻《中国共产党廉洁自律准则》和《中国共产党纪律处分条例》精神学习活动，做了

"学习两部法规，坚持廉洁高线，守住纪律底线"专题辅导，组织收看了杨晓渡同志辅导报告会，开展了知识答卷活动，组织广大党员干部学习研讨，并开展了监督检查。

2. 坚持反腐倡廉教育，牢筑思想防线

组织开展2015年"廉政文化活动周"教育活动。参加中国地质调查局反腐倡廉警示教育视频会，开展了凝练和宣传实物地质资料中心廉政文化核心价值理念活动，组织集中学习实物地质资料中心新出台各项廉政规定，组织党员干部观看了勤政廉政题材电影——《焦裕禄》。举办了廉政书画展。下发了《履职忠告》《优秀领导干部先进事迹选编》和《领导干部违纪违法乱纪法典型案例警示录》等书籍，开展读书思廉活动。通过开展廉政文化活动，教育广大党员领导干部要恪尽职守、廉洁奉公，严肃工作纪律，起到了宣传廉政意识，倡导廉政理念的作用。

3. 开展廉政警示教育活动

利用实物地质资料中心政务会、主任办公会传达通报沈阳地质调查中心部分人员严重违纪案件、部系统违法乱纪违法典型案件，以身边的事教育身边的人，切实吸取教训，引以为戒，警钟长鸣。组织实物地质资料中心党员干部到警示教育基地——燕城监狱，开展警示教育活动，通过服刑人员的现身说法和深刻忏悔，使实物地质资料中心党员干部内心受到强烈震撼，进一步加强了党员领导干部的廉洁从政的意识。

七、重视信访工作，突出执纪问责

1. 及时受理信访举报

2015年，共接到群众信访举报7件，按照管理权限和职责分工，全部进行了认真调查处理，对案情单一、线索清楚、易查易结的信访举报进行速查速办，已全部完成调查并已将调查结果报上级纪委。努力做到接访及时、查处迅速、反馈准确、群众满意。

2. 深化信访监督工作

坚持抓早抓小、治病救人，对信访举报反映党员干部的苗头性问题，特别是"四风"方面的问题，早发现、早处置，通过谈话、调查等方式，及时了解、提醒、批评、处理，防止小问题演变成大问题。

3. 突出执纪问责

认真履行执纪职能，2015年中心纪委从信访举报中梳理发现违反中国地质调查局评审费发放规定线索，及时调查处理，依照相关规定，进行处理。

八、落实"三转"，加强队伍建设

1. 建强队伍，配齐人员

落实局党组精神要求，单独成立了监察审计处，明确了职责任务，配备了主持工作的副处长，配齐了人员。各党支部明确纪检监察员人员，设立支委的党支部设立了纪检委员，不设立支委的党支部设立纪检监察员，分管本支部纪检监察工作。

2. 转变职能，聚焦主业

实物地质资料中心纪委明确职能定位，突出主业，全面梳理实物地质资料中心纪委参与的议事机构，退出了政府采购、基本建设、项目招投标等领导小组，回归纪检监察职能本位。改进履职方式方法，充分发挥纪检监察部门监督问责职能，把监督职能的切入点从配合相关职能部门开展业务检查，转变到主动对职能部门履行职责的监督检查上来，纪检监察部门工作回归正道，实行“监督的再监督、检查的再检查”，扎实开展监督执纪问责。

3. 加强自身建设，提高履职能力

1）举办纪检监察工作专题培训。邀请专家进行纪检监察培训学习，实物地质资料中心纪委委员和纪检监察员不仅开阔了视野，拓宽了知识面，而且受到廉洁自律、廉洁从业的教育，同时更加坚定了履行好职责的信心与决心。

2）结合专题教育，严格率先垂范。自觉践行“三严三实”，强调“打铁还需自身硬”，纪检监察干部以更高的标准和更严格的纪律要求自己，以身作则，带头廉洁自律，始终做到忠诚干净担当。

3）学习锻炼，全面履职。针对工作特点，组织业务学习，开展专业培训，选派审计人员配合地调局开展离任审计和内部审计工作，通过理论学习和实践锻炼，不断提高纪检监察人员政治理论素养、专业业务水平和依法履行职责能力，保证纪检监察干部主动、全面、廉洁履职。

（撰稿人：沈迪）

2015年实物地质资料中心大事记

1月

6~9日　四川省国土资源资料馆及其攀西实物分库人员到实物地质资料中心交流。

6日　实物地质资料中心邀请国土资源部专家姜作勤做题为“如何做好地质调查项目”专题报告会。

7日　河北省地质矿产勘查开发局探矿技术研究院组织项目骨干一行36人来国家实物地质资料馆参观考察学习。

8日　中国地质大学（武汉）周翔博士等一行3人到实物地质资料中心针对西藏罗布莎科学钻探1号孔（LSD-1）和2号孔（LSD-2）岩心开展了取样工作。

14日　中国地质调查局油气资源调查中心一行2人到实物地质资料中心开展了突参1井岩心观察、取样工作。

15日　颜世强同志获国土资源报社“党的群众路线教育实践活动作品征集大赛”二等奖。

1月　国家实物地质资料馆相继接收了一批实物地质资料。其中，贵州开阳磷矿2个钻孔岩心，总进尺1578.97m；重庆綦江铁矿4个钻孔岩心，总进尺803.31m，12件手标本，1件铁矿大标本；滇东北地区页岩气调查井（曲页1井），总进尺1106.16m；云南罗平生物群古生物化石标本116件，岩石标本15件。

2月

3日　实物地质资料中心及时组织召开了“国家实物地质资料馆展览展示服务总体思路汇报暨专题研讨会”。

4日　实物地质资料中心开展“迎新年”职工文体系列活动。

6日　全国地质资料馆副总工程师胡小平和国家实物地质资料馆资料服务室主任李景朝等一行4人到实物地质资料中心进行专题调研。实物地质资料中心副主任颜世强出席座谈会，实物地质资料中心资料服务室、库藏管理室、汇交采集室、网络信息室主要负责人参加座谈会。

12日　库藏管理室孙东洵同志和资料服务室张铁奎同志荣获“中国自然科学博物馆协会2014年度优秀工作者”称号。

12日　实物地质资料中心为有色金属矿产地质调查中心提供技术支撑服务。

25日　实物地质资料中心党委书记许庆丰带领中心领导看望慰问了节后迅速走上工作岗位的干部职工，并送去了新春的问候和祝福。

3月

4日　由实物地质资料中心颜世强副主任带队，实物地质资料中心副总工和汇交采集室、库藏管理室、资料服务室、综合研究室、网络信息室等几个主要业务处室负责人组成的调研组赴国土资源部矿产勘查技术指导中心和中国地质调查局油气资源调查中心进行调研。

5 日　防灾科技学院第一大系——地震科学系主任沈军教授以及地质学专业于晓辉主任等一行 5 人来到实物地质资料中心，参观了地球资源展厅和长廊、实物地质资料库，并与资料服务室主任及工作人员就防灾科技学院在以往认知实习的基础上拟开展教学－生产实践实习、聘请教授等进行了相互沟通与交流。

11 日　中国矿业大学（北京）水工环专业大四 21 名学生，在地质工程与环境系主任董东林教授等 3 名老师的带领下，来到实物地质资料中心进行生产实习。

14 日　实物地质资料中心副主任颜世强等一行 5 人到中国地质大学（北京）开展实物地质资料服务需求调研，了解服务需求，并着重就中国典型金矿床实物地质资料展览展示服务征求了李胜荣等专家的意见和建议。

19 日　实物地质资料中心召开 2015 年党员大会，全面贯彻落实党的十八大、十八届三中、四中全会精神和全国地质调查工作会议精神，回顾总结 2014 年工作，安排部署 2015 年党建工作任务。会议还向全体党员通报了 2014 年民主生活会召开情况。

23 日　国立台湾大学地质科学系宋圣荣和王祈两位教授在中国地质科学院李海兵研究员的陪同下，来实物地质资料中心考察和调研，实物地质资料中心刘晓文专家和资料服务室有关人员接待来访。

24 日　南水北调中线工程钻孔岩心入驻国家实物地质资料管。

26 日　为进一步加强实物地质资料管理，推进实物资料分类筛选与分级保管，实物地质资料中心专家应邀赴四川省开展实物资料汇交管理工作。

27 日　北京大学 2014 届地质学、地球化学、古生物学、空间科学与技术及地理信息系统专业 5 个班 42 名学生，在主管教学实习老师常一尧的带领下，到实物地质资料中心进行地质认知实习。

28 日　实物地质资料中心在北京组织召开了实物地质资料信息共享服务研讨会。

31 日　华北科技学院地质工程专业 8 名大四学生在实物地质资料中心进行了为期 3 周的实践工作。

4 月

1～3 日　实物地质资料中心副主任颜世强等一行 4 人组成调研组分别调研了浙江省自然博物馆、浙江省博物馆和浙江东方地质博物馆，吸收、借鉴不同类型展馆的展示方式与技术应用特色，进一步拓宽了国家实物地质资料馆展览展示服务思路。

2 日　印发《国土资源科普基地第 46 个地球日宣传活动方案》和《2015 年科技活动周宣传活动方案》。

2 日　实物地质资料中心副主任颜世强等一行 4 人到浙江省地质资料档案馆调研，并对浙江省实物地质资料库房及配套设施建设进行业务指导和沟通交流。

3 日　实物地质资料中心开展第一季度安全生产检查活动，分管领导王彦洪副主任带领安全生产管理处及物业管理部人员对实物地质资料中心各处室及重点部位进行了安全检查。

8 日　实物地质资料中心举办了以“凝聚青年力量，为中心发展贡献智慧”为主题的青年工作交流活动。

9 日　中国地质调查局发展研究中心地质资料数据部副处长吴轩、王新春带领的 47

名地质资料管理工作团队到实物地质资料中心进行调研与业务交流学习。实物地质资料中心副主任颜世强、副总工刘凤民以及库藏管理室、地质调查室、汇交采集室、综合研究室、资料服务室等部门相关人员参加了本次活动。

10 日　实物地质资料中心举办第十二期安全生产知识培训班。

10 日　来自松辽盆地国际大陆科学钻探工程松科二井首批岩心入驻国家实物地质资料馆，岩心总计 174 盒，进尺 162.81m。其中，试取岩心 28 盒，取心井段 492.09 ~ 572.62m，采集层位为嫩五段；正式取心 146 盒，取心井段 1086.45 ~ 1091.42m 与 1079.79 ~ 1256.01m，采集层位为嫩一段、嫩二段及嫩三段。

14 日　国家海洋信息中心牟林教授一行在实物地质资料中心进行考察和调研，就信息化建设和海平面观测等有关事宜进行了学习交流。

15 日　西安地质调查中心 2 人、中国地质科学院矿产综合利用研究所 12 人组团一行来实物地质资料中心参观考察和调研，中心资料服务室负责接待。

15 日　实物地质资料中心召开 2015 年党风廉政建设工作会议。党委书记许庆丰出席会议并讲话，党委副书记、纪委书记李增悦做工作报告。

16 ~ 22 日　实物地质资料中心举办第 46 个世界地球日科普宣传活动周活动。

23 日　实物地质资料业务管理系统正式运行，实现业务流程管理信息化。

27 日　实物地质资料科普活动走进北京大学。

28 日　实物地质资料中心举办“庆五一”职工运动会。

5 月

7 日　实物地质资料中心开展了“多彩年华”主题活动系列之走进中国航空博物馆爱国主义教育活动，30 名青年职工参加了活动。

9 日　防灾科技学院地球物理专业李老师、赵老师等 4 位老师带着 2014 届 60 名学生来到实物地质资料中心，利用实物地质资料中心大标本园、地球资源展厅的实物资源，进行了地质认识实习。

11 ~ 13 日　实物地质资料中心党委书记许庆丰等一行 3 人到山东省国土资源资料档案馆调研，并联合山东省国土资源资料档案馆对山东省平邑县归来庄金矿实物地质资料进行现场筛选与采集工作。

11 ~ 15 日　实物地质资料中心举办“廉政文化活动周”活动。

12 ~ 14 日　实物地质资料中心资料服务室主任任香爱等一行 4 人赴辽宁省国土资源厅信息中心和辽宁省有色地质局 103 队进行了实地调研，针对 2014 年实物地质资料信息组织与发布试点工作进展和存在的问题以及 2015 年试点工作等进行了研讨和交流。

13 日　印发《国土资源实物地质资料中心材料管理办法》。

16 ~ 24 日　开展了“2015 年科技活动周宣传活动”，为配合科技周宣传活动，实物地质资料中心推出“馆藏十大精品”，并通过室外展板进行展览展示，以此来宣传实物地质资料中心的代表性馆藏资源。

19 日　实物地质资料中心更新了整装勘查区和重点成矿区带内馆藏实物地质资料目录，并通过中国实物地质资料信息网向社会发布。

22 日　实物地质资料中心进入全国科普教育基地建议认定名单。

25 日　实物地质资料中心开展了科技成果宣传进公园活动。

25 日　实物地质资料中心召开“十三五”业务发展规划专题研究会，本次会议由颜世强同志主持召开，对实物地质资料中心“十三五”业务发展规划、科技条件平台建设年度重点工作进行了研究。

26 日　廊坊市委书记王晓东到实物地质资料中心调研。

26 日　国家实物地质资料馆相继接收了一批重要油气实物地质资料。

29 日　颜世强同志主持召开“馆藏十大精品”工作部署会，针对 2015 年科技周活动期间推出的“馆藏十大精品”下一步工作进行部署。

6 月

1 ~ 5 日　防灾科技学院地质学教研室林玲玲老师带领资源勘查专业大三学年二班学生 37 人来实物地质资料中心实习。

1 日　实物地质资料中心与中国地质调查局油气调查中心合作完成突参 1 井岩心的高光谱扫描工作。

1 日　实物地质资料中心副主任颜世强同志组织召开科普基地品牌建设工作方案编制专题会议。会议传达中国地质调查局关于总工办和 4 个业务部室职责分工文件精神，部署了实物地质资料中心“十三五”业务规划及局确定的重中之重和重点工作方案编制等工作，并对实物地质资料中心科普基地品牌建设工作方案编制进行了专题研讨。

3 ~ 5 日　实物地质资料中心副总刘凤民同志等一行 7 人赴甘肃省国土资源厅信息中心调研实物资料数据异地备份事宜。

4 日　国土资源部直属机关第十一届乒乓球赛乙组预赛在燕郊实物地质资料中心举办。

8 ~ 12 日　防灾科技学院地质学教研室孙桢军老师带领资源勘查专业大三学年三班学生 39 人来到实物地质资料中心生产实习。

8 日　印发《实物地质资料中心庆祝建党 94 周年系列活动方案》。

9 日　来自湖北省国土资源厅矿产资源储量处、湖北省国土资源资料馆及实物地质资料分馆（库）筹建单位的 14 人调研团队赴实物地质资料中心进行了为期 1 天的调研学习。中心党委书记许庆丰、副主任颜世强及各业务部门、管理部门有关领导参加了座谈。

10 日　颜世强同志主持组织召开“重中之重和重点工作”工作汇报部署会。

11 ~ 12 日　“实物地质资料筛选技术要求制定”子项目组在北京参加了由中国地质调查局总工室组织的“地质调查标准制修订与升级推广”项目设计审查会议，经专家研究此项目为优秀级。

14 日　“国家实物地质资料服务体系建设”项目 2015 年度设计审查会在北京召开。实物地质资料中心邀请了外部专家对该项目所属的 8 个子项目进行了审查。

16 日　实物地质资料中心组织党员干部近 50 人赴反腐倡廉警示教育基地——司法部燕城监狱开展了党风廉政警示教育活动。

23 日　根据《中国科协办公厅关于命名 2015 ~ 2019 年全国科普教育基地的通知》（科协办发青字〔2015〕19 号），2015 年 6 月 23 日实物地质资料中心被正式命名为“2015 ~ 2019 年全国科普教育基地”，并通过全国科普教育基地网正式公布。

24 日　实物地质资料中心举办野外安全生产知识讲座。

28 日　沈阳师范大学古生物学院曹成润副院长带领正在石门寨柳江盆地实习的古生

物学专业大三学生来秦皇岛海平面观测站参观学习。

29 日　实物地质资料中心在北京组织召开实物地质资料分类筛选与库藏体系建设研讨会，邀请了部储量司领导及吉林、贵州、湖北、湖南、西藏 5 个省级地质资料馆的相关人员参加。

30 日　实物地质资料中心喜获 2014 年度中国地质调查成果奖二等奖。

7 月

2 日　河北省地质矿产勘查开发局石家庄综合地质大队一行 6 人到实物地质资料中心参观考察和调研。

3 日　华北科技学院地质工程专业李飞、杨德方两位老师带着采矿工程专业 2014 届 5 个班 140 名学生来到实物地质资料中心，利用大标本园、地球资源展厅及长廊的实物资源，进行了地质认识实习。

8 日　实物地质资料中心科技处组织专家对 2014 年度由成都地质调查中心承担的“罗平生物群实物资料采集”课题成果进行了验收，中心副主任王彦洪同志参加了此次会议。

9 日　国土资源部实物地质资料及煤炭监督检测中心通过国家级计量认证复查换证。

15 ~18 日　实物地质资料中心工作人员与外协单位项目组成员一同前往中国地质调查局广州海洋地质调查局和中国科学院广州地球化学研究所调研海洋类实物地质资料的保管工作。

18 日　实物地质资料中心在北京组织召开实物地质资料电子阅览室系统建设需求分析专题研讨会议。

21 ~31 日　实物地质资料中心与西藏自治区国土资源信息中心组成调研组，联合开展了西藏自治区实物地质资料调研采集工作。

22 ~23 日　国土资源部宣传教育中心赴实物地质资料中心岩心库拍摄地质找矿历程记录片《国之基石》(暂定名)。

22 ~24 日　四川省国土资源资料馆及其攀西实物分库、四川省地质调查院一行 5 人来实物地质资料中心学习岩心扫描等技术方法，为攀西实物分库推进实物地质资料管理与服务工作做好技术准备。

27 日　实物地质资料中心组织召开地质矿产调查评价专项大检查和 2016 年项目立项动员部署会。

8 月

3 ~5 日　由实物地质资料中心副主任王彦洪、党委副书记李增悦、工会主席赵志明、人事处副处长杨国威组成的慰问团深入内蒙古野外一线，开展“送清凉”活动。

3 ~5 日　以实物地质资料中心分管安全工作王彦洪副主任为组长的安全检查组赴乌拉特中旗对“内蒙古乌拉特中旗巴音温都尔 1575 高地矿产地质调查”野外项目组开展安全工作检查。

12 日　实物地质资料中心工作人员前往塔里木油田，双方就油气实物地质资料的委托保管及智能库房建设问题进行座谈交流。

14 日　由商务部主办、商务部国际商务官员研修学院承办的“2015 年埃塞俄比亚地质矿产技术培训班”一行 20 名技术官员代表到实物地质资料中心参观、考察。

17～18 日 重庆市地质调查院一行 6 人组成考察团来实物地质资料中心参观考察实物地质资料库建设情况及实物地质资料库管理工作。

23～24 日 实物地质资料中心在京组织召开了实物地质资料信息组织与发布研讨会。全国地质资料馆，北京、辽宁、安徽、福建、山东、四川、贵州各省（自治区、直辖市）地质资料馆和武汉地质调查中心以及实物地质资料中心等单位的专家参加了会议。会议由资料服务室主任任香爱主持，实物地质资料中心副主任颜世强出席会议并做业务指导。

25 日 中国矿业大学（北京）地球科学与测绘学院方家虎、罗红玲、程宏飞等 6 名老师带领 2014 届资源勘查工程、地球物理学和地质工程专业 145 名学生到实物地质资料中心进行了为期 1 天的地质认识实习。

26 日 根据《实物地质资料中心党委关于落实党风廉政建设主体责任和监督责任的实施意见》和中心党委工作安排，为落实党委党风廉政建设主体责任，督促中心班子成员和各处室负责人切实落实党风廉政建设责任，实物地质资料中心召开履行党风廉政建设责任汇报会。

9 月

7～9 日 实物地质资料中心在浙江省杭州市召开实物地质资料管理政策及技术方法研究成果意见征询研讨会。

10～12 日 科技处有关人员陪同中心党委副书记李增悦、工会主席赵志明组成慰问团深入松科二井野外一线开展慰问活动。

14～16 日 实物地质资料中心工作人员赴江西省核工业地质局二六一队就放射性矿产形成的实物地质资料的保管情况展开座谈交流和现场考察。

21～23 日 党委书记许庆丰、副总工李树才一行到内蒙古乌拉特中旗地质调查项目组驻地看望、慰问野外工作一线的职工，并检查指导工作。

22～24 日 实物地质资料中心赴中国海油湛江分公司就海洋油气实物地质资料的保管工作进行交流和研讨。

25 日 实物地质资料中心围绕“严以律己，严守党的政治纪律和政治规矩，自觉做政治上的‘明白人’”这一主题开展学习研讨。理论学习中心组成员、副总工和全体中层干部参加学习。会议由党委书记许庆丰同志主持。

30 日 印发《实物地质资料中心 2015 年地质调查项目中期质量检查工作方案》。

10 月

6 日 李树才副总工程师赴秦皇岛台站检查指导工作，重点对秦站承担的“京津唐重点规划建设区地质环境综合调查”项目野外调查工作进行了检查与指导。

8 日 中国地质大学（北京）颜丹平教授委托其学生王继斌到实物地质资料中心针对贵州省贞丰县烂泥沟金矿实物资料开展取样工作。

14 日 实物地质资料中心纪委书记李增悦、离退休办主任任宝成等一行 4 人到秦皇岛亲切看望秦皇岛海平面观测站退休老同志周万源。

15～19 日 实物地质资料中心派代表参加了国土资源部在四川省自贡市举办的 2015 年度科普工作研讨会。

15 日 实物地质资料中心组织部分党员职工到民族文化宫观看了《在祖国的怀抱中——新疆维吾尔自治区成立 60 周年大型成就展》。

18 日　实物地质资料中心在兰州组织召开了实物地质资料信息化工作研讨会。会议邀请了甘肃、陕西、青海、宁夏、新疆、内蒙、广东、辽宁省级资料馆代表，中国地质调查局西安地质调查中心、全国地质资料馆有关领导和专家参加。

18 日　西澳大利亚地质调查局副局长 Dr. Rick Rogerson、矿产推广处经理 Dr. Gaomai Trench 利用参加矿业大会的时机，对实物地质资料中心进行回访，进一步研讨岩心资料管理与服务合作事宜。

23 日　实物地质资料中心圆满完成2015 中国国际矿业大会部局展台实物资料展览展示工作。

27 日　实物地质资料中心广泛宣传《老年人权益保障法》。

28 日　实物地质资料中心参加国土资源部第十七届“京星杯”老年门球赛。

10 月　实物地质资料中心采集的大批岩心标本等实物资料陆续入库。此次入库的岩心标本等实物资料，有来源于整装勘查区或典型矿床的显示地质找矿突出成果的岩矿心和标本，有来源于油气地质调查最前沿的显示能源调查新突破的岩心和岩屑，有来源于科学钻探工程的显示地球深部奥秘的松科二井岩心和南岭深部探测岩心，有来源于地质灾害防治的地应力监测钻孔岩心。

11 月

2 日　实物地质资料中心组织各部门认真学习贯彻姜大明部长在李四光学术思想研讨会上重要讲话精神。

4 日　实物地质资料中心召开党委会认真学习学习十八届五中全会精神、《中国共产党说廉洁自律准则》和《中国共产党纪律处分条例》两部法规。会议由党委书记许庆丰同志主持，中心党委成员、纪委成员参加了学习。

4 日　受商务部委托，在国土资源部科技与国际合作司、中国地质调查局科技外事部指导下，由中国地质调查局发展研究中心具体承办的“2015 年巴基斯坦地质矿产调查与管理研修班”“2015 年亚洲国家地质矿产管理部门官员研修班”“2015 年上海合作组织成员国地矿管理部门官员研修班”一行来到实物地质资料中心参观访问学习，3 个研修班由来自巴基斯坦、土耳其、塔吉克斯坦等 9 个国家的 71 名官员代表组成。

6 日　国土资源部矿产资源储量司司长于海峰一行来实物地质资料中心调研。

6 日　实物地质资料中心副主任颜世强同志应邀到山东省地质矿产勘查开发局在中国地质调查局系统举办的“山东地矿大讲堂（第六期）”做题为“全国地质资料数据管理与服务”的授课，宣读我国地质资料资源与服务政策，扩大地质行业影响力。

10 日　由王璞珺教授、万晓樵教授带队，中国地质大学（北京）、吉林大学、中国科学院地质与地球物理所、中国科学院南京古生物研究所等多家单位组成的科研团队一行共 35 人到实物地质资料中心开展为期 15 ~ 30 天的松科二井岩心岩屑观察、取样、测试等科研工作。

12 日　实物地质资料中心对安徽省地质测绘技术院承担的“省级实物地质资料库藏管理”外协课题目进行中期质量检查。

15 日　实物地质资料中心在北京召开了国家实物地质资料馆展厅展示内容深化设计研讨会。

21 ~ 30 日　应中国地质调查局及项目二级管理单位发展研究中心的要求及统一部署，

实物地质资料中心对“全国重要立典性剖面调查”项目2014年度所属的7个子项目进行野外验收评审。

22～23日　实物地质资料中心在北京市组织召开油气岩心数据采集与处理专项研讨会。会议主要针对松科二井、油气地质调查项目工作过程中实物地质资料的管理及服务方法等有关事宜进行研讨。

23～25日　全国地质资料馆和实物地质资料中心联合组织召开了2015年度地质资料管理年报编报暨信息报送工作会。

26日　武警黄金第二总队36名官兵来实物地质资料中心参观考察。资料服务室负责了接待，汇交采集室、库藏管理室部分人员也参加了接待工作。

11月　国家实物地质资料馆接受大批实物地质资料。此次岩矿心标本有来源于整装勘查区或典型矿床的岩矿心和标本，显示了地质找矿的突出成果；有来源于油气地质调查最前沿的岩心，显示了能源调查的新突破；有来源于科学钻探工程的岩心，显示了地球深部的奥秘；还有来源于地质灾害防治的地应力监测钻孔岩心。

12月

1日　实物地质资料中心向广东省有色地质勘查院提供岩心资料借阅服务纪实。

6～7日　实物地质资料中心在辽宁省沈阳市召开了实物地质资料信息组织与发布研讨会。

7日　实物地质资料中心完成全国47个整装勘查区内100多处典型矿床系列标本采集，并对外提供服务。

9日　全国11个省（自治区、直辖市）地质资料馆顺利搭建重要地质钻孔数据库服务平台。

13～15日，在中国地质调查局总工室以及发展研究中心的统一组织安排下，实物地质资料中心组织专家在北京完成“全国重要立典性剖面调查”计划项目成果评审会议。

22日　国家实物地质资料馆在北京参加由国土资源部指导、中国地质调查局主办的2015境外地质矿产信息发布会。

22日　实物地质资料中心接收一批从广州海洋地质调查局征集的海洋实物样品，主要包括具有代表性的富钴结壳、多金属结核（连生体状）、多金属结核（菜花状）、甲烷成因自生碳酸盐岩（烟囱状）、甲烷成因自生碳酸盐岩（块状）等，共计12件。

31日　实物地质资料中心实物地质资料电子阅览室投入使用。

（撰稿人：王筱筝）

第二篇　省级实物地质资料馆藏机构工作

北京市实物地质资料管理工作

一、单位概况

1. 单位性质

北京市实物地质资料管理工作由北京市土地权籍事务中心地质资料馆承担。2015 年 8 月，经北京市机构编制委员会办公室批准（文号：京编办事〔2015〕68 号），原北京市国土资源局下属的北京市土地权属登记事务中心的土地登记职能划归不动产登记事务中心，北京市土地权属登记事务中心名称变更为北京市土地权籍事务中心，为参照公务员管理的全额事业单位，财务实行独立核算，具独立事业法人资格。地质资料馆是北京市土地权籍事务中心内部的一个科室。

2. 主要职责

北京市土地权籍事务中心地质资料馆承担北京市地质资料管理和矿产储量评审两大职责。主要工作为：承担北京市域内各类地质工作形成的成果地质资料、原始地质资料、实物地质资料的接收、管理和提供利用工作；逐步完善地质资料信息化建设；负责组织专家进行本市矿产资源储量报告和矿产资源勘查实施方案的评审工作；制定地质资料管理、矿产资源储量评审的相关制度和有关技术要求并组织实施；完成领导交办的其他相关工作。

3. 内部机构设置

地质资料馆为北京市土地权籍事务中心的一个科级单位，内部没有下设机构。

4. 人才队伍情况

2015 年，地质资料馆通过社会公招考试，新招入 1 名在编工作人员，目前在职工作人员 4 人，其中高级专业技术职称 2 人，中级 2 人。技术人员专业涵盖矿物学、岩石学、矿床学、地球物理、矿产勘查、档案管理等，其中博士研究生学历 1 人，硕士研究生学历 2 人，本科学历 1 人。另外聘人员 4 人，均为地质院校毕业的本科生或研究生。

二、实物地质资料库房基础设施建设情况

2009 年至今，地质资料馆负责北京市实物地质资料管理工作，租用某部队大院内独栋三层楼房作为实物地质资料库房，于 2009 年 7 月完成了实物地质资料的搬迁。现租用的库房总面积约 3000m^2，考虑承重因素，一层 30 个房间约 800m^{2}用于存放实物地质资料，二、三层用于存放纸质资料。

2008 年，经北京市政府批准，由北京市档案局牵头，北京市国土资源局、北京市住房和城乡建设委员会、北京市城市规划管理委员会、北京市发展与改革委员会共建北京市档案馆新馆大楼，设计为 10 层，建筑面积约 90000m^2。楼房产权归北京市档案局，分给其他 4 家单位库房和技术用房。新馆于 2012 年 5 月进行了奠基仪式，2014 年 2 月破土动

工，预计2017年建成投入使用。初步确定分给北京市国土资源局的使用面积约10000m^2，其中5000m^2为展厅、纸质资料库和办公用房等，3300m^2为实物地质资料库用房，预计能够满足未来20年地质资料的入库量。

2015年完成主体封顶，目前正在二次结构和内装修施工。根据新馆的建设进度，按照实物库房现场情况，同时开展了实物货架购置调研，初步确定了布设方案。

三、2015年实物地质资料管理和服务情况

1. 馆藏实物地质资料的接收保管情况

北京市实物地质资料的收集工作始于2006年8月。截至2015年底，地质资料馆共接收实物地质资料142种，其中岩心1084箱计5345.66m，土壤化学样品50164件，地热井岩屑样73157件，各类标本1553块，光薄片1896片。其中，2015年共接收、新增实物地质资料总量为13种，包括：区域地质3种，是整理20世纪60年代和80年代形成的3个区域地质调查项目原始地质资料中的实物光薄片并建档，共计37盒1896片；8口地热井勘查项目形成的岩屑样4027件；2个环境调查评价项目采取的土样262件；2015年度继续开展的实物地质标本采集项目共采集了63个矿区357件矿石标本，以及高于庄组、杨庄组标本206件，共计563件。

目前，馆藏的实物地质资料没有进行数字化，但可以开展社会服务工作，不过前来借阅查询的很少，近年来主要接待部、市、局领导的调研、检查工作。

2. 重要地质钻孔数据库建设情况

2015年，按照《全国重要地质钻孔数据库建设技术要求》和北京市国土资源局提出的钻孔筛选原则，筛选孔深大于30m、分布均匀且钻孔分层、土工试验、土物理力学性质等信息描述齐全的工程钻孔，继续开展包含图片库和属性库的数据库建设工作，2015年完成了2437个重要钻孔的筛选入库工作，入库钻孔涉及本市商业类、服务业类、地铁和住宅类等建筑物的工程勘察钻孔，为最终搭建北京市三维地质模型做好数据准备。

3. 继续开展实物地质标本的采集

为配合新馆布展需要，丰富馆藏实物地质资料，2012～2013年对典型实物标本的分布、标本采集进行了调研，2014年开展了“地质资料馆实物地质标本试采”项目，这些工作积累了标本采集、整理工作经验，建立了较为系统的实物地质标本采集、整理、建档制度和管理办法，对建立区域实物地层柱进行了探索，为全面开展实物地质标本采集奠定了基础。

四、2015年出台的实物地质资料工作的相关文件

2015年没有出台关于实物地质资料工作的相关文件和规章制度。

（撰稿人：陈祥志）

天津市实物地质资料管理工作

一、单位概况

天津市国土资源和房屋管理局地质勘查管理处负责天津市实物地质资料汇交、保管、利用的监督管理工作。2009 年 10 月 26 日，天津市国土资源和房屋管理局以“津国土房勘〔2009〕449 号”文件委托天津市地质调查研究院成立专职部门（实物地质资料馆），履行实物地质资料筛选、采集、验收、整理、保管和提供利用的职责。

天津市地质调查研究院是全民事业单位，是天津市专门从事基础性、公益性和战略性地质调查和地质环境监测工作的专业机构。具有国土资源部核发的地质勘查资质证书，资质类别和资质等级为：区域地质调查甲级，液体矿产勘查甲级，固体矿产勘查甲级，水文地质、工程地质、环境地质调查甲级。2010 年 1 月，通过中国地质调查局省级公益性地质调查队伍能力建设 A 级评估。2011 年 7 月，通过长城（天津）认证中心 GB/T 28001—2001 职业健康安全管理体系认证。2012 年 10 月，通过中国地质调查局 GB/T 19001—2008 认证。2012 年 12 月，通过长城（天津）质量认证中心 GB/T 19001—2008 ISO 9001：2008 标准认证。天津市地质调查研究院设置 4 个管理科室、6 个业务科室。共有职工 150 余名，其中专业技术人员 120 余名，教授级高工近 20 人，高级工程师近 20 人，工程师 40 余人。

天津市地质调查研究院实物地质资料馆拥有高级工程师 2 名，工程师 5 名，助理工程师 2 名，返聘教授级高级工程师 1 名。根据工作内容和实际工作特点，将工作队伍划分为 3 个工作小组，分别是接收建档小组、整理入库小组和岩心小组。

二、实物地质资料库房基础设施建设情况

天津市实物地质资料工作于 2008 年下半年开始起步，至 2010 年建成了实物库房，之后定期进行维修工作，分为市内实物标本库房、蓟县实物岩心库房两个库房。

市内实物标本库房建立在天津市地质调查研究院内，库房面积约 424m^2。实物标本库房分为实物标本储存区和精品展示区两个库区。第一库区实物标本储存区主要存储各项目汇交的天津市域范围内的岩矿石标本、化石标本。标本库内存储设施为钢架结构标本架，现有标本架 20 个，能够放置实物标本 640 块，实际存放标本约 300 块。基本上能够满足 3 年实物标本的存储。第二库区精品展示区，主要展示天津市域范围内典型的岩性、沉积现象、构造现象及矿物标本，科普化的反映天津市的地层现状。共收集中、新元古界地质标本 126 块、叠层石标本 62 块、矿产标本 22 块，编制图件展板 10 块。根据天津市岩性的分布特点及特征，以展板形式介绍了天津市工程地质、农业地球化学、矿产、地质灾害等方面的信息，以展板与实物相结合的形式介绍了中、新元古界地层剖面、叠层石等信息。另外，还设置了辅助库房区和临时库房区，是用来整理入库前实物标本的专用区域，主要

是用来存储临时标本及修复损伤标本，整理与清洁入库前标本。管理办公区主要是对实物地质资料档案进行管理、实物地质资料查阅管理、存放实物地质资料文本库、数据管理及接待会客使用。

实物岩心库房设立在蓟县下仓，库房总面积约 1000m^2。2009 年，利用原有旧库房进行改造，主要包括库房四周砌墙、墙基挖土垫层、墙面抹布及库内地面水泥铺抹。同时，安置新大门，安装塑钢窗户及护栏，将屋顶全部换成了彩钢瓦，安装了新的照明设备及自来水等设备，院内建设约 120m^2 花圃，种植花木，重新铺设水泥路面等。2014 年，对蓟县下仓岩心库房进行了墙体加高、粉刷、地面维补等库房维修工程。实物库房建设完成后，购置了 60 个岩心架、20 个标本架等库存设备，分别安放于两个库房内，岩心架和标本架均为钢结构，岩心架为 9 层 5 列，单个岩心架可放置 45 箱岩心，标本架为 7 层。岩心存放量可达 2700 箱，能够容纳岩心 8000 余延米，实物标本存放量达 600 余块。2014 年，购置了 20 个岩心架、40 个标本架、2000 个岩屑透明玻璃广口瓶、50 个标本箱及 1500 个岩心箱等库存设备，岩心架和标本架均为钢结构，标本箱为实木材质。自此，岩心存放量可达 3600 箱，能够容纳岩心 11000 余延米，实物标本存放量可达 1800 余块。

三、2015 年实物地质资料汇交、管理与服务情况

1. 汇交情况

2015 年共有 8 个项目报送实物地质资料的目录清单，汇交实物地质资料。

1）天津市 1∶5 万黑狼口乡、林亭口镇、尔王庄乡、黄庄乡幅区域地质调查，共汇交 2 个钻孔第四系岩心 282 箱、882. 13m。

2）1∶5 万淮淀乡幅、汉沽幅、塘沽区幅、蛏头沽幅、新城乡幅水文地质调查，共汇交 2 个钻孔第四系岩心 188 箱、931. 68m。

3）滨海新区核心区地下空间规划地质调查与开发利用评价，共汇交 2 个钻孔第四系岩心 50 箱、189. 60m。

4）天津市滨海新区近海海洋地质环境调查与评价，共汇交 2 个钻孔第四系岩心 20 箱、96. 10m。

5）天津 1∶5 万区县水文地质调查（武清、宝坻），共汇交 4 个钻孔第四系岩心 391 箱、1440. 67m。

6）天津市重点地区地球化学调查，共汇交地球化学样品 18247 瓶。

7）天津市国土农业地球化学调查，共汇交地球化学副样 12683 瓶。

8）天津市实物地质资料保护及利用，共汇交标本 217 块。

2015 年，实物地质资料馆蓟县下仓岩心库共计入库第四系岩心 3540. 18m、931 箱，地球化学副样 30930 瓶，岩石标本 217 块。

2. 管理与服务

天津市国土资源和房屋管理局作为管理部门，在各项目设计书审查时，掌握各项目的钻探取心计划，在项目钻探取心前，将情况及时通知天津市地质调查研究院实物地质资料馆。实物地质资料馆根据其位置、深度，结合天津市地质情况，初步判断其产生的实物地质资料类别，从而对所取得的实物地质资料是否需要汇交、如何保存、运输提出意见和

要求。

在实物地质资料服务方面，实物地质资料馆委托天津市地质调查研究院信息中心，制作了天津市实物地质资料信息服务平台，与天津市地质资料馆服务平台实现链接，方便大众查询项目产生的实物资料、钻孔位置等信息。

3. 取得的经验

在设计书审查时掌握钻探取心计划，有利于实物地质资料馆开展实物地质资料保护与利用工作，便于管理部门实时跟进，必要时组织专家赴野外钻探现场进行实物资料验收工作。

4. 天津市重要钻孔数据库建设情况

数据库以项目为单位录入，在项目名称下分别录入每个钻孔信息，具体包括序号、钻孔名称、钻孔位置（经纬度）、总进尺、取心数量、岩屑量、见矿深度范围、备注等。重要钻孔还要填写岩（矿）心登记表，信息包含项目名称、钻孔编号、位置、经纬度、回次、深度、进尺、岩（矿）心长度、岩心箱编号、岩矿石名称等。

四、2015 年出台的相关文件及规章制度

1）《天津市实物地质资料汇交保管技术要求》。

2）《天津市实物地质资料汇交管理工作指南》。

（撰稿人：杨书畅）

河北省实物地质资料管理工作

河北省实物地质资料管理属于委托管理，河北省国土资源厅给予部分财政资金扶持。现已具有一定规模并管理正规化的有河北省地质矿产勘查开发局（以下简称河北省地矿局）第四地质大队、第十一地质大队、石家庄综合地质大队。

一、河北省地矿局第四地质大队实物地质资料工作概况

（一）单位概况

1. 单位基本情况

河北省地质矿产勘查开发局第四地质大队成立于1958年，是隶属于河北省地质矿产勘查开发局的事业单位，为河北省专门从事地质矿产勘查开发，水、工、环勘查，物化探、钻探，岩矿测试、测量及地质实验测试等工作的一支综合地质大队，拥有区域地质调查、液体矿产勘查、固体矿产勘查等多项甲级资质。建队58年来，提交各类矿种的大中型详查勘探报告30余份。在钒钛磁铁矿勘查工作中，实现了找矿重大突破，为承德钒钛基地建设提供了资源保障。

第四地质大队曾于2009年荣获“全国五一劳动奖状”，2012年获“全国模范地勘单位”称号，2013年获“中国百强地质队”称号。其一直致力于承德地区及其周边地区的地勘工作。

2. 实物地质资料管理机构设置

实物地质资料的管理工作由队总工车延安和主管地勘工作的副队长杜维河主管。

实物地质资料管理工作暂挂靠大队地勘院管理，由地勘院支部书记周恩波（正高级探矿工程师）负责，大队总办公室主任王德忠（高级地质工程师）和地勘院副院长周正柱（地质工程师）为技术顾问。

缩减岩（矿）心时，编写缩减方案和现场缩减岩（矿）心，由地勘院临时抽调地质技术人员开展此项工作。

（二）实物地质资料库房基础设施建设情况

1. 实物地质资料库房建设情况

承德市双滦区三岔口岩心库有效使用总面积为2273m^2。其中：平房岩心库290m^2，综合楼正一层岩心库781m^2，综合楼负一层岩心库847m^2，扩建平房岩心库355m^2。综合楼正一层为队代管承德地区库，负一层为队级库。

2. 实物地质资料库设施建设情况

实物地质资料库设施建设情况如表1所示。

表1　实物地质资料库设施建设情况

序号	设施设备名称	单位	数量
1	电动液压叉车	台	1
2	电动液压升降托车	台	1
3	手动液压托运车	台	2
4	液压升降机	套	1
5	柴油叉车	台	1
6	岩（矿）心摄录像液压移动平台	套	1
7	投影仪	套	1
8	摄像机	套	1
9	电脑	套	1
10	岩心数字化系统	套	1
11	野外临时棚架	个	12
12	岩（矿）心架	个	72
13	副样架	个	24

（三）2015 年实物地质资料管理及服务开展情况

1）2015 年，正常收集野外钻探的岩（矿）心入大队三岔口周转岩（矿）心库的同时，重点对近几年投入周转库和野外矿区存放的岩（矿）心进行了清理、缩减、存储和掩埋工作。对重点矿区选择 1 条具有代表性剖面线钻孔或具有代表性的典型钻孔的岩（矿）心全部保留。经重新整理，更换更新标识和装具后入地区库或队库长期保留。对缩减需保留的具有代表性的岩（矿）心，按缩减方案进行缩减，并填写岩（矿）心缩减登记表，更换更新标识和装具入库储存。2014 ~ 2015 年清理、缩减、存储及掩埋岩（矿）心方案件如表 2 所示。

2）截至 2015 年 12 月双滦区三岔口岩（矿）心库库存岩（矿）心为 235 全孔、17115 箱，按平均 4. 8 ~ 5. 6m/箱计算，岩心总长为 83897m。其中地区库：11 孔，岩心为 2694 箱，岩（矿）心长 14348m；队库：125 孔，岩心为 5677 箱，岩（矿）心长 27578m；队周转库：99 孔，岩心 8744 箱，岩（矿）心长 41971m。另外，在野外临时存放岩（矿）心 2891 箱。

鉴于实物地质资料管理工作是随着地勘工作的进展而不断拓展的，每年钻探岩心的增加和定期岩（矿）心的清理、缩减和掩埋等致使实物地质资料（岩矿心）的管理成为一项动态管理工作，其工作性质应纳入地勘工作的全过程。同时进一步明确了钻探岩（矿）心管理规范，使大量岩（矿）心得到有效规范保护，更好地为地勘工作和地方经济建设提供了服务。

（四）规章制度

制定了《河北省地矿局第四地质大队岩（矿）心管理制度》。

表 2　2014～2015 年各矿区岩（矿）心缩减处理汇总

序号	矿区名称	孔数 个	累计工作量 m	累计岩（矿）心长度 m	保留岩（矿）心长度 m	掩埋岩（矿）心长度 m	原箱数	保留箱数	备注
1	隆化县韩麻营镇大汤头沟钒钛磁铁矿区	19	17008.19	16670.31	6453.36	10216.95	3267	1334	保留 4 缩 15
2	隆化县大乌苏南沟钒钛磁铁矿区	38	60055.09	58364.37	32774.31	25590.06	12068	6996	保留 11 缩 27
3	承德县黑山铁矿东大洼矿段	36	44854.92	43983.91	3909.73	40074.18	8414	691	保留 3 寄 33
4	承德县黑山铁矿补勘等	18	5094.73	4956.33		4956.33	864		寄 18
5	滦平县马剑子沟超贫磁铁矿区	3	960.99	851.14		851.14	129		清 3
6	滦平县铁马超贫磁铁矿区	10	2773.51	2675.90	985.59	1690.31	394	172	保 4 清除 6
7	滦平县北大庙超贫磁铁矿区	2	271.08	248.60		248.60	40		清 2
8	丰宁县石人沟超贫磁铁矿区	2	301.54	301.54		301.54	43		清 2
9	丰宁县二千地超贫磁铁矿区	2	452.44	446.00		446.00	60		清 2
10	隆化县韩麻营超贫磁铁矿区	4	898.01	885.94		885.94	124		清 4
11	双滦区北梁超贫磁铁矿区	3	1003.90	982.47		982.47	144		清 3
12	承德双滦区大庙镇南苇子峪铁矿区	2	233.29	226.02		226.02	34		清 2
13	围场县清泉页岩矿区	2	95.60	76.48	76.48		10	10	保留 2
14	隆化县北岔沟门银矿区	2					38	38	地调院存放
15	承德市寿王坟外围铜矿区	10	3147.45	3017.79	1773.77	1244.02	521	307	保留 4 清 4 补 2
16	滦平县陈营子铁矿区（北航）	2	1390.50	1383.69		1383.69	183		清 2

续表

序号	矿区名称	孔数 个	累计工作量 m	累计岩（矿）心长度 m	保留岩（矿）心长度 m	掩埋岩（矿）心长度 m	原箱数	保留箱数	备注
17	滦平县马蹄沟铁矿区	5	2032.12	2012.94	1143.27	869.67	284	206	保留3清2
18	滦平县梁底下石墨矿区	2	330.41	330.41	330.41		45	59	保留2
19	宽城县北大岭铁矿区	11	2499.29	2420.18	714.01	1706.17	390	121	保留3缩8
20	丰宁县哈拉海湾多金属矿区	2	580.30	547.42	273.32	274.10	85	44	保留1缩1
21	兴隆县马架子铜矿区	2	1450.48	1428.14		1428.14	205		清2
22	滦平县虎什哈镇勺地沟铁矿区	1	100.59	93.26		93.26	16		清1
23	滦平县马营子一带铁矿区	1	1100.72	1086.98		1086.98	222		清1
24	丰宁县团榆树一带铁矿区	1	501.34	493.95		493.95	69		清1
25	隆化县大乌苏沟－马剑子沟一带铁矿	1	653.46	649.29		649.29	92		清1
26	滦平县长山峪铁矿区	2	2600.93	2526.45		2526.45	535		清2
27	承德市闫营子地热	1	200.12	197.28		197.28	228		清1
28	承德市东山银铅矿区	5	1161.15	1149.62	204.85	944.77	149	24	保留1清4
29	兴隆县马架子铜矿区	1	530.00	514.00		514.00	103		清1
30	黑山矿区 M48 矿段	3	4004.07	3962.29	80.00	3882.29	864	30	已缩待埋
	合计	193	156286.22	152482.70	48719.10	103763.60	29620	10032	

二、河北省地矿局第十一地质大队实物地质资料工作概况

（一）单位概况

1. 实物资料馆藏管理机构设立情况

河北省邯郸—邢台地区实物地质资料库是河北省实物地质资料在河北省南部的主要基地。目前库中存放有邯邢式铁矿、铜、石膏、蓝晶石、硫铁矿、钴镍矿等十大矿种的岩（矿）心实物地质资料。目前河北省地矿局第十一地质大队总工办负责管理实物地质资料库中的实物地质资料。物业公司负责库房设施的维修和资料的安全。未成立专门的实物地质资料管理科室。

2. 实物管理人员情况

实物地质资料总负责 1 人：莘建宏；兼职人员 3 人：王红、赵新卫、郑岩；专职人员 3 人：杨熙大、郝军强、李路增。

（二）实物地质资料库房基础设施建设情况

河北省邯郸—邢台地区实物地质资料库已建成库房 5 座，占地面积共 1490m^2。设施有展厅一个、水塔一座、水井一眼。设备有叉车一台、岩（矿）心劈样机一台、岩心陈列架 120 个。

展厅位于 2 号库房内，面积 85m^2，设有邯郸—邢台地区矿产地沙盘模型一个，录入了邯郸—邢台地区西部山区 23 个矿种、238 处矿产地的分布特征，并陈列了双碑石膏矿、卫鲁蓝晶石、大河菱镁矿、章村瓷土矿、李家庄重晶石矿、中关铁矿、白涧铁矿、王窑铁矿、桃园铜矿、杏树台含钴镍硫铁矿等典型矿区标本。

目前部分库房雨季屋顶漏雨，需要维修。

（三）实物资料馆藏和数字化情况

1）库藏情况。截至 2015 年 12 月 31 日，河北省邯郸—邢台地区实物地质资料库房内储藏 24 个项目，186 个钻孔，累计岩矿心长度为 100414. 96m，钻孔进尺为 122484. 87m，保留岩（矿）心长度 38671. 78m。广场存放 74 个孔，累计岩（矿）心长度 53930. 72m。2015 年广场存放 13 个孔岩（矿）心，累计岩（矿）心长度 9593m，标本 84 件，薄片 61 件。

2）数字化情况。未进行数字化，包括扫描岩心、标本照相等。

（四）实物地质资料汇交、管理与服务开展情况

1. 汇交

截至 2015 年 12 月 31 日，总计签发岩（矿）心入库验收单 13 份，接收 4 个地质勘查项目 13 个钻孔的岩（矿）心、标本和薄片等实物地质资料，具体见表 3。

2. 管理

实施地质勘查项目钻孔完工后，岩（矿）心及时入库，签发岩（矿）心入库验收单。

野外原始资料验收后，标本、薄片和样品副样的目录清单送交总工办备案，标本、薄片、样品的副样实物地质资料分别存放于河北省地矿局第十一地质大队项目承担单位和河北省地质矿产勘查开发局邢台实验室。

3. 服务开展情况

1）利用实物地质资料库中的岩（矿）心资料，对“河北省邯邢地区铀矿及稀散元素矿产”进行了立项。

表3　2015年接收实物地质资料情况

序号	项目名称	钻孔编号	岩心长度/m	光（薄）片数量/片	实物标本/块
1	赤城县彭家沟银多金属矿预查	ZK02	421.32	20	49
2	河北省武安市灵山铁矿补充普查	ZKL09	817.11	14	14
3	河北省武安市赭山铁矿普查（续作）	ZK301	699.27	0	0
		ZK302	638.35	2	2
		ZK402	720.49	2	2
		ZK403	668.9	2	1
		ZK404	715.31	11	6
		ZK803	875.32	3	3
		ZK804	857.53	3	3
4	河北省沙河市白涧铁矿外围普查（续作）	ZK4401	821.18	2	2
		ZK4201	754.04	0	0
		ZK3601	890.4	2	2
		ZK4001	714.42	0	0
总计		13个孔	9593.64	61	84

2）配合河北省地质调查院，对重要的钻孔进行了数据库建设。建立了河北省第十一队地质钻孔基本信息数据库和河北省重要地质钻孔数据库。

4. 采取的措施

1）查阅和利用实物地质资料，需要履行必要的手续，借阅手续齐全方可查询、借阅。填写审批卡，由部门负责人、主管队长、总工办负责人签字批准后方可借阅。

2）查阅和利用实物地质资料，需由实物资料管理人员陪同方可查阅或利用。需取样利用时，原则上不允许将所利用的岩（矿）心样品全部采取，应留有相应的样品以备后期利用。

3）对项目原始地质资料验收同时，对实物地质资料进行验收，因库房空间有限，标本、薄片和样品副样暂由项目实施单位自行保管，未统一管理。

4）河北省地矿局第十一地质大队对2015年度实施的矿产勘查项目开展了实物地质资料汇交，但因库房有限，仅在原始地质资料验收时一并进行检查验收。也因库房空间有限，暂由项目实施单位自行保管，未统一管理。

（五）实物地质资料工作相关文件和各项规章制度

1. 相关文件

参照《实物地质资料管理办法》《实物地质资料馆藏管理技术要求》《地质资料管理条例实施办法》《地质资料管理条例实施办法》执行。

2. 关于实物地质资料规章制度

河北省地矿局第十一地质大队总工办起草了《地质技术资料管理办法》，规范了实物地质资料的查阅和利用的手续、方法。部分内容如下：

1）所有地质项目成果、原始和实物地质资料均应进行归档保存。各院为地质项目承担单位，为资料汇交单位。

2）原始、实物地质资料归档。①所有地质项目的技术负责人应将工作所取得原始、实物地质资料按相关规范和技术要求归档，并移交资料室保存和管理。②汇交实物地质资料数量与成果地质资料中统计数据一致。标本应附肉眼描述、镜下鉴定等内容资料。③资料管理人员负责业务指导、检查，协助汇交单位完成原始、实物地质资料归档工作。④汇交单位应按时归档原始、实物地质资料和汇交成果地质资料。⑤资料室负责对全队年度成果地质资料汇交及原始、实物资料归档情况进行统计汇总。⑥资料汇交单位应按要求汇交成果资料、归档原始资料和实物地质资料，无正当理由随意拖延者，取消该单位年度评优的资格。⑦查阅和利用实物地质资料。需由实物资料管理人员陪同方可查阅或利用。需取样利用时，原则上不允许将所利用的岩（矿）心样品全部采取，应留有相应的样品以备后期利用。

（六）存在的问题及建议

1）因库房容量有限，2015 年完工的地质勘查项目所形成的岩（矿）心堆放在岩心库广场，随着时间的推移，已遭到侵蚀和破坏。建议扩建库房存储岩心、标本、光薄片和岩矿分析副样等实物地质资料。

2）邯邢地区实物地质资料库是河北省实物地质资料在河北省南部的主要基地，建议成立专门的实物地质资料管理科室，完善制度加强管理。

3）建议每年增加专项经费用于实物地质资料管理。

三、河北省地矿局石家庄综合地质大队实物地质资料工作概况

（一）单位概况

河北省地矿局石家庄综合地质大队组建于 1958 年 10 月，隶属于河北省地矿局，是从事地质矿产勘查、多功能服务的综合性地矿事业单位。下设综合研究室、物业公司、地勘处、地环处、测绘处、物探处、地勘工程处、地灾治理处、实验室等二级实体，内部设有 9 个管理部门，10 个经营部门。持有固体矿产勘查、区域地质调查、地灾灾害危险性评估、勘查、治理、工程设计、施工、地籍测绘、土地规划、工程测绘、水文地质、岩土工程勘察等 18 项甲、乙级资质。现有教授级高级工程师 6 人，高级工程师 76 人，工程师

127 人。建队 50 多年来一直从事区域调查、地质调查、地球化学普查、固体矿产勘查、水文地质、工程地质、环境地质勘察与评价，积累了大量基础性矿产勘查成果资料，并拥有现代化的 GPS、无人机测绘、全站仪、微机、绘图仪、各类探矿设备和实验测试设备，具有较强的综合实力。

（二）实物地质资料库房基础设施建设情况

2007 年 6 月，河北省地矿局石家庄综合地质大队利用自有资金对河北省行唐县大地云母厂旧厂房进行简单维修改造，建成了行唐县实物地质资料库。其建筑面积 $325m^2$，存放岩（矿）心 14360. 23m。由于地勘项目的陆续实施，岩（矿）心快速增加，库存面积已经不足以安置现有岩（矿）心需求。另外，岩心库库房墙体损坏、屋顶漏雨、设备陈旧，已经不能满足《地质勘查钻探岩矿心管理通则》对存放岩（矿）心的管理要求。而且行唐县实物地质资料库房土地产权不属于河北省地矿局石家庄综合地质大队，为此河北省地矿局石家庄综合地质大队于 2013 年 4 月向河北省国土资源厅资源储量处提交《石家庄地区实物地质资料库维护及实物地质资料清理保护立项申请书》。2014 年 2 月，河北省地矿局根据《河北省财政厅关于省地矿局 2014 年部门预算的批复》（冀财预复〔2014〕98 号）批准实施石家庄地区实物地质资料库维护及实物地质资料清理保护工作。2014 年 6 月，河北省国土资源厅批准“石家庄地区实物地质资料库维护及实物地质资料清理保护”项目实施。河北省石家庄地区实物地质资料库位于河北省石家庄市鹿泉区昌盛大街云开路 20 号，建于河北省地矿局石家庄综合地质大队鹿泉基地院内，库房东西长 50. 6m，南北宽 20. 6m，建筑面积 $1042m^2$，能够容纳超 8×10^4m 岩（矿）心及其他实物地质资料。库房为钢架结构，南北通透，屋顶有透明瓦，光线充足，整洁干燥，符合岩心库存放岩心标准。岩心库主要配套设施有电动堆高叉车一台、合力 1. 5t 叉车一台、岩（矿）心陈列架并配套办公室、电脑等设施。

（三）2015 年实物地质资料汇交、管理与服务开展情况，主要做法，取得的经验及措施

1. 实物地质资料汇交、管理与服务开展情况

截至 2015 年 12 月 31 日，共完成 9 个矿区岩（矿）心整理入库，共存放保留岩（矿）心 20316. 88m，副样 1350 件，化探样品副样 4989 瓶和服务利用 212 个原生晕样品。按照河北省国土资源厅批复工作，2015 年度提交成果没有进行入库岩矿心扫面、标本、光薄片照相等数字化工作，只对岩（矿）心进行缩减整理保存。

2. 石家庄地区实物地质资料库维护及实物地质资料清理保护工作经验、方法、遇到的问题及取得成果的意义

根据项目自身的特点全面整体考虑工作时间分配，每个工作阶段安排的工作任务及时保质保量的完成，为下一步工作打好基础。岩心库项目主要分为 3 个阶段，首先是库房建设和岩（矿）心陈列架制作，其次是岩（矿）心缩减整理和填写缩减表，最后是资料整理报告编写。这 3 个阶段主要核心是岩（矿）心缩减整理和填写缩减表，缩减整理主要依据项目实施方案中岩（矿）心缩减原则，对不同矿种岩（矿）心进行缩减，分孔逐回

次排序、整理、缩减、换箱、上架、入库、保存。岩心库项目中主要问题是岩心排序，有时岩心箱号和孔号无法分清，还有少部分岩心缺失，解决方法主要是先看岩性、再看回次、最后测量，这样最终完成排序。

取得的主要成果是建成符合岩（矿）心存放标准的岩心库20316.88m，实现了9个矿区岩矿心实物地质资料集中存放、分类整理，达到有利于后续工作的目的，为建成省级实物地质资料库石家庄子库奠定了基础。

（四）河北省地矿局石家庄综合地质大队实物地质资料管理制度

依据《地质资料管理条例》《实物地质资料管理办法》《实物地质资料馆藏管理技术要求》和《地质勘查钻探岩矿心管理通则》，制定了《河北省地矿局石家庄综合地质大队实物地质资料管理技术要求》和《河北省地矿局石家庄综合地质大队实物地质资料管理制度》。

1.《河北省地矿局石家庄综合地质大队实物地质资料管理技术要求》

主要包含以下几个方面：

1）收集有重要价值的实物地质资料得到妥善保存和合理开发利用，为地质调查、地质科研、矿产开发及地质教学等提供服务。内容包括实物地质资料的收集、验收、整理、数字化、保管和服务等工作。

2）实物地质资料收集包括实物及其相关资料。

3）实物地质资料验收内容实物及相关资料的数量，实物地质资料的完好程度，实物地质资料来源、标识及相关资料的齐全性。

4）实物地质资料整理包括清洁实物、更换装具、重新排列、测量长度、核准位置、规范标识等。

5）实物地质资料保管和服务包括实物保管、相关资料保管、库房管理。

2.《河北省地矿局石家庄综合地质大队实物地质资料管理制度》

主要包含以下几个方面：

1）岩心库入库岩（矿）心分类登记，按矿区建立岩矿心台账并绘制库存岩（矿）心平面位置图。库房管理人员要定期检查岩（矿）心保管情况，防止库房漏雨、倒塌或岩心箱损坏、丢失导致岩矿心混乱或损坏。若发现问题应及时上报，采取必要的措施迅速处理。

2）岩（矿）心的使用管理。①用户入库采集样品或标本须持大队主管部门的证明方可进行。②采集样品或标本要有库管人员在场，采后在岩心箱的相应位置插放取样牌，注明采集的岩（矿）心编号、长度、起止孔深等，并办理登记手续。③孤本样品或已经二次劈分的矿心，一般不再允许取样。如有特殊需要须经上级主管部门批准。④岩（矿）心用毕应即时归位。

3）库存岩（矿）心的处理及审批手续。①保管期满的岩（矿）心，如保管期内无新的发现或其他遗留问题，即可申请处理，清除出库。但一个矿区至少要选留1～3个钻孔的岩（矿）心永久保存。②处理前，岩心库负责人应提交岩（矿）心清除出库的专题报告，并填写岩（矿）心清除登记表。③岩（矿）心清除出库专题报告应经大队组织有关人员审议，由大队总工程师或总地质师签字后报局主管部门批准。④经批准的清除报告应由地质资料管理部门存档。

4）岩（矿）心的保管年限分为短期、长期、永久。①短期：保管年限为15年以下，一般的实物地质资料库保管期限为短期。②长期：保管年限为15～50年，凡属控制孔、基准孔（井）、参数井、资料井、重要探井，其岩（矿）心应长期保留或永久保存。③永久：保管年限为50年以上，有特殊意义的重要典型矿区的岩矿心和有重大科研价值以及有特殊纪念意义的重要实物地质资料永久保存。

河北省地矿局石家庄综合地质大队实物地质资料库建设主要依据管理技术要求和管理制度执行。

（撰稿人：段秀丽）

山西省实物地质资料管理工作

山西省实物地质资料管理工作由山西地质博物馆承担。山西地质博物馆原名为山西省地质矿产科学技术馆，是根据晋政办发〔1995〕36号由原山西省地质矿产科技图书馆、山西省地质资料档案馆和山西省地质矿产博物馆合并而成的正处级事业单位，于2000年8月划归山西省国土资源厅管理。2001年4月晋编办字〔2001〕55号同意增挂山西省地质矿产科技评审中心的牌子，2008年3月晋编办字〔2008〕26号同意加挂山西省矿产资源储备中心的牌子，2014年12月晋编办字〔2014〕198号核定编制人数83人，领导职数3人，内设科室19个。2014年5月搬迁新馆，正式更名为山西地质博物馆。山西地质博物馆占地50亩❶，是一个以矿产资源研究为重点，以古生物化石为特色，资料、实物管理为一体，自然科学和人文艺术交相辉映的主题博物馆，已列入山西省科普教育基地。

山西地质博物馆的主要职能：负责管理全省各类地质、矿产资源勘查和开发利用资料；建立全省矿产资源基础信息、资源利用数据库；收集管理重要的岩石、矿物、古生物标本及图书；开展地质科普宣传；承担全省矿产资源规划编制的技术性工作；承担各类地质报告、地质环境与地质灾害勘查评价报告、压覆矿产资源评价报告、矿产资源开发利用方案审查的技术性工作；承担地质勘查设计审查的技术性工作和地质项目监理工作；承担全省矿产资源勘查、储备、矿业权收回收购和出让等方面管理的技术性工作。

山西地质博物馆现有在编职工31人（其中离退休人员3人），其中地质矿产专业人员18人、档案管理5人、信息技术2人、其他专业6人；正高级职称1人、副高级职称5人、中级职称4人、初级职称20人，普通职工1人；大专学历6人、本科学历15人、硕士研究生10人；党员27人。博物馆目前内设科室8个，即办公室、资料室、信息网络室、评审规划室、监理工程室、资源储备室、古生物研究室、标本陈列室。山西地质博物馆是一支技术力量雄厚的队伍，为全省地质矿产勘查、开发、服务、利用提供全方位技术支撑服务。

山西地质博物馆标本库房2014年5月正式投入使用，面积400m^2，主要用于收藏古生物化石和矿物、岩石标本。由于涉及用地、财政经费紧缩以及编制、体制等问题，目前尚未成立省级实物地质资料馆藏机构和建立实物地质资料库房，实物地质资料还是委托各地勘单位保管。

按照《实物地质资料管理办法》的规定，山西地质博物馆自2012年7月开始接收实物地质资料目录清单，截至2015年12月，共接收实物目录清单1349份，其中2015年共接收实物目录清单332份。为保证实物地质资料得到妥善保管和规范处置，项目承担单位完成野外验收后，会派相关专家根据项目工作成果、实物地质资料目录清单对项目承担单位岩心、岩屑、样本、样品等实物资料进行检查、验收。山西地质博物馆多次派专家去各

---

❶ 1亩=666.$\dot{6}$m^2

地勘单位、矿山企业等征集标本等实物地质资料，这大大丰富和补充了山西地质博物馆馆藏的实物地质资料。另外，山西地质博物馆成立了古生物研究室，专门负责野外化石标本的发掘和采集工作。2010 年山西地质博物馆古生物研究室的工作人员在山西省吉县黄河边三叠系中发掘了山西鳄骨架化石，该骨架为目前全世界保存最为完整的一具鳄骨架，不仅提供了头骨和脊椎的解剖学信息，而且扩展了该类群的古地理分布区域，修正了山西鳄的鉴定特征，也进一步分析了它的系统发生关系。

为贯彻落实《国土资源部关于开展全国重要地质钻孔数据库建设工作的通知》（国土资发〔2013〕88 号）的精神，以《全国重要地质钻孔数据库建设工作技术要求（试行）》为依据，在国土资源部实物地质资料中心的具体指导和监督下，山西地质博物馆作为山西省重要地质钻孔数据库建设技术支撑单位与各地勘单位圆满完成了山西省重要地质钻孔数据库建设任务，其中 2013 年完成了 4674 个钻孔三图一表阶段性数据库的建设，2014 年完成了 16005 个钻孔三图一表阶段性数据库的建设，2015 年完成了 5152 个钻孔三图一表阶段性数据库和 512 个钻孔属性数据库的建设，2016 年正在完成 1000 个钻孔三图一表和 1000 个钻孔属性数据库的建设。

2010 年山西地质博物馆自主研发了山西省地质资料信息管理系统，该系统实现了成果地质资料汇交、管理、借阅、备份、电子阅览、公众服务等功能，逐步摒弃传统的纸质办公工作流程，极大地提高了工作效率，增强了资料的安全保护，提高了工作人员的工作流程的规范化。根据国土资源部实物中心的统一部署，把建立本省原始、实物地质资料目录数据库和重要地质钻孔数据库纳入进一步完善“山西省地质资料信息管理系统（由成果、原始、实物地质资料管理三大系统组成）”平台建设中来，这大大加强了馆藏地质资料服务的多元化，促进由成果地质资料服务向原始地质资料、实物地质资料服务转变。

根据《地质资料管理条例》（国务院令第 349 号）（以下简称《条例》）和《实物地质资料管理办法》（国土资发〔2008〕8 号）（以下简称《办法》）的文件精神和要求，通过对山西省实物地质资料摸底调查总结，结合山西省实物地质资料管理现状，建立了《山西省实物地质资料管理制度》，向各地勘单位转发了《条例》《办法》和下发了《山西省实物地质资料管理制度》。建立了实物地质资料定期检查的工作制度，对各地勘单位实物库的设施设备、实物地质资料的保管情况进行定期的检查，确保实物地质资料得到安全、有序的保管。

今后时期，不仅地质工作的创新与发展，对实物地质资料社会化服务的需求程度越来越高，而且政府和公众也急需地学信息服务。因此，建设实物地质资料社会化服务体系刻不容缓。在明确实物地质资料社会化服务指导思想的基础上，山西地质博物馆提出了实物地质资料社会化服务体系框架和保障措施。主要措施是：全面贯彻落实《条例》《办法》的相关规定，加强本省实物地质资料管理制度建设，加快实物地质资料管理与服务工作方面的行政法规、部门规章及规范性文件的制订；尽快落实省级实物地质资料库房建设；丰富馆藏实物地质资料体系；开发实物地质资料信息服务产品；完善实物地质资料社会化服务系统；加强协调合作；培养人才队伍；做好全省实物地质资料的汇交、保管和利用工作。

（撰稿人：薛勇、王芳）

内蒙古自治区实物地质资料管理工作

一、单位概况

内蒙古自治区目前尚未成立专门的实物地质资料馆藏机构，相关工作由内蒙古自治区国土资源信息院（以下简称信息院）开展。信息院是自治区国土资源厅为转变政府职能、推进政事分开，并适应机构改革的配套要求，于2002年成立的直属全额拨款事业单位。主要工作职能为：负责全区国土资源信息的收集、整理、统计、分析及相关管理辅助技术业务工作，为资源开发利用提供信息依据；负责全区国土资源档案资料的集中管理与社会化服务，并承担国土资源网络系统维护等工作。现内设党群工作部、办公室、财务部、总工办、综合编研室、矿政信息部、地质资料馆、土地档案馆、政务大厅、网络管理中心10个部门。全院人员编制53人，其中处级领导职数3个（一正、两副），科级职数16个（10正、6副）。共有专业技术人员37人，包括地质矿产、档案、测绘、计算机等专业人员，其中正高级专业技术职称7名、副高级专业技术职称12名。全院现拥有固体矿产资源勘查和测绘等乙级资质。具有承担国土资源信息化建设、国土资源综合编研、地质矿产勘查、测绘、土地利用调查等项目工作能力。

二、实物地质资料库房基础设施建设情况

内蒙古自治区实物地质资料库目前正在积极筹建中。2015年初，中化地质矿山总局内蒙古地质勘查院（以下简称地勘院）为融入地方社会经济发展，专门就其在东升庙的基地情况及存在的困难等问题向内蒙古自治区国土资源厅领导做了工作汇报，李世镕厅长十分重视，后委托自治区国土资源厅总工程师张宏组织自治区国土资源厅地质勘查处、财务处及内蒙古自治区地质勘查基金管理中心（以下简称基金中心）、信息院、内蒙古自治区地质调查院（以下简称地调院）、地勘院等有关人员，于2015年4月就建设实物地质资料库选址对地勘院和内蒙古自治区有色地质局在乌拉特后旗东升庙镇的两处基地进行了实地调研考察。通过调研了解，东升庙地区现已建成20×10^4t锌冶炼、10×10^4t铅冶炼、10×10^4t铜冶炼规模，与之相配套的东升庙多金属硫铁矿、霍各乞铜矿、炭窑口硫铁矿等大型矿床均分布在乌拉特后旗境内，并且东升庙多金属硫铁矿床已被列为国际级典型矿床和全国就矿找矿典型案例之一。地勘院在东升庙镇的基地占地38.34亩，并系统保存了1958~2015年东升庙矿区及周边地区的岩矿心26.0×10^4m，以及炭窑口矿区及周边地区的岩矿心4.5×10^4m。调研组经与乌拉特后旗政府进行对接，乌拉特后旗政府表示全力支持内蒙古自治区国土资源厅在东升庙建设西部实物资料库。

2015年12月3日，自治区国土资源厅委托基金中心向乌拉特后旗人民政府发送了《关于在乌拉特后旗建设〈内蒙古自治区西部实物地质资料库〉的函》（内地勘基金发〔2015〕207号）。2015年12月11日，乌拉特后旗人民政府以乌政函〔2015〕58号《关

于在乌拉特后旗建设〈自治区西部实物地质资料库〉的复函》，表示全力协调配合办理相关手续，共同保障实物资料库尽快开工并按时建成使用。

2015 年 12 月 21 日，李世镕厅长主持召开第十八次厅务会，就建设自治区西部实物地质资料库等事宜进行了研究，并形成会议纪要。明确西部实物资料库选址在巴彦淖尔市乌拉特后旗东升庙，在地勘院基地建设实物资料库，并由信息院初步形成了《内蒙古自治区西部实物地质资料库建设方案》。

三、实物地质资料汇交管理和服务开展情况

内蒙古自治区实物地质资料库尚在筹建中，实物地质资料大多保存在各地勘单位。地质资料馆藏机构在接收成果地质资料的同时，要求汇交人汇交全部《实物地质资料目录清单》，并按要求将接收的《实物地质资料目录清单》通过汇交监管平台上报至国土资源部实物地质资料中心进行筛选，筛选意见返回馆藏机构后，作为发放地质资料汇交凭证的依据之一，接收的《实物地质资料目录清单》全部通过电子阅览室对外提供利用。截至 2015 年 12 月 31 日，内蒙古自治区共接收并上报《实物地质资料目录清单》553 份，其中“内蒙古自治区兴和县曹四夭钼矿详查”等 6 个项目收到了国土资源部实物地质资料中心出具的《实物地质资料汇交通知书》，在信息院协助下向国土资源部实物地质资料中心履行了实物地质资料汇交义务。

2015 年，内蒙自治区共完成 17074 个重要地质钻孔图片库建设工作，截至 2015 年底累计完成 56093 个重要地质钻孔图片库建设，并已汇交全国地质资料实物中心。2015 年 7 月 21 日，国土资源实物地质资料中心召开全国重要地质钻孔数据库 2015 年度数据检查会议，正式部署了重要地质钻孔数据库服务平台系统。按照部署要求，信息院组织人员认真落实硬件及软件情况，安装内蒙古自治区重要地质钻孔数据库服务平台系统。2015 年底，重要地质钻孔数据库服务平台系统已成功上线，网址：http：//116. 113. 80. 99：8015/。重要地质钻孔数据将逐步分批导入服务平台。

四、实物地质资料管理制度建设

内蒙古自治区地质资料管理工作一直以来都按照《地质资料管理条例》及其实施细则执行，2008 年自治区国土资源厅转发了《国土资源部关于印发〈实物地质资料管理办法〉的通知》（国土资发〔2008〕8 号），组织开展了全区实物地质资料管理情况调查工作，但由于未建成实物地质资料库房，尚未开展实物地质资料的接收工作，目前实物地质资料仍由地质勘查单位负责保管，《实物地质资料目录清单》汇交至内蒙古自治区地质资料馆藏机构。

（撰稿人：陈晓娟）

辽宁省实物地质资料管理工作

一、单位概况

辽宁省国土资源厅信息中心（加挂辽宁省地质资料馆），始建于2000年10月，是辽宁省国土资源厅直属事业单位，为全省地质资料馆藏机构，前身为成立于1953年的地质部东北地质局资料室。

主要职责是：编制全省国土资源信息化工作规划；承担辽宁省国土资源电子政务建设的总体方案设计，政务管理信息系统和信息服务系统的建设、运行和维护；承担辽宁省金土工程建设工作；受省国土资源厅委托，接收、验收汇交的地质资料；依法保存、管理汇交的地质资料；展开地质资料综合编研，为社会提供地质资料服务和承担馆藏地质资料信息化建设任务，承担全省国土资源信息化建设的技术支持、指导和服务工作；利用先进技术，对全省土地资源、矿产资源、地质环境进行动态分析、评价，为政府部门决策提供依据，为社会提供技术、信息服务。

人员编制25人，中心主任兼馆长，副馆长2人，由副主任兼任。内设成果地质资料管理科、实物地质资料管理科、技术工程科、数据管理科等9个部门。本科及以上学历25人，具有高级以上专业技术职称的人员12人，从事地质资料管理及地质资料信息化人员15人，获国家级、省级科技成果等奖项33项。

辽宁省地域辽阔，矿产资源丰富，地质资料积累已近一个世纪，截至2016年6月，馆藏地质资料总计14968种，资料类别齐全（图1）。最早的资料为1895年清朝的地质资料，达1800多种，馆藏地质资料不仅具有重要的利用价值，而且还具有史料价值，保管和利用好馆藏地质资料，对充分发挥地质资料的作用十分重要。

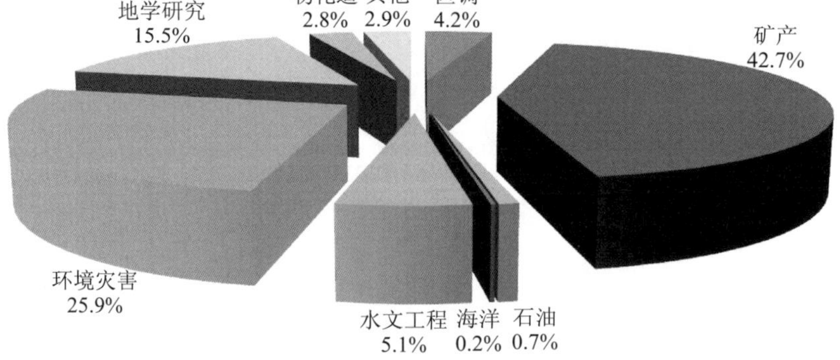

图1 馆藏地质资料分类情况

二、实物地质资料库建设情况

为贯彻落实国土资源部《地质资料馆藏机构分级意见》《实物地质资料管理办法》，

全省积极筹建辽宁省地质资料馆（库）。2012年初省政府、发改委已批准建设，征地100亩，一期建设$2.1\times10^4m^2$，已进入施工阶段。省地质资料馆的建设，将满足全省未来20年原始、成果、实物地质资料的入库需求。按照《实物地质资料管理办法》要求，辽宁省实物地质资料库正在建设中。

三、实物地质资料管理和服务开展情况

1. 实物地质资料目录清单接收处理更加及时

自2012年地质资料汇交监管平台运行以来，全省共接收、验收和发放回执实物地质资料汇交目录清单1052份。2015年接收、验收和发放回执437份。

2. 实物地质资料管理进一步加强

省级筛选出8个钻孔，岩心总长度6474.81m，已分别委托3家地勘单位保管，待省级实物库房竣工使用后移交保管。全省各地勘单位国家出资形成的实物地质资料保管日渐加强。

3. 全省重要地质钻孔数据库建设工作取得新突破

按照《国土资源部关于开展全国重要地质钻孔数据库建设工作的通知》（国土资发〔2013〕88号）和《辽宁省重要地质钻孔数据库建设实施方案》的要求，本着突出重点、试点先行、逐步推进原则，在2014年试点成果的基础上，全面推进全省重要地质钻孔数据库建设工作，省国土资源厅信息中心做好技术支撑，对全省43家单位进行技术培训、现场督导检查。完成了整装勘查区、重要成矿区带重要地质钻孔数据库的建设工作。2015年已完成23家地勘单位886个项目26987个钻孔三图一表录入建库工作。累计已完成27家地勘单位1323个项目36569个钻孔三图一表数据库建设工作，并已提供服务利用。

4. 实物地质资料信息组织与发布试点取得阶段性成果

依据“辽宁省实物地质资料信息组织与发布试点”项目协作合同书（实物中心合同第KJ－14013号）的要求，辽宁省国土资源厅组织开展了辽宁省实物地质资料信息组织与发布试点工作。形成了厅资源储量处抓推进、落实和协调，省厅信息中心技术支撑，地矿、有色、冶金、煤炭、建材等不同行业地质勘查单位协作实施的工作机制。通过辽宁省试点工作，研究探讨了不同类型实物地质资料服务信息的组织与发布的技术方法、信息内容、数据格式、实物地质资料目录数据库建设技术标准，研究探索了推进全省实物地质资料信息组织与发布试点工作机制，总结出7方面经验：加强领导，明确责任机制是保障；统筹规划，统一标准是关键；技术培训，方法统一是手段；服务引领，信息共享是目的；数据库建设标准研究是重点；信息化技术手段是支撑；前期成果共享应用是捷径；常态化动态更新机制建设是目标。组织全省43家地勘单位，开展全省实物地质资料目录数据库建设，为全国开展实物地质资料信息组织与发布工作提供借鉴。

5. 推进地质资料数据中心建设

以建设辽宁省重要地质钻孔数据库管理服务系统为抓手，推进地质资料数据中心建设。目前，馆藏地质资料全部实现数字化信息化管理。完成了全省水文地质图空间数据

库、钻孔基本信息数据库、矿业权设置方案数据库等十几个地质空间基础数据库整合建设。数据库建设，已为辽宁省矿政管理和找矿突破发挥了支撑作用，下一步将研究整合各类数据库的一体化服务应用，为利用者提供方便快捷的地质资料信息服务。

（撰稿人：李东风、苏倩）

吉林省实物地质资料管理工作

一、单位概况

吉林省地质资料馆（简称资料馆）是2001年12月28日经省编办批准成立的隶属于吉林省国土资源厅的公益一类事业单位。其主要职责是：负责对全省地质资料进行编目、著录、保管和提供借阅服务；承担全省地质资料数据库的建设、维护和管理；从事矿产资料分析，为政府制定政策提供依据和建议；受吉林省国土资源厅委托，承担全省矿产资源储量评审工作。

目前，资料馆下设资料室、评审室（编研室）和办公室3个科室。

按照省编办核准，资料馆人员编制为13人。目前在编人员13人，其中馆长1人，副馆长1人，工作人员11人。资料馆直接从事地质资料管理工作人员9人。其中，在编2人，外聘7人。资料室负责全省成果地质资料的汇交、保管、借阅服务等工作，同时兼职负责原始和实物地质资料的管理工作。资料馆没有成立独立的实物地质资料管理科室，没有安排专职的人员来负责实物地质资料的管理。

二、实物地质资料库房基础设施建设情况

吉林省地质资料馆租赁吉林省地质矿产勘查开发局物资处的一处仓库用于保存实物地质资料，库房总面积达1148m^2。由于库房条件有限，所以只能用于实物地质资料的简单保存，远远达不到保管和利用的程度。

吉林省实物地质资料库房已于2012年进入规划阶段，土地和资金已经落实，但由于种种原因，库房建设一直处于停滞阶段，至今没有开工。

三、实物地质资料管理工作

1. 实物地质资料馆藏情况

截至2015年12月31日，吉林省实物地质资料入库钻孔数为44个，钻孔总进尺19651.17m，岩心总长15254.29m，涉及的矿种主要为油页岩矿、铁矿、金矿和钼矿。目前，实物地质资料只进行了接收，而清点、整理、标注等工作和岩心、光片的数字化工作一直都没有开展。

2. 实物地质资料汇交情况

2015年，资料馆意向接收金钨矿实物地质资料岩心4孔，总长超1000m，现由地勘单位代为保管。截至2015年12月底，吉林省共接收目录清单149份，发放实物地质资料目录清单回执149份，吉林省未接收实物地质资料。

3. 重要地质钻孔数据库建设情况

2015年吉林省在开展重要地质钻孔数据库建设工作上投入了更多的人力和物力，随

着国家配套资金30万元和省财政专项资金178万元的到位，“吉林省重要地质钻孔数据库建设”项目业务培训班于2015年4月在长春市召开。21家地勘单位的45名专业地质人员参加培训并负责完成吉林省2015年重要地质钻孔数据库建设工作。

截至2015年11月30日，吉林省累计完成重要地质钻孔25660个。其中，2015年完成重要地质钻孔16155个，超额完成国土资源部下达的9000个钻孔的任务。

四、完成吉林省实物地质资料汇交监管与分类筛选试点工作

2015年5月10日，中国地质调查局向国土资源实物地质资料中心下达了“实物地质资料汇交监管与筛选示范”的地质调查子项目任务书，任务书编号：〔2015〕08－02－07－002。根据任务书要求，国土资源实物地质资料中心选择吉林省作为试点省开展实物地质资料汇交监管与分类筛选工作，并于2015年6月与吉林省地质资料馆签订协作子课题合同书，合同登记编号：实物中心合同（2015）第KJ－15017号。

吉林省地质资料馆根据任务书要求，开展对省内地勘单位和矿区集中的地区，如常发沟（金）铜矿，吉林省有色金属地质勘查局603队、604队、605队，煤田112队，吉林省地质矿产勘查开发局二所、六所等地进行实地调研，摸清全省实物地质资料保存保管现状；同时安排专人对2013年、2014年和2015年接收的323份《实物地质资料目录清单》进行逐级筛选，最终编制了《吉林省实物地质资料筛选目录》《吉林省实物地质资料筛选细则》《吉林省实物地质资料收藏规划》等指导性文件。

吉林省地质资料馆根据吉林省实物地质资料汇交监管运行的具体情况，总结吉林省实物地质资料分类筛选试点工作中的经验，顺利完成了《吉林省实物地质资料分类筛选试点成果报告》的编写。经专家组审查验收后，吉林省地质资料馆对报告进行修改，于2015年12月末提交最终成果报告。

2015年11月10日，国土资源实物地质资料中心夏浩东主任在吉林省地质资料馆座谈交流，吉林省国土资源厅资源储量处于明宽处长，吉林省地质资料馆王延亮馆长、张宁克研究员参会。

2015年11月11日，国土资源实物地质资料中心夏浩东主任在吉林省地质资料馆王延亮馆长及张宁克研究员的陪同下，来到吉林省白山市荣阳矿业公司常发沟（金）铜矿区，针对实物地质资料库房建设情况及岩心保存情况进行调研。

2015年11月12日，国土资源实物地质资料中心夏浩东主任在吉林省地质资料馆王延亮馆长及张宁克研究员的陪同下，来到吉林省有色金属地质勘查局六〇三队，针对实物地质资料库房建设情况及岩心保存情况进行座谈交流。

（撰稿人：刘海涛）

黑龙江省实物地质资料管理工作

一、单位概况

黑龙江省实物地质资料管理工作由黑龙江省地质资料档案馆承担。黑龙江省地质资料档案馆（包含黑龙江省地质博物馆、黑龙江省国土资源厅机关档案馆）是全额拨款公益性事业单位，馆藏成果地质资料5800余档。黑龙江省地质博物馆，展馆面积2211m^2，共7个展厅，藏品50000余件，展出3000多件，展示了黑龙江省的丰富资源和锦绣奇观。

1. 主要职责

黑龙江省地质博物馆承担着全省有价值的岩矿石、古生物化石标本采集、收集、研究、保护和展示工作，为社会提供地学科普教育。黑龙江省地质资料档案馆承担着全省地质资料的质量验收、保管、编研、开发和向社会提供利用服务工作，为省国土资源厅矿政管理提供基础地质资料信息服务。黑龙江省国土资源厅机关档案馆承担着厅机关文书档案的立卷、归档、保管及借阅服务工作。

2. 人才队伍情况

人员编制25人，现实有24人，其中正高职称3人、副高职称5人、中级职称8人、助理职称5人、工勤3人。内设9个科室。

二、实物地质资料库房基础设施建设情况

1. 黑龙江省西部实物地质资料库区现状

黑龙江省国土资源厅、黑龙江省地质资料档案馆经过反复调研、论证，提出在黑龙江省西部（齐齐哈尔）建设实物地质资料库房，实现未来30年管理与服务能力的需要。此项规划得到各级领导的高度重视。在“黑龙江省西部实物地质资料库建设”项目的申立及库址的选择过程中，国土实物地质资料中心、黑龙江省国土资源厅及黑龙江省地质资料馆有关领导于2006年、2008年、2011年、2013年、2014年、2015年多次亲临库区现场考察、调研、指导，并走出去观摩学习成功管理经验。黑龙江省国土资源厅及黑龙江省齐齐哈尔矿产勘查开发总院领导分别赴国土实物地质资料中心实物地质资料馆、安徽省地质资料馆、大庆油田岩心库等在实物地质资料管理方面具有经验的相关单位进行调研，提出黑龙江省西部实物地质资料库建设方向。

新库房将屹立于具有“古文化之都”之称的齐齐哈尔市昂昂溪区，占地面积15177.75m^2，建筑面积7979.03m^2，库房为现代化智能库，具有整理、仓储、研发等功能，存储岩矿心50×10^4m，可以满足未来30年的存储需求，并逐步实现对重要城市、重要矿区及重要成矿带的实物地质资料及其伴生组分进行开发、利用、研究的目标，走出一条探索之路。

建成后的黑龙江省西部实物地质资料库，承载着黑龙江省西部地区实物地质资料管理职能，将全面实现计算机管理功能，步入地质资料管理法制化、馆藏设施标准化、地质资料数字化、社会服务网络化管理轨道。

2. 黑龙江省中部（玉泉）实物地质资料库区现状

黑龙江省省中部（玉泉）实物地质资料库区也是为黑龙江省地质资料档案馆直属库区，由黑龙江省第四地质勘察院代管。黑龙江省中部（玉泉）实物地质资料库现保存下来的资料总量为岩矿心约2000m（其中放射性岩心1863m）、测试副样约20万件、各类标本约2.9万块。

按照黑龙江省国土资源厅、黑龙江省地质资料档案馆《黑龙江省总体架构分3期改造修缮地质资料库房实施方案》要求，黑龙江省实物地质资料玉泉库的建设已于2014年开始实施。黑龙江省实物地质资料玉泉库建成后，将满足过去60年及今后20年的全省中、东部地区实物地质资料储存空间及管理与服务能力需求。

三、2015年实物地质资料汇交、管理与服务开展情况

黑龙江省各级领导非常重视实物地质资料的管理，按照《地质资料管理条例》《实物地质资料管理办法》《推进地质资料信息服务集群化产业化工作方案》等对实物地质资料汇交。

2015年在各级领导及黑龙江省财政的支持下，“实物地质资料抢救整理”项目顺利获批。截至2015年底，共抢救整理“黑龙江省嫩江县多宝山铜矿床详查—初勘”“黑龙江省大兴安岭松岭区岔路口钼铅锌多金属矿勘探”项目共计岩矿心20936.63m，并已入昂昂溪库区半封闭的岩心库房中。西部实物岩心库共存放岩（矿）心40274.93m。

2014～2015年，全面完成了“重要地质钻孔资料数字化转换集成”项目，建立46543个重要地质钻孔资料数据库，为国家提供了完整翔实的地质资料信息资源，所承担的“重要地质钻孔资料数字化转换集成”项目被国土资源实物地质资料中心专家组评为优秀项目。

黑龙江省实物地质资料管理工作在国家实物地质资料中心的指导下，搭建好实物地质资料服务平台，借助各类地质资料数据库，实现信息共享。经过不断努力，正一步步地走向成熟。黑龙江省实物地质资料库房建设正稳步地驶入快车道，建成后的实物地质资料库将达到省级库房建设标准，装箱、标识、上架、入库的实物地质资料将为查询、研究、开发与利用提供基础便利条件，可满足未来30年库存藏与利用需求，可实现实物地质资料管理工作进入新常态化，为黑龙江省经济与社会发展、区域经济建设提供更加有力的资源保障和基础支撑。

（撰稿人：李光、王晓梅、陈玥）

上海市实物地质资料管理工作

一、单位概况

上海市地质科技档案始建于1958年。1978年，成立上海市地质处地质资料馆，负责汇交、集中管理全市地质资料的业务，并开始按地质矿产部归档要求，进行资料鉴定、整理，逐步纳入部级管理资料档案的轨道。1986年，资料馆变革为上海地质矿产局地质资料馆。2001年，随着上海市地质矿产局属地化管理，资料馆正式更名为上海市地质资料馆（以下简称资料馆）。

张堰岩心库是资料馆实物地质资料的保管基地，位于上海市金山区张堰镇石水路24号，收集保管了20世纪50年代以来上海市具有代表性、典型性的反映区域地质现象的钻孔岩心、各类副样、标本等实物地质资料，于2003年正式划归资料馆管理。

目前资料馆共有成果地质资料26355档、原始地质资料882档、实物地质资料69917份，其中岩心42348延米、土壤样品18697瓶、光薄片8872片。

1. 单位性质

资料馆隶属于上海市规划和国土资源管理局，不具备独立事业法人资格，与上海市地质调查研究院（以下简称上海地调院）合署办公。资料馆的日常运行管理经费已纳入地方财政预算。

2. 主要职责

资料馆负责承担全市地质资料汇交、管理及服务工作，负责建设和维护上海市地质资料数据中心，以及地质资料信息社会化服务工作。

3. 人才队伍情况

资料馆现有在编职工14人，其中，本科学历以上技术人员比例为78.6%，中、高级职称以上技术人员比例为64.0%。人员专业结构合理，有地质、档案、地理信息、计算机、制图等不同专业人员。实物资料的筛选、剖样、整理等工作主要由上海地调院地质业务部门的专业技术人员承担；因实物库房位于较偏远的市郊，资料馆外聘了2位退休职工负责实物库房的巡查维护等日常管理工作。

二、实物地质资料库房基础设施建设情况

张堰岩心库于2004年6月基本完成整个库房基地的改造，占地面积4870m^2，如图1所示。库房建筑采用北京传统四合院布局，屋顶采用茅屋式，中间山尖，两面坡落。库房由3间岩心库房、1间样品库房和办公用房组成，房屋基本情况见表1。库房配置货架式铁架用于放置钻孔岩心、各类副样及标本等各类实物地质资料，设计容量为11430层。

2015年，资料馆根据年度工作预算，对张堰岩心库一号库房顶、墙面进行维修，购

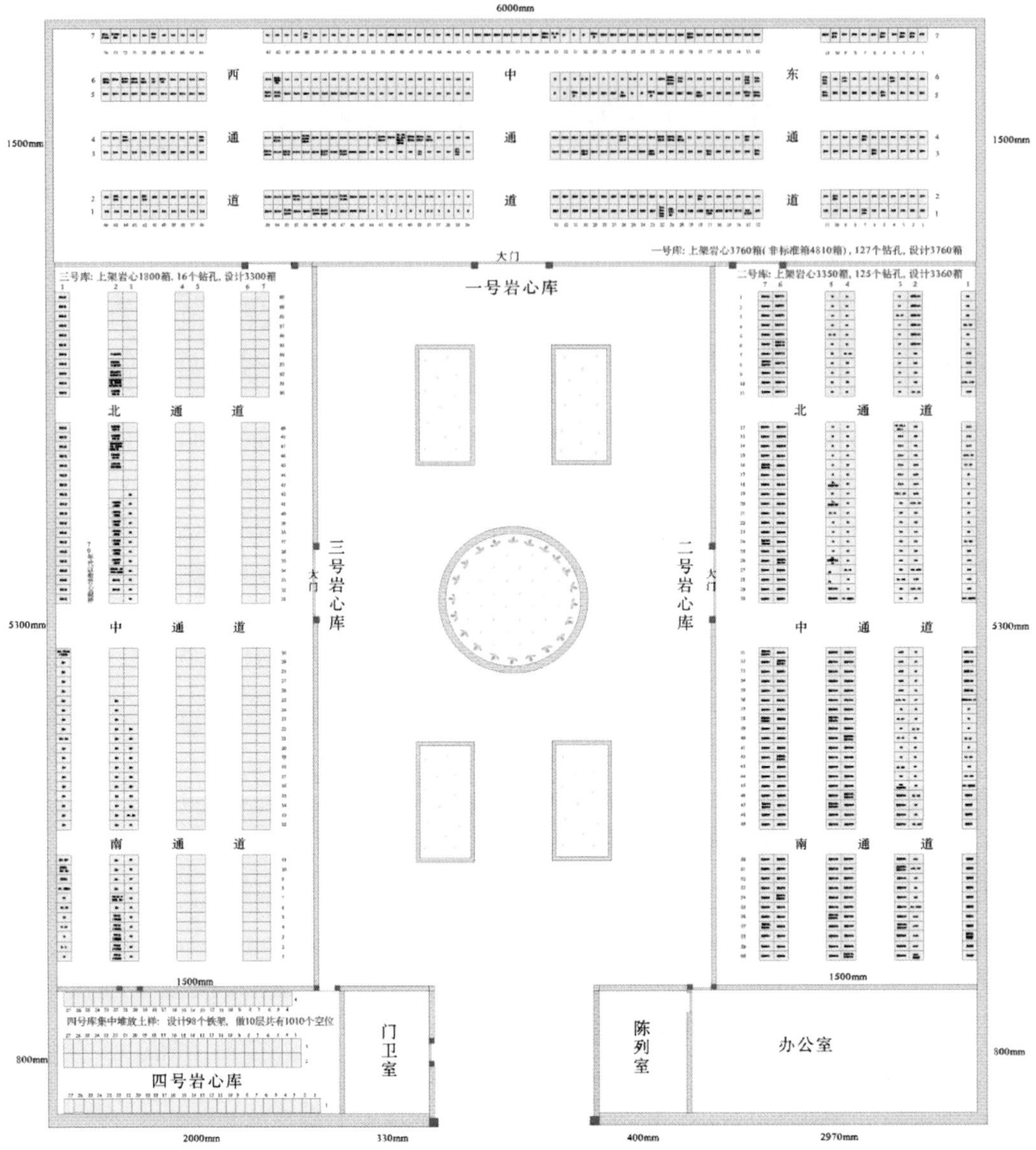

图 1　张堰岩心库平面示意图

置木质岩心箱 200 个、样品瓶 500 个。

表 1　房屋基本情况

建筑物名称	建筑面积/m^2	结构形式	建筑层数	实物搁架数
一号岩心库	918	砌体结构	1	3760
二号岩心库	811	砌体结构	1	3360
三号岩心库	811	砌体结构	1	3300
四号岩心库	167	砌体结构	1	1010
办公用房	362	砌体结构	1	—
门卫房	38	砖混结构	1	—

三、2015 年实物地质资料汇交、管理与服务开展情况

资料馆对实物地质资料采取科学的方法和措施保护管理实物地质资料，保证实物地质资料的安全，为实物地质资料提供利用服务保障。

（一）实物地质资料管理情况

1. 实物地质资料保管方法

库房实物资料按库、行、列的存放位置逐箱编号，每箱位置编码唯一，有序排放。库房标识醒目，大门有油漆标志库房编号，各库房内有岩心放置示意图，并且标明行号编码、相应位置及每行放置的主要项目或矿区名称，各库房路口标识每列编号排列位置及放置项目（矿区）及钻孔名称，每孔岩心第一箱位置用塑封厚纸卡写明钻孔号、箱数及存放位置编号。岩心箱存放每行列共有 8 层，每层放置一个木质岩心箱或两个塑料岩心箱；化探副样（土心）存放每行列共有 10 层，每层放 4 个塑料盒，一个塑料盒放 8 瓶样品，样品存放在塑料瓶中（图 2）。

图 2　实物地质资料的整理与存放

2. 实物地质资料的整理

张堰岩心库库房内主要存放了每个项目（矿区）的岩心，为实现实物样品的快速检索，岩心箱的存放按照矿产普查、水文地质勘察、工程地质勘察等项目类别进行分类管理，并依照取样年份有序存放。岩矿心、副样存放介质采用统一木质岩心箱和塑料岩心箱，化探副样（土心）采用了统一塑料瓶进行存放，光薄片主要存放在资料馆库房，采用分隔层木箱保存。装具规格详见表 2。

表2　实物装具规格

承载物	材质	规格（长×宽×高）	格（层）数
岩心箱	木质	109.5cm×63cm×13cm	5
	塑料箱	90cm×92cm×11cm	5
	塑料箱	101cm×27cm×10cm	3
	塑料箱	103cm×27cm×14cm	2
	PVC	100cm	—
岩心箱搁架	铁架	110cm×73cm×21cm	8
样品装具	塑料盒	50cm×30cm×20cm	—

3. 实物地质资料馆藏情况

2015年，鉴于实物库房容量有限，资料馆实施了实物岩心筛选清理工作。根据资料馆拟定的实物资料梳理清单及处理意见，在上海地调院专业技术人员配合下，对库房近年来临时存放的实物资料进行了筛选清理工作。原则上对项目未验收的、有典型研究意义的岩心实行全孔保留，对项目已验收、性质又比较接近的岩心实行清点销毁。经清理，截至2015年12月底，馆藏实物地质资料钻孔岩心42348延米，土壤样品18697瓶，光薄片8872片。

按照全国地质资料汇交监管平台的工作要求，2015年资料馆接收实物地质资料清单45份，发放回执21份，均无实物地质资料。

（二）对外服务情况

资料馆面向社会积极主动开展实物地质资料的服务工作，2012年资料馆建立了面向社会提供地质资料服务的上海地质资料信息共享平台。针对实物地质资料信息服务，平台提供了实物地质资料的目录信息检索、资料查询、参观、观察、取样、测试等服务方式（图3）。

目前实物资料的主要服务领域是高架桥梁、越江隧道、轨道交通等城市重大工程建设及高校等科研院所的科学研究。为了进一步加强实物地质资料的服务和宣传，张堰岩心库还作为开展地质科学研究与地学科普宣传的重要窗口，作为上海市地质资料馆参观交流的重要组成部分，每年接待参观交流量达100多人次。

（三）实物地质资料信息化工作

2007年，为了贯彻落实国家有关实物地质资料数字化和管理工作的要求和指导意见，资料馆着手开展上海市实物地质资料信息管理与服务系统建设，全面梳理实物地质资料管理要求与入库程序，不断完善岩心图文数据库建设，以加强实物地质相关资料的集中安全管理和有效利用，更好地服务于上海市有关企事业单位和科研机构进行基础地质研究和开发利用。

2009年，基于上海市三维可视化城市地质信息与咨询服务平台，开展了城市地质信息系统有关数据库建设基础和软件平台上研发工作，初步建成了上海市实物地质资料信息管理与服务系统。对上海地区50年来地质调查工作中取得的各种实物地质资料（钻孔岩

图 3　基于上海市地质资料共享平台的实物地质资料查询服务

心、标本、副样和光薄片）等实物地质资料进行有效管理，并综合利用 GIS 技术、现代数据库技术及计算机网络技术，基于 MapGIS 平台研究开发了一套运行于局域网、广域网内的上海市实物地质资料信息管理与服务系统软件，实现实物地质资料导入、存储、查询、检索、打印等功能，为实物地质资料的有效存储、查询、利用，构建一个可视化工作平台。

目前，完成了 500m 岩心（薄片）图文数据建库工作，其中包括 8707 件薄片样品，5 个化石分析样，11692 个光谱分析样，121 个岩石全分析样，91 个组合分析样，3847 个化学分析样，7157 个物探数据以及岩心存放位置等信息。

（四）重要钻孔数据库建设情况

依照《国土资源部办公厅关于开展钻孔基本信息清查工作的通知》（国土资厅发〔2011〕31 号），资料馆 2012 年完成了上海市钻孔基本信息的清查工作。2013 年 7 月 31 日，国土资源部印发《国土资源部关于开展全国重要地质钻孔数据库建设工作的通知》（国土资发〔2013〕88 号），资料馆作为上海市项目技术支撑单位，负责该项目的实施。

2015 年 6 月，资料馆依照《地质钻孔数据库建设工作指南（征求意见稿）》《全国重要地质钻孔数据库建设工作技术要求（试行）》和《地质钻孔数据采集系统用户操作手册》，在充分分析上海市地质信息化现状的基础上，结合前期开展的钻孔基本信息清查及

2013年、2014年阶段性工作成果，编写了该项目的2015年度工作方案。7月，项目组正式向实物中心提交了工作方案，随后落实开展相关工作。

为保证建库工作的全面性与准确性，上海市在对数据源进行详细梳理的基础上，采用分类梳理、同步推进的工作方法开展此次建库工作。根据数据中心已建立的地质科研类钻孔基本信息，通过其记录的成果资料档案号或原始资料档案号查找相应的归档资料，依照采集系统要求补充录入相关基本信息。此外，工勘资料建库工作为上海市信息化部署的重点之一，并已具备了相当的建设基础。此次建库工作以钻孔深度大于75m作为重要钻孔的界定标准，在数据中心工勘钻孔信息库中导出相应钻孔信息，通过档案号对应至相应的工勘报告，对项目结束时间、钻孔位置、终孔日期、有无柱状图等信息进行梳理录入。项目组严格按照资料清理、数据录入、信息处理、信息核查等工作要求，完成了全市地质钻孔的类型、分布及数量等基本信息的建库工作。针对建库过程中出现的问题，制定应对措施、编写自查程序，以确保钻孔信息完整性、剔除钻孔信息冗余性、核查钻孔信息对应性，从而全面保证数据质量。

2015年12月，上海市规划和国土资源管理局组织有关专家对“上海市重要地质钻孔数据库建设”2015年度成果报告进行了初审，随后，项目组正式向实物中心提交了2015年度工作成果。

自2013年开展重要钻孔数据库建设项目以来，资料馆共提交钻孔数据量如表3所示。

表3　重要钻孔数据库建库工作量统计

	2013年	2014年	2015年	总计
预计钻孔数	3000	7000	2000	12000
实际钻孔数	3522	6644	2128	12294

四、实物地质资料工作的相关文件及各项规章制度

（一）实物地质资料的管理工作流程

按照国土资源部关于加强实物地质资料管理的有关要求，资料馆按照实物地质资料筛选、收集（接收）、验收、整理、上架的工作要求进行管理，制定了《岩心库房管理制度》《岩心出入库管理制度》及《消防安全制度》等制度，以规范实物地质资料管理和服务工作流程（图4）。同时，为加强实物库的专业管理，上海地调院指派专业技术人员对实物地质资料的日常管理进行指导，对实物地质资料的验收、整理工作进行技术把关，为岩心库的正常运行提供了有力的技术支撑。

（二）管理中存在的问题与建议

国家对实物地质资料的管理日益重视，继2008年下发《关于印发〈实物地质资料管理办法〉的通知》（国土资发〔2008〕8号）、关于《印发〈实物地质资料专项清理试点工作方案〉的通知》（国土资发〔2008〕71号）后，2014年12月又下发《国土资源部办公厅征求〈关于进一步加强实物地质资料管理的通知〉意见的函》（国土资厅函〔2014〕1282号），要求提高对实物地质资料管理重要性的认识，进一步完善管理制度，不断提高

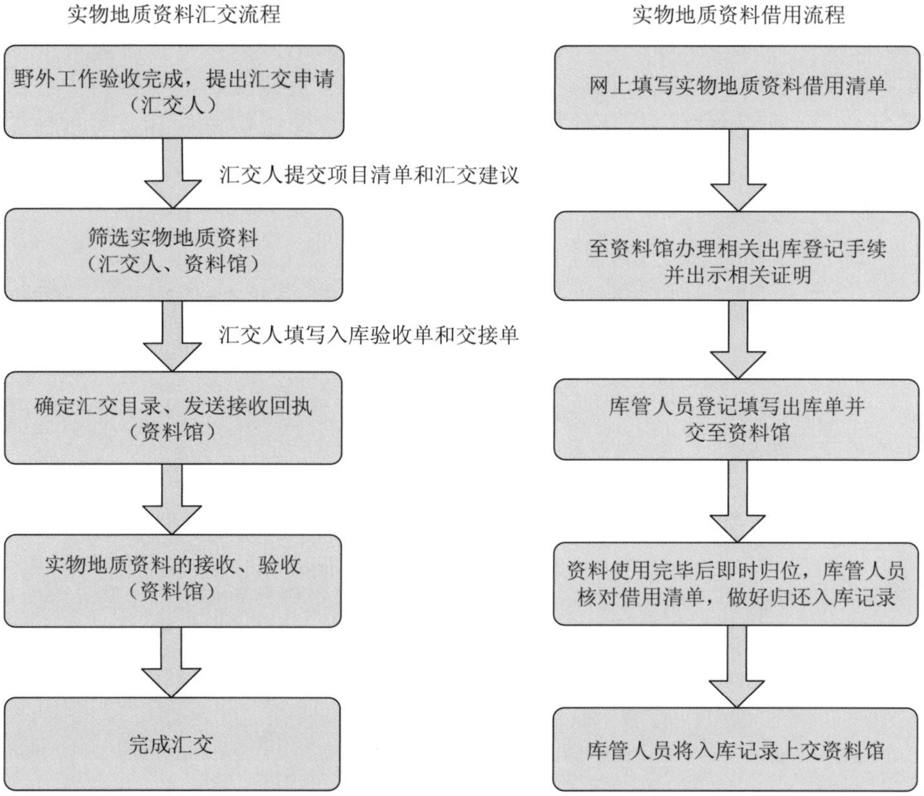

图4　实物地质资料汇交和服务流程

管理能力和服务水平，更好地服务国民经济和社会发展。2015年12月国土资源实物地质资料中心召开了关于实物地质资料信息共享服务工作研讨会，研讨全国实物地质资料信息共享服务方案及全国实物地质资料目录数据库建设工作方案。

对比国家的要求，目前资料馆在实物地质资料管理中存在的主要问题包括：

1）实物地质资料管理水平较低，与国家要求存在一定差距。目前资料馆缺乏实物地质资料管理专业技术人员，实物的筛选、整理工作主要依靠上海地调院的地质专业人员，管理和服务水平较低，建议国土资源实物地质资料中心加强对实物地质资料管理的技术培训工作。

2）馆藏机构设施设备较落后，保管能力有待提高。张堰库房建设年代较早，实物资料整理设施、设备及保管方式机械化程度低，仅靠人工搬移岩心，整理工作周期长、效率低，有待进一步加强机构设施建设。

3）实物库房异地管理难的问题。张堰岩心库位于较偏远的金山区张堰镇（与资料馆办公室地点相距超50km），主要聘用了两位长住金山地区的退休人员进行库房日常管理维护工作，专业管理人员无法对实物资料入库接收和验收过程加以现场监管，这对实物地质资料的日常管理增添了难度。

上海市地质资料馆作为国土资源部储量司基层对口联系点，在地质资料管理工作方面一直得到国土资源部储量司的大力支持，业务上得到全国地质资料馆和国土资源实物地质资料中心的悉心指导。近年来，国土资源部储量司、上海市规划和国土资源管理局领导都非常重视地质资料管理工作机制的建立和落实，围绕加强地质资料汇交、推进资料信息化建设、创新地质资料服务模式等重点工作，统筹推进、扎实开展，取得了良好的成效，针对上海市实物地质资料管理现状和存在的问题，希望国土资源实物地质资料中心从馆藏机构达标建设、实物地质资料信息化建设和服务方面给予更多政策支持和业务指导，资料馆将进一步理清工作思路、落实推进各项措施，加强实物地质资料日常管理，不断提升信息化建设水平和服务能力。

（撰稿人：乐艳莉、杨丽君）

江苏省实物地质资料管理工作

一、单位概况

江苏省地质资料馆是隶属于江苏省国土资源厅的直属事业单位，其主要职能是负责全省地质资料的接收、保管、编研和提供社会利用。其前身为1955年成立的地质矿产部华东地质局图书馆，1958年更名为江苏省地质资料处，负责江苏省汇交地质资料的管理，1996年江苏省地质资料处与省储量委员会办公室合并组建成江苏省地质矿产厅矿产资源储量管理处。2004年3月，根据《地质资料管理条例》（国务院第349号令）的要求，经省编办批准，江苏省国土资源厅下文设立江苏省地质资料馆。

截至2015年11月，馆藏地质资料6963档，计92508件，已全部实现了数字化。其中江苏省境内资料5936档，外省及全国性参考资料1027档。馆藏资料时间跨度长达一个多世纪之久，珍藏有大量国内外著名地质学家编著的地质资料。2010年，在地质资料档案管理和利用上取得了显著成绩，被江苏省档案局评为五星级专业类档案馆；2014年，通过江苏省档案局的评估，成为全国首家5A级地质专业数字档案馆。江苏省地质资料馆已成为馆藏资料丰富、设备设施先进、面向全社会开放服务的地质专业档案馆。

江苏省资料馆现有职工23人，其中正高级职称2人，副高级职称2人，中级职称4人；研究生学历8人，本科5人，其余均为大中专学历。预计地质资料库建设完成后，为了完成日常运行需要，全馆职工将增加至50人左右。馆内设办公室、总工室、资料业务室、人事财务室和基建办公室5个工作部门。

江苏省地质资料馆馆舍面积近2200m^2，其中库房面积近400m^2，配备有恒温恒湿的精密空调、气体喷雾消防系统、视频监控系统等设备。手动式密集架排架总长为2700m，体积340m^3，存放余量可达50余年。面积近210m^{2}的电子阅览室宽敞、明亮，扫描、打印、出图等设备一应俱全，为地质资料查询利用者提供了优良的设施和环境。

二、地质资料库建设工作

为了全面贯彻落实《地质资料管理条件》《实物地质资料管理办法》等相关法规，且基于原始地质资料与实物地质资料散落在各地勘单位不能得到有效保管和开发利用等情况，加快了江苏省地质资料库的建设进程。

1. 地质资料库建设规划情况

2014年5月，江苏省地质资料库项目建议书获得江苏省发展改革委员会正式批复，由江苏省地质资料馆负责具体实施。建设内容主要包括“三库三房”，建筑面积分别为：实物资料库3000m^2，成果资料库2000m^2，原始资料库3000m^2，科普展示用房600m^2，数据中心用房400m^2，科研办公用房及配套用房3000m^2。其中成果和原始资料库主要设地质资料存储库房区、接收验收区、阅览服务区、资料编研区和辅助区等分区；实物资料库主要分为岩矿心库、岩矿石标本库、样品副样库、岩矿石光薄片库等，设实物整理观察区、岩心扫描区、实物样品加工区、标本修复区及管理办公区等辅助功能。

2. 地质资料库项目工作情况

因城市规划调整，项目建设用地重新选址，新址位于南京市雨花台区铁心桥街道，规划总用地面积为 14668m^2，其中可建设用地面积为 14668m^2。

已完成项目选址、用地预审及建设用地规划许可等事项，正着手进行建筑方案设计招标、比选等前期工作。

三、实物地质资料调研情况

为全面贯彻《地质资料管理条例》《关于印发〈实物地质资料管理办法〉的通知》及国土资源部有关精神要求，结合江苏省地质资料库建设需要，于 2015 年 8 月至 12 月对全省的实物地质资料进行调研和清查工作。

1. 实物地质资料保管现状

本次调研实物地质资料岩心共约 39.4×10^4m，副样共约 21.44 万余件，标本共约 2862 余件，光薄片共约 1673 件，岩屑共约 1967 件。

实物地质资料保管情况总体良好，堆放有序，易识别，馆藏内容丰富，部分有很大的开发利用价值。但因年限较长，岩心盒老化破损现象加剧，部分标识牌已无法识别，导致再利用程度较低。

2. 实物地质资料库房情况

江苏省地勘单位的实物资料存放总体良好，其中江苏省地质矿产勘查局直属单位有 5 家建有 11 个约 4315m^2 实物地质资料库，地质一队于 2014 年改造了部分库房；江苏省地调院实物地质资料库面积共 4890m^2，存放地点较分散，部分是借用和租用的库房；有色金属华东地质勘查局下属单位中有 810 队、813 队等两处实物地质资料库房，近期存在改造计划；中国建筑材料工业地质勘查中心江苏总队有 3 处实物地质资料库房。其余少数的地勘单位临时堆放在单位地下室或租用地质项目所在地的民房。此外还有露天存放点 13 处，埋藏点 4 处。

江苏省地勘单位的实物地质资料库房大多数陈旧，造成部分实物地质资料的标牌损坏，模糊不清。保管设备欠缺，手段原始，存放装具不足，有些资料置于木柜或者箱子里。库房智能化程度低，基本靠人工劳力摆放。由于经费预算有限，新增库房与实物地质资料增长不成正比。

3. 人员配备、管理制度和台账等情况

在江苏省存在实物地质资料库房的地勘单位中，各单位的人员配备、管理制度和台账情况各不相同，多数地勘单位实物地质资料存在缺乏专职管理人员、管理经费不到位、管理制度不健全、台账不完整等情况。

四、江苏省重要地质钻孔数据库建设情况

为了更好地完成全国重要地质钻孔数据库建设，江苏省地质资料馆于 2013 年开始进

行江苏省重要地质钻孔数据库的建设，至2015年基本完成，并向社会提供服务。

1. 钻孔数据库基本内容

针对本省钻孔重要信息“三图一表”（工程布置图、勘探线剖面图、钻孔柱状图，样品分析表）的整理、集成，完成了21000个钻孔的建库任务，建成江苏省重要地质钻孔数据库。数据库包括保管单位信息（21家）、项目信息（1122个）、钻孔的基本信息（21210孔）以及对应的工程布置图（1626张）、勘探线剖面图（8296张）、钻孔柱状图（35654张）以及样品分析表（38769张）。

2. 钻孔数据库成果服务社会化

全省重要地质钻孔数据库建设遵循“边建设，边服务”的原则，进一步将钻孔“三图一表”情况、钻孔类型、矿区位置、累计深度等信息，按地勘单位、矿区带、地级市、重要矿种、矿区等进行分析、整合、投影，编制了《江苏省重要地质钻孔数据库目录索引》图表信息册，供地勘单位使用，扩大资料使用范围。

为方便公众查阅钻孔地质资料，钻孔数据库建库成果通过全国及省级钻孔数据库服务平台发布，提供钻孔资料基础信息查询。社会公众可登录省级钻孔数据库服务平台进行检索、查阅地质钻孔的基础信息、保管单位和项目信息，了解勘探地质、矿产分布情况等，进一步提升江苏省地质资料社会化服务水平。

五、下一步工作展望

在国土资源部《关于进一步加强实物地质资料管理的通知》等有关精神和原则指导下，结合江苏省省情及省地质资料库建设的契机，下一步着重做好以下几个方面工作。

一是做好前期审批事项，细化库房功能设计，加快推进省地质资料库的建设；二是结合省地质资料库的建设，对系统内已建成的地质资料数据中心进行调研，为建成符合本省特色集成果、原始和实物地质资料为一体的地质资料数字中心提供建设思路；三是对国内已建成的实物地质资料馆藏机构进行调研，搜集研究有关实物地质资料管理方面的技术规范和制度要求，建立健全江苏省实物地质资料管理办法等相关制度和业务体系，为实物地质资料的接收、保管和利用提供依据。

（撰稿人：孙江兵）

浙江省实物地质资料管理工作

一、基本情况介绍

浙江省实物地质资料管理工作由浙江省国土资源厅信息中心承担。2000 年，浙江省机构改革，成立了浙江省国土资源厅。按国办发〔1999〕37 号文件要求，省厅下设直属事业机构——浙江省地质资料档案馆，与厅信息中心合署办公。2008 年，浙编〔2008〕117 号文确定浙江省国土资源厅信息中心挂浙江省地质资料档案馆牌子，为纯公益性事业单位。

浙江省自 2010 年起接收全部实物地质资料目录清单，并向国土资源部实物地质资料中心转送。几年来，始终紧跟国土资源实物地质资料中心步伐，开展各项实物地质资料清查、建库工作，同时开始开展实物岩心收整、矿物标本和生物化石标本采集等多项工作，取得了一定进展，下面展开进行汇报。

二、浙江省地质资料管理与服务情况介绍

1. 实物资料管理规章制度和技术要求落实和建设情况

《国土资源部关于印发〈实物地质资料管理办法〉的通知》（国土资发〔2008〕8 号）文件下发以来，浙江省根据文件要求，从无到有，逐步开展并完善本省的实物地质资料管理工作。

自 2009 年起，通过对国土资源实物地质资料中心及周边省份的调研，为本省实物地质资料相关技术规范的建立奠定了基础。

2010 年，地质资料馆藏机构起草了《浙江省实物地质资料管理办法》《浙江省实物地质资料筛选细则》《浙江省实物地质资料整理细则》《浙江省实物地质资料运输细则》《浙江省实物地质资料接收、验收规范》《浙江省实物地质资料保管制度》《浙江省实物地质资料利用办法》等文件初稿，报送省厅储量处。

2. 实物地质资料库房建设情况

在建地质资料中心位于杭州市萧山区，该地质资料中心是集地质数据现代化采集、处理和保存，地质资料及数据信息共享，标本样品陈列，科普教育，社会化、网络化便捷服务等功能于一体，达到国内先进水平的现代化地质资料中心，可满足未来 30 年地质资料服务工作需要。在地质资料中心建成之前，在杭州市余杭区长乐镇租赁临时岩心库，实物地质资料保存在临时库房中。

3. 实物地质资料汇交情况

根据国土资源部相关文件要求，汇交成果地质资料的同时，上报实物地质资料清单。2013 年 10 月，下发了《浙江省国土资源厅办公室转发国土资源部办公厅关于进一步加强原始地质资料管理的通知》（浙土资办〔2013〕105 号），在附件中规定了将项目“重要地质钻孔数据库”作为必须汇交内容，自 2014 年 1 月 1 日起，将所有新形成地质项目的

钻孔数据库纳入省级馆藏机构管理内容。

4. 实物地质资料保管、馆藏资料情况

近年来，每年入库钻孔量为2000～3000m。自2010年开展实物地质资料汇交以来，已筛选11个项目58个钻孔共计12275.28m岩心入库，包括萤石矿、铁矿、沸石矿、黄铁矿等多个矿种。此外，每年对省内各主要地勘单位岩心库（岩心保管地）进行考察，对保存条件很差的一些老矿区钻孔进行抢救性收集，留住宝贵资料。

5. 实物地质资料信息化建设情况

2011～2012年，全省钻孔基本信息清查。

2012～2013年，全国重要地质钻孔数据库建设试点工作。

2013～2015年，全省重要地质钻孔数据库建设。

2014年1月1日至今，随成果地质资料上报项目钻孔数据库。

近年来，在国土资源实物地质资料中心的领导下，浙江地质资料馆藏机构开展了多项钻孔信息清查建库工作，特别是2013～2015年开展的全省重要地质钻孔数据库建设工作，建成的数据库基本涵盖了新中国成立以来全省重要地质钻孔的基本属性信息和工程布置图、勘探线剖面图、钻孔柱状图信息，掌握了宝贵的资料，为后期开展深度开发利用提供了坚实的基础。

6. 实物地质资料服务情况

重要地质钻孔数据库建设工作完成后，由国土资源实物地质资料中心牵头开发了相关网站以提供社会服务利用。由于种种原因，目前网站经过几次改版还未彻底定型，同时针对服务利用架构方面，各省（自治区、直辖市）之间及各省（自治区、直辖市）与国土资源实物地质资料中心之间尚未达成完全的统一，多省（自治区、直辖市）都开展了各种服务利用尝试。

浙江省在原有地质资料管理系统基础上，新建了实物地质资料借阅版块，涵盖了全省所有重要地质钻孔属性信息及“三图一表”信息，为保证安全，浙江省仅在借阅室内网开展服务利用尝试。

7. 工作人员情况

浙江省国土资源厅信息中心主任兼浙江省地质资料档案馆馆长，下设专职副馆长1人，由副主任兼任。内设地质资料档案科，有在编人员3人、合同制工作人员2人、临时工作人员1人、地质资料图文数字化操作员4人。

8. 经费保障情况

自2012年起，省财政每年拨付实物地质资料管理常规性经费82万元，用于重要矿区岩心收集、整理，省内外特色矿物标本、生物化石标本采集，临时实物地质资料库房维护等方面。

三、存在的问题及解决措施、意见或建议

1. 历史实物资料保管条件差、经费不足

目前，历史地质项目形成的实物地质资料除少数主要地勘单位尚在维护外，其余绝大

多数被就地掩埋或丢弃。由于经费不足，保管于地勘单位岩心库中的历史重要矿区岩心保存现状也令人担忧，库房漏水、地基倾斜、岩心箱腐烂倒箱现象比比皆是。基层单位的地质资料保管服务机构中，大部分单位的资料部门不是单位一个独立的部门，隶属关系也各有不同，也有不在技术部门序列中的，使得管理体制呈现一种多、乱的现象；大多数单位库房和设备陈旧老化，库容不足，急需扩展和更新，管理资料的人员和部门一般身兼数职，而且从事地质资料工作的人员不稳定，这样造成工作繁杂，专职人员缺乏，专业化程度低，地质资料工作对服务整个地质工作的保障程度处于较低的水平。

2. 政策法规不配套，原始与实物地质资料管理薄弱

目前，与《地质资料管理条例》相配套的原始地质资料管理办法还没有出台，重要原始地质资料的汇交工作没有真正开始，主要还是保存在基层地勘单位。没有确立全国实物地质资料管理的基本体制，现有大量实物地质资料保存状况堪忧，管理技术方法落后，仅有的国家实物地质资料库中收藏的实物地质资料没有形成规模，难以向社会提供公益性服务。

3. 信息共享服务平台建设滞后，标准体系建设需进一步完善

目前，全省重要地质钻孔数据库建设工作已经完成并在阅览室内网上线，从计算机网络国家平台层的建设而言，网络系统建设已初具规模，但并未全部实现覆盖全部的业务数据流的网络体系；在标准体系建设方面，从国家地质调查信息化建设总体需求来看仍处于起步阶段，这些标准远不能满足地质调查信息化建设要求。从应用层的建设而言，虽然统一的工作平台初见成效，但仅仅局限于基础网络应用平台的研究与开发上，互联网网站信息发布平台仍不完善。

具体表现在基础标准和实现信息共享的关键技术标准还比较薄弱，标准之间缺乏协调性，这给多源数据的综合一体化管理和综合应用带来极大的不便，也不适应目前国际上的综合标准化趋势。此外，地质调查传统工作方式的根本转变和地学信息的社会化服务需要有系列标准支持才能顺利实现，包括质量系列标准、数字化数据产品生产流程系列标准、数据交换系列标准、基于 Web 的信息服务系列标准、成果表达系列标准等，因此必须进一步健全和完善现有的地质调查信息化标准体系，为实现地质调查全过程信息化和信息的共享与社会化服务提供扎实的技术支撑。

此外，资源层的建设尚未开展、运行维护管理体系和安全保障体系缺乏统一的综合管理与安管平台、标准体系尚不完善。

由于未建立统一的共享服务平台，分散在不同专业、不同单位的地质资料不能有效提供服务，导致大量用户摸不着门，难以查询，使用困难。

四、“十三五” 工作重点

1. 完成省级地质资料中心各项功能的启动

启用新建省级地质资料中心并实现预设功能运行，预计到 2020 年初步完成一个既能满足地质资料馆藏需要，又能提供社会化、网络化的便捷、高效服务，具有功能齐全、设施先进的现代化地质资料中心的建设。

一是完成省级地质资料中心在库房布局设置、地质博物馆（陈列馆）建设及布展等方面的功能区划方案编制，系统勾画新建成的省级地质资料中心在实物地质资料管理库房功能标准设置、地质博物馆（陈列馆）建设及布展等方面的功能区划。

二是开展实物库馆功能建设、运行和条件具备的部分展馆布展工作。

三是推进实物地质资料管理服务制度建设，完成以下实物地质资料基本制度建设：①制定馆藏机构的职责分工制度；②制定实物地质资料筛选专家认定制度；③制定实物地质资料管理技术规程；④制定地质博物馆（综合陈列馆）标本样品收集指引。

四是开展全省实物地质资料分中心的布局以及分馆的建设可行性调研和建议方案编制，为以后全省实物地质资料管理模式和管理职能分解进行预研。

2. 厘清全省地质资料现状，开展全省地质资料目录数据库平台建设，建立全省地质资料目录信息查询、发布和联通体系

到2020年，全省地质资料信息化建设的目标是：完成全省地质资料目录清单调查，加强信息化建设。

一是开展摸底调查，厘清全省各级地质资料（成果、原始和实物）保管单位的数量和现状，形成全省地质资料目录清单。

二是开展全省地质资料目录数据库和信息平台建设，建立涵盖全省各地质资料保管单位的成果、原始和实物地质资料目录数据库和资料信息发布平台，初步实现全省地质资料保管单位目录信息查询的联通和目录信息发布、更新。

3. 探索成果、原始、实物地质资料保护利用管理技术制度创新，建设义务与权利相适应的利用和保护机制，开展专题产品开发研究

到2020年地质资料利用和保护的目标是：探索建立全面利用与合理保护的服务机制，开展专题编研及服务产品开发研究，提升全省地质资料的管理与服务水平。

一是进行地质资料的利用方式与保护模式的机制创新，开展相关管理技术制度和规范研究。在目前保护和利用制度的基础上，充分借鉴互联网信息利用的先进理念，通过以利用促汇交，在合理保护的前提下，完善履行汇交义务与利用的权益机制和制度建设，探索建立地质资料汇交服务利用和保护在权利义务和利益间良性循环的模式，初步建立起适合全省实际的地质资料汇交、利用、服务和保护的技术规程和操作规范框架，基本实现地质资料既能满足国民经济建设和社会公众充分利用信息资源的需求，又能合理保护汇交人的合法权益的工作目标。

二是开展地质资料集群化和产业化编研与服务产品开发研究，通过专业服务机构，勾画公共服务信息产品的构想目录和初步路线图，提高地质资料开发利用的水平。

（撰稿人：陈力琦）

安徽省实物地质资料管理工作

一、单位概况

安徽省国土资源信息中心（安徽省地质资料馆）成立于2003年9月，是安徽省国土资源厅直属事业单位，为全省地质资料的馆藏机构。

1. 主要职责

根据安徽省国土资源厅（皖国土资〔2003〕154号）文件规定，安徽省地质资料馆职责包括：地质资料工作计划的编制；承担全省地质资料馆藏建设与管理；承担全省地质资料的接收、整理、保护、开发、编纂研究，并为社会提供公益服务。

2. 内部机构设置与队伍建设情况

安徽省地质资料馆与安徽省国土资源信息中心合署办公，是一个单位两块牌子，全额拨款，编制15名。信息中心主任兼任资料馆馆长，信息中心副主任兼任资料馆副馆长，设有1个综合管理部门、3个业务科室，分别为办公室、信息技术管理科、地质资料管理科、信息资料开发科，办公室在编人员3人，信息技术管理科在编人员4人，地质资料管理科在编人员3人（其中2人为高级职称），信息资料开发科在编人员2人（1人为高级职称），另外聘有16人。

3. 馆藏情况

安徽省地域辽阔，矿产资源丰富，2014年上表矿种101种，上表矿产地（矿区、井田）2433个，其中煤、铁、铜、钨、钼、铅、锌、硫铁矿、石灰岩、方解石等是安徽省的优势矿产，形成了丰富的地质资料，截至2015年底，安徽省地质资料馆馆藏成果地质资料11874档，是安徽省开展地质工作的重要基础资料。

二、实物地质资料库基础设施建设情况

2003年安徽省地质资料馆成立之初，办公楼一直租用安徽省地质矿产勘查局原资料楼，该楼始建于20世纪60年代，建筑面积1000m^2，为一个3层砖混结构楼房，主要保管成果地质资料，无实物资料库，实物地质资料一直以来都由完成项目工作的单位和业主自主保管。

2008年，根据国土资源部《关于印发〈实物地质资料管理办法〉的通知》（国土资发〔2008〕8号）文件精神，安徽省开展了实物地质资料保管及库房情况调查。从调查的结果看，安徽省实物地质资料保存现状令人担忧，很多单位没有专门的实物地质资料保管场所与管理人员，更谈不上对已形成的实物地质资料进行有效的保管与利用。

为了切实解决实物地质资料保管、利用问题，2008年安徽省地质资料馆积极开展了安徽省地质资料库立项论证工作。在国土资源部的关心下，在安徽省省委、省政府及有关

部门的支持下，在对国内外地质资料馆藏建设调研的基础上，组织编制了《安徽省地质资料库建设项目立项建议书与可行性研究报告》，分别获得安徽省发展与改革委员会批准。项目建设占地 10.2hm^2，其中一期工程占地 6.7hm^2，包括成果、原始、实物地质资料库藏，地质资料公共服务，实物地质资料精品陈列展示三大部分，投资 53955 万元，建筑总面积 54913m^2，分为 5 个单体：

1）科研综合楼：位于中心位置，共 13 层（地上 12 层、地下 1 层）、建筑面积 22953m^2。该楼主要功能是科研、办公，同时兼有园区的信息化机房和园区的总监控系统。

2）科普展示楼：位于北部西侧，共 3 层，建筑面积 5613m^2。该楼的主要功能是科普展示、餐饮和职工健身。

3）成果地质资料楼：共 4 层，建筑面积 9481m^2，在 2～4 层共设有 6 间库房，库房层高 4.5m，库房面积共 2245m^2。该楼的主要功能是原始成果资料存储和数据资料存储，兼有资料的验收、借阅服务功能和学术报告活动。

4）实物地质资料库：共两栋，位于南侧东、西两边，每栋建筑面积 8433m^2，各包含 3 个岩心库单体，为单层高 18m、大跨度、预应力张拉混凝土屋面的实物地质资料库，其中 5 个单体岩心仓储设备已安装调试完毕，有堆垛机 10 台、转轨机 5 台，还有运输汽车、叉车等。该库集实物岩心的清洗、切割、扫描、数据采集、装箱、存储于一体，安装有自动化的立体存储货架，共有 46800 个货位，可收藏约 300×10^4m 岩心，按照安徽省库处理能力每年最多 10×10^4m 的岩心收藏量计算，岩心库可使用 28～30 年时间。除了存放岩心的货架外，实物库中还安放智能专用立体实物资料回转箱（柜）5 组，可用于标本、样品和光薄片等实物资料储存。

新建成的安徽省地质资料馆 2014 年 10 月正式投入使用，库房建设已达特二级标准。

三、实物地质资料汇交、管理和服务情况

1. 实物地质资料保管现状调查

2008 年安徽省国土资源厅就组织开展过对全省地勘单位实物地质资料保管现状的调查摸底工作。2014 年安徽省实物地质资料库投入使用以后，在开展馆藏工作的同时，安徽省地质资料馆通过对部分地勘单位的实地调查发现，新中国成立以来形成了大量的实物地质资料，但保存现状堪忧。一是保管条件、保存质量差。大多数岩矿心库年久失修，无门窗或漏雨或倒塌；还有部分岩心堆放在简易库房或露天堆放；原堆放有序的岩矿心因岩矿心箱腐烂严重而散乱，初步统计约有 50×10^4m 岩心无法利用。二是管理工作跟不上。初建时大多建于野外分队或租用民房，设施简陋，远离地勘单位基地。随着地质队搬迁进城，已无专人专职现场管理，部分遭到当地居民破坏。三是资料完整性和安全性均跟不上。近年来国家加大地质工作投入，每年陆续形成大量岩矿心、标本、光薄片、样品等实物地质资料，地勘单位的保存条件难以保障实物地质资料的完整性和安全性。因此及时抢救濒临损毁的珍贵实物地质资料，尤其是具有代表性的重要地区、优势矿种、重要成矿带、整装勘查区等地的实物地质资料已成燃眉之急，刻不容缓。

2. 地质钻孔基本信息清查工作

安徽省 2011～2012 年开展了地质钻孔基本信息清查工作，通过收集、整理馆藏资料，

到地勘单位实际调查，基本查清了全省地质钻孔的数量、类型、分布、保存等情况，初步建立起安徽省地质钻孔基本信息数据库，资料完整的项目共计 2233 个，含钻孔信息 48501 个，钻探总进尺 1602.24×10^4m，为安徽省实物地质资料库库藏建设提供了充分依据。

3. 重要地质钻孔数据库建设

安徽省 2013 年按照国土资源部统一部署开展此项工作，2013～2014 年建设完成 10566 个地质钻孔的图表数据库。2015 年建设完成 10000 个地质钻孔的数据库，并补充收集了部分因历史原因未汇交到安徽省地质资料馆的钻孔资料。

4. 安徽省实物地质资料筛选收集与库藏体系建设

2015 年通过安徽省公益性地质调查项目开展了《安徽省实物地质资料馆实物地质资料库运行工作方案》《安徽省实物地质资料管理技术工作指南》《安徽省实物地质资料馆管理制度汇编》等管理体系建设，对实物库藏工作中各部门的职能进行细化分工，制定了相应的工作方法及流程，明确了岗位职责、操作规则和要求等，形成了一整套管理制度并上墙，为规范开展实物地质资料库藏工作奠定了基础。

5. 开展国土资源实物地质资料中心的外协项目

2014～2015 年，安徽省地质资料馆作为具有实物地质资料库的省份开展了国土资源实物地质资料中心的外协项目“实物地质资料汇交监管与筛选示范”工作。通过对近年来本省完成的重大项目及地质钻孔数据的系统研究与分析，在广泛征询专业人士意见与建议基础上，以实物地质资料的科学意义、利用价值、稀缺程度、获取难度、重置成本等因素作为考量指标，系统梳理出各类地质工作中实物地质资料的筛选要求，形成筛选目录，并实际应用于“竹溪岭钨银多金属矿区”“祁门东源钨矿区”“庐江沙溪铜矿”3 处的实物地质资料筛选工作，取得良好效果，为安徽省今后合理制定实物地质资料采集规划提供了有效借鉴。

6. 完成省级实物地质资料库藏管理课题研究

2015 年安徽省开展了国土资源实物地质资料中心“实物地质资料管理政策及技术方法研究”项目外协子课题“省级实物地质资料库藏管理”的研究工作。该项目主要是对省级实物地质资料库藏管理与技术方法进行研究，并探索 I 类实物地质资料分散保管、国家馆与省级馆联合建档的馆藏模式。工作成果为《省级实物地质资料库藏管理建议》《实物地质资料建档、整理、数字化工作指南试用报告和修改建议》，并协助国土资源实物地质资料中心编写《样品类实物地质资料保管工作指南》等，取得的成果得到了国土资源部专家的一致认可。

同时，项目组还根据实际需要研发了实物地质资料档案管理系统。该系统省去了实物地质资料建档过程中手动冗余环节，将传统的实物地质资料档案管理环节电子化、流程化、标准化，执行档案信息化保管，在方便库藏实物地质资料档案信息化管理（C/S 模式）的同时，预留了网络信息化服务接口，为今后部、省两级 I 类实物地质资料联合建档信息化管理（B/S 模式）的推广与服务打下了基础。该系统已为国家实物地质资料中心库藏室试用并将结合具体工作予以改进。

7. 进一步完善实物库设备设施建设

2015 年，承担安徽省实物库库藏工作的项目组在有序开展岩心整理工作的同时，十分注重仪器设备的维修保养，并通过到国土资源实物地质资料中心反复调研，挤出资金，对岩心扫描软件进行升级开发，使其扫描成果符合国土资源实物地质资料中心的建库要求，实现了省级实物地质资料数据库与国土资源实物地质资料中心的无缝对接。

8. 实物地质资料汇交情况

安徽省从 2011 年 10 月开始，要求汇交人在汇交成果地质资料的同时一并汇交实物地质资料目录，2015 年度共接收实物地质资料目录清单 372 份，至 2015 年底累计馆藏实物地质资料目录清单 1624 份。

安徽省 2014 年 10 月实物资料库投入使用后即全面开展了实物地质资料的汇交工作。在国土资源实物地质资料中心的指导下，先后对“金寨县沙坪沟钼矿”“南陵县姚家岭锌金多金属矿”“芜湖市城北地热资源评价”3 个项目进行了实物地质资料的筛选，到 2015 年底共入库 9 个钻孔 11591. 31m 进尺的岩心实物地质资料，目前已全部扫描建库并上架。

9. 实物地质资料信息共享服务

安徽省开展了钻孔数据库目录信息的整理、规范化工作，将按照国土资源部统一要求在实物地质资料信息共享服务平台上向社会公开，提供服务。

四、实物地质资料工作的相关文件

安徽省地质资料馆近年来通过开展基层地勘单位原始地质资料和实物地质资料管理、库存、应用等情况调研，到国土资源实物地质资料中心等单位学习，参加国土资源部组织的各项培训等，组织开展了安徽省地质资料馆实物地质资料管理体系建设工作，编制了一系列管理文档，初步形成了安徽省实物地质资料馆藏设施、资料及其管理体系，主要文件如下：

1)《安徽省实物地质资料管理技术指南》。

2)《实物地质资料库工作人员守则》。

3)《实物地质资料保管制度》。

4)《实物地质资料出入库制度》。

5)《实物地质资料库设备使用制度》。

6)《安徽省地质资料馆实物地质资料安全保密守则》。

7)《安徽省实物地质资料筛选细则》。

（撰稿人：张明霞）

福建省实物地质资料管理工作

一、单位概况

福建省实物地质资料管理工作由福建省国土资源档案馆承担。福建省国土资源档案馆是福建省国土资源厅直属的正处级公益性事业单位，前身是福建省地质资料馆，2001 年机构改革更为现名，并增加了土地档案管理职能。

1. 主要职责

负责全省地质资料、土地档案的接收、整理、保护，为社会提供利用服务；承担国土资源资料档案的开发利用及信息现代化管理的调研和实施；负责各类地质标本的收藏、陈列、展览及国土资源科技图书的管理；管理省级及设在各地的重要实物地质资料库。

2. 内设机构

内设办公室、地质资料室（省地质资料馆）、土地档案室（省国土资源图书馆）、省地质博物馆。

3. 人才队伍建设

经省编委批准，人员编制定为 12 人，其中管理人员 2 人，专业技术人员 9 人，工勤人员 1 人。现有在编人员 8 人，从职称等次看，有高级职称 2 人，中级职称 3 人，初级职称 3 人；从文化程度看，有硕士研究生 3 人，本科学历 4 人，大专学历 1 人。

二、实物地质资料库房基础设施建设情况

2007 年，福建省政府批准建设福建省地质资料库和数据中心项目，项目征用地面积 26.24 亩，实用地面积 24.05 亩，一期工程建筑面积约 30000m^2，投资概算约 2.1 亿元，拟建设实物地质资料库、原始地质资料库、成果地质资料库、地质图书馆、地质博物馆、土地资料档案馆、数据中心、办公科研用房及相应配套设施等。目前该项目的前期工作正积极推进，力争于 2016 年下半年开工建设。项目投入使用后，将很好地解决福建省实物地质资料存放地分散、资料损坏流失等问题，实现全省实物地质资料的集中保存、统一管理和开发利用的目标。

三、实物地质资料管理和服务开展情况

2015 年，累计向国土资源实物地质资料中心上报 128 个项目的实物地质资料目录清单；向 1 个项目的汇交人发放了《实物地质资料汇交通知书》，要求汇交钻孔岩心 403.19m，薄片 3 件；向 127 个项目的汇交人发放了《实物地质资料目录清单回执》。

为丰富国家馆藏实物地质资料，福建省国土资源档案馆配合国土资源实物地质资料中心在福建省开展 4 个典型矿山（古田县西朝钼矿、上杭县洋坡坑稀土矿、福州市寿山叶

蜡石矿、龙岩市东宫下高岭土矿）的系列标本采集工作，采集了上述4个矿山岩矿标本147块。

四、重要钻孔数据库建设情况

2011年，国土资源部印发《关于开展钻孔基本信息清查工作的通知》（国土资厅发〔2011〕31号）文件后，福建省组织开展地质钻孔基本信息清查，建立了地勘单位钻孔基本信息清查库和省馆资料钻孔清查库。地勘单位钻孔清查库钻孔数为20269个，省馆资料钻孔清查库钻孔数为27211个（其中与地勘单位钻孔清查库重复钻孔12569个）。近年（2012～2015年）新汇交地质资料中钻孔为1891个。2013～2014年，福建省按照国土资源部工作部署，对整装勘查区和重要成矿带的部分钻孔开展建库，完成10254个钻孔图表数据库建设。2015年，福建省安装了重要地质钻孔数据库服务平台，在该平台公开发布了福建省1万余个地质钻孔的基础信息和钻孔柱状图信息，为社会公众和地质专业技术人员利用已有地质钻孔资料提供了便利通道。

（撰稿人：苏俊）

江西省实物地质资料管理工作

一、单位概况

江西省实物地质资料管理工作由江西省地质资料档案馆承担。江西省地质资料档案馆是2007年7月19日经江西省机构编制委员会办公室（赣编发办文〔2007〕110号）批准成立的，为江西省国土资源厅下属处级事业单位，核定全额拨款事业编制16名，内设综合科、资料验收室、资料借阅室和资料研究开发室4个科级机构，核定领导职数：馆长1名，副馆长2名，正科4名，副科1名。主要职责为：受省国土资源厅的委托，接收、验收各单位汇交的地质资料；建立健全全省馆藏地质资料保管、利用制度，按规定整理、保管地质资料；建立和维护全省地质资料信息服务系统；开展地质资料综合研究，依法为社会提供地质资料服务等。

二、实物地质资料库建设情况

1. 成果地质资料馆藏建设布局科学

江西省地质资料档案馆于2010年搬入新址。现有办公场所6间，面积超200m^2。纸质阅览室30m^2，电子阅览室一间，面积超40m^2。库房面积约3200m^2。安装智能密集架1500m^2，普通密集架800m^2。资料消毒间、制作间各两间，面积30m^2。专职人员全部配备电脑，每间办公室都配有复印机、打字机、电话、空调。电子阅览室配有电脑6台，与地质资料管理软件相连，电子触摸屏1台，复印机1台，大型扫描机2台。

2. 地质资料备份库建设

根据《地质资料管理条例》的规定，江西省国土资源厅建设了地质资料备份库（简称二库）。省地质资料档案馆编制了《江西省地质资料档案馆二库建设项目方案》，总投资180万元，利用距本馆420km的省国土资源厅下属江西应用技术学院图书馆第五层已有的建筑480m^2，增添密集架、防火器材、地质资料档案管理软件、办公用品等设备。项目分3期3年实施。2012年已安排30万元建设，2013年又安排资金80万元建设，2014年安排资金70万元。2015年2月通过竣工验收，现已投入使用。

3. 开展实物地质资料馆建设前期工作

2015年，根据国土资源部《实物地质资料管理办法》（国土资发〔2008〕8号）文件要求，江西省国土资源厅成立了实物地质资料档案馆建设筹备领导小组，由分管矿政的厅领导担任组长。开展了实物地质资料档案馆建设的调研，拟建成江西省实物地质资料馆，占地面积300亩，其中库房6座，建筑面积20000m^2，保管岩心100×10^4m。馆内设有整理观察室、扫描室、档案室以及陈列馆等，实现实物地质资料立体存储和自动化管理。建设室外占地50亩的矿石标本园，投资初步估算为3亿元。已于2015年12月由省国土资源厅作为省“十三五”规划项目上报省发展改革委员会。

目前江西省实物地质资料还是采取委托各地勘单位保管的方式，省地质资料档案馆只接收实物地质资料电子目录清单。

三、实物地质资料管理和服务情况

2015年，在江西省国土资源厅党组的正确领导下，在国土资源部储量司和全国地质资料馆及国土资源部实物地质资料中心的科学指导下，江西省地质资料档案馆结合本省实际，认真贯彻落实《地质资料管理条例》和国土资源部《实物地质资料管理办法》等文件精神，加强实物地质资料管理和服务，较好地完成了全年工作目标。

1. 实物地质资料汇交情况

全年共接收原始地质资料电子文档60种，其中矿产勘查44种、水工环2种、区域地质12种、其他2种。接收实物地质资料电子文档清单174份，其中矿产勘查141份，水工环6份，区域地质25份。其他2种转送全国地质资料馆成果地质资料51份。从监管平台发出地质资料催交通知书184份。完成监管平台中3000余种矿权补录工作。

2. 全面完成江西省重要钻孔数据库建设

按照国土资源部要求全省共清查出有钻孔保管单位30个，涉及地质矿产、冶金、煤田、核工业等行业，包括区域地质矿产地质、水文地质、工程地质、环境地质、煤田地质等项目1191个，钻孔数27529个，钻孔总进尺5893890. 48m。制定了《江西省重要地质钻孔数据库平台建设与试点应用》。省财政投入资金959万元，重要地质钻孔数据库建设全部完成，并通过了国土资源实物地质资料中心组织的专家验收。

3. 厅领导高度重视地质资料管理与服务

2015年1月9日，厅党组书记、厅长刘定明带领厅党组成员、副厅长侯克常及相关部门领导来馆库房视察，刘定明厅长在库房检查新近整理好已上架的地质资料档案时指出，国土资源档案是重要的民生档案，关乎国民经济的发展和千家万户的切身利益，一定要站在“为党管档，为国守史，为民服务”的高度，重视地质资料的收集、整理、分类、编号，深化档案的利用服务，加大档案管理的投入，落实档案规范化管理制度，不断提高地质资料档案利用的质量和水平。刘定明厅长在检查库房安全设施时强调，地质资料档案的保护十分重要，今天的这些档案有很多要保存百年、千年，是全省地质工作者辛勤劳动的结晶，一定要做好防火、防虫、防光等“八防”措施，进出档案库房要严格执行进出入库房管理制度。他还强调地质资料档案大多数涉及国家机密，一定要做好保密措施。刘定明厅长等来到地质资料电子阅览室，亲自在网上调阅了一份地质资料，感到方便快捷。他要求地质资料管理工作者要紧跟时代步伐，借助信息化等高科技手段，开发好电子借阅、远程借阅等功能，让地质资料档案更好地为全省国民经济发展做好参谋服好务。刘定明厅长对地质资料档案馆工作给予了表扬和肯定，勉励同志们要再接再厉，不断提高业务水平和素质，为地质资料档案管理和服务工作继续努力。2015年还多次听取了省国土资源厅储量处、地勘处、省地勘基金管理中心、省地质资料档案馆负责同志关于建设省实物地质资料馆的情况汇报。

4. 地质资料服务格局已形成

江西省地质资料馆积极采取多项有效措施，力求为社会提供便捷高效服务。一是将地质资料查询须知事项、查询服务流程图公示在查询窗口，方便群众了解查档程序。二是在工作量、人流量大的情况下增设受理窗口，增派工作人员，完善疏导举措，确保查询窗口秩序井然、快捷畅通。三是开辟绿色通道，优先为国家地勘基金、省地勘基金项目提供查询服务。四是争取全国地质资料馆和国土资源实物地质资料中心的支持，升级地质资料管理软、硬件设施，提高地质资料查询速度和准确性。五是通过地质资料数字化成果应用，高效、便捷、优质为社会服务。

四、2015 年实物地质资料保管情况

2015 年江西省实物地质资料汇交、存放情况统计详见表 1。

（撰稿人：万倬民）

表 1　2015 年江西省实物地质资料汇交、存放情况统计

地质资料类别	矿种	数量	汇交单位	保管单位	保管地点	联系人	联系方式	备注
矿产勘查	金	2 份	江西省地质矿产勘查开发局九一六大队	江西省地质矿产勘查开发局九一六大队	景德镇市荷塘乡白兔岭矿区施工坑道中	胡建余	13879262249	江西省景德镇市白兔岭矿区金多金属矿普查报告
		2 份	江西省地质矿产勘查开发局赣西地质调查大队	江西省地质矿产勘查开发局赣西地质调查大队	江西省分宜县杨桥镇小龙村	罗喜成	15070845837	分宜县小龙矿区金矿
			江西省地质矿产勘查开发局赣西地质调查大队	江西省地质矿产勘查开发局赣西地质调查大队	江西省宜春市袁州区三阳镇秆塘村	罗喜成	15070845837	宜春市袁州区桃源冲金矿
		1 份	江西有色地质勘查三队	江西有色地质勘查三队	遂川县五斗江乡米石村	吴海	15083633953	江西省遂川县车坳金矿调查评价地质报告
	锂	2 份	江西省地质矿产勘查开发局赣西地质调查大队	江西省地质矿产勘查开发局赣西地质调查大队	江西省宜春市新坊乡张家坊一民房	周建廷	15270865742	宜春市—分宜县武功山中段锂资源调查评价
			江西省特种电机有限股份公司	江西省特种电机有限股份公司	江西省宜丰县花桥乡白市村	戴顺铭	15879889908	宜丰县狮子岭矿区含锂瓷石矿
	瓷石矿	1 份	景德镇市地质队	景德镇市地质队	景德镇市地质队岩心库	陈春堂	15079807802	江西省浮梁县小坑瓷石矿预查地质报告
		2 份	会昌县磊琪矿业有限公司	会昌县磊琪矿业有限公司	会昌县	林升忠	13867027859	江西省会昌县七木山瓷石矿详查报告
	白云石	2 份	弋阳县华茂矿产品经营部	弋阳县华茂矿产品经营部	弋阳县	王德峰	13807932975	江西省弋阳县姚上井矿区熔剂用白云岩矿详查报告
	硅	2 份	江西省核工业地质局二六四大队	赣州市源发矿业有限公司	全南县龙源坝镇水背村	曾明	13807071663	江西省全南响坝玻璃用硅质原料详查
	饰面用板材矿	334m	江西萍兴物资集团有限公司（现更改为萍乡市古明石材有限公司）	萍乡市古明石材有限公司	萍乡市荷尧镇上云村	闻胜辉	13707992900	江西省萍乡市湘东区荷尧饰面用板岩普查阶段性地质报告

续表

地质资料类别	矿种	数量	汇交单位	保管单位	保管地点	联系人	联系方式	备注
矿产勘查	水泥用灰岩	2 份	江西省地质矿产勘查开发局九一六大队	江西省地质矿产勘查开发局九一六大队	彭泽县乐观镇租用民房的大院内	朱颖怀	13879253763	江西省彭泽县乐观矿区水泥用灰岩矿详查报告
	高岭土	1 份	赣南地质调查大队	赣南地质调查大队	兴国县永丰乡风里背村	刘先生	15079712364	兴国县风里背高岭土矿详查
	稀土	43 份	赣南地质调查大队	赣南地质调查大队	赣县南塘镇黄屋村	黄招携	18307078092	江西省赣县清溪—兴国县隆坪稀土矿调查评价报告
	钨	1 份	赣南地质调查大队	崇义章源钨业股份有限公司	赣州市崇义县过埠镇长流坑铜矿矿部岩心库	林云辉	13879756892	江西省崇义县长流坑矿区铜矿资源储量核实报告
		1 份	赣南地质调查大队	崇义章源钨业股份有限公司	赣州市崇义县密溪村淘锡坑钨矿矿部岩心库	林云辉	13879756892	江西省崇义县淘锡坑矿区钨矿资源储量核实报告
		1157 箱（17 个孔）	赣南地质调查大队	赣南地质调查大队	赣南地质调查队化验室岩心库	赵磊	13970111552	江西省大余县大江—沙洲石钨多金属矿普查报告
	钽铌矿	1 份	江西钨业集团有限公司	江西钨业集团有限公司	江西宜春钽铌矿	李德斌	15770903881	江西省宜春市宜春钽铌矿资源储量核实
	瓷土矿	1 份	江西省地质勘查基金管理中心	赣州市地质队	赣州市沙石镇沙石村下窑 45 号（地质队院内）	彭华秀	13879788419	江西省赣州市南康区木林瓷土矿预查地质报告
			江西省地质调查研究院	江西省地质调查研究院	岩心样存放于高安市九美矿区岩心库，样品（副样）及薄片存于江西省地质矿产勘查开发局地球物理地球化学实验测试所	冯国胜	13970945139	江西省高安市九美矿区瓷土矿详查
		1 份	江西省地矿资源勘查开发有限公司	江西省地矿资源勘查开发有限公司赣州分公司	江西省地矿资源勘查开发有限公司赣州分公司	吴文钧	18172822211	江西省上犹县小寨背矿区高岭土矿勘探及深部瓷石矿详查报告

续表

地质资料类别	矿种	数量	汇交单位	保管单位	保管地点	联系人	联系方式	备注
矿产勘查	黏土矿	1份	江西省地质矿产勘查开发局物化探大队	南昌市新泰矿业有限公司	江西省鄱阳县高家岭	李浩	13807933861	江西省鄱阳县南源汪家矿区制陶用黏土矿详查报告
	锂、铌	1份	江西省地质矿产勘查开发局物化探大队	江西省地质矿产勘查开发局物化探大队	江西省奉新县甘坊镇下村村半岭	熊光强	15070944530	江西省奉新县黄沙坪锂铌矿调查评价成果报告
	铜、钼	1份	江西省地质矿产勘查开发局物化探大队	江西省地质矿产勘查开发局物化探大队	江西省乐平市塔前镇、禾山村	廖为福	13479164211	江西省乐平市塔前—月形铜钼多金属矿调查评价成果报告
	铜	1份	江西省地质矿产勘查开发局物化探大队	江西省地质矿产勘查开发局物化探大队	江西省宜丰县敖桥镇社里村	肖涛	15170419609	万载县三兴—宜丰县棠浦地区铜矿调查评价报告
		1份	江西省地质矿产勘查开发局物化探大队	江西省地质矿产勘查开发局物化探大队	江西省乐平市临港镇九墩村	许开平	13097123003	江西省乐平市画子山铜金多金属矿普查地质报告
		1份	江西省地质矿产勘查开发局物化探大队	江西省地质矿产勘查开发局物化探大队	江西省铅山县永平镇北门打石屋	陈隆辉	13879749711	江西省铅山北门—周家矿区铜多金属矿预查报告
		1份	江西铜业集团银山矿业有限责任公司	江西铜业集团银山矿业有限责任公司	江西铜业集团银山矿业有限责任公司岩心库	张志辉	13576341983	江西省德兴市银山矿区（九区北山区）铜铅锌矿深部详查报告
		1份	弋阳县旭日铜矿业有限责任公司	弋阳县旭日铜矿业有限责任公司	弋阳县旭日铜矿业有限责任公司岩心库	孙江福	13879317254	江西省弋阳县铁砂街旭日铜矿资源储量核实报告
		1份	江西省地质矿产勘查开发局赣东北大队	江西省地质矿产勘查开发局赣东北大队	铅山县陈坊乡长寿源	魏英文	13607037096	江西省弋阳县管坑—铅山县方家岭铜多金属矿普查报告
		1份	江西省地质矿产勘查开发局物化探大队	江西省地质矿产勘查开发局物化探大队	江西省瑞昌市码头镇	胡朗明	13807047959	江西省九瑞物化探异常调查评价报告

续表

地质资料类别	矿种	数量	汇交单位	保管单位	保管地点	联系人	联系方式	备注
矿产勘查	钨铜	1份	江西省地质矿产勘查开发局九一二大队	江西省地质矿产勘查开发局九一二大队	江西省浮梁县寿安镇油麻厂	曾祥辉	13970155065	江西省浮梁县朱溪外围（30线—78线）钨铜矿普查报告
	煤	1份	江西省地矿资源勘查开发有限公司	江西省芦溪县升华煤矿	江西省芦溪县升华煤矿	张孝和	13979909180	江西省芦溪县升华煤矿资源储量核实报告
	水泥配料用砂岩矿	2份	江西亚东水泥有限公司	江西亚东水泥有限公司	江西亚东水泥有限公司库房	姚煜国	18970253771	江西省瑞昌市花屋矿区（整合）水泥配料用黏土质、硅质原料矿资源储量核实报告
	优质玻璃硅质原料石英砂砾岩	2份	中国建筑材料工业地质勘查中心江西总队	中国建筑材料工业地质勘查中心江西总队	乐平市建材厂	黄德保	13970306289	江西省乐平市程家湾优质玻璃硅质原料石英砂砾岩矿普查阶段性总结地质报告
	磷	1份	江西省地质勘查基金管理中心	江西省地质矿产勘查开发局赣东北大队	广丰区杨村原107分队	高应进	13576364485	江西省广丰县大南西山磷矿调查评价报告
	滑石	1份	江西省地质勘查基金管理中心	江西省地质矿产勘查开发局赣东北大队	广丰区杨村原107分队	赖凌	13607938352	江西省广丰县杨村滑石矿调查评价报告
	叶腊石	1份	江西省地质勘查基金管理中心	江西省地质矿产勘查开发局赣东北大队	江西省上饶县五府山镇	吴斌	13766490286	江西省上饶县五府山叶蜡石矿调查评价地质报告
	硅石矿	1份	江西省地质矿产开发研究中心	江西省地质矿产开发研究中心	江西省南昌市站前路176号	蔡阳辉	15070851630	江西省安福县笪桥硅石矿预查
		1份	江西省地质矿产开发研究中心	江西省地质矿产开发研究中心	江西省南昌市站前路176号	蔡阳辉	15070851630	江西省永丰县当天坵硅石矿预查
	饰面大理石矿	1份	江西省地质矿产开发研究中心	江西省地质矿产开发研究中心	江西省南昌市站前路176号	蔡阳辉	15070851630	江西省德安县石头洞大理石矿预查

续表

地质资料类别	矿种	数量	汇交单位	保管单位	保管地点	联系人	联系方式	备注
矿产勘查	饰面辉绿岩矿	1份	江西省地质矿产开发研究中心	江西省地质矿产开发研究中心	江西省南昌市站前路176号	蔡阳辉	15070851630	江西省黎川县泉岭辉绿岩矿预查
	钨锡多金属	1份	江西省地质矿产勘查开发局九〇一地质大队	江西省地质矿产勘查开发局九〇一地质大队	江西省莲花县坊楼镇富树村	林黎	13607992591	江西省井冈山市浆山钨锡多金属矿调查评价
	铁	1份	吉安县油盘铁矿漳安峥嵘选厂	吉安县油盘铁矿漳安峥嵘选厂	江西省吉安县油田镇洋陂村	汪永明	13576638101	吉安县背龙山铁矿（扩界）
	锌	1份	江西省地质调查研究院	江西省地质调查研究院	进贤麻山基地岩心库	陈振华	13870962102	江西省宜丰县桥西锌多金属矿调查评价
水工环		2份						

山东省实物地质资料管理工作

一、单位概况

山东省实物地质资料管理工作由山东省国土资源资料档案馆承担，它是山东省国土资源厅直属全额拨款正县级事业单位。主要职责：负责全省国土资源资料档案的接收、保管和提供利用，全省实物地质资料库的建设与管理；承担全省矿产资源储量评审、登记、统计，负责矿产资源储量数据库的管理与维护工作；承担全省地质资料数据中心的建设和维护、管理；承担全省国土资源新闻宣传工作；为政府提供决策和管理技术支持，向社会提供公益性服务。

全馆内设机构有办公室、财务人事科、安全保密科（加挂档案图书室）、资料科、信息研究室、实物地质资料科、储量评审科 7 个科室。在编人员 23 人，馆领导 4 人，具有高级职称 9 人（其中二级教授 1 人、研究员 2 人），中级职称 9 人。2013 年 7 月成立实物地质资料科，现有工作人员 3 人（高级、中级职称各 1 人，聘任 1 人）。

二、实物地质资料库房基础设施建设情况

山东省实物地质资料管理采取分库管理方式，目前已挂牌使用的实物资料库房有两处，分别是山东省实物地质资料泰安库、山东省实物地质资料莱州岩心库，总面积 1450m^2，其中泰安库 450m^2，莱州岩心库 1000m^2。

三、实物地质资料汇交、管理与服务开展及钻孔数据库建设情况

1. 全国地质资料汇交监管平台运行情况

2015 年山东省国土资源资料档案馆继续做好地质资料汇交监管平台建设和维护工作，年初更新数据 482 条，年内地质资料的验收、凭证发放和资料监管事项均在平台上运行，全年共接收实物地质资料目录清单 782 份，开具实物回执 761 份。

2. 实物地质资料汇交情况

2015 年山东省国土资源资料档案馆两个实物分库共入库 3 孔岩心、大标本 1 块。2015 年 8 月，山东省实物地质资料泰安库接收了平邑县榆林地区金矿详查项目 JZK3205 钻孔岩心，共 202 箱 1111. 9m；大标本 1 块，长约 2. 3m，直径约 1m，重约 5t。2015 年 11 月山东省实物地质资料莱州岩心库接收了三山岛北部海域矿区金矿勘查项目 ZK3410 和 ZK3007 两孔岩心，共计 3255. 15m，603 箱。

3. 实物地质资料管理情况

截至 2015 年底，山东省国土资源资料档案馆山东省实物地质资料泰安库、山东省实物地质资料莱州岩心库共接收 4 个项目的 8 孔岩心，共 11245. 37m，2084 箱；大标本

1 块。

4. 实物地质资料服务开展情况

因受库房条件与管理设备等限制，山东省国土资源资料档案馆对收集的实物地质资料进行了整理、分类管理。截至目前，尚无地勘单位及矿业权人提出实物地质资料服务的申请。

5. 重要钻孔数据库建设情况

全省重要地质钻孔数据库建设成效显著。自 2013 年至 2015 年，全省重要地质钻孔数据库建设累计查阅地质资料报告 10684 档，涉及保管单位 40 个；累计录入钻孔 55659 个，工程布置图 6195 张，勘探线剖面图 23868 张，钻孔柱状图 97411 张，样品分析结果表 120103 张，数据库容量 981. 93GB。

根据山东省国土资源资料档案馆《关于汇交重要地质钻孔数据库的通知》要求，自 2015 年 1 月 1 日起，接收新增钻孔的项目 197 个，新增钻孔 2527 个。此项工作对全省实物地质资料的现状起到了较好的监测和监管作用，为实物地质资料筛选打下了坚实的基础。

四、实物地质资料工作的相关文件及各项规章制度

为规范全省实物地质资料的管理，2015 年制定了《实物地质资料（岩心）管理规定》，规范了实物地质资料现场管理、岩（矿）心入库、缩减与清除处理及库房管理等几个环节；制定了《岩心库管理人员岗位职责》《岩心库安全生产规章制度》，保证了岩心库的正常运行和安全生产。

（撰稿人：谢跃春、董涛）

河南省实物地质资料管理工作

一、单位概况

河南省实物地质资料管理工作由河南省地质博物馆承担。河南省地质博物馆历史悠久，其前身可追溯到1931年河南地质调查所在河南开封设置的地质标本陈列室。新中国成立以后，尤其是在改革开放以后，又经历了若干的名称改变与机构调整。2001年5月19日，河南省机构编制委员会正式批准组建河南省地质博物馆，作为河南省国土资源厅管理的直属事业单位，机构规格为正处级，人员编制30名，处级领导职数3人，经费实行财政全额拨款。主要职责是：承担地质博物收藏与展示工作；负责土地、地质资料、档案管理等工作；开展全省古生物化石的调查评价、发掘研究工作。承担全省地质资料、省厅国土资源档案、地学国土资源图书文献等的接收、整理、保管、维护及提供社会公益性服务工作，承担标本（展品）的收藏、展示、科学普及和全省古生物化石资源的调查评价、发掘研究，以及科普读物和国土资源志鉴的编撰出版等工作，还设立了河南省古生物研究重点实验室。河南省地质博物馆是河南省国土资源的对外窗口和全国及部、省、市科普教育基地，土地、地质资料、档案保管、利用的重要场所和古生物及国土资源相关科研项目的科研机构。

截至2014年12月，单位人员编制38名，实有在编人员38人，处级领导职数4人，内部机构设置包括办公室、党务办公室、博物展览部、运行保障部、资料档案部、图书编辑部、数字服务中心、科研一部、科研二部、技术服务部、古生物研究室11个内设部门。在38名在编职工中，博士3人，硕士9人，本科24人，专科2人；正高职称3人，副高职称7人，中级职称16人，初级职称5人，管理岗及初级以下7人；其中，专业技术二级岗和省管优秀专家1人，厅学术带头人1人，厅青年科技骨干4人，具有相关执业资质人员4人。

河南省地质博物馆新展馆于2004年开始建设，在各级领导的关怀指导下，全体员工经过4年的艰苦努力，完成了新展馆标本展品的采集征集和陈列布展工程，于2008年4月26日正式对社会免费开放。

河南省地质博物馆资料档案部负责河南省地质资料的汇交验收、整理馆藏、对外借阅服务以及数字化服务平台建设等一系列任务，承担着国土资源部下达项目、河南省项目工作的组织协调、技术支撑等工作，同时还承担着河南省国土资源厅在其职能活动中形成的办理完毕的有保存价值的各种档案材料的接收、整理、保管和提供利用工作。

二、实物地质资料库房基础设施建设情况

河南省是全国的矿业大省。新中国成立以来，地矿工作者在地质矿产勘查方面投入了大量的工作，积累了丰富的成果地质资料和实物地质资料。2013年，河南省实物地质资

料中心建设项目已获得省发改委批准，计划建成后的实物地质资料库房面积约6500m^2，采取自动化密集货架式存储和巨形标本展示相结合的形式，预计能满足未来30年的实物地质资料存储需要。但由于种种原因，实物地质资料中心建设项目未能按计划执行。目前，河南省所有等级的岩心、样品、薄片等实物地质资料均由各地勘单位自行分散保管。河南省地质博物馆建有两间近400m^{2}的标本库房，收藏了近几年采集购置的矿物、岩石以及发掘的古生物化石标本，同时租用了1100m^{2}的古生物化石整理、修复工厂。河南省实物地质资料库房基础设施的建设还要经过一段较长的过渡阶段，在此期间，河南省实物地质资料管理工作的基本思路是“信息统一管理，实物委托分散保管”，即地勘单位继续保管本单位形成的各种实物地质资料，河南省地质博物馆作为省级地质资料馆藏机构，负责收集全省重要实物地质资料信息，接收汇交的实物地质资料清单，建立信息管理系统，在宏观上加强实物地质资料的信息管理与利用。

三、2015年实物地质资料管理和服务开展情况

河南省地质博物馆作为省级的实物地质资料保管单位，目前实物地质资料管理工作的主要内容是：完成国土资源部和国土资源实物地质资料中心部署的有关实物地质资料管理各项工作；在成果地质资料汇交过程中，接收、验收汇交单位的实物地质资料清单，并按要求上报国土资源实物地质资料中心。同时，组织开展全省实物地质资料清查暨数据库系统建设项目，继续开展全国重要地质钻孔数据库建设工作。

2015年度，河南省地质博物馆共验收、上报国土资源实物地质资料中心实物地质资料清单335份，其中有钻探工程或其他实物地质工作的项目为158项，共计有钻孔1576个，总进尺661219.80m，取心355766.96m，岩屑12929袋，标本2563块，样品（副样）48424件，光薄片1371件，其他样品2090件。

在2015年度，河南省地质博物馆作为技术支撑单位，组织全省4家钻孔保管单位参加了全国重要地质钻孔数据库建设，按时完成河南省内约663个项目、10092个钻孔的数据库建设工作；共有834张工程布置图、5507张勘探线剖面图、10091张钻孔柱状图、19789份样品分析结果表扫描或转换成JPEG或PDF格式文件入库。其中有密级的项目361个，全省上报钻孔数据库数据量共计168GB。经国土资源实物地质资料中心评审通过，并获优秀。

2013~2015年河南省共完成1298个项目、28409个钻孔的数据库建设工作；共有1866张工程布置图、11591张勘探线剖面图、28310张钻孔柱状图、50335份样品分析结果表扫描或转换成JPEG或PDF格式文件整理入库。其中有密级的项目634个，全省上报钻孔数据库数据量共计372.4GB。

近3年来，参加全国重要地质钻孔数据库建设项目的省、自治区、直辖市共有31个，河南省是唯一一个连续3年钻孔数据库成果经国土资源实物地质资料中心评审通过并荣获优秀的省份，并且是唯一一个连续3年数据库成果错误率小于1/10000的省份。

2015年，河南省国土资源厅资源储量处和河南省地质博物馆的各位领导同志对实物地质资料工作十分重视，先后3次抽出时间前往河南省地质调查院等单位，实地考察了河南省地质调查院的石佛村、登封实物库房基地，就实物地质资料工作所面临的一系列问题开展调研，并与地勘单位的领导与技术人员交流意见，探讨进一步做好实物地质资料工作

的方法与途径。

2015年，河南省地质博物馆还开展了“河南省实物地质资料清查与数据库建设”项目。此项目的目标是进一步清查河南省实物地质资料管理现状，初步建立河南省实物地质资料目录数据库暨管理信息系统，分批落实河南省实物地质资料委托保管体系，逐步实现全省实物地质资料的动态化管理和社会化利用。河南省地质博物馆主持和协调各项工作，与9家地勘单位完成了河南省实物地质资料目录数据库系统的设计与调试工作，并与有关的地勘单位密切合作，截至2015年底，录入河南省实物地质资料目录数据库共计有59个项目、1195个钻孔、465452m岩矿心。

四、几点体会

1）要全面提升对加强实物地质资料工作重要性的认识，尤其是各级国土资源主管部门、各地勘行业主管部门、各地质勘查单位，必须高度重视实物地质资料的收集、整理、保管工作，并落实到地质勘查工作的全过程。

2）要从制度和管理规范、技术标准上保证实物地质资料工作落实。从国家层面修改完善地质勘查项目预算标准，确保实物地质资料工作经费随项目工作经费同步落实；从实物地质资料分级、筛选、保管、埋藏、鉴销，以及重要实物地质资料信息化标准等各个环节，制定和完善可操作技术标准，保障实物地质资料工作规范化、标准化。

3）要建立和培养实物地质资料管理专家系统和实用人才，分层次建立国家、省市、行业及地勘单位实物地质资料分级、筛选、鉴定等环节的技术专家指导体系，通过若干技术培训，培养一线实用技术人才，确保实物地质资料基础工作的有效落实。

五、实物地质资料工作的相关文件及各项规章制度

近年来河南省地质博物馆实物地质资料工作主要依据以下文件及制度进行：

1）国土资源部关于印发《实物地质资料管理办法》的通知（国土资发〔2008〕8号）。

2）国土资源部关于印发《推进地质资料信息服务集群化产业化工作方案》的通知（国土资发〔2010〕113号）。

3）国土资源部办公厅关于开展钻孔基本信息清查工作的通知（国土资厅发〔2011〕31号）。

4）国土资源部关于开展全国重要地质钻孔数据库建设工作的通知（国土资发〔2013〕88号）。

5）河南省国土资源厅贯彻国土资源部关于开展全国重要地质钻孔数据库建设工作通知的意见（豫国土资发〔2013〕93号）。

6）河南省地质博物馆实物地质资料清单汇交要求。

（撰稿人：杨彦秋）

湖北省实物地质资料管理工作

一、单位概况

湖北省实物地质资料管理工作由湖北省国土资源资料馆承担。2013 年 4 月，湖北省编办下达《关于省国土资源厅直属土地管理中心更名的批复》（鄂编办文〔2013〕52 号），同意将原湖北省国土资源厅直属土地管理中心更名为湖北省国土资源资料馆。2014 年 7 月，湖北省编办印发《省编办关于省国土资源厅所属事业单位调整规范和分类有关事项的批复》（鄂编办事改文〔2014〕32 号），明确省国土资源资料馆为公益一类事业单位。

1. 主要职责

负责全省国土资源资料的汇交、验收、保存、管理、开发、应用和为社会公众提供服务等工作。

2. 人才队伍情况

核定编制 8 人，现有在编人员 6 人，其中高级职称 1 人，中级职称 2 人，初级职称 2 人，普通职工 1 人。资料馆日常运行经费纳入地方财政年度预算，能够足额保障馆藏机构日常运行和基础性地质资料工作的正常开展。

二、实物地质资料库房基础设施建设情况

2015 年 5 月，湖北省国土资源厅下发了《省国土资源厅关于加强湖北省实物地质资料分馆（库）建设工作的通知》（鄂土资函〔2015〕643 号），明确全省实物地质资料实行“属地管辖、分级管理”，分别委托湖北省地质局第一、第六、第七、第八地质大队筹建省实物地质资料黄石分馆、孝感分馆、宜昌分馆和襄阳分馆，各分馆机构及人员配备应至少达到甲级档案馆要求，以确保具有全省或区域代表性、典型性、特殊性的实物地质资料得到妥善管理。实物资料分馆受省国土资源厅的委托，负责所属区域实物资料管理工作，业务上接受省国土资源资料馆指导。

实物地质资料襄阳分馆由一主库、一分库、一标本园组成。主库在襄阳市人民西路湖北省地质局第八地质大队的队部办公区，面积 352m^2，总共可存放 16896m 延长的岩（矿）心；郧西岩心库库房面积约 370m^2，可存入岩（矿）心 92 架、17664m 延长的岩（矿）心；标本园在长虹北路地矿天地生活区，以大标本的形式展示了八队重要找矿成果，目前展示有竹山庙垭铌稀土矿、随州磁铁矿、钟祥荆襄磷矿、保康磷矿、随州黑龙潭金矿、随州钒矿、枣阳大阜山金红石矿、竹山绿松石、鹤峰县百鹤玉、竹山银洞沟银金多金属矿、郧西米黄玉、神农架宝石砾岩等大型岩矿石标本 15 块。

实物地质资料孝感分馆由孝昌花园基地和孝感基地南院两处组成。孝昌花园基地岩心库主体工程是在原湖北省地质局第六地质大队队属卫生纸厂主厂房的基础上改建而成的，

建筑面积约370m^2（含办公室面积），保存岩（矿）心（1～2）$\times 10^4$m；基地南院正在建设中，规划保存岩（矿）心（8～10）$\times 10^4$m。

实物地质资料黄石分馆和宜昌分馆目前正在建设中，分别规划保存岩（矿）心30×10^4m和10×10^4m。

三、2015年实物地质资料管理情况

2015年是湖北省筹建实物地质资料分馆的关键一年，尚未开展实物地质资料入库和服务工作。

1. 开展全省实物地质资料分馆调研与筹建工作

1）2015年3～5月，湖北省国土资源厅矿产资源储量处、省国土资源资料馆等单位的工作人员先后赴湖北省地质局第一、第六、第八和第七地质大队，就实物地质资料分馆（库）建设工作进行调研，初步制定全省实物地质资料分库筹建方案。

2）2015年4月，根据国土资源实物地质资料中心要求，省国土资源资料馆完成并上报了《湖北省实物地质资料工作年鉴（2014卷）》。

3）2015年5月，湖北省国土资源厅联合省国土资源资料馆起草并印发《省国土资源厅关于加强湖北省实物地质资料分馆（库）建设工作的通知》（鄂土资函〔2015〕643号）。

4）2015年6月，湖北省国土资源厅矿产资源储量处、省国土资源资料馆和分馆筹建单位一行14人赴国土资源实物地质资料中心和广东省国土资源厅开展实物地质资料调研，听取了两家单位的实物地质资料管理情况介绍，对广东省实物地质资料分库委托保管形式、经费、人员等情况进行了学习探讨，赴广东省实物地质资料珠江三角洲重点矿区岩矿心库进行了实地考察，了解地方建设实物库的需求和方式；作为试点省份参加了国土资源实物地质资料中心在北京召开的全国实物资料分类筛选与库藏体系建设研讨会，就湖北省实物地质资料汇交监管与分类筛选工作方案进行了汇报，并得到了专家组的认可。

5）2015年7月，湖北省国土资源厅召开实物地质资料分馆（库）建设工作座谈会，听取了各分馆（库）建设单位的工作方案汇报以及在筹建中存在的主要问题和相关建议，就近期实物地质资料管理工作进行安排部署；省国土资源资料馆陪同国土资源实物地质资料中心调研组赴省地质局第二地质大队调研实物地质资料汇交管理工作。

6）2015年11月，省国土资源资料馆会同省地质局第二地质大队专家分别赴省地质局物探队和第一地质大队开展了实物地质资料的汇交监管与分级筛选工作；国土资源实物地质资料中心张立海主任一行到湖北省国土资源资料馆调研指导工作。调研组详细了解了湖北省筹建实物地质资料分馆的情况，充分肯定了近年来取得的成绩，全力支持湖北馆开展实物地质资料管理工作。

7）2015年12月，湖北省国土资源厅矿产资源储量处和省国土资源资料馆成立联合检查组，陆续开展了实物地质资料宜昌、襄阳、孝感分馆建设情况的调研检查工作；省国土资源资料馆完成全省实物地质资料的汇交监管与分级筛选试点项目的总结工作，并赴北京参加国土资源实物地质资料中心召开的全国实物地质资料汇交监管与分类筛选示范项目成果总结交流会，向专家组汇报了湖北省实物地质资料汇交监管与分类筛选工作完成情

况，专家组一致认为项目成果达到了预期目标，同意通过评审验收。

2. 积极做好全省重要地质钻孔数据库建设工作

1）2015 年 8 月，省国土资源资料馆及项目支撑单位湖北省地质调查院钻孔数据库项目负责人赴西安参加国土资源实物地质资料中心召开的全国重要地质钻孔数据库 2015 年度数据检查会议。来自陕西、北京、天津等 10 个省（自治区、直辖市）的 37 名代表参加了会议，会上各省（自治区、直辖市）汇报了 2015 年度重要地质钻孔数据库建设工作进展情况，分析了工作中遇到的问题，研讨了新形成钻孔资料汇交格式与方法，提出了“十三五”重要地质钻孔数据库建设立项计划。

2）2015 年 10 月，项目支撑单位完成了湖北省整装勘查区外剩余的 338 个项目共计 6767 个钻孔的数据库建设任务，另建立了 300 个重要地质钻孔属性数据库和 100 个重要钻孔岩心数据库。

3）2015 年 11 月，省国土资源资料馆配合国土资源实物地质资料中心完成了全省重要地质钻孔数据库服务平台部署工作，并在门户网站上公开发布了经过脱密技术处理后的 678 个项目、10152 个钻孔的柱状图等重要信息。

四、实物地质资料管理工作制度建设

湖北省国土资源资料馆结合湖北省实物地质资料管理模式和实际工作情况，在与各分馆沟通协商基础上，初步拟定了以下实物地质资料管理制度和规定：

1）实物地质资料的出入库管理制度。

2）实物地质资料的日常管理制度。

3）库房环境维护及设施设备的维护保养。

4）实物地质资料保管情况检查及库房安全。

5）岩心库岩矿心整理要求。

6）长途运输时岩矿心的整理、包装工作步骤。

7）实物地质资料利用办法。

（撰稿人：陈飞）

湖南省实物地质资料管理工作

一、单位概况

湖南省实物地质资料管理工作由湖南省国土资源信息中心承担。湖南省国土资源信息中心（以下简称信息中心）成立于2002年5月，是湖南省国土资源厅直属全额拨款事业单位。

1. 主要职责

主要负责组织建立省级国土资源数据中心，根据国土资源管理需要，在湖南省国土资源厅的授权下，统一汇总和管理全省国土资源信息；为国土资源政务管理提供技术支持、信息服务；指导基层国土资源信息系统建设并提供技术服务；对市（州）、县（市）国土资源信息系统建设进行质量监控；开展国土资源信息社会化服务；提供基础地理信息服务；负责国家基本比例尺地形图及相关资料、地质资料、图书的管理和利用。

2. 内部机构设置

信息中心内设办公室（党办）、财务科、总工办、档案馆、实物地质资料部、地学数据部、网络部、数据运行部、地理信息数据部、统计部、网站部11个部门。其中实物地质资料部于2014年2月正式成立，内部没有下设机构，负责全省实物地质资料和实物地质资料库管理及相关业务工作。

3. 人才队伍情况

信息中心现有在职职工129人，其中在编职工47人、聘用职工82人；具有正高职称3人（其中二级教授1人）、副高职称12人、中级职称25人、普通职工7人；涵盖地质学、档案学、土地学、测绘学、地理信息系统、计算机等专业。

二、实物地质资料库房基础设施建设情况

1. 实物地质资料库建设情况

2011年12月，湖南省发展与改革委员会下发《关于湖南省实物地质资料库项目建议书的批复》（湘发改投资〔2011〕2222号），原则同意湖南省国土资源厅在长沙市长沙县暮云镇建设湖南省实物地质资料库，总建筑面积22817m^2，总投资2亿元。2011年7月，长沙县人民政府下发《关于同意办理湖南省地质实物资料馆及配套设施建设项目现行征收集体土地手续的批复》（长县政函〔2011〕75号），同意湖南省实物地质资料馆及配套设施项目征收暮云镇54.2590hm^{2}集体土地。2011年12月，长沙县发布长县政法〔2011〕71号征地拆迁方案公告。2012年5月，实物地质资料库项目开始进行征地拆迁。截至2015年底，已经基本完成征地拆迁、安置、补偿等相关工作，正在建设用地围墙施工阶段。2015年12月，信息中心向湖南省发展与改革委员会提交了实物地质资料库建设项目

列入2016年湖南省重点项目名单的申请，申请实物库能够尽快动工修建。

2. 临时实物地质资料库房建设情况

为了缓解没有库房的燃眉之急，信息中心积极筹建临时实物地质资料库房用于存放实物库建成前筛选出的岩心。综合考虑运输、搬运、整理、入库便捷等因素，临时库房安排在湖南省地质博物馆配套用房地下车库，并修建了围墙与车库分隔，库房占地面积约784m^2。为充分利用空间，库房内使用重型货架存放岩心，使用电动堆高车进行存取。库房设计安装货架97组，每组3层，预计可以存放岩心近4×10^4m。2015年12月顺利完成了重型货架、钢托盘、电动堆高车的招标工作，全部设备将于2016年初安装完毕，验收通过后即可投入使用。

为全面实现信息化管理，临时库房将使用RFID传感标签及配套仓储管理软件对库房内的岩心、标本等进行管理，该仓储管理系统已完成采购工作，将于2016年开始进行部署。

3. 典型矿床实物地质资料展厅建设情况

2015年正式启动了湖南省典型矿床实物地质资料展厅建设工作，展厅安排在湖南省地质博物馆配套用房三楼，面积超50m^2。经过调查和讨论，首先选择了桂阳县黄沙坪铅锌多金属矿区作为试点，通过矿山实地调研，编制了《湖南省典型矿床实物地质资料展厅建设方案》，为下一步的布展工作打下了基础。

三、2015年实物地质资料汇交、管理与服务开展情况

1. 实物地质资料汇交与筛选情况

信息中心于2015年1月1日起正式开始对实物地质资料目录清单进行筛选，截至2015年12月31日，信息中心共接收实物地质资料目录清单557份，其中区域地质2份、矿产勘查501份、水工环33份、其他类21份。所有清单均及时在全国地质资料汇交监管平台上进行了处理，并相应发放了《实物地质资料目录清单回执》或《汇交通知书》。

信息中心组织内部专业人员及时对有实物工作量的实物地质资料目录清单进行筛选。根据实物地质资料的代表性、典型性、特殊性以及实际保存情况，同时对照省级实物地质资料的分类标准，2015年共筛选出“道县祥林铺（审章塘）矿区钨多金属矿详查”“茶陵县锡田矿区锡矿普查”“花垣县大脑坡矿区铅锌矿普查”“新邵县潭溪矿区钨矿勘探”“慈利县大浒矿区宏澧镍钼矿边深部镍钼矿普查”“郴州市双园冲矿区双园冲锡多金属矿资源储量核实”“攸县黄丰桥矿区边深部（约0m以下）煤炭详查”“祁东县留书塘矿区大岭矿段铅锌矿详查”“冷水江市香炉山矿区水泥用石灰岩矿资源储量核实”“永州市零陵区水埠头矿区锰矿详查”“衡阳县界牌矿区大排岭瓷泥矿深部高岭土钠长石矿普查”11个项目需要汇交实物地质资料。

《汇交通知书》发放后，信息中心安排工作人员到岩心保管地进行实地验收，现场查看岩心的保管情况，提出保管中存在的问题和保管要求，重点对筛选出的岩心进行检查和数量核对，现场指导汇交人整理包装岩心，并提出运输的具体要求。检查内容包括核对岩心数量是否准确、岩心是否混乱，岩心上标记是否清晰可见、岩心牌是否缺损、岩心箱是

否完整、岩心箱上标注是否规范等。

2. 实物地质资料管理与服务开展情况

由于省库未建成，临时实物库房设备仍在安装阶段，因此信息中心将2015年筛选出的岩心全部委托汇交人代为保管并签订了委托保管协议，所有委托保管的岩心将在临时实物库房投入使用后运回入库。由于所有岩心仍由汇交人保管，2015年信息中心未开展实物地质资料对外服务利用。

2015年11月10～12日，湖南省国土资源厅在长沙市举办了全省地质资料管理业务培训班，省四大地勘局、14个市（州）国土局、56家地勘单位的分管领导及资料汇交技术人员共170余人参加了培训。培训班上对近年来地质资料管理法规和相关制度进行了重点解读，对实物地质资料的汇交流程、汇交要求、保管要求等进行了详细培训和现场答疑。本次培训对进一步提高全省实物地质资料汇交意识和管理水平有重大意义。

3. 重要钻孔数据库建设情况

湖南省国土资源厅严格执行《国土资源部关于开展全国重要地质钻孔数据库建设工作的通知》（国土资发〔2013〕88号）的文件规定，及时下发了《转发国土资源部关于开展全国重要地质钻孔数据库建设工作的通知》（湘国土资办发〔2014〕140号），并组织编写了《湖南省重要地质钻孔数据库建设工作实施方案》和《湖南省重要地质钻孔数据库建设技术指南》，对全省承担数据库建设的单位进行了建库技术培训，在全省范围内大力推进重要地质钻孔数据库建设工作。2014年，湖南省共完成27991个钻孔的图表数据库，以及282×10^4m钻孔进尺的属性数据库建设任务。2015年，湖南省共完成10014个钻孔的图标数据库，以及372×10^4m钻孔进尺的属性数据库建设任务。为保障钻孔数据库的及时更新，湖南省建立了新形成钻孔资料的入库机制，湖南省国土资源厅在转发通知时明确规定“凡有钻探工作量的地质矿产类项目在汇交地质资料时，应同时按要求提交钻孔数据库”。2015年，湖南省共有55个地勘项目在汇交资料时提交了钻孔数据库，并在检查后及时进行了入库。

4. 实物地质资料汇交监管与筛选示范项目情况

2015年，湖南省作为实物地质资料汇交监管与筛选示范项目试点省份，在承担全国地质资料汇交监管平台实物地质资料汇交监管任务的同时，通过实地调研、专家咨询，并结合湖南省地质、矿产条件与汇交利用需求，完成了《湖南省实物地质资料筛选细则》《湖南省实物地质资料收藏目录》与《湖南省实物地质资料收藏规划》的编制，该成果可作为今后湖南省实物地质资料筛选、汇交与库藏建设的参考依据。

四、实物地质资料工作的相关文件及各项规章制度

根据《地质资料管理条例》及其实施办法、《实物地质资料管理办法》《地质资料汇交监管平台建设工作方案》等文件，并结合湖南省实际，编制了《湖南省实物地质资料筛选细则》。该细则分别针对实物地质资料汇交与筛选的各方面工作做出了具体规定，对今后规范全省实物地质资料汇交有重要作用。

（撰稿人：李华）

广东省实物地质资料管理工作

一、单位概况

广东省实物地质资料管理工作由广东省国土资源档案馆承担。广东省国土资源档案馆是广东省国土资源厅直属事业单位，正处级，公益一类。主要负责广东省国土资源厅机关文书档案、土地管理档案、地质资料档案、测绘成果档案的汇交、接收、保管和服务利用工作。广东省国土资源档案馆下设办公室、国土档案室、地质档案室、测绘档案室、数字化档案室、实物地质资料室6个科室。编制30人，现有正式人员28人。其中，研究生9人，本科生10人；高级职称9人，中级职称7人，初级职称7人；涵盖档案学、土地学、地质学、测绘学、计算机等专业。

二、实物地质资料库房基础设施建设情况

2008年，广东省国土资源厅下发了《转发国土资源部关于印发实物地质资料管理办法的通知》（粤国土资矿管发〔2008〕190号）文件，根据文件要求，广东省国土资源档案馆为广东省实物地质资料馆藏机构，行使省级实物地质资料馆藏机构职责，并负责省级实物地质资料库的筹建工作。在广东省实物地质资料库建成之前，广东省国土资源档案馆及时调整思路，经省厅主管领导及有关处室同意，在省级实物地质资料库建成之前，广东省实物地质资料管理工作采取省级馆藏机构指导下的分片委托保管机制，在全省建立了广州、韶关、梅州、湛江4个分库，委托具有固体矿产乙级以上（含乙级）勘查资质的地勘单位保管。

委托保管的全省4个分库库房面积共约1000m^2。其中梅州分库、湛江分库、韶关分库各库库房面积约200m^2，每个实物库库容量为岩心架18列，可放岩心箱144个，约1500m岩心；广州中心库库房面积约400m^2，库容量为岩心架70列，可放岩心箱700个，约7000m岩心。

三、2015年度实物地质资料管理和服务开展情况、主要做法、取得的经验及措施

（一）2015年度实物地质资料管理和服务开展情况

2015年度，经过筛选和收集，共收集广东省恩平市七根—阳春市春湾矿区钼矿勘探两个钻孔岩心1401.18m，广东省饶平县溪西矿区钼多金属矿详查两个钻孔878.89m岩心，春湾矿区项目为大型斑岩型钼矿床，溪西矿区为中型斑岩型钼矿。截至2015年12月31日，广东省实物地质资料共收集了13个项目的岩心共计31个钻孔，9682.75m；两个项目的副样15瓶，矿种有铁、铜、金、银、钼、锡、钨、铅锌、稀土等，涵盖了2008年以

来省内新发现的中型规模以上的矿区。

（二）实物地质资料管理主要做法与措施

1. 成立了实物地质资料科室

为落实省级实物地质资料行政管理职能，成立省级实物地质资料馆藏机构（或科室）是推进省级实物地质资料汇交管理的先决条件，也是国土资源部完善全国实物地质资料管理体系亟须达到的目标。为了顺利开展实物地质资料的管理工作，经广东省机构编制委员会办公室同意，广东省国土资源档案馆成立了实物地质资料室，编制 3 人。

2. 因地制宜，建立有效的实物地质资料管理机制

鉴于省级馆藏机构保管条件所限，广东省实物地质资料管理工作及时调整了思路，对全省实物地质资料管理现状进行了广泛调研，调研对象为产生实物地质资料的基层地勘单位和矿山企业，目的是进一步深刻了解实物地质资料管理的重点与难点，把握各级地勘单位对实物地质资料管理的真实想法和愿望，使实物地质资料管理更趋于实际，更具有操作性。最后确定在省级实物地质资料库建成之前，广东省实物地质资料管理工作采取省级馆藏机构监督指导下的分片委托保管体制和工作机制。即在全省分粤东、粤西、粤北和珠三角建立了梅州、湛江、韶关、广州 4 个省级实物地质资料分库，挂牌委托具有固体矿产乙级以上勘查资质的地勘单位保管。各分库配备管理人员 1 ~ 2 名，广东省国土资源档案馆对 4 个分库进行监督管理和业务指导。

3. 适应新形势，推进实物地质资料管理信息化建设

2012 年广东省国土资源档案馆组织完成了实物地质资料管理系统的开发建设，包括汇交、保管、利用服务等模块的开发并通过验收，已部署在互联网和馆内网运行。在广东省地质资料管理与服务网站、广东省国土资源档案馆网站公开发布各分库实物地质资料信息，可提供用户浏览 4 个分库所有库藏实物地质资料基本信息、岩心照片、钻孔柱状图、剖面图等资料，并且通过建档、编研、著录等工作形成系统的集成信息，提供给社会利用。申请人通过系统可实现网上汇交及申请借阅利用。系统的开通使用，使广东省的实物地质资料实现了信息化管理。

（三）重要钻孔数据库建设情况

广东省钻孔数据库项目由广东省地质调查院负责实施，成果还没有移交档案馆。

四、2015 年度出台的关于实物地质资料工作的相关文件及各项规章制度

为全面、规范地开展实物地质资料管理，2010 年以来结合广东省实物地质资料管理工作实际，广东省国土资源档案馆组织制定了一系列实物地质资料管理制度和规定，包括：①实物地质资料分库日常管理制度；②实物地质资料出入库管理制度；③实物地质资料汇交、验收、整理、入库工作流程与方法；④实物地质资料入库编号及排架规则；⑤岩心库岩矿心整理要求；⑥长途运输时岩矿心的整理、包装工作步骤；⑦实物地质资料利用办法。

编印了《广东省实物地质资料管理文件、制度汇编》，为实物地质资料管理工作的开展提供了有力保障。

2015 年度没有出台新的实物地质资料相关文件和规章制度。

（撰稿人：王雷）

广西壮族自治区实物地质资料管理工作

一、单位概况

广西地质资料馆是广西壮族自治区（以下简称广西）国土资源信息中心的下属机构，是负责广西辖区内地质资料汇交的接收验收、保管和提供地质资料信息服务的一个部门。现有职工 8 人，其中在编职工 3 人，编外聘用人员 5 名；高级职称 2 人，中级职称 1 人，技术员 5 人；具有大学本科以上学历 7 人，中专学历 1 人；地质专业 5 人，档案专业 1 人，计算机专业 1 人，其他专业 1 人。

二、实物地质资料库建设情况

广西地质资料馆占地总面积 732.60m^2，其中库房面积 594.06m^2，阅览室 67.20m^2（纸质阅览室 67.20m^2，电子阅览室 40.00m^2）、办公室 71.34m^2。库房于 20 世纪 80 年代建成，场地较为简陋。所有地质资料都按要求存放于库房内，库房配备日光灯照明、空调及部分吊扇降温，大窗口通风，布帘遮光，铁皮柜存档，无防潮、恒湿等设备。

三、实物地质资料管理和服务情况

1. 地质资料管理情况

馆内建立了地质资料接收验收制度、地质资料安全保管制度、地质资料借阅制度、涉密地质资料查阅和利用等制度，并按照制度开展地质资料接收、保管和提供利用服务工作，目前各项制度执行情况良好。由于三楼库房存放空间已不能满足日益增加的地质资料，在四楼原部分办公室开辟了新的资料库。为保证资料安全起见，部分房间旧木门已更换为铁门，安装有空调设备。

2. 地质资料信息社会化服务情况

广西国土资源信息中心坚持地质资料为行政管理和社会各界提供服务，2015 年接待社会各界人士查阅地质资料共计 351 人次，1039 档次，9392 件次。

3. 做好相关的数据库建设和更新

1）完成 2015 年度地质资料目录数据库更新与维护。按国土资源部规定和要求及时对地质资料目录数据库进行维护和更新工作，2015 年共录入 63 档已入库地质报告相关目录数据，保证目录查询结果为实时最新，为社会各界提供网上查询服务。

2）重要钻孔数据库建设项目有序推进。广西地质资料馆作为重要地质钻孔数据库建设项目的技术支撑单位，负责该项目的技术业务指导和数据库的汇总、审查核对和总结报告的编写工作。2015 年上半年完成了全区 24 家地质勘查单位重要地质钻孔数据库的审核验收，共采集 29363 个钻孔数据入库（广西需完成 27000 个），已完成数据汇总工作，并通过了由国土资源实物地质资料中心组织的验收。

3）开展广西矿产资源储量空间数据库更新与维护工作。2015 年主要完成新增 28 处矿区的储量空间数据的采集、入库任务，重点采集矿区内各矿产资源储量计算最大范围边界的水平投影图形及相关属性。其属性数据包括已有矿产资源储量数据库中数据及若干补充数据，有矿区边界图边界拐点坐标、地表标高（范围值）、矿产矿体总体标高（范围值）等。

（撰稿人：钟文学）

海南省实物地质资料管理工作

一、单位概况

海南省国土资源厅是海南省人民政府组成部门，主管全省土地和矿产资源工作，共有24个处室，6个下属单位。海南省国土资源厅未设置资料馆藏机构，全省实物地质资料全程委托海南省地质局保管。海南省地质局为原海南省地质矿产勘查开发局和原海南省地质勘查局合并组建成立，主要从事陆域与海域基础性、公益性、战略性地质调查、矿产勘查及地质科研工作，积极开展国内外矿产资源勘查开发、工程勘察等工作。

局机关内设13个处室，全局下属13家正处级事业单位，从事地质勘查工作的主要地勘单位分别为海南省地质调查院、海南省海洋地质调查研究院（海南省遥感中心）、海南省地质测试研究中心、海南省环境地质勘察院、海南省地质综合勘察院、海南省水文地质工程地质勘察院、海南省九三四地质大队、海南省核工业地质大队等。

全局共有职工2708人，在职职工1585人，离退休职工1123人，专业技术人员829人，其中具有高级职称的专业技术人员157人。全局拥有地质勘探、分析测试、工程勘察、矿产采选等设备5500多台（套），具有地质调查、矿产勘查、工程勘察等行业甲级资质20多个。

二、实物地质资料库房基础设施建设情况

海南省地质局在云龙基地现设有专门的副样库和岩心库。其中，副样库面积860m^2，岩心库面积2050m^2。

三、2015年工作实物地质资料汇交及重要钻孔数据库建设情况

2015年海南省地质局在地质项目勘查过程中所形成的实物地质资料均存放于岩心库及副样库库存，由海南省地质局自行管理。在项目资料汇交中，向上级单位提交了实物地质资料目录清单14宗，同时向实物地质资料中心单独提交实物地质资料目录清单10宗，然后由实物地质资料中心下发实物地质资料汇交合格证。

2015年海南省重要地质钻孔数据库建设原工作量为947个（表1），后期补充55个（表2），总工作量为1002个（表3）。按钻孔类型分，矿产地质勘查钻孔814个、工程地质勘查钻孔55个、水文地质勘查钻孔78个、环境地质勘查钻孔55个。

表1　2015年度完成钻孔数据入库项目列表

项目名称	工程布置图数/个	勘探线剖面图数/个	地质钻孔数/个
海南岛琼山县长昌矿区煤矿地质勘探	1	24	91
海南省屯昌县高通岭矿区钼矿详查	1	3	24

续表

项目名称	工程布置图数/个	勘探线剖面图数/个	地质钻孔数/个
海南省琼海市梅岭铜钼矿勘查	1	6	13
海南岛琼海县东平红层盆地供水水文地质详查	1	1	19
海南省昌江县昆雅岭矿区石灰岩矿详查	1	4	18
海南省琼海市官塘地热田热矿水勘探	1	2	11
海南岛保亭县南好矿区情安岭地段铁矿硫铁矿地质勘探	2	24	3
保亭县毛感南好矿区锌山—南后山地段铅锌矿勘探	2	8	51
海南岛保亭县新村热水区水文地质勘探	1	1	7
海南省文昌市木兰头矿区（东段）石英砂矿详查	1	38	294
海南省文昌市木兰头矿区（西段）石英砂矿普查	1	15	46
海南省文昌市翁田镇坡口市村矿区锆钛砂矿详查	1	26	273
海南国际旅游岛水文地质工程地质调查评价	1	0	97

表 2　后期补充的工作量

项目名称	工程布置图数/个	勘探线剖面图数/个	地质钻孔数/个
海南岛 1:5 万翁田幅、文昌县幅、冠南圩幅、崖县幅环境地质调查	2	0	51
1:5 万景心角幅、白莲市幅环境地质调查	1	0	4
合计	3	0	55

表 3　钻孔图表数据库工作量安排

组织机构代码	保管单位名称	钻孔数/个
67106978－9	海南地环资源勘查有限公司	613
77429606－0	海南省地质综合勘察院	61
42820072－4	海南省地质局	176
73008694－2	海南省地质调查院	152
合计		1002

四、2015 年出台的关于实物地质资料工作的相关规定和规章制度

2015 年度没有出台关于实物地质资料工作的相关规定和规章制度。

（撰稿人：岑如南）

重庆市实物地质资料管理工作

一、单位概况

重庆市实物地质资料管理工作由重庆市国土资源和房屋档案馆承担。重庆市国土资源和房屋档案馆建筑规模 3487.85m^2，其中业务及办公用房约 1300m^2，档案库房面积约 2200m^2；智能密集架存放空间排架长度为 8824.56 延米，智能光盘柜存放空间排架长度为 1814.4 延米，基本实现了设施设备现代化、档案管理规范化、档案资料数字化、档案利用信息化。2013 年重庆市国土资源和房屋管理局投入 8538 万元在西永微电园购置 $1.69\times10^4m^2$ 的房屋用作档案集中管理用房，其中档案库房面积约 $1.5\times10^4m^2$，业务配套用房近 2000m^2，拟用于主城区国土分局、登记中心的档案以及全市成果、原始地质资料的集中管理。

重庆市国土资源和房屋档案馆设四科一室，即综合业务科、收集整理科、信息管理科、地质资料科、办公室。在编人员 18 人，其中大专 2 人，本科 15 人，硕士 1 人；档案管理高级职称 5 人，中级职称 4 人；直接从事地质资料管理工作的正式在编人员 5 人。

二、实物地质资料库房建设情况

重庆市实物地质资料库房处于建设阶段。项目选址在重庆市渝北区石船镇境内铜锣山脉一处废弃采石厂内，规划用地 125 亩，总建筑面积 36046m^2，估算总投资 2.36 亿元。规划建设实物库房两座，建筑面积 9073.6m^2，库容 150×10^4m 岩心；综合楼 1 座，建筑面积 6844.7m^2，满足办公及基本展览需求；分散式地质博物馆展厅 3 座，建筑面积 19061.4m^2；其他配套用房建筑面积 1066.3m^2。目前，已完成项目立项批复、可研报告编制、地形图测量等工作。正在开展地灾评估、压矿评估、环评、土地调规等工作。

三、实物地质资料汇交工作

由于实物地质资料库尚在筹建中，实物地质资料管理采取委托方式由各地勘单位自行保管。实物地质资料汇交，按照国土资源部成果、实物、原始地质资料同步汇交的工作要求，馆藏机构在接收成果地质资料的同时，要求汇交人通过汇交监管平台上传《实物地质资料目录清单》，由馆藏机构审核后再上报国土资源实物地质资料中心筛选，筛选结果作为发放汇交凭证的三证之一。2015 年共接收实物目录清单 491 份，发放回执 450 份。

四、重庆市重要地质钻孔数据库建设情况

2015 年是重要地质钻孔数据库建设收尾之年。年初，安排部署了 2015 年钻孔数据库建设任务，组织了 2014 年年度工作报告及 2015 年实施方案的评审；年中，对重庆市地勘局一〇七地质队、南江队、重庆一三六地质队等主要承担项目任务单位开展了工作进展、

数据质量情况、项目人员安排及项目管理情况抽查工作，对各单位工作中遇到的问题及解决办法进行研讨、交流。年末，开展了2015年度工作报告审查工作，听取项目参建单位的年度工作汇报，抽查钻孔数据库及数据库属性卡片，提出了修改意见。2015年度计划安排了391个项目、5959个钻孔的建库任务，实际完成381个项目、5684个钻孔的建库工作（因存在项目重复、钻孔重复等实际问题，造成实际完成工作量与计划工作量稍有出入），圆满完成了2015年度建库任务并提交国土资源实物地质资料中心审查。

重庆市重要地质钻孔数据库服务平台正式上线运行（网址：http：//218. 70. 88. 120：8089/）。该平台主要包含地图检索、GIS空间检索、关键字检索、高级检索和数据统计等功能，实现了地质钻孔的基础信息、钻孔柱状图、样品测试分析数据等信息的综合集成发布。还可通过平台检索查看钻孔编号、项目名称、钻孔类型、钻孔深度、工作程度、保管单位等信息。目前，该服务平台已公开发布1139个项目的19157个钻孔信息。钻孔数据库服务平台的建成并投入运行，拓宽了地质资料服务利用渠道，转变了服务方式，实现了地质资料信息由量变向质变的升华，提升了重庆市地质资料服务利用能力和水平，将为重庆市地质找矿、重大工程规划建设、地质灾害治理和防护等提供重要基础信息资料。

（撰稿人：涂岩）

四川省实物地质资料管理工作

一、单位概况

1. 单位性质

四川省实物地质资料管理工作由四川省国土资源厅实物地质资料攀西分库承担。四川省国土资源厅实物地质资料攀西分库（以下简称攀西分库）属事业单位，管理模式如下：

四川省国土资源厅负责全省地质资料（成果地质资料、原始地质资料和实物地质资料）的汇交、转移、保管和提供利用的监督管理。四川省国土资源厅矿产资源储量处作为主管处室，负责协调省厅各相关处室、四川省国土资源资料馆（以下简称省厅资料馆）、四川省地质矿产勘查开发局一〇六地质队（以下简称一〇六地质队）及相关汇交单位，稳步推进攀西分库库房及其他基础设施建设，积极开展攀西片区实物地质资料汇交管理工作。四川省国土资源厅地质勘查处负责攀西片区整装勘查岩矿心管理技术指导。四川省国土资源厅财务处负责协调落实资金。

四川省国土资源厅资料馆作为全省地质资料（成果地质资料、原始地质资料和实物地质资料以及其他相关资料）的馆藏机构，主要负责攀西分库建设及日常管理工作的具体业务指导。负责建立健全实物地质资料筛选、采集、验收、整理、保管及提供利用等规章制度，负责对攀西分库实物地质资料管理工作进行定期或不定期的督促检查。

四川省国土资源厅委托一〇六地质队承担攀西分库建设任务及攀西、甘孜、阿坝地区实物地质资料的接收、整理、提供利用、信息采集、统计上报等管理工作。

根据四川省财政厅有关文件精神，攀西分库构筑物为一〇六地质队管理的国有资产。按照《地质管理条例》规定国家对地质资料实行“统一汇交、二级管理”的原则，攀西分库馆藏实物地质资料为四川省国土资源厅管理的国有资产。

2. 主要职责

攀西分库主要职责：承担四川省攀西、甘孜、阿坝地区的实物地质资料接收、整理、数字化、文本资料著录等工作任务；保管所有地质项目中有重要价值的岩（矿）心、标本、光（薄）片、副样等实物地质资料；建立实物地质资料社会化服务体系，向用户提供查询、实物观察、取样加工、科研教学等全方位服务。

3. 内部机构设置

攀西分库内部机构设置实物地质资料采集组、实物地质资料整理组、库藏管理组，各组职能如下：

1）实物地质资料采集组。负责岩矿心、标本、副样、光（薄）片等实物地质资料的筛选、采集与验收。

2）实物地质资料整理组。负责实物地质资料整理（岩矿心、标本、副样、光（薄）片等整理），负责实物地质资料数字化（岩矿心图像扫描、标本照相、光薄片显微照相）。

3）库藏管理组。①接收资料：接收实物地质资料资料，接收相关资料（实物采集的相关资料、实物整理的相关资料）。②建档：根据实物地质资料及采集相关资料建立实物地质资料案卷级目录。③资料整理及备份：对实物采集的相关纸质资料进行整理及其对应的电子文档进行备份，对实物整理的相关纸质资料进行整理及其对应的电子文档进行备份，对实物地质资料数字化的相关纸质资料进行整理及其相关的电子文档进行备份。④资料归档：建立实物地质资料文件级目录，并对实物采集、整理、数字化的纸质资料及电子资料进行归档。⑤业务统计：负责日常性工作统计、汇总性统计。⑥资料借阅：负责资料对内外借阅。⑦建立实物地质资料社会化服务体系。

4. 人才队伍情况

攀西分库现有行政人员 1 人，地质专业人员 8 人（其中高级职称 2 人，中级职称 3 人，初级职称 3 人），IT 专业人员 1 人，档案管理人员 1 人，后勤人员 1 人。

二、攀西分库库房基础设施建设情况

1. 库房建设情况

四川省国土资源厅实物地质资料攀西分库完成建设面积 1508.41m^2，其中，实物库、文本资料及电子文档房、实物整理室、文本整理及文本扫描室、实物取样加工及岩矿鉴定室 1201.20m^2，办公室、来宾休息室及员工宿舍面积为 307.21m^2。

2. 设备配置情况

1）存储设备：实物地质资料货架 410 组。

2）资料装具：岩心箱及标本箱 8500 个，副样瓶 15000 个，标本袋 500 个，薄片盒 20 个，光片盒 30 个，档案柜 39 组，档案袋 800 个，防磁柜（光盘柜）1 个，光盘盒 200 个。

3）整理及检索设备：办公桌 3 个，实物整理设备微型计算机 3 台，打印机 3 台，条形码打印机 1 台，裁纸机 1 台，塑封机 1 台，胶装机（装订机）1 台。

4）实物搬运设备：电动叉车 2 台。

5）信息采集设备：摄像机 1 台，A3 幅面扫描仪 1 台，单反相机 1 台。

6）观察取样设备：放大镜 5 个，显微镜 1 台，岩矿程制三用机 1 台（岩矿心切片、磨片、钻孔），光片抛光机 1 台，岩矿心切割机 1 台。

7）防护及通信设备：视频监控设备 1 套，电话机 3 部，传真机 1 台。

三、攀西分库实物地质资料汇交、管理和服务情况，主要做法，取得的经验及措施，钻孔数据库工作情况

2015 年 1 月 1 日至 2015 年 12 月 31 日，攀西分库入库 8 个项目的岩矿心，入库保管岩矿心 17489.33m，入库标本 264 块，入库光薄片 653 件，入库副样 7515 瓶。

四川省国土资源厅实物地质资料攀西分库 2014 年下半年正式开始岩矿心入库工作。截至 2015 年 12 月 31 日，累计入库保管岩矿心 39145.98m，入库标本 510 块，入库光薄片 720 件，入库副样 15856 瓶。

1. 积极开展实物地质资料社会服务利用

为推动攀西实物分库库藏实物地质资料社会利用，同攀枝花学院资源与环境工程学院

积极接洽，双方就该学院在攀西实物分库开展科研教学达成了共识，于2015年6月签订合作框架协议，在“保证实物地质资料（含其他资料）不泄密、不散失、不损毁、不混乱”的原则下，结合攀西实物分库库藏资源与攀枝花学院资源与工程学学院科研教学平台，今后将在科研教学、人才交流培养等方面开展广泛合作。

2. 采集攀西地区典型实物标本，丰富攀西实物分库库藏

积极同国土资源实物地质资料中心，四川省地质矿产勘查开发局四〇三地质队接洽，开展“康滇地轴（四川段）典型矿床系列标本采集”工作。依照相关地质标本采集规范，通过对位于康滇地轴的黑箐铜矿、淌塘铜矿等典型矿床开展野外踏勘、实地调查、标本采集工作，完成了264块实物标本的采集工作，并形成了详细的采集报告，进一步丰富了攀西实物分库库藏实物地质资料。

3. 稳步推进全省重要地质钻孔数据库建设工作

2015年7月，完成2014年度项目验收工作，组织专家验收了清理的1322个地质勘查项目以及建设的18352个钻孔数据库、4166个钻孔的属性可编辑数据库等工作成果。并向国土资源实物地质资料中心提交4522个钻孔数据，均通过验收并完成移交工作。

截至2015年12月底，已完成28112个钻孔数据资料收集，完成26815个不可编辑钻孔数据库建设，完成6017个属性可编辑钻孔数据库建设。

四、相关文件及各项规章制度

1. 攀西分库实物地质资料工作的相关文件

截至2015年12月31日，攀西分库实物地质资料工作的相关文件有6份：①《四川省国土资源厅办公室关于下达“攀西钒钛磁铁矿整装勘查岩心库（四川省国土资源厅实物地质资料攀西分库）建设项目”任务的函》（川国土资办函〔2013〕119号）；②《四川省国土资源厅办公室关于印发四川省国土资源厅实物地质资料攀西分库管理工作方案的函》（川国土资办函〔2013〕248号）；③《四川省国土资源厅关于攀西钒钛磁铁矿整装勘查区岩矿心处理有关问题的通知》（川国土资办函〔2013〕1654号）；④《四川省国土资源厅关于印发“攀西钒钛磁铁矿整装勘查岩心库（四川省国土资源厅实物地质资料攀西分库）建设项目”验收意见的函》（川国土资函〔2014〕726号）；⑤《财政厅关于下达2014年第二批省级地勘基金项目专项资金支出预算的通知》（川财投〔2014〕109号）；⑥《四川省国土资源厅办公室关于攀西钒钛磁铁矿整装勘查项目实物地质资料汇交入库有关问题的通知》（川国土资函〔2014〕130号）。

2. 攀西分库各项规章制度

截至2015年12月31日，攀西分库制定了9个规章制度：①实物地质资料保管制度；②实物地质资料出入库制度；③实物地质资料库区工作人员守则；④实物地质资料库区出入管理制度；⑤实物地质资料利用办法；⑥实物地质资料接收要求；⑦实物地质资料整理要求；⑧实物地质资料馆藏方法技术体系；⑨实物地质资料管理技术流程。

（撰稿人：郝翔）

贵州省实物地质资料管理工作

一、单位概况

1. 单位性质

贵州省实物地质资料管理工作由贵州省地质资料馆承担。根据贵州省机构编制委员会办公室《关于组建贵州省地质资料馆的批复》（省编办〔2008〕11号），贵州省国土资源厅于2008年组建了贵州省地质资料馆，该单位为全额拨款的正县级事业单位。

2. 主要职责

1）贯彻执行国家有关实物地质资料的法律法规，拟订贵州省实物地质资料的相关技术标准和工作规范，建立实物地质资料的整理、保管和利用制度。

2）承担贵州省地质资料馆馆藏建设和馆藏地质资料的保管与利用工作。

3）承担馆藏地质资料数字化、基础地质成果数据库和地质资料信息系统的建设和管理使用工作。

4）负责贵州省地质资料的接收、汇交、采集、收集、收购、保管和利用工作。

5）承担馆藏地质资料研究和矿产资源供需形势分析、储量统计和专项规划编制等相关技术工作。

6）负责国土资源地质图书室的建设和管理工作。

7）承担地质资料相关的科普知识宣传和教育工作。

8）承担贵州省国土资源厅交办的其他事项。

3. 内部机构设置

根据贵州省地质资料馆主要职责，设置有综合室、资料档案管理室、信息技术室、实物资料库、总工办。

4. 人才队伍情况

贵州省地质资料馆核定全额预算管理事业编制22名，目前在编职工18人，聘用人员11人。在编在岗职工的学历情况：大专以下1人，大专2人，本科12人，硕士3人。在编在岗职工职称情况：初级职称及以下9人，中级职称3人，高级职称6人。专业情况：地质10人，信息科学2人，其他6人。在编在岗职工年龄情况：30岁以下4人，31~40岁7人，41~50岁4人，50岁以上3人。

二、实物地质资料库房基础设施建设情况

2013年10月，贵州省地质资料馆对原有的贵州省地质资料备份库进行改造，作为贵州省实物地质资料临时库房和成果地质资料备份库房。库房建筑面积1000m^2，为两层砖混结构楼房，一层为实物地质资料库房，建筑面积500m^2。2015年8月，贵州省地质资料

馆再次对实物资料库房进行升级改造，在库房内搭建双层岩心货架，增加了岩心的存储量。升级改造后的实物库房可储存岩心 50000m。同时购置葫芦起重机两台，用于装卸大型岩矿石标本。

三、2015 年实物地质资料管理与服务情况

1. 实物地质资料目录清单接收处理情况

2015 年，贵州省地质资料馆通过汇交监管平台接收实物资料目录清单 373 份，其中区域地质 1 份、矿产地质 190 份、水工环 8 份、地质科研 3 份、其他 171 份。通过国土资源实物地质资料中心和贵州省地质资料馆筛选，发放回执 371 份、汇交通知书 13 份，其中国土资源实物地质资料中心发放汇交通知书 2 份，贵州省地质资料馆发放汇交通知书 11 份。

实物地质资料目录清单的接收处理主要通过汇交监管平台实现，首先由国土资源实物地质资料中心进行筛选，对不需要汇交实物地质资料的实物地质资料目录清单发放回执，需要汇交实物地质资料的实物地质资料目录清单发放汇交通知书。贵州省地质资料馆根据国土资源实物地质资料中心的筛选情况再次进行筛选，对需要汇交到贵州省地质资料馆的实物地质资料发放汇交通知书。

2. 实物地质资料汇交情况

根据实物地质资料目录清单接收处理情况，2015 年贵州省地质资料馆接收汇交的实物地质资料 9 份。涉及的工作类型有固体矿产勘查、地热水勘查，涉及的实物资料种类有岩心、标本、光薄片、化探副样及岩屑。其中岩心 10294. 23m、标本 45 块、光薄片 10 片、化探副样 2929 袋、岩屑 2452 袋（5 个钻孔共计孔深 10159. 27m）、岩屑展板 18 块（4 个钻孔共计孔深 8473. 17m）。

实物地质资料的汇交由贵州省地质资料馆与汇交人共同完成。贵州省地质资料馆在向汇交人下发汇交通知书后，组织专业技术人员到实物地质资料保存地查看拟汇交实物地质资料的完整性，然后根据实物地质资料的形态、规格、数量，向汇交人发送标准岩心箱及其他实物地质资料标准装具。根据实物地质资料整理技术要求，汇交人整理实物地质资料并运输至贵州省地质资料馆指定的实物地质资料库房。

3. 典型岩矿石标本专项采集情况

2014 年 8 月，贵州省国土资源厅向贵州省地质资料馆下达了贵州省典型矿床矿石标本及标准地层剖面岩石标本采集的工作任务。2015 年 9 月，贵州省地质资料馆部署了贵州省丫它金矿、开阳磷矿、普定五指山铅锌矿、独山半坡锑矿、贵州省饰面石材、贵州新元古代—南华纪构造古地理演化岩石标本的采集工作，拟采集岩矿石标本共计 1143 块，其中大标本 78 块，小标本 1065 块。2015 年 10 月，贵州省地质资料馆与国土资源实物地质资料中心联合开展了贵州省贞丰 – 普安金矿整装勘查区岩矿石标本采集工作，贵州省地质资料馆共采集岩矿石标本 120 块，其中矿石大标本 2 块，岩矿石小标本 118 块。

4. 实物资料保管调研情况

2015 年，贵州省地质资料馆开展了贵州省实物地质资料保存现状调查工作，对贵州

省的31家地勘单位及矿山企业在2010～2015年期间形成的实物地质资料进行问卷调查工作，并根据问卷调查结果选择6家单位进行实地调研。通过问卷调查，仅有9家单位保存有实物地质资料，其保存情况如表1所示。

表1　实物地质资料问卷调查结果

序号	保管单位	资料类别	数量	保存地	库房情况
1	贵州有色金属和核工业地质勘查局二总队	薄片	67件	单位基地	临时库房
		岩矿标本	47件		
2	贵州省地质矿产勘查开发局101地质队	岩心	8000.9m	101队岩心房	临时库房
3	贵州有色金属和核工业地质勘查局	岩心	2556.9m	项目所在地	无库房
4	贵州省地质矿产勘查开发局106地质队	化学副样	7945件	遵义市矿产品检查站	无库房
5	贵州省煤田地质局159队	岩心	87222m	队资料室	临时库房
6	贵州省地质调查院	化探副样	285509件	花溪金竹镇烂泥沟	临时库房
		薄片	10847件	地矿新庄地调院基地	临时库房
7	贵州省地质矿产勘查开发局103地质队	岩心	59101.44m	矿区或103实验室	临时库房
		薄片	74件		临时库房
		化学副样	2344件		临时库房
8	贵州泛华矿业有限公司	岩心	64513.57m	普定县鸡场乡	临时库房
9	贵州有色金属和核工业地质勘查局六总队	岩心	5920.07m	凯里市	临时库房

通过对问卷调查结果的分析，选择贵州泛华矿业有限公司、贵州省地质调查院、贵州省地质矿产勘查开发局101地质队、贵州省地质矿产勘查开发局103地质队、贵州省有色和核工业地质勘查局六总队进行实地调研。调研内容主要是实物地质资料库房的结构、面积及实物资料的数量等。实地调研情况如表2所示。

表2　实物地质资料实地调研情况

调研保管单位	库房面积/m^2	库房结构	岩心数量/m	副样/件
贵州泛华矿业有限公司	600	砖混	64513.57	
贵州省地质调查院	629.23	砖混		285509
贵州省地质矿产勘查开发局101地质队	200	砖混	2380	
贵州省地质矿产勘查开发局103地质队	100	砖混	698.32	
贵州省有色金属和核工业地质勘查局六总队	300	砖混	2640	27300

5. 实物地质资料服务情况

2015年11月，贵州省地质资料馆面向全省地勘单位地质资料汇交员开展实物地质资料管理与汇交的业务培训，参加培训的汇交员达200人。

6. 重要地质钻孔数据库建设情况

在国土资源实物地质资料中心的指导下，贵州省重要地质钻孔数据库建设工作于2013年启动，主要对馆藏成果地质资料的重要地质钻孔和地勘单位保管的重要地质钻孔的基本信息及“三图一表”信息进行整理、扫描及数据格式转换、著录入库，形成钻孔数据库。截至2015年12月，累计完成43067个钻孔，其中2013年完成馆藏重要地质钻孔数据库建设372个项目7682个钻孔，2014年完成馆藏重要地质钻孔数据库建设1323个项目21052个钻孔，2015年完成馆藏及地勘单位保管的重要地质钻孔数据库建设581个项目14333个钻孔。同时，2015年初步完成钻孔属性库建设1个项目441个钻孔试点工作。

四、2015年出台的相关文件和规章制度

2015年，贵州省地质资料馆起草了《贵州省实物地质资料收藏规划》《贵州省实物地质资料筛选目录》，修订了《贵州省实物地质资料筛选细则》（试用稿）。

（撰稿人：朱和书）

云南省实物地质资料管理工作

一、单位概况

云南省国土厅目前没有专门的实物地质资料馆藏机构及人员，实物地质资料汇交及日常管理工作由云南省国土资源厅信息中心资料档案馆兼顾。

1. 单位性质及主要职责

2000 年 8 月原云南省地矿厅、土地管理局合并组建云南省国土资源厅；2001 年云南省国土资源厅信息中心作为厅的全额性事业单位成立，财务实行独立核算，统一管理，具有独立事业法人资格。

资料档案馆是省国土资源厅信息中心的一个部门，由原云南省地质资料馆、地质博物馆、地质矿产厅、土地管理局档案室组成，定编 3 人，目前在岗 1 人，主要负责厅机关探矿权、采矿权、地质环境、地质资源储量、地籍、建设用地、土地利用等矿政、地政档案及原云南省地质资料档案馆管理的基础性公益性地质资料和全省各部门汇交的地质成果资料的接收、保管、提供利用。

2. 内部机构设置

云南省国土资源厅信息中心共分为数据部、网络部、综合部、档案部（对外亦称资料档案馆）4 个部门，资料档案馆是省国土资源信息中心下设的一个部门，属全额拨款事业单位，日常运行经费预算纳入地方财政预算，基本能够保障馆藏机构日常运行和基础性地质资料工作的正常开展。截至 2015 年 11 月 30 日，资料档案馆共接收、验收、整理、入库全省汇交地质资料 11805 种 964933 件，数据量达到 684. 95GB；公益性地质资料 321 种，数十万件，国土资源专业档案 6 万余卷。

原地质博物馆是原地矿局 1979 年成立的专业博物馆，共典藏云南省及国内外地质标本 5000 多件，其中不少为国内外罕见珍品、稀少物品或现在较难收集到的藏品。由于展出地点所限，目前展出面积约 $100m^2$，仅展出馆藏标本中的精品 1000 余件，陈列展出了矿产资源、宝玉石、古生物、恐龙、古人类及史前文化等，多数地质标本存放于地下室约 $120m^2$ 的库房，无法展出，其中包括一具出露较完整的恐龙化石。

3. 人才队伍情况

资料档案馆内直接从事地质资料、博物馆工作的目前实有 6 人，其中在职在编 1 人，劳务派遣 2 人，借用 3 人。

二、实物地质资料库房基础设施建设情况

根据国土资源部《关于印发〈实物地质资料管理办法〉的通知》（国土资发〔2008〕8 号）要求，云南省实物地质资料库房建设计划已获省发改委批准，获批建设用地，将与

云南省地质调查局、云南省交易中心共同建设。因国家暂停楼堂馆所建设，目前尚未实施。

三、实物地质资料管理和服务开展情况

1. 实物地质资料汇交情况

截至2015年11月底，接收并处理汇交的实物资料目录清单329份，回复实物地质资料目录清单回执329份，协助国土资源实物地质资料中心接收云南省会泽县矿山厂区1764标高以下铅锌矿勘探实物地质资料1份。

2. 实物地质资料管理情况

因资料档案馆暂时无存放地点，目前没有接收实物地质资料。

3. 实物地质资料服务利用情况

积极协助国土资源实物地质资料中心到云南省采集实物资料，2015年采集云南省会泽县矿山厂区1764标高以下铅锌矿勘探实物资料1份。并根据省勘查基金项目实施进度，适时跟进"江城县勐野井钾盐矿外围钾盐普查"项目施工3000m深钻实物收集，多次与实物地质资料中心及项目组沟通，开展采集准备。

4. 钻孔数据库建设情况

根据《国务院办公厅关于转发国土资源部等部门〈找矿突破战略行动纲要（2011～2020年）〉的通知》（国办发〔2011〕57号）及《国土资源部关于〈开展全国重要地质钻孔数据库建设工作〉的通知》要求，云南省于2013年4月编制了《云南省重要地质钻孔数据库建设工作方案》，于2013年9月列入省财政2014年政府预算。省财政2014年批准了预算，并于12月底将预算款拨付云南省国土资源厅。

按照国土资源实物地质资料中心工作部署，云南省2015年度工作应完成8000个钻孔数据库"三图一表"建设。在省厅统一领导协调下，省级技术支撑单位云南省地质技术信息中心选择了在2014年度工作中建库综合能力较强、成果质量好的8家地质勘查单位（矿山企业）作为2015年度任务承担单位，优质完成了2015年度工作。截至2015年11月30日，完成了方案预计的"三图一表"建设1085个项目、34132个钻孔信息核实工作，由于"三图一表"数据不全，总的入库完成数为33038孔。随后对数据进行了补充，全面完成了全省重要成矿区带内的35132个重要地质钻孔"三图一表库"建库工作，数据量达2TB，形成8套核实原始资料。

2015年7月，云南省安装重要地质钻孔数据库服务平台。经过两天的辛苦安装及系统更新，"云南省重要地质钻孔数据库服务平台"已经提供网上服务，目前已经发布874个项目、25921个钻孔基本信息，提供用户查阅利用。重要地质钻孔柱状图正在走流程审批，待批准后，将逐步发布，提供给社会大众使用。

遵照国土资源部下发的技术要求，结合云南省实际，编制了《云南省重要地质钻孔数据库建设质量检查验收实施细则》（试用版），制定了自检、互检、初审三级质量管理制度，建立健全了《工作日志》《数据质量检查》（自检、互检、抽检）等质量监控文件填报制度。

四、实物地质资料工作的相关文件及各项规章制度

云南省实物地质资料工作还未正式开展起来，目前还没有制定本省相应的规章制度、有关实物资料汇交等制度，均按照国土资源部《实物地质资料管理办法》相关规定执行。

（撰稿人：钟薇）

西藏自治区实物地质资料管理工作

一、单位概况

西藏自治区（以下简称西藏）实物地质资料管理工作由西藏自治区国土资源资料馆承担。西藏自治区国土资源资料馆（西藏自治区国土资源信息中心）是属于西藏自治区国土资源厅的全额拨款副县级事业单位。

1. 主要职责

负责全区土地、矿产资源和地质环境档案资料的管理、社会服务、编研开发和制度建设。从事资料管理工作人员5人，实际在岗人员3人，1人在休假，1人在参加全区驻村工作（时间为一年），聘人员1人，合署办公。

2. 内部机构设置

综合事务部、信息部、土地档案室、地质资料室。

3. 人才队伍情况

信息中心人员编制12人（含馆长1人）。从事资料管理职称结构：副高级1人，助理工程师3人；学历结构：本科3人，专科1人，中专1人。

二、实物地质资料库房基础设施建设情况

2015年6月西藏实物资料库开始动工建设，办公楼基本完成建设，并于2016年交付完工。

利用“涉密地质资料清理”项目剩余66万元政府采购资金，采购了1台大容量磁盘阵列和6000个岩心箱，改善了地质资料电子文件的备份环境。

三、实物地质资料管理和服务开展情况

1. 实物地质资料管理情况

1）实物地质资料汇交监管与分类筛选项目：国土资源实物地质资料中心20万元，项目野外调研工作已完成，岩心清理工作尚未开始，通过与国土资源实物地质资料中心及清理单位协商，需清理的项目是“墨竹工卡县驱龙铜矿区”项目，拟在项目新建岩心库进行清理工作，因新岩心库尚未盖好，所以暂时无法进行，项目总结已完成。

2）2015年向国土资源实物地质资料中心转送实物地质资料清单45档；资料借阅75人次，142份次，2332件次，资料复印正文10460页，附图512张，提供电档资料51档，数据量达6.55GB。

3）电子阅览室借阅的报告共计749档。

2. 实物地质资料服务利用情况

西藏自治区国土资源资料馆为进一步推进地质资料的开发利用和加强社会化服务，同时也为了认真贯彻落实《地质资料管理条例》，电子阅览室系统已经正常运行。

3. 钻孔数据库建设情况

地质钻孔数据库项目：自治区财政 20 万元，国土资源实物地质资料中心 2015 年 20 万元；计划完成以往汇交资料的 1000 个钻孔，目前完成了 1047 个钻孔的数据库建设；国土资源实物地质资料中心项目总结已完成，并于 2015 年 11 月 12 日通过初审。

四、实物地质资料工作的相关文件集各项规章制度

西藏自治区实物地质资料管理工作刚刚起步，目前未制定相应的管理制度，一切按照国家有关实物地质资料管理办法执行。

（撰稿人：尼珍）

甘肃省实物地质资料管理工作

一、单位概况

1. 机构设置

甘肃省实物地质资料管理工作由甘肃省国土资源资料馆承担。甘肃省国土资源资料馆隶属于甘肃省国土资源信息中心。甘肃省国土资源信息中心是甘肃省国土资源厅直属正处级事业单位，加挂“甘肃省国土资源资料馆”牌子。

2. 主要职责

承担馆藏地质资料的保管、借阅、查询、复制、汇交、验收、归档、清理、安全、保密等日常性工作；承担馆藏地质资料专题项目的实施。

3. 人才队伍情况

资料馆现有在编人员 4 人（高级职称 2 名，地质专业研究生 2 名），另外聘 7 人。

4. 业务设施

2010 年 10 月，依托甘肃地质博物馆新建成的甘肃省国土资源资料馆馆藏面积超 780m^2，包括库房、阅览室、机房、办公室、全国地质资料馆电子数据异地备份库房等。馆内配置国内较先进的自动密集架及防火、防盗、防虫等设施设备。截至 2015 年 12 月 31 日，馆藏成果地质资料共计 9700 余种，其中已完成数字化地质资料 9000 余种，备用资料 21000 余份，原始资料目录 4500 余册，实物地质资料目录清单 1000 余册，是甘肃省地矿行业中馆藏最多、种类最全、管理水平最先进的专业技术档案馆。

二、实物地质资料管理工作现状

1. 基本情况

甘肃省目前尚无独立专用的实物地质资料场所。自 2010 年 3 月 1 日起，甘肃省国土资源资料馆要求汇交人汇交成果地质资料的同时，汇交实物地质资料目录清单。截至 2015 年 12 月 31 日，汇交实物地质资料目录清单 1000 多种。

实物地质资料主要以委托各地勘单位进行分散式保管的方式存储。现有 6 个地勘单位负责实物地质资料分散式保管，分别是甘肃省地质矿产开发局、甘肃省有色金属地质勘查局、甘肃煤田地质局、中国建筑材料工业地质勘查中心甘肃总队、甘肃省核工业地质局和中国冶金地质总局西北五队。

1）各地勘单位实物地质资料库房大部分为 20 世纪 80 ~ 90 年代建造的房屋，为砖瓦结构的简易房，存放条件差。

2）甘肃省地质矿产开发局所属第一、第二、第三、第四勘查院和地质调查院 5 个地勘单位存储实物地质资料库房共有 20 间，14 名保管人员，库房总面积 5130m^2；甘肃省有色金属地质勘查局实物地质资料库房占地面积 2561m²，库房总数 22 间；中国建筑材料工业地质勘查中心甘肃总队实物地质资料库一间，面积约 80m²；中国冶金地质总局西北五队现有一个副样库 70m²、一个标本薄片室 50m² 和一个露天存放点，有 2 名保管人员。

3）负责实物地质资料保管的地勘单位因条件限制，目前存储的实物地质资料较少，相对集中的实物地质资料只有岩心、标本、光薄片 3 类。

4）各分散管理单位对存储的实物地质资料缺少科学、细致、妥善保管方面经验，保管人员的专业技术较为欠缺，管理制度不完善。

5）甘肃省核工业地质局所属 3 个地质大队在 20 世纪 90 年代以前，一直从事放射性铀矿地质勘查工作。1999 年属地化管理后才开展其他多矿种勘查，因无专用实物地质资料库，致使勘查过程中除收集岩矿心、分析样品副样和光薄片外，未能收集岩矿石标本及化石。

2. 存在问题

1）部分地勘单位受库房条件影响致使部分实物地质资料简单的存放库内或露天存放，任其自然损毁。

2）部分地勘单位对存储的实物地质资料在管理中，存在着管理责任不明确的问题，人员、登记和各项规章制度没有得到较好的落实。

3）部分地勘单位对于汇交后的实物地质资料没有精心筛选和分类处理，管理比较随意，甚至对应该保管的实物地质资料没有建立完整的存储和借用档案。

三、2015 年实物地质资料管理工作

1. 2015 年实物地质资料汇交

2015 年甘肃省国土资源资料馆共接收实物地质资料目录清单 174 份。整理了 118 份《实物地质资料目录清单》，在地质资料汇交监管平台上报国土资源实物地质资料中心筛选，国土资源实物地质资料中心筛选后，甘肃省国土资源资料馆再进行筛选确认。2015 年度在地质资料汇交监管平台上向汇交人出具了 118 份《实物地质资料目录清单回执》。

2. 重要钻孔数据库建设情况

依据《国土资源部关于开展全国重要地质钻孔数据库建设工作的通知》（国土资发〔2013〕88 号）要求，甘肃省 2015 年度共完成 450 个项目、8947 个钻孔的“三图一表”数据库建设，形成 main 子数据库 23 份，其中包括工程布置图 772 张、勘探线剖面图 2785 张、钻孔柱状图 10360 张、化学分析表 13088 张，数据量 311.2GB；完成 200 个钻孔的属性数据库建设，其中庆阳资源勘查院完成 70 个属性库，甘肃煤田地质局 146 队完成 30 个属性库，甘肃省有色金属地质勘查局张掖矿产勘查院和中国建筑材料工业地质勘查中心甘肃总队分别完成 50 个属性库；完成《甘肃省重要地质钻孔数据库建设 2015 年度工作报告》的编制。

四、2015 年出台的关于实物地质资料工作相关文件

2015 年 1 月 23 日，甘肃省国土资源厅矿产资源储量处已向省厅上报《全国各省市实

物地质资料库建设情况及甘肃省实物地质资料管理工作现状和今后工作建议》，积极推进甘肃省实物地质资料库建设。并提出以下建议：

从目前情况看，修建实物地质资料库、存放保管实物地质资料、服务国民经济建设发展和地质找矿工作已成为全国各省市地勘工作的重要内容，作为矿产资源较丰富的省份，甘肃省应着手进行此项工作，以推动矿产资源勘查开发不断取得新发展。

1）要组成工作班子，选择实物地质资料库工作较好的省份进行实地考察，在此基础上结合甘肃实际形成相关调研报告。

2）结合甘肃省实物地质资料管理现状并参考其他省（自治区、直辖市）做法，编写甘肃省建设实物地质资料库的可行性研究报告，为项目立项提供重要依据。

3）在建库前对存储的实物地质资料登记造册，确保各项管理制度和规定落到实处，遏制实物地质资料损毁现象发生。

4）加快甘肃省实物地质资料目录数据库建设步伐，力争早日开通部省之间的实物地质资料统一的网络化共享服务平台，不断提升面向全社会提供公益性实物地质资料利用服务的水平。

（撰稿人：崔艳荣）

青海省实物地质资料管理工作

一、单位概况

青海省实物地质资料管理工作由青海省国土资源博物馆承担。2000 年 10 月，机构改组，原青海地质博物馆与地质档案馆合并为青海省国土资源博物馆，规格为副县级，经费来源为全额财政拨款。

1. 单位性质

青海省国土资源博物馆为以专业技术为主的社会公益性事业单位，隶属青海省国土资源厅，财务实行独立核算，具独立事业法人资格。

2. 主要职责

青海省国土资源博物馆承担青海省国土资源实物标本的展览展示和地质资料管理两大职能，是省级地质资料馆藏机构。

具体负责青海省国土资源实物标本的收集、采集、鉴定、整理、保管、典藏、陈列及展示设计等工作；承担青海省行政区域内地质资料（原始、成果、实物三大类地质资料）的汇交、验收及保管等工作；承担青海省国土资源厅地政、矿政、文书等业务档案的整理、归档、保管工作；承担青海省国土资源博物馆馆藏地质资料的整理、建档、提供查阅等社会化技术信息服务工作；承担馆藏地质资料档案的数字化、信息化、网络化建设工作；开展地质资料的编研、信息开发服务等工作；承担国土资源方面的专题科学研究、资料编研、信息咨询、社会教育培训和科普宣传等公益性社会服务工作。

青海省国土资源博物馆是青海省档案局业务指导的专业化“青海省地质资料档案馆”，2004 年度被授予“国家二级”资料档案馆，是了解青海省国土资源的窗口，是全国、部、省、市级科普教育基地。

3. 内部机构设置

青海省国土资源博物馆下设 3 个部门：综合办公室，技术部（资源馆），资料档案服务部（资料馆）。

4. 人才队伍情况

青海省国土资源博物馆列事业编制 10 名，目前在编 10 人，其中高级专业技术职称 7 人，初级 2 人。技术人员专业涵盖地质、矿产、地球化学、英语和财会等，其中硕士研究生学历 2 人，本科学历 6 人，大专学历 2 人。

二、实物地质资料库建设情况

2012 年 9 月 5 日，青海省国土资源厅批复“青海省实物地质资料库”立项。2013 年 6 月 19 日，青海省财政厅下达实物地质资料库建设资金 3000 万元。2014 年 3 月 12 日，在青海省海东市互助县红崖子沟乡白马村（原青海省地质矿产开发局平安基地）开工建设青海省实物地质资料库。2014 年 12 月 31 日，土建完成：岩心库，5153. 56m^2；化探副样库，626. 63m^2；分析副样库，843. 35m^2；综合办公楼，1233. 51m^2；道路，12030. 78m^2；院内上下水、室内供暖管网。2015 年底，下达一期配套资金 2900 万元，用于岩心库库前设备，化探副样库、分析样品副样库的设备，锅炉房、道路硬化、库区绿化以及综合办公楼的办公用品购置。

三、2015 年实物地质资料汇交、管理情况

1. 汇交情况

2012 年监管平台建立，国土资源实物地质资料中心开始对各省（自治区、直辖市）实物地质资料进行筛选，青海省汇交的实物地质资料必须经过监管平台的筛选，才能予以发放汇交凭证。青海省国土资源主管部门对实物地质资料筛选工作从 2015 年开始。2015 年，青海省国土资源博物馆配合国土资源实物地质资料中心，对青海省内地勘项目取得的具有代表性、典型性、特殊性的实物地质资料开展初步筛选和汇交工作。2015 年度青海省国土资源博物馆接收实物地质资料目录清单 257 份，其中区域地质 15 份、矿产勘查 177 份、水工环 10 份、物化遥勘查 4 份、地质科研 25 份、其他 26 份，发放汇交通知书 103 份，发放汇交回执 154 份。由于实物库房正在建设中，青海省国土资源主管部门要求需要汇交实物地质资料的单位暂时保管资料，待实物库建成后予以汇交。2015 年度接收实物地质资料 88 种，其中区域地质 10 种、矿产勘查 76 种、物化遥勘查 2 种。共计光薄片 2327 片、其他类（水系沉积物副样）21937 件。

2. 保管情况

由于新建的实物地质资料库房尚未投入使用，青海省国土资源博物馆连续 3 年在西宁市城北区朝阳海关仓库租赁了一间 375m^2 的库房用于存放实物地质资料。截至 2015 年底，共接收了 37 个项目的区域性水系沉积物副样实物 175978 件，154 个项目的光薄片实物 7528 片。青海省国土资源博物馆对所有接收的实物资料登记造册，并统一更换光薄片实物盒、水系沉积物副样样品箱。

四、经验与措施

长期以来青海省实物地质资料的汇交工作处于后置和被动的局面，很多宝贵的岩矿心、矿体标本、光薄片等没有得到妥善的保管，在汇交时往往已经丢失或者失去了利用价值，对下一步开展实物地质资料服务利用极为不利。

针对上述情况，青海省国土资源主管部门采取了以下措施：

1）明确实物地质资料汇交义务和工作流程。从 2015 年起青海省要求项目组在野外工作开始前指定专人负责保管实物地质资料，野外工作结束后如实填写实物地质资料清单并通过地质资料汇交监管平台上报国土资源实物地质资料中心和青海省国土资源博物馆，在未收到汇交通知书或回执之前，不得擅自掩埋或处理实物地质资料。通过这一措施，能够最大限度地保留具有利用价值的实物地质资料，同时确保资料的记录完整，为今后开展实物地质资料的服务利用奠定基础。

2）对青海省内地勘项目的实物地质资料开展初步筛选和汇交工作。2015 年青海省国土资源博物馆以监管平台为抓手，通过实物资料筛选后发放《实物地质资料汇交通知书》103 份。这一工作的开展对强化汇交人实物地质资料汇交意识、保护青海省实物地质资料，具有十分重要的意义。

五、重要钻孔数据库建设

按照国土资源部《关于开展全国重要地质钻孔数据库建设工作的通知》（国土资发〔2013〕88 号文件）要求，青海省积极开展重要地质钻孔数据库建设工作。青海省国土资源博物馆作为技术支撑单位为项目提供技术支持，组织协调省内 19 家地勘单位共同开展此项工作，项目周期为 2013 年 8 月至 2016 年 12 月。从项目方案编写到组织全省技术培训，从各单位项目自检、互检到组织全省交互式检查，博物馆全局统筹、精心安排、技术支持、质量控制，确保了项目的顺利实施。钻孔数据库建设主要成果如下：

1）共计完成 31402 个钻孔、工程布置图 1802 张、勘探线剖面图 9146 张、钻孔柱状图 40860、样品分析结果表 91237 页信息入库。

2）青海省已建立新钻孔资料汇交体系，确保钻孔数据库的不断更新与完善。

3）配合实物地质资料中心构建了基于 GIS 与大型数据库技术的重要钻孔数据库服务平台。

4）青海省正依托钻孔数据库成果，按照钻孔类型、行政区划、重要成矿带、整装勘查区等主要信息分类制作钻孔分布图册，以便让钻孔数据库成果更好地助力地质勘查和找矿突破。

六、实物地质资料工作的相关文件及规章制度

2014 年 10 月，完成了《青海省地质资料管理暂行办法》起草工作，对实物地质资料的管理提出了明确的要求。

2015 年，青海省国土资源厅下发《关于加强省地勘基金项目地质资料汇交工作的通知》（青国土资矿〔2016〕52 号）。

2015 年，汇交人在汇交成果地质资料时，青海省国土资源博物馆依据主管部门意见向汇交人明确实物地质资料汇交义务和工作流程，要求汇交人未收到汇交通知书或回执之前，不得擅自掩埋或处理实物地质资料。

（撰稿人：张钟月）

宁夏回族自治区实物地质资料管理工作

一、单位概况

宁夏回族自治区（以下简称宁夏）实物地质资料管理工作由宁夏回族自治区国土资源地理信息中心承担。2009 年，宁夏回族自治区国土资源地理信息中心由宁夏国土资源信息中心和宁夏基础地理信息中心合并而成，是隶属于宁夏国土资源厅的全额拨款正处级事业单位。

1. 主要职责

负责全区国土资源信息化建设工作；负责土地、矿产资源和基础地理信息数据的管理工作；负责全区测绘成果资料和地质资料档案管理及分发服务工作；负责“数字宁夏”地理信息公共服务平台和基础地理数据库的建设、更新和维护，为政府决策提供测绘地理信息服务；开展地理区情监测及测绘应急服务保障工作；负责国土资源厅中心机房网络运维工作；分析预测国土资源变化趋势，为全区国土资源管理提供技术支撑和保障；完成自治区国土资源厅交办的其他工作。

2. 内部机构设置

宁夏国土资源地理信息中心为自治区国土资源厅所属正处级事业单位，加挂“宁夏回族自治区国土资源档案馆”牌子，下设办公室、数据采集科、地理信息科、应用开发科、资料档案室和网络管理科。

3. 人才队伍情况

中心现有职工 49 人，其中教授级高级工程师 6 人，高级工程师 6 人，中级技术人员 13 人，初级技术人员 13 人，普通职工 11 人，硕士研究生 9 人。

二、实物地质资料库房基础设施建设情况

2014 年底，在国土资源厅党组的高度重视下，宁夏国土资源档案馆迁入国土资源厅新办公大楼，按照国家甲二级标准进行馆藏基础设施建设，能满足未来 10 年以上成果和原始地质资料入库余量。库房面积 412m^2、阅览室面积 35m^2、打印室面积 45m^2、办公面积 65m^2，做到了办公、阅览、库房三分开。库房内有密集架 58 组、防磁柜 10 个、货架 6 组，配有空调、火灾自动报警灭火系统、视频监控系统、恒温恒湿设备、门禁系统、防虫设备等；电子阅览室配有电脑 5 台、A3 打印复印一体机 1 台；打印室配备电脑 4 台、扫描仪 2 台、绘图仪 1 台。馆藏机构所有电脑配备有中软主机安全与审计监控系统、锐捷安全代理软件，打印室电脑还安装有圆周率加密软件，用于对电子数据加密和网内计算机监控。

三、实物地质资料管理和服务开展情况

1. 实物地质资料管理情况

（1）汇交监管平台建设

一是进一步完善监管平台管理制度。配有专用设备，设专人负责，保障监管平台顺利运行。

二是实现监管平台运行常态化。按要求对监管平台数据进行及时更新，2015 年更新数据 67 条。平台需汇交项目 538 个，通过平台发放汇交凭证 27 份，发出催缴通知书 56 份，催缴后已完成汇交的项目有 29 个。

（2）地质资料信息共享服务平台建设

搭建了宁夏地质资料信息集群化共享服务平台，实现与全国地质资料馆并网查询。2015 年发布非涉密地质资料信息 3446 条，提供馆藏地质资料目录查询。

（3）电子阅览室及地质资料管理信息系统

利用全国地质资料信息管理系统，搭建宁夏地质资料馆电子阅览服务系统，系统现有 3473 档馆藏地质资料目录信息、465 份电子文档数据，可提供查询、浏览、借阅、复制等服务。

（4）地质资料三维虚拟档案室建设

2015 年，宁夏国土资源地理信息中心开展了地质资料三维虚拟档案室建设，通过地质资料档案管理系统与宁夏国土资源档案管理及共享服务系统的对接，在宁夏国土资源档案管理及共享服务系统三维虚拟档案室模块读取地质资料目录数据库，在数据库中增加地质资料纸质和电子文档存放位置，把馆藏地质资料的实际存储位置录入系统，无需进入库房，库管员就可利用三维虚拟档案室快速查找资料位置，实现资料三维虚拟化管理。该项工作加快了宁夏地质资料管理信息化步伐，提高了资料信息管理服务水平。

（5）宁夏重要地质钻孔数据库服务平台

在国土资源实物地质资料实物中心的大力支持下，2015 年完成了宁夏重要钻孔数据库服务平台部署，用户通过 http：//61. 133. 207. 107：8089 可进行访问查询。

2. 实物地质资料保管情况

宁夏尚未建立实物地质资料库房，实物地质资料暂委托地质勘查单位保管，待条件成熟后再交回地质资料馆统一管理。

3. 实物地质资料接收情况

2015 年接收实物地质资料清单 54 份，通过地质资料汇交监管平台筛选实物地质资料目录清单和发放回执各 28 份。

4. 实物地质资料服务利用情况

2015 年共接待用户 76 人次、提供资料借阅 612 份（计 19329 件）。其中为配合开展国家出资勘查已探明矿产地清理工作，给内蒙古自治区地质资料馆提供了宁夏地质资料馆藏的阿拉善、乌海、鄂尔多斯等地早期形成的地质资料 70 档。其中区调类 2 档、矿产勘

查类44档、物化遥类15档、水工环类3档、地质科学研究6档，合计7721件。

为配合中电投宁夏青铜峡能源铝业集团有限公司电力项目的选址，提供地质资料7档（区调类6档、矿产勘查类1档），合计94件。

5. 钻孔数据库建设情况

（1）宁夏重要地质钻孔数据库建设

依据《国土资源部关于开展全国重要地质钻孔数据库建设工作的通知》（国土资发〔2013〕88号）要求，2015年宁夏国土资源地理信息中心完成78个项目、1066个钻孔的“三图一表”数据库建设，形成MDB数据库。其中工程布置图82张、勘探线剖面图485张、钻孔柱状图1066张、样品分析结果表2003页，数据量18.1GB；完成891个煤田地质钻孔属性数据库建设，形成数据表891份；编写《宁夏重要地质钻孔数据库建设2015年度工作总结》《宁夏新钻孔资料的入库方案》和《宁夏钻孔数据库信息共享服务方案》。

（2）宁夏煤炭钻孔数据库建设

2015年宁夏国土资源地理信息中心完成了宁夏煤炭钻孔数据库建设。通过收集整理馆藏的70个煤炭项目资料，建立了全区3222个煤炭钻孔数据库，钻孔基本信息和柱状图可在宁夏矿政综合管理信息系统上进行浏览、查询。

（3）宁夏集群化地质资料数据建设

2015年宁夏国土资源地理信息中心完成了宁夏集群化地质资料数据建设。利用馆藏的465份贺兰山北段成果地质资料，加工整理，放入地质资料管理信息系统中，实现电子文档在线查询浏览。分析整理具有代表性的基础地质、矿产地质、水工环等资料82份，利用其中47份资料建立了空间数据库，在宁夏矿政综合管理信息系统中浏览图形、查询属性。

（撰稿人：林向军）

新疆维吾尔自治区实物地质资料管理工作

一、单位概况

新疆维吾尔自治区（以下简称新疆）实物地质资料管理工作由新疆维吾尔自治区国土资源档案馆承担。新疆维吾尔自治区国土资源档案馆前身为新疆维吾尔自治区地质资料管理处，2001年新疆维吾尔自治区国土资源厅成立后，根据新疆维吾尔自治区编制委员会关于《新疆维吾尔自治区国土资源信息中心（自治区土地档案馆、自治区地质资料馆、〈新疆国土资源〉编辑部）“三定”方案》（新国土资办发〔2001〕387号）的文件，新疆地质资料馆与新疆国土资源信息中心合署办公，规格为正县级，核定编制59人。2014年根据自治区分类推进事业单位改革工作领导小组办公室《关于印发（新疆维吾尔自治区国上资源厅所属事业单位分类改革方案）通知》（新事改办〔2014〕8号）文件精神，撤消自治区国土资源信息中心加挂的“自治区土地档案馆、《新疆国土资源》编辑部”的牌子，并将加挂的自治区地质资料馆牌子更名为新疆维吾尔自治区国土资源档案馆。核定编制52名，公益一类事业单位，行政主管部门为自治区国土资源厅，是新疆拥有区域地质调查、固体矿产勘查、地球物理、地球化学和遥感地质勘查、水文工程、地质科学研究成果报告等资料最齐全的国土资源档案馆。

1. 单位性质及主要职责

新疆国土资源档案馆与新疆国土资源信息中心合署办公，信息中心主任兼任国土资源档案馆馆长。

主要工作职责为：拟定全区地质资料、地质科技档案管理制度，承担全区汇交地质资料的接收、整理、保管、借阅和地质资料的密级、保管期限管理、向全国地质资料馆汇交地质资料；对自治区地质资料、国土资源科技档案管理进行业务指导；承担矿产资源勘查开发业务咨询服务和地质资料二次开发利用工作。

2. 内部机构设置

新疆国土资源档案馆（新疆国土资源信息中心）内设科室12个，专职地质资料工作的内设科室有档案资料综合科、数据汇交科、档案资料查阅科。

3. 人才队伍情况

目前，新疆地质资料馆暂无专人负责实物地质资料管理工作。馆藏机构人员总数为28人，其中在编人员19人。文化程度上：硕士及以上3人，本科15人，大专1人。专业技术职务上：正高级1人，副高级5人，中级8人，初级5人。年龄结构上：>50岁2人，41~50岁9人，31~40岁7人，<30岁1人。在职人员专业上：地质矿产2人，信息技术4人，其他14人。

二、实物地质资料库房基础设施建设情况

新疆实物地质资料相关工作由新疆国土资源档案馆具体负责实施。目前，新疆地质资料馆总建筑面积为1974m^2，馆内分为综合办公区、资料汇交区、整理区、查借阅区、数据处理区、库房和机房等区域。包括成果地质资料库房593m^2、纸质和电子阅览室198m^2、办公用房296m^2、其他设施面积（机房、厅机关档案库房）887m^2。馆内配备了电脑、扫描仪、彩色复印机、密集架等档案设备设施，安装身份证访客快速登记系统，火灾自动报警设施和七氟丙烷自动灭火系统，配备有库房门禁系统和防盗报警、视频监视系统，地质资料馆场所达到了甲级档案馆的标准。此外，新疆资料馆设有一间20m^{2}机房，配备服务器10台，30TB存储，满足了新疆地质资料信息服务系统运行。

新疆实物地质资料库，位于乌鲁木齐市高铁片区。实物地质资料库参考国家建设部和国家发展和改革委员会《档案馆建设标准》（建标103—2008）设计，包括实物地质资料库房区、临时库房区、实物地质资料整理区、馆藏实物资料精品展览展示区、生产业务区和辅助区等功能分区（表1），经测算面积为11520m^2。

表1　新疆实物地质资料库库房功能分区设计

功能分区	功能细化	主要用途	需要面积/m^2
实物地质资料库房区	1. 岩矿石标本库	存储典型地层及重要的矿石标本	400
	2. 古生物化石标本库	存储古生物化石标本	300
	3. 物性标本库	存储地球物理背景值测量的物性标本	300
	4. 化探样品副样库	存储地球化学测量样品副样	200
	5. 重砂样品库	存储沉积物重砂样品	200
	6. 岩矿石光薄片库	存储制作典型的岩、矿石光薄片	200
	7. 实验分析样品副样库	存储岩矿分析样品副样	200
	8. 岩矿心库（4间库房）	存储岩矿心	4000
	小计		5800
临时库房区	1. 入库前临时库房	存储临时标本	200
	2. 标本修复与防护室	损伤标本修复等	100
	3. 整理与观察室	岩心入库前整理、清洁、观察	100
	小计		400
实物地质资料整理区	1. 岩心扫描室	岩心表面图像扫描工作场所	150
	2. 岩心伽马测量室	对岩心进行伽马测量及条形码	150
	3. 实物显微观察室	供利用者进行实物显微镜观察	150
	4. 仓库计算机控制室	作为库房存取设备的控制中心	150
	5. 实物整理室	实物整理	120
	6. 样品加工处理间	科研、公共服务样品加工	150
	小计		870

续表

功能分区	功能细化	主要用途	需要面积/m^2
馆藏实物资料精品展览展示区	展示馆藏实物资料精品	用于实物资料的展览展示	600
生产业务区	1. 实物地质资料档案管理室	档案目录管理	120
	2. 实物资料查询阅览室	供利用者进行资料查询和阅览	300
	3. 实物文本资料库	存放与实物资料相关文本等	100
	4. 数据管理室	实物资料库区的网络控制中心	100
	5. 学术报告厅 1	用于学术交流	250
	6. 学术报告厅 2	用于学术交流	100
	小计		970
辅助区	走道、楼梯、电梯、卫生间等	公共辅助	2880
总计			11520

三、实物地质资料管理和服务开展情况

1. 实物地质资料管理现状

（1）新疆实物地质资料清理工作艰巨复杂

新疆实物地质资料的清理是一项十分艰巨复杂的工作。由于实物数量巨大、品种类型多，实物地质资料分散在不同部门、不同单位，因此清理的工作量巨大，不仅要查清新疆实物地质资料情况，而且还要界定各种类型的实物地质资料的价值和保管意义。

（2）新疆实物地质资料存储保管困难、运输成本高

新疆地域广阔，“三山夹二盆”的特殊地质构造既造就了种类丰富、储量巨大的矿产资源，许多矿区交通不便，实体需要很大的存储空间。由于缺乏统一的保管，加之各地（州）的实物地质资料分布不均衡，如果按照统一的重要程度衡量实物地质资料是否汇交，是对新疆实物地质资料馆藏机构库容量的重大考验。同时由于地质分区与行政分区的不适应，地质上密切相关的实物，可能会被人为地割裂开来，尤其是对岩心的筛选、采集、运输带来极大的难度。

（3）实物地质资料人才队伍匮乏、缺乏资金保障

目前新疆缺少专业的实物地质资料管理人员，没有省级实物地质资料保管库房，实物地质资料保管处于分散保管状态。保管状态堪忧，实物地质资料社会化服务处于空白。

2. 实物地质资料保管情况

新疆尚未建立实物地质资料库房，目前实物地质资料原则上暂时委托地质勘查单位自行保管。

3. 实物地质资料接收情况

自 2012 年至 2015 年 12 月 30 日，新疆地质资料馆接收并处理汇交的《实物地质资料

目录清单》878 份，其中 2015 年度接收、汇交、并扫描上报国土资源实物地质资料中心 210 份。

4. 实物地质资料服务利用情况

目前，新疆地质资料馆暂无实物库房，因此未开展此项工作。

5. 重要地质钻孔数据库建设情况

2013 年，新疆国土资源档案馆被确定为新疆重要地质钻孔数据库建设项目技术支撑单位。9 月底，在北京召开了“全国重要地质钻孔数据库建设工作培训班”，会上部署了全国重要地质钻孔数据库建设工作，分发了钻孔清查数据信息及“地质钻孔数据采集系统（试用版）”等。10 月，按要求编制完成了《新疆重要地质钻孔数据库建设总体工作方案》，同时加紧组织项目组人员试用“地质钻孔数据采集系统”，试用钻孔数 203 个，对系统中发现的问题形成《地质钻孔数据采集系统试用报告》，于 11 月 7 日上报国土资源部储量司。

2014 年 4 月，由国土资源实物地质资料中心在哈尔滨主办的“全国重要地质钻孔数据库建设成果检查验收工作会议”上，新疆项目组提交了 2013 年度阶段性成果，涉及保管单位 56 个，项目总数量 566 个，钻孔数 8400 个，工程布置图总数量 1070 张，勘探线剖面图总数量 4287 张，钻孔柱状图总数量 10237 张，样品分析结果表总数量 39773 张，上报钻孔数据库的数据量大小 136GB，质量检查工作依据《全国重要地质钻孔数据库建设工作技术要求》中规定的质量控制要求扎实开展，项目顺利通过了专家组的验收。会后，编写了《新疆重要地质钻孔数据建库注意事项》，下发各项目组成员，同时召开会议，对建库的要求进一步深入学习，对前期项目开展存在的主要问题进行阶段性工作经验总结。

2015 年 1 月，由国土资源实物地质资料中心在南宁主办的“全国重要地质钻孔数据库建设成果检查验收工作会议”上，新疆项目组提交了 2014 年度阶段性成果，涉及保管单位 22 个，项目总数量 714 个，钻孔数 9001 个，工程布置图 1129 张、勘探线剖面图 4648 张、钻孔柱状图 8924 张、样品分析表 42834 页，上报钻孔数据库的数据量大小为 126.67GB，质量检查工作依据《全国重要地质钻孔数据库建设工作技术要求》中规定的质量控制要求扎实开展，项目顺利通过了专家组的验收。

2015 年 3 月，由国土资源实物地质资料中心在福州主办的“全国重要地质钻孔数据库建设成果检查验收工作会议”上，新疆项目组提交了 2015 年度阶段性成果，选取 33 家地勘单位资料保管单位项目资料作为钻孔信息数据源，建立项目数 598 个、钻孔数 12259 个，工程布置图 763 张、勘探线剖面图 3613 张、钻孔柱状图 9823 张、样品分析表 26931 页，上报钻孔数据库的数据量大小为 184.18GB。项目顺利通过了专家组的验收。

截至 2015 年底，完成 29660 个重要地质钻孔数据录入工作，其中 2013 年完成 8400 个，2014 年完成 9001 个，2015 年完成 12259 个，质量检查工作扎实开展，成果显著。

四、实物地质资料工作的相关文件及各项规章制度

新疆作为实物地质资料分级筛选试点省份，2014 年度编制了《新疆维吾尔自治区实物资料分级筛选试点总体设计》《新疆维吾尔自治区实物资料汇交监管年度报告》《新疆

维吾尔自治区实物资料分级筛选试点工作报告》《新疆维吾尔自治区实物资料筛选细则》等。

2015 年对相关报告及制度进行了修改完善。

（撰稿人：龚丽春）

第三篇　实物地质资料委托保管单位工作

国土资源部中国地质调查局青岛海洋地质研究所实物地质资料委托保管工作

一、单位概况

1. 单位性质及主要职责

青岛海洋地质研究所是国土资源部中国地质调查局直属的承担国家基础性、公益性、战略性海洋地质调查研究的单位，主要承担近海及海岸带地质与矿产资源调查以及海洋地质实验和科学研究的任务。青岛海洋地质研究所以国家需求为导向，紧紧围绕海洋资源、环境、权益等主旨，开展海洋区域地质、海洋油气地质、海洋环境地质、海洋固体矿产资源、海岸带地质五大基础学科调查研究工作，打造天然气水合物实验技术和海岸带地质两个特色学科，发展海洋探测技术、数据资料处理技术、海洋信息技术、测试分析技术四大技术支撑领域，为我国海洋矿产资源开发、海洋环境保护、国家海防建设、海洋权益维护和海岸带经济发展提供决策依据和科学技术支撑。青岛海洋地质研究所于2012年顺利获得海洋地质资料委托保管的资格，2013年4月正式挂牌运行。

2. 内部机构设置及人才队伍情况

青岛海洋地质研究所内设办公室、党委办公室、地调与科研处、人事教育处、财务资产处等综合管理部门5个，设海洋油气与水合物资源室、海洋区域地质室、海洋环境地质室、海洋固体矿产地质室、海洋地质调查技术方法室、海岸带与大陆架地质室、海洋工程地质室、信息资料室、海洋地质实验检测中心等业务部门9个，设杂志社、船舶与装备处、东部基地建设管理办公室、离退休管理办公室、物业管理部等支撑部门5个。另有国土资源部海洋油气资源与环境地质重点实验室、国土资源部天然气水合物重点实验室等国土资源部重点实验室2个，中国地质调查局滨海湿地生物地质重点实验室1个。中国地质调查局海岸带地质与大陆架地质研究中心、中荷海岸带地质研究中心也设在青岛海洋地质研究所。

截至2015年底，全所在职职工278人，其中各类专业技术人员227人，占全所职工总数的82%。高级职称以上人员110人，占专业技术人员总数的40%。博士学位人员78人，硕士学位人员84人。历年来获国务院政府特殊津贴14人、李四光野外地质工作者奖1人、国土资源部百千万人才2人、国土资源部百名优秀科技人才2人、首批国土资源科技领军人才1人、中国地质调查局首批高层次地质人才培养计划1人、中国地质调查局中青年优秀人才9人、中国地质调查局青年地质英才5人、山东省拔尖人才6人、青岛市百千万人才3人、青岛市百名优秀引进人才4人。

青岛海洋地质研究所实物样品管理由信息资料室负责，信息资料室作为所九大业务部门之一，负责收集、保存、管理、分配海洋地质调查获取的实物样品。目前信息资料室正式在编人员16人，其中海洋地质样品库现有管理人员2名，均为本科以上学历。

二、实物地质资料库房基础设施建设情况

青岛海洋地质研究所现有海洋地质样品库建于2005年，面积3000m²，分为常温样品库房、低温冷库、临时存放间、样品处理间4个功能区。常温样品库面积1500m²，计1107个库位；5个低温冷库面积160m²。处理间能够满足3个项目组同时进行样品处理，是海洋地质实物样品观察、描述、取样、分析和保管的重要场所。2015年投入使用扩建备用库房建筑面积360m²，增加420个库位，能够满足未来2～3年的使用需求。

库房配备了海洋地质样品管理系统、条形码机、岩石扫描仪等设施用于样品的日常管理；常温库房配备两组大型除湿机，2015年备用库房新增了1组大型除湿机，配备了专用供电电缆，库房环境得到了进一步改善。取样间、低温冷库、常温样品库等都配备了消防器材，定期有专人检查设备、消防器材的状况。

2015年国土资源部、中国地质调查局批复同意青岛海洋地质研究所东部地调科研基地海洋地质样品库项目的项目建议书及可行性研究，总建筑面积约6810m²，总投资约2948万元。年内完成了项目《建设项目选址意见书》、环境影响评价、规划条件、《建设用地规划许可证》、项目勘察的初勘详勘及设计招标等工作。

三、实物地质资料管理和服务开展情况

1. 实物地质资料管理情况

1）加强制度建设。为更好地贯彻实施《地质资料管理条例》《地质资料管理条例办法》《中国地质调查局地质资料管理办法》，结合青岛海洋地质研究所的实际情况，青岛海洋地质研究所2009年制订执行了《青岛海洋地质所实物地质资料管理办法》，2015年根据工作实际，重新修订执行《青岛海洋地质所实物地质资料管理办法》，保证实物地质资料入库、借阅、管理、服务等工作有章可循。根据中国地质调查局项目管理实施实际情况，补充增加了外协项目实物地质资料归档入库的相关规定。

2）规范海洋地质样品库的日常管理工作。做好出入库人员的登记备案、设备巡视等基础性工作，保障海洋地质样品储存、处理、保存和基础设施的正常运行，为海洋地质科学研究提供有效的测试分析样品。

3）推进样品管理信息化。做到所有入库样品录入管理系统，形成电子库，保证实物库和电子库同步，方便信息查询等管理工作。不断改进完善样品信息化管理，契合国土资源部地质资料委托保管信息化接口。

2. 地质资料馆藏情况

青岛海洋地质研究所于20世纪80年代进行了我国黄海陆架第四纪地质标准剖面研究，积累了典型层型钻孔岩心，随着90年代国际地层对比计划的陆续进行，保留的副样已经完全用于实验测试分析，仅我国南海西沙的部分样品仍有保存。

进入2000年以来，随着我国海洋地质工作进入新的时期，海洋地质调查专项陆续开展，新的海洋地质样品数量呈快速增长趋势，至2015年共馆藏实物地质样品51582件。

其中岩心 264 口井、10863. 89m，岩屑 7 口井、1158 袋，柱状样 6032 个站位、16276 件，表层样 10844 个站位。

3. 地质资料汇交情况

2015 年度登记入库实物地质资料 12 个项目。其中钻孔 12 口井、1048 件，共计 926. 9m；岩屑烘干样 1 口井，深 3862m，1863 袋；柱状样 233 个站位；表层样 1265 个站位。

4. 地质资料服务情况

服务方式主要是到馆查阅，观察、二次分样的审批程序等内容。服务范围包括本单位的科研人员及外单位人员。

1）做好日常科研人员样品分样处理的服务工作。2015 年海洋地质样品库共服务科研人员处理样品 1650 余人次，除本单位内部主要业务处室的调查科研人员外，还有中国地质大学、中国海洋大学、长江大学、国土资源实物地质资料中心、广州海洋地质调查局等单位的科研人员。2015 年 7 月，接待中国地质大学（北京）实习学生 7 人。

2）做好海洋实物样品副样的社会化服务工作。2015 年度海洋地质样品库提供实物地质资料服务利用 34 人次，二次取样 425 件，共计 17730g。

3）做好海洋地学科普工作。海洋地质样品库作为国土资源部和青岛市科普基地的组成部分，向社会各界普及海洋地质知识。海洋地质样品库每年接待部分高校学生、青岛市市民及中小学生来此参观。2015 年 4 月 16～22 日，开展了第四十三个“世界地球日”主题宣传活动，作为海洋地质科普基地，接待青岛市中小学生、大学生及社会各界环保人士来样品库参观。

四、实物地质资料工作相关文件及各项规章制度

2015 年重新修订执行《青岛海洋地质所实物地质资料管理办法》，详细规定了样品入库管理、样品处理管理、仓储管理、外协项目实物样品入库及处理的管理及借阅服务等相关内容。

（撰稿人：赵艳霞）

国土资源部中国地质调查局广州海洋地质调查局实物地质资料委托保管工作

一、单位概况

广州海洋地质调查局是直属国土资源部中国地质调查局的多学科、多功能海洋地质调查研究机构，主要从事国家基础性、综合性、战略性和公益性的海洋地质调查与研究工作。50多年来，广州海洋地质调查局紧紧围绕海洋资源、环境与权益三大主题，坚持以地质找矿为中心，在油气资源调查、天然气水合物资源调查、海洋区域地质调查、工程地质与环境地质调查、大洋地质科学调查、南极科学考察、海洋基础地质研究、海洋高科技研发等领域成绩显著。

广州海洋地质调查局现有在职职工800百余人，其中各类专业技术人员500余人，有中国工程院院士1人，有高级职称约200人，并拥有装备先进的5艘科学调查船，室内数据处理、样品测试分析和综合研究设备能适应海岸带、近海（滨、浅海）、远海、大洋、极地等不同区域、不同学科领域调查研究的要求，有能力承担以海洋高新技术为支撑的海洋国土资源与环境调查、国际海域矿产资源的战略性勘查评价和发展海洋地质力学等重大任务。

2013年4月获国土资源部批准为地质资料委托保管单位，成立广州海洋地质调查局地质资料馆实物地质资料分馆，由广州海洋地质调查局实验测试所负责日常管理工作。保存有采自我国南海、东海、黄海、太平洋以及南极海域的海洋沉积物、多金属结核、富钴结壳、各类海底岩石等样品。

二、实物地质资料库房基础设施建设情况

广州海洋地质调查局在执行各项地质勘查和科研项目过程中产生的各类地质原始资料和实物资料，实行集中管理，按专业分工建立了档案资料分馆、磁带资料分馆和实物资料分馆。

广州海洋地质调查局地质资料馆实物地质资料分馆始建于20世纪80年代。2001年进行了全面改造，随着国家海洋事业的发展，样品量不断增加，分别于2006年和2014年进行扩建。现有4个冷藏库，总面积740m^2；2个常温库，总面积200m^2；共有样品架310个，可存放岩心近4×10^4m。仪器房、工作间两间共260m^2，配备了X荧光岩心扫描仪1台、剖样机两台等岩心分析、处理设备。

2015年度库房面积未发生变化。

2015年度实物地质资料分馆增加了消防逃生指示设备，在冷藏库每个库门外各配备了应急手电，方便随身携带，并在冷藏库地面粘贴指引标识，以防突发停电故障，便于库内工作人员迅速撤离，避免发生危险。制冷机房、样品库、仪器间制冷机房、样品库、仪

器间、办公室都配备了消防器材，每月定期专人检查消防器材的状况。

三、实物地质资料管理和服务开展情况

1. 实物地质资料汇交情况

2015年接收了“天然气水合物资源调查”“海洋油气资源调查”“海洋区域地质调查”“海岸带地质调查”“大洋调查”等7个项目的样品，共22批次。入库的样品站位1435个，其中柱状样731个，2693.88m；底层样704个，1441.84kg；钻井样1孔，27.38m，岩屑3677袋；井壁取心样，99颗。

同时根据委托保管要求，2015年度在全国地质资料汇交监管系统平台上进行了23个项目、47个成果报告的原始和实物地质资料的验收以及成果上报工作。

2. 实物地质资料馆藏情况

广州海洋地质调查局成立50周年以来，积累了大量南海、黄海、北部湾、太平洋、南极等海域的海洋实物地质资料，这些资料以项目为单位管理，全部目录数据均录入管理系统中。

截至2015年12月10日，馆藏实物地质资料有38个项目，共有海洋沉积物样品站位20326个，其中柱状沉积物站位10330个，长度25742.03m；表层沉积物站位9996个，质量45966.9kg。

3. 实物地质资料服务情况

1）服务对象。从本系统向外扩大，面向社会，为政府部门、地勘单位、大专院校、科研单位以及社会公众等提供了大量的地质资料服务。服务方式主要是以项目合作形式为主。2015年提供合作项目的单位有浙江大学、中国地质大学、中国科学院地球化学研究所、中国科学院南海海洋研究所、中山大学、中国海洋大学、中国地质调查局青岛海洋地质研究所等。

2）服务形式为到馆服务。主要为资料借阅、查询、数据拷贝、样品取样和观察、到馆参观、考察交流接待等方式。

3）实物资料对外服务。2015年广州海洋地质调查局地质资料馆为中国地质调查局提供锰结壳样品标本一块，重63kg；为国土资源实物地质资料中心提供了不同形态特征的海洋锰结核标本一批及锰结壳样品标本一块，共约34kg。

地质资料服务主要用于工作考察，为生产科研提供信息支持，为下一步工作提供依据。

4. 地质资料开发利用情况

1）实物地质资料数字化，经过一年多的实验与测试，岩心样品扫描工作逐渐走上轨道。2015年用X荧光岩心扫描仪做了大量岩心样品的测试，对岩心样品图像及样品的相关元素等指标提供了数字化信息服务，及时提供满足不同需求的地质资料信息服务产品。

2）广州海洋地质调查局信息资料所开发了海洋地质样品管理系统（单机版），完成了野外样品采集标识数字化，该系统启用后将会更有效地对样品进行管理，样品入库工作提高了效率，准确性大大提高。

四、实物地质资料工作的相关文件及各项规章制度

1）编写了《海洋原始和实物地质资料归档管理规定》和《海洋原始和实物地质资料接收验收技术规范》，广州海洋地质调查局地质资料馆以此为依据开展了原始和实物地质资料接收验收工作。

2）为确保样品库工作及环境的安全，制定了《冷藏库工作安全守则》，为进冷藏库工作的人员提供必要的安全保障。

（撰稿人：李小穗）

中国石油天然气股份有限公司大庆油田有限责任公司实物地质资料委托保管工作

一、单位概况

大庆油田有限责任公司（以下简称大庆油田）是中国石油天然气股份有限公司所属的重要骨干企业，是以石油、天然气的勘探、开发为主营业务的国家控股特大型油气田企业。大庆油田于1959年发现，1960年开发，是我国目前最大的石油生产基地，也是世界上为数不多的特大型砂岩油田之一。大庆油田位于黑龙江省西部、松嫩平原北部，由萨尔图、杏树岗、喇嘛甸等52个油气田组成，含油面积超6000km^2。勘探范围包括黑龙江省全境，内蒙古海拉尔，吉林省延吉、珲春，新疆塔里木东部等16个盆地，登记探矿权面积$29.3\times10^4km^2$。业务范围包括勘探开发、工程技术、工程建设、装备制造、油田化工、生产保障、矿区服务和多种经营八大板块。大庆油田油气地质资料委托保管工作由大庆油田档案馆负责。大庆油田档案馆是国土资源部审核通过的大庆油田地质资料委托保管挂牌单位，与本公司勘探事业部、勘探开发研究院等单位共同承担大庆油田油气原始和实物地质资料的委托保管工作。大庆油田档案馆于1997年正式建馆，全面负责大庆油田的档案管理工作。档案馆内设6个科室，在册员工35人，其中硕士研究生5人，大学24人，大专6人，中、高级专业技术人员占全员总数的84%。油田所属各单位均设档案科（室），并设有专（兼）职档案人员，实现了包括油气原始和实物地质资料在内的各项档案资料的全面监管。

二、实物地质资料库房基础设施建设情况

大庆油田实物地质资料由大庆油田勘探开发研究院岩心资料室负责保管，岩心库房建设规模、设施具有亚洲一流水平，总建筑面积为16200m^2，现有库房5座，可容纳55×10^4m岩心，岩心库内保管着大庆探区会战以来所有的钻井岩心实物资料。其中4号库、5号库分别于1995年及2009年投入使用，采用高架密集型设计，具有占地面积小、库存量大的特点，实现了岩心存取机械化。尤其是5号岩心库，建筑面积达4700m^2，是集岩心储存、观察展示、预处理、人造岩心等功能于一体的大型立体岩心库，在岩心存取机械化、自动化的基础上，更实现了自动化履带式传送摆放观察展示，避免了存取过程对岩心的损坏。岩心库房实行封闭式管理，重点部位全部安装监控摄像头，24h全方位监控，能确保馆藏岩心资料的安全。

三、实物地质资料管理与服务开展情况

1. 实物地质资料汇交情况

截至2015年底，大庆油田纳入委托保管的矿权共计49个，共有384口井的

30355.93m岩心资料、13口井的4935袋岩屑资料目录向国土资源部进行了汇交，同时岩心资料目录和岩屑资料目录已经及时录入了石油天然气地质资料委托保管系统。2015年度完成6个矿权应汇交实物地质资料的整理、编目、接收、验收和管理信息系统数据更新工作。共计接收入库实物地质资料13口井1758.97m岩心资料、2口井14m的岩屑资料，同时实物地质资料目录清单已经向国土资源部进行汇交（表1）。

表1　2015年度受托实物地质资料工作基本情况统计

实物地质资料汇交、接收情况						实物地质资料馆藏及利用情况											
实物地质资料						馆藏情况						利用情况					
岩心		岩屑		井壁取心		岩心		岩屑		井壁取心		利用人次	取样数量		薄片数量	测试数量	收费
井数	米数	井数	米数	井数	颗数	井数	米数	井数	袋数	井数	颗粒		件数	质量 g	件	件	元
13	1758.97	2	14	0	0	384	30355.93	13	4935	0	0	359	0	0	0	0	0

2. 实物地质资料馆藏情况

大庆油田实物地质资料由大庆油田勘探开发研究院岩心资料室负责管理，岩心资料室依据年度油气勘探项目总体设计掌握探井号，根据钻井地质设计加强对实物地质资料的收集。截至2015年12月，共入库4704口井、462151盒实物资料，其中岩心424043盒、岩屑38108盒，库存量居亚洲第一。2015年度，共接收了35口井的4426m岩心、1733盒岩屑。在全部馆藏实物资料中，纳入委托保管的岩心资料共计30355.93m，岩屑资料共计4935袋（表1）。

3. 实物地质资料服务情况

大庆油田实物地质资料的服务利用以“来源于生产，服务于生产”为宗旨，注重实物地质资料的服务效率和利用率。一是服务利用制度化。按照《大庆油田有限责任公司岩心资料管理暂行办法》（试行），实物岩心的观察、照相、取样，需有本公司勘探开发研究院生产协调部的生产任务审批单，重点井岩心需由勘探开发研究院主管领导及公司勘探事业部领导签字方可利用。二是服务利用规范化。严格规范取样，避免重复取样，提高岩心利用率。通过实验室信息管理系统，加强对岩心样品分析周期、质量、流程等进行全方位的监控。岩心出库、观察、取样、归样、样品回收各阶段都有相关人员陪同、记录、服务，避免人为损坏岩心。三是信息发布网络化。入库的新井岩心，其井号、井别、区块、层位、井段等基本信息，通过网络及时发布；库存老井，其即将下架的岩心信息也通过网络公布，科研人员能及时了解并掌握利用信息。四是服务科研人性化。为方便科研人员观察、取样，岩心资料室设有岩心观察室、休息厅等，同时配有可连接网络的电脑、打印机等设备，可随时查阅并打印相关数据。

大庆油田馆藏实物地质资料以提供油田内部生产、科研利用为主，利用率较高。2015年，提供实物地质资料服务利用1800人次，岩心取样为633.26g。纳入委托保管的实物地质资料，2015年共计发生359人次和利用。

大庆油田勘探开发研究院岩心资料室每年都承担各大院校、国内外专家、学者的访问、学习与交流工作。年均承担约700余口井次60000余盒（m）的岩心上下架任务及约3万块的取样服务。

4. 取得的经验及措施

大庆油田岩心（岩屑）管理严格执行《大庆油田有限责任公司岩心资料管理暂行办法》（试行）和企业标准《入库岩心质量验收规范》（Q/SY DQ0360—2000），做到严格验收保证归档质量、科学著录提高整理水平、安全保管保障服务利用、规范利用延长资料寿命。为进一步规范实物地质资料的管理，大庆油田先后完善了实物地质资料收集、整理、保管、利用等相关工作制度。为进一步规范对外服务利用工作，制定了《大庆油田委托保管油气地质资料服务利用收费办法》（试行），对包括实物地质资料在内的油气地质资料服务利用审批程序及收费等内容做出了明确规定。

四、实物地质资料工作的相关文件及各项规章制度

为加强管理，由本公司勘探业务主管部门制定并以大庆油田有限责任公司文件形式下发《大庆油田有限责任公司岩心资料管理暂行办法》（试行），对岩心的管理、保管、使用、观察取样及保密等内容做了详细规定。制定了企业标准Q/SY DQ0360—2000《入库岩心质量验收规范》。有关实物地质资料的安全保密工作执行《大庆油田公司安全保密条例》。为规范业务行为，先后制定了《岩心管理办法》《观察岩心制度》《岩心样品外借规定》《勘探开发研究院油气水岩取样规范》（20081027－2）。

（撰稿人：徐晓炜）

中国石油天然气股份有限公司辽河油田分公司实物地质资料委托保管工作

一、单位概况

辽河油田分公司是中国石油天然气股份有限公司下属的以石油、天然气勘探开发为主，油气加工、工程技术、工程建设、燃气利用等多元开发为辅的国有特大型联合企业，是全国最大的稠油、高凝油生产基地。地跨辽宁省、内蒙古自治区的 12 个市（地）、32 个县（旗），总部坐落在辽宁省盘锦市。2015 年，辽河油田分公司年生产原油 1000×10^4t，生产天然气 $7\times10^8m^3$。

辽河油田石油地质勘探工作开始于 20 世纪 50 年代；1970 年，开始大规模勘探开发建设；1986 年，辽河油田生产原油突破 1000×10^4t，成为全国第三大油田；1995 年，辽河油田原油产量达到 1552×10^4t，为历史最高。历经分开分立、改制上市、重组整合等多次重大内部改革，辽河油田分公司形成了专业化管理、集约化经营、一体化发展的新模式，整体综合实力和核心竞争力显著提升。截至 2015 年底，辽河油田累计生产原油超 4×10^8t、天然气超 $800\times10^8m^3$，为国家经济建设、能源安全和地方繁荣发展做出了重要贡献。先后荣获“全国五一劳动奖状”“中国企业管理杰出贡献奖”“全国精神文明建设先进单位”“中央企业先进集体”“全国安康杯竞赛优胜单位”等多项荣誉称号。

辽河油田分公司档案馆为国资委委托保管油气地质资料单位，是油田公司直属副处级单位，行政隶属于总经理办公室，同时也是辽河油田油气地质资料一级归口管理部门，主要保管油气勘探开发档案。有地质资料管理人员 18 人，其中高级职称 4 人、中级职称 9 人、初级职称 2 人，中高级人员占管理人员的 72%。实物地质资料管理人员有 7 人，其中高级职称 1 人、中级职称 2 人、初级职称 2 人，大专及以上学历 5 人。

二、实物地质资料库房基础设施建设情况

辽河油田分公司共有两座实物地质资料库房，分别保管岩心和岩屑。

岩心库于 2014 年建成投入使用，建筑面积 $10600m^2$，分存储区和功能区两部分。存储区用于存放岩心，建筑面积 $5900m^2$，采用高架立体存储和自动物流技术，配备牛腿组合式货架、转轨车、堆垛机、轨道输送车、输送台、库存管理与控制软件等先进的设备设施，实现岩心从存储货位到观察台的全过程自动操作。货架 11 排、138 例、16 层，共计 24288 个货位，每个货位可存放岩心 24m，库存放岩心总容量为 58×10^4m，已保存岩心 7.7 万盒（15×10^4m）。功能区建筑面积 $4700m^2$，两层结构，设置中央控制室、观察室、数字化室、岩心处理室、地质观摩展示厅等岩心观察利用功能室，配备计算机、扫描仪、岩心图像高分辨率采集仪等数字化设备，实现岩心存取自动化、操作程序化、岩心管理规范化、开发利用一体化。岩心库对设备运行实施了数字化管理，库内安装了一套视频监控

系统，共计16个监控点，对设备运行情况及工作现场进行实时监控，库内所有情况和设备的各项运行数据都在中控室监控终端上实时显示。一旦发现安全问题，工作人员可以立即做出响应，既做到了事故隐患和突发情况的及时发现、处理，又减轻了工作人员的劳动强度。

岩屑库于2002年建成投入使用，建筑面积1450m^2，库房面积1134m^2，容积86364m^3，储存岩屑2215口井、共64074m，井壁取心井2581口、共17414盒。为了统一管理实物地质资料，自2015年4月起，岩屑库内的岩屑、井壁取心搬入岩心库进行保管，至2015年底，已完成岩屑库库存总量的1/3。

三、实物地质资料管理与服务开展情况

1. 实物地质资料汇交情况

2015年，辽河油田分公司所属矿权中有10个矿权发生变更，按照地质资料委托保管工作相关规定，严格履行职责，积极做好矿权变更相关的地质资料的接收、保管、汇交和利用工作。共接收实物地质资料：岩心6口井，82.07m；岩屑8口井，5085袋（表1）。

表1　2014～2015年度受托实物地质资料工作基本情况统计

年度	实物地质资料汇交、接收情况						实物地质资料馆藏及利用情况											
	实物地质资料						馆藏情况						利用情况					
	岩心		岩屑		井壁取心		岩心		岩屑		井壁取心		利用人次	取样数量		薄片数量	测试数量	收费
	井数	米数	井数	包数	井数	颗数	井数	米数	井数	包数	井数	包数		件数	质量 g	件	件	元
2014	4	54.6	0	0	0	0	366	14130.76	106	84883	0	0	25	0	0	0	0	0
2015	6	82.07	8	5085	0	0	372	14212.83	114	89968	0	0	32	0	0	0	0	0

2. 实物地质资料馆藏情况

截至2015年底，辽河油田分公司共接收、保管实物地质资料岩心372口井、14212.83m，岩屑114口井、89968袋（表1）。

3. 实物地质资料服务情况

2015年，辽河油田分公司档案馆积极开展地质资料咨询和服务，采用多种方式提供信息支持。通过采取电话查档、网络查询、预约服务等方式，为用户提供方便快捷的地质资料服务。2015年，提供实物地质资料岩心岩屑观察32人次，没有取样，服务对象为辽河油田内部各单位从事勘探开发的科研人员。

4. 取得的经验及措施

（1）加强培训工作，提高管理人员素质

随着设备先进、功能齐全的自动化岩心库投入使用，实物地质资料的硬件环境得到极大改善，实物地质资料的保管和利用水平相应得到提高。新设备设施的维护管理、管理系统的熟练操控、地质资料数字化管理的发展需求，对管理人员的素质和能力提出了更高的

要求。为了适应需求，2015 年岩心库加强对管理人员的培训工作，采用举办培训讲座、现场教学讲解、外出学习、研讨交流等多种方式，从基础知识、实际操作、问题汇总和故障演练等几个方面全方位深入进行培训讲解，提高了管理人员的素质和能力，保证了岩心库各项工作的顺利进行。

（2）开展课题立项和研究工作，提高工作水平

为了加强实物地质资料管理，提高工作水平，岩心库立足本职工作，实施精细化管理，紧密结合油田科研生产工作，开展课题立项和研究工作。2015 年，成立了岩心质量体系认证管理小组，以“运用质量体系认证方法提高岩心管理质量”为课题，有计划地开展质量体系认证活动，上报的质量体系认证成果被评为“优秀质量体系认证成果奖”。

（撰稿人：李秀文、冯佳）

中国石油天然气股份有限公司长庆油田分公司实物地质资料委托保管工作

一、单位概况

长庆油田分公司是中国石油天然气股份有限公司的地区分公司，总部位于陕西省西安市，主要从事鄂尔多斯盆地油气及伴生资源的勘探、开发、生产、储运和销售等业务，工作区域横跨陕西、甘肃、宁夏、内蒙古、山西5省（自治区）15个市（地）61个县（旗），面积$37 \times 10^4 km^2$。

目前，长庆油田分公司下属13个采油生产单位，8个采气生产单位，3个输油单位及其他科研、生产辅助、矿区服务单位。公司现有员工7万多人。

长庆油田地质资料委托保管工作由长庆油田分公司档案馆负责。长庆油田分公司档案馆为本公司直属单位，是长庆油田档案（史志）工作的管理部门，级别为副处级，具有业务管理和实体保管双重职能，是全油田的档案信息资源中心。从事油气地质资料管理人员计123人，其中高、中级技术人员70人，占地质资料管理人员的57%，符合国土资源部40%以上的标准要求。

二、实物地质资料库房基础设施建设情况

长庆油田有西峰、靖边、西安3个实物地质资料库，总建筑面积$25783m^2$，共存放有$58.14 \times 10^4 m$岩心，剩余库存能力$38.86 \times 10^4 m$，能够满足实物地质资料10～12年的增长需求。

西安库建成于2005年7月，面积为$1853m^2$，包括岩心存放区、中央控制区和陈列室，库存容量为$19.44 \times 10^4 m$，控制系统分中央、地面、单机三级自动式独立控制方式，采用无线通信传输。

西峰数字化岩心资料中心于2010年3月动工，2011年6月竣工。在建设过程中，长庆油田分公司领导高度重视，多次莅临现场检查指导工作。数字化岩心资料中心内建库房两座，库房主体为轻型钢结构，长135m，宽72m，高6.9m，建筑面积$20363m^2$，可存放岩心超$80 \times 10^4 m$。

西峰数字化岩心中心岩心存取实现全自动化控制，自动化程度之高居全国领先地位；岩心存储规模目前为亚洲最大，配备了数字化中控室、旋转观察台、沙盘模型和陈列室等设施，采用手动触摸显示浏览器、查询机自动查询和三维动画技术形象展示，系统揭示了鄂尔多斯盆地低渗透油气藏的基本地质特征，对于不断深化地质综合研究，进一步认识和掌握鄂尔多斯盆地致密岩心油气藏的富集规律、深入研究盆地地质规律、指导盆地油气勘探具有重要的意义。

三、实物地质资料管理与服务开展情况、主要做法、取得的经验及措施

1. 严格规范管理，落实责任主体，完成资料中心全年工作

2015年通过强化数字化岩心资料中心基础工作入手，明确岗位，夯实基础，全年围绕新井入库、资料归档、岩心观察和采样以及安全防控等日常各项工作，落实各项工作责任主体，保证资料中心全年平稳有序运行。同时，按照《长庆油田岩心管理办法》规定，严格执行岩心入库验收标准，服务岩心观察和采样工作。

完成常规工作量：入库新井岩心724口井共38079.14m，其中油井615口共34771.44m，气井109口共3307.7m；入库岩屑392口井共4033盒，其中油井岩屑286口井共3717盒，气井岩屑106口井共316盒；网上审批岩心观察采样单229份，其中在西峰岩心库服务油田科研单位及各大院所观察采样140次2046口井3252块；完成残样归位112口井3252块；完成接待集团公司领导、油田公司领导检查10次，庆阳市地方及上级政府领导检查4次，受到上级领导一致好评。

2. 立足安全培训，强化安全保障，提升资料中心服务保障

为更好服务油气勘探生产提供服务保障，进一步提升库房安全管控能力，在完善库房硬件体系的基础上，通过多种举措，注重培养人员的安全意识。

2015年组织员工观看安全视频教育，对员工进行交通、消防等安全培训，提升员工的安全意识，提高员工对安全生产重要性的认识，增强安全生产的责任感，进一步提高资料中心员工遵守规章制度和劳动纪律的自觉性，提高广大职工的安全技术知识水平，熟练掌握库房安全操作技术要求和预防、处理事故的能力。

在加强安全培训的基础上，进一步完善库区的安全体系，针对库区工作特点，识别库区防火、防电、防高空坠物等风险，制定安全巡查路线，值班人员严格按照线路巡查，发现安全隐患及时排查。

3. 持续推进“四化”，注重应用实效，提升资料中心服务能力

为服务油气勘探项目生产及油田科研团队的研究需要，在数字化岩心资料中心1#库自动化水平上，进一步提升数字化岩心资料中心保障能力，结合数字化岩心资料中心的自动化使用情况，针对使用频率较高、使用时间较长的电动堆垛车，进行维修和更换，进一步提升了数字化岩心资料中心的自动化水平。

为提升数字化管理水平，发挥数字化管理优势，全年向“岩心资料综合信息库”共导入岩心资料566口井，强化岩心管理能力，提高岩心管理效率。

四、各单位实物地质资料工作的相关文件及各项规章制度

1. 岩心入库管理制度

1）岩心出筒后必须按照《石油天然气探井录井资料采集与整理操作规程（第三版）》进行整理和采样，采样后保证岩心完整、连续。

2）入库时，岩心（岩屑）放入岩心盒的次序、编号、底界深度、木质牌内容、入库

清单等要符合《石油天然气探井录井资料采集与整理操作规程（第三版）》要求；入库清单一式3份，岩心库管理人员、录井单位、勘探部各1份。

3）入库岩心必须完整，实际岩心要与入库清单一致。

4）岩心及岩心盒的标签、字体必须符合《石油天然气探井录井资料采集与整理操作规程（第三版）》规定的要求。

5）岩心入库时录井单位还要提交一份单井岩心描述资料、岩心单块长度原始记录、岩样采样清单等资料（包括电子文档）。岩样分析化验清单要注明录井单位及队伍名称、采样负责人、联系方式及样品归还日期。

6）录井队送交化验的岩心，分析化验后的残样按照“谁采样、谁回交”的原则，在完井1个月内向岩心资料中心回交岩心分析化验残样。

7）岩心入库后，需办理“岩心入库清单”“岩心采样清单”及“残样回收清单”回执单，并作为单井档案资料的一部分上交油田公司档案馆。

8）要求使用正规（具有资质认证）岩心盒生产厂家的有质量合格证的岩心盒。各录井公司必须采用统一规格（2格×1m）的岩心盒，颜色统一为黑色，岩心盒为组合式。岩心入库时，岩心库管理人员要检查岩心盒的质量、规格等，不符合要求的岩心盒不得入库。

9）若个别取心井段由于采样把整段岩心取走，录井技术人员要在相应位置放上标有编号、长度的木板或纸板，并在上交岩心时把采样审批手续交与岩心库管理人员。

10）岩心入库管理人员在接收岩心时不得超标准收取劳务费，各录井公司上交岩心（岩屑）的人员必须按岩心库管理人员的要求摆放。

2. 岩心入库“三查三看”制度

一查，岩心盒质量是否合格，是否符合油田公司的相关规定。

二查，岩心数量是否合格，要求上交岩心不能少于一半。

三查，入库清单是否合格，必须具有深度、具体层位和单块底界深度等。

一看，岩心盒喷绘是否正规，是否符合《石油天然气探井录井资料采集与整理操作规程》要求。

二看，岩心块号、标签是否合格（每块必须填写井号，逢5、10块必须标明深度），木质标签是否合格（包括井号层位、取心次数、进尺、心长、收获率、日期、录井队号、技术人员签名等）。

三看，岩心和岩心盒是否干净整洁、易碎岩心是否装入塑料袋并加标签。

3. 岩心资料整理制度

1）现场岩心由录井队负责管理，岩心出筒整理、编号、描述以及采样等工作由录井队全面负责。

2）现场岩心采样、整理、编号、装盒以及填写入库清单等必须按照长庆油田分公司勘探部印发的《石油天然气探井录井资料采集与整理操作规程（第三版）》执行。砂样袋规格统一，质量要满足5~10年保存完好。

3）现场岩心采样，将岩心一分为二，一半用于保存，不允许采样；另一半用于现场采样，采样后的岩心必须准确归位。

4）完井后各录井队要在一周内由技术员或地质大班将岩心送交指定的岩心库，同时办理岩心交接手续。

5）岩心管理人员要及时更换破损岩心盒，保证岩心盒完整。

6）定期对入库岩心进行检查，及时对岩心进行除尘及其他破损方面的维护。

4. 岩心资料利用制度

1）岩心观察采样必须有正规的油田公司审批手续。

2）岩心观察要在指定的观察区域进行观察，严格按照原来岩心的摆放顺序恢复原样。

3）各项目组在录井现场做随钻分析采样，不允许在长期保存的那一半岩心上采样。由录井队负责做好岩心采样清单，随岩心上交。如果没有特殊原因，原则上其他单位人员都不能在录井现场采样。

4）岩心资料中心管理人员和采样人员要严格执行用采样机采小样的规定，不准损坏性采样，不允许在同一块岩心连续采样。采样过程中杜绝岩心出库，采样后及时归位。

5）严禁观察采样人员在岩心上乱砸、乱取及私盗岩心，一经发现，加倍处罚。

6）严禁在长期保存的另一半岩心上采样。

7）取走整块岩心样品时，必须向岩心管理人员出具借条（借条内容包括取走样品井号、编号、长度及单位、姓名、联系方式等）并缴纳押金，押金按500元/块收取，待岩样归还后，返还押金。同时，取走的岩心位置应以相应长度的木板或纸板顶替，并标注原岩心的编号、长度，用塑料袋包好置于原处，以便岩心归还时准确归位。

8）用样时间最长不得超过30天，确因工作需要到期不能归还者，必须办理续借手续，逾期不办手续者，扣罚部分押金。

9）观察采样人员对相关资料负有保管、保密的责任，严禁将所借资料转借给他人。

10）如果观察采样人员在岩心库现场需要变更申请报告内容，必须向勘探部口头汇报，经同意后方可进行，但要及时补办手续。

11）如果观察采样人员不按照申请报告内容以及相关规定采样和观察岩心，岩心库管理人员有权拒绝向其提供资料。

5. 岩心观察采样网上审批管理制度

1）岩心观察采样实行网上填报审批制度。

2）油田公司各相关单位要进一步强化科研项目管理，严格要求科研项目承担单位在申请岩心采样前做好已有化验分析相关资料的检索工作，避免重复采样。

3）岩心采样审批要按照“同一井、同一地质层的同一分析项目不重复采样”的原则，严格审查把关化验分析项目以及样品采集规格，确保岩心资料的科学合理利用。

4）油田公司内部：由所在单位提出申请，主管领导签字审批后，报勘探部批准。

5）中油系统内部院所：由本单位研究人员提出申请，由合作的依托单位主管领导签字审批后，报勘探部批准。

6）其他协作单位：由本单位研究人员提出申请，由合作的依托单位主管领导签字审批后，报勘探部审批，油田公司主管领导批准后，到保密办办理相关手续。

7）研究项目需要大批量采样或借阅岩心时，在遵循正常审批手续的基础上，报经油田公司主管领导批准，到保密办办理相关手续。

6. 观察采样“十不准”制度

1）不准没有正规的油田公司审批手续。

2）不准随意从岩心资料中心带走岩心，借大样必须交纳押金，定期归还，否则后续该单位不准再采样。

3）不准损坏性采样，不能在同一块岩心上连续采样。

4）不准超量取样，严格执行审批手续，超量取心必须再次审批。

5）不准在观察采样时把岩心顺序弄乱，严格按照原来岩心的摆放顺序恢复原样。

6）不准与岩心管理人员发生冲突，强行取样。

7）不准不听从岩心资料中心管理人员的安排，提出超越审批手续内容的要求。

8）不准采样人员随意从录井队拿走岩心，如果有发生由各录井公司负责追回。

9）不准岩心资料中心管理人员故意刁难观察取样人员。

10）不准岩心资料中心管理人员徇私舞弊、胡乱收费。

7. 残样回收管理制度

1）岩心残样的回收按照“谁采样、谁回交”的原则，残样要详细地注明井号、岩心块号、样品编号、井深等信息的标签，保证准确归位。

2）录井队在完井1个月内向岩心资料中心回交岩心分析化验残样，凡是“岩心入库清单”“岩心采样清单”及“残样回收清单”回执单不齐全的录井单位不予办理结算手续。

3）科研项目承担单位要及时归还岩心残样，对于没有勘探部出具“残样回交回执单”的科研项目不予办理结算手续。对于残样回交不及时或不完整的科研项目承担单位之后不再办理岩心观察及采样审批手续。

4）各油气勘探项目组在录井现场做随钻分析采样由各项目组送还，录井队做好岩心采样清单。

5）岩心管理人员要认真做好回交岩心残样的审查和核对工作。

8. 资料保管制度

1）实物地质资料管理包括岩心（岩屑）入库提交的各项资料、采样审批单、岩心数字化资料、岩样归还回执、岩心（岩屑）销毁记录等的管理。

2）岩心（岩屑）入库时录井单位要提交一份岩心（岩屑）入库清单、单井岩心描述资料、岩心单块长度原始记录、岩样分析化验清单（包括电子文档）。

3）管理人员严格按照规定对上交资料进行验收。

4）管理人员必须妥善管理好各种纸质资料和电子数据。

5）实物资料由专人负责及时录入到数据库中。

6）严格执行油田公司的有关保密规定，不得丢失、损坏或泄漏相关实物资料相关数据。

9. 资料保密制度

1）严格落实实物地质资料的保护、保密工作，杜绝泄密事件发生。

2）严格执行《中华人民共和国保密法》规定，不在计算机、传真机、复印机等设备上泄密岩心资料中心的保密资料，不向非管理人员提供登录油田公司服务的密码和口令。

3）岩心管理人员必须坚持原则，严格执行保密制度和各种岩心档案借阅、管理制度。

4）对岩心管理人员定期结合岗位责任制开展安全保密检查，开展安全保密教育。

5）严把涉密“五关”：①把好涉密人员管理关；②把好保密检查督导关；③把好网络安全保密关；④把好对外合作保密关；⑤把好岩心资料秘密关。

6）管理人员要结合资料中心实际，加强保密意识，确保保密工作规范运作。

7）岩心管理人员努力保证岩心资料中心管理的各种地质资料的保管、使用安全，保密工作水平不断提高。

8）遵守保密规定，不访问未经许可的站点及系统，保护计算机中资料的安全。

10. 岩心、岩屑销毁管理制度

1）岩心保存年限

一类：参数井、区域探井、重点预探井的岩心要永久保存。

二类：预探井、评价井和开发井的岩心长期保存。

2）岩屑保存年限

一类：参数井、区域探井、重点预探井的岩屑要保存10年。

二类：预探井、评价井和开发井的岩屑保存5年。

3）对20世纪60～70年代的岩心，除重点探井和参数井要永久保存外，对相关资料不全的井和无法整理的岩心组织销毁。

4）对超过保存年限的岩屑，每2～3年组织销毁一次。

5）对于需要销毁的岩心、岩屑，由岩心库管理人员提出申请，勘探部组织相关人员确认后进行现场落实，提交销毁申请报告，报油田公司主管领导批准，销毁清单送档案部门保存。

11. HSE（健康、安全与环境）管理制度

1）严格按照股份公司、油田公司HSE管理相关规定，做好各项HSE管理工作。

2）及时完善和修订各项HSE管理措施、应急救援处置预案。

3）管理人员必须具备良好的思想素质，熟悉本岗位工艺流程和操作规程。

4）管理人员必须劳保上岗、持证上岗。

5）管理人员严格对进入岩心库人员进行安全风险提示。

6）管理人员有权利和义务制止进入中心的人员不符合HSE管理的行为；对于工作中违反HSE管理规定的，将按有关制度予以处罚。

7）定期对管理人员进行HSE管理培训和学习。

8）建立健全HSE管理基础资料，留档资料准确、齐全。

12. 安全管理制度

1）安全第一、预防为主；工作前要检查仪器设备情况，做到早发现、早预防，杜绝安全隐患。

2）岩心库内严禁酒后人员进入，严禁烟火，严禁随意搭接电缆、电线。

3）电器设备不得带电拆卸修理，使用电动工具时，必须带绝缘手套、穿绝缘鞋、站在绝缘垫上工作。

4）出入库作业，必须设立临时安全员，统一指挥，协调调度；登高作业，必须系安全带，并设专人监护。

5）工作现场必须穿戴好劳保护具，不准穿高跟鞋、凉鞋和拖鞋等不便于工作的服装。

6）工作现场安全标识醒目清楚、通道畅通无阻、操作行为规范、物品摆放定置。

7）消防设施完好率100%，专人专管、人人会用、清洁卫生。

8）清洁时，必须切断库区电源，不得触碰认址片，机器设备及滑触线不得见水。

9）叉车必须专人操作，未经管理人员许可，任何人不得擅自使用。

10）严防“三违”（违章指挥、违章作业、违反劳动纪律），做到“四无”（无火灾、无事故、无伤亡、无违章），避免“三害”（不伤害自己、不伤害别人、不被别人伤害）。

13. 网络服务制度

1）提供实物资料网络查询及岩心观察采样网上填报审批系统。

2）配备专业服务器及相应的软件系统，满足最大限度的应用功能，由专人负责软硬件维护。

3）系统网络采用企业内部网络，可满足上、下行4MB的数据传输要求，配备专人负责网络维护，保证网络畅通。

4）参数井、区域探井、预探井、评价井的岩心数据由专人及时扫描数据并录入到数据库，保证数据查询时效性、及时性。

5）岩心观察采样审批由专人负责，符合观察采样条件并且手续办理齐全的，应及时审批通过，不得以各种理由耽误和拖延。

6）网络服务相关人员对资料负有保管、保密的责任，严禁不符合相关规定给他人和相关单位传阅、拷贝资料。

14. 服务质量及服务环境建设制度

1）数字化岩心资料中心必须在接到综合生产办公室通知后方可接待参观。

2）提高服务意识，最大限度地满足各相关单位岩心采样观察需求，尽可能地为科研服务；避免审批过程冗余复杂，尽量简化流程，节省时间。

3）做好相关系统的软硬件维护工作，保证网络服务及时、畅通。

4）数字化岩心资料中心配备专业的接待人员，负责来访客人的接待、讲解工作。

5）接待人员要对来访客人热情、大方，用语礼貌得体，熟悉相关的业务知识，做到讲解时能够融会贯通，语言风趣幽默，寓教于乐。

6）建立参观接待台账制度，做到有迹可循。

7）必须做好参观人员的签名、题词、留影等记录工作。

8）做好陈列室日常维护保养，保持室内整洁卫生，不得让无关人员随便进入陈列室。

9）重大、紧急和超出职责范围内的业务，应及时向主管领导汇报和请示。

10）严格遵守各项规章制度，认真履行职责。

（撰稿人：程刚）

中国石油天然气股份有限公司塔里木油田分公司实物地质资料委托保管工作

一、单位概况

塔里木油田分公司是中国石油天然气股份有限公司的地区公司，主要在塔里木盆地从事油气勘探开发、炼油化工、油气销售等业务，是上下游一体化的大型油气生产供应企业。公司总部位于新疆巴音郭楞蒙古自治州州府库尔勒市，现有合同化员工 1.05 万人，资产总额885 亿元，具有较强的综合竞争力，是国内第四大油气田和西气东输主力气源地。

塔里木油田分公司内设办公室、生产运行处、规划计划处、财务处、人事处、企管法规处、技术发展处等15 个机关职能部门，并设有塔西南勘探开发公司、塔里木石化分公司、矿区服务事业部、勘探开发研究院、油气工程研究院、勘探事业部、开发事业部、天然气事业部、油气运销部等28 个二级单位。

油气地质资料委托保管工作由塔里木油田档案馆和勘探开发研究院共同负责。塔里木油田档案馆现有员工36 人（含市场化用工13 人），馆领导5 人，大专以上学历30 人；设收集整理室、保管利用室、人事档案室、年鉴编辑部4 个部门，其中从事地质资料工作的有 15 人。岩心岩屑库共有员工 15 人。地质资料从业人员平均年龄为40 岁。

二、实物地质资料库房基础设施建设情况

塔里木油田档案馆总建筑面积 13000m^2，其中库房建筑面积 10000m^2，使用面积9000m^2；办公用房建筑面积3000m^2，其中服务用房面积150m^2。塔里木油田岩心岩屑库房总建筑面积7084m^2，可容纳岩心 20×10^4m，岩屑 420×10^4 袋。

三、实物地质资料管理与服务开展情况

1. 实物地质资料汇交情况

2015 年，塔里木油田分公司有 21 个矿权信息发生了变化：麦盖提、麦盖提西、皮山、和田北、莎车、若羌、满东、满加尔地区石油天然气勘查 8 个区块为矿权注销；伽师、齐姆根、于田北、阿东、策勒、策勒北、叶城、乔来买提、阿南、阿图什北、喀什、塔东2、塔东北3 号地区石油天然气勘查 13 个勘查区块为矿权信息变更。根据国土资源部《地质资料管理条例》的要求，变更矿权的地质资料汇交工作已全部完成。

2015 年，塔里木油田分公司档案馆接收、验收实物地质资料岩心 3 口井，160.46m；岩屑 3 口井，9660 袋。其中策勒区块汇交岩心 1 口井、119.72m，岩屑 1 口井、3270 袋；乔来买提区块汇交岩心 1 口井、8.46m，岩屑 1 口井、2160 袋；叶城区块汇交岩心 1 口

井、32.28m，岩屑1口井、4230袋；其余矿权未打井，没有实物地质资料（表1）。

表1　2014～2015年度受托实物地质资料工作基本情况统计

年度	实物地质资料汇交、接收情况						实物地质资料馆藏及利用情况												
	实物地质资料						馆藏情况						利用情况						
	岩心		岩屑		井壁取心		岩心		岩屑		井壁取心		利用人次	取样数量		薄片数量	测试数量	收费
	井数	米数	井数	袋数	井数	颗数	井数	米数	井数	袋数	井数	袋数		件数	质量 g	件	件	元
2014	6	485.23	5	13170	0	0	158	6709.72	157	248994	0	0	9	18	630	273	0	0
2015	3	160.46	3	9660	0	0	161	6870.18	160	258654	0	0	11	21	714	265	0	0

2. 实物地质资料馆藏情况

截至2015年11月30日，塔里木油田分公司委托保管实物地质资料岩心161口井、6870.18m，岩屑160口井、258654袋（表1）。

3. 实物地质资料服务情况

为充分发挥档案的利用价值，在保证档案安全的前提下，塔里木油田分公司最大限度地将档案对公众开放。目前油田全体员工无需申请可浏览档案目录，中层以上干部无需申请可在线阅读数字化档案，档案借阅基本实现了无纸化，档案查询、审批、阅读、下载等工作全部可在网上进行。塔里木油田岩心岩屑管理系统与档案管理系统已经成功对接，在档案系统中可以查阅到岩心岩屑系统的目录数据。

2015年，塔里木油田分公司提供服务利用为实物资料11人次，岩心取样21件、714g，观察薄片265件（表1）。服务对象主要是与塔里木油田公司合作的高等院校、科研院所和企事业单位。

4. 取得的经验及措施

针对3490型、3590型磁带机早已停产、磁带面临无法读取的状态，塔里木油田分公司2014年启动了物探磁带升级转储工作，将3490型、3590型磁带转储为3592型，并将所有的地震数据全部备份磁盘一份，以方便利用。2015年共转储磁带13512盘，磁盘数据量共计10.8TB，其中SEGY格式6.5TB，SEGD格式4.3TB。

四、各单位实物地质资料工作的相关文件及各项规章制度

为更好地适应地质资料管理工作，塔里木油田分公司近年来对档案工作尤其是地质资料工作的相关规章制度进行了梳理，建立了较为完善、更加实用的实物地质资料规章制度，目前正在适用的有《塔里木油田公司地质资料档案管理规定》《塔里木油田公司地质资料档案业务管理办法》《塔里木油田岩心岩屑管理规定》《岩心观察取样管理规定》《叉车岗位操作规程及岗位职责》《堆垛机岗位操作规程及岗位职责》等。

（撰稿人：张成栋）

中国石油天然气股份有限公司新疆油田分公司实物地质资料委托保管工作

一、单位概况

新疆油田分公司是中国石油天然气股份有限公司所属的地区分公司，总部位于新疆维吾尔自治区克拉玛依市，是新中国成立后发现的第一个大油田。目前，公司主要业务包括油气勘探开发、生产服务、矿区服务和其他辅助业务，主要勘探领域位于准噶尔盆地及其外围盆地，已开发建设油气田35个。截至2015年底，累计生产原油3.42×10^8t、天然气$744.74\times10^8m^3$，为确保国家能源安全供应和促进地方经济社会发展做出了重要贡献。

新疆油田分公司实物地质资料实行分级管理的原则。公司档案中心作为管理机构和保管机构，负责全公司地质资料的统筹规划、组织协调和管理；勘探开发研究院、实验检测研究院和准东采油厂作为执行层，负责具体工作的操作实施。目前，公司从事实物地质资料管理人员42人，高级职称9人，中级职称22人，本科学历22人，中、高级专业技术人员占有比例达到73.8%。

二、实物地质资料库房基础设施建设情况

新疆油田分公司实物地质资料按照矿权区域实行分片管理，分别由实验检测研究院和准东采油厂负责保管。截至2015年底，公司拥有岩心库2个，库房总面积为$4459m^2$；岩屑库7个，库房总面积为$5260m^2$；岩心薄片库1个，建筑面积为$64m^2$。岩心、岩屑库配备了手动运行模式立体货架、岩心自动剖切机、岩心切片机、岩心扫描仪、巷道堆垛叉车、摇臂钻床等设备。各库房设施符合防火、防水、防盗、温湿度控制等要求，切实做到了办公用房与库房分开，设置了专门的接收、整理、汇交、数字转化、查询浏览用房。各单位均编制消防应急预案，定期组织消防演练，从管理和制度上严把馆库安全关，做到了责任有落实，防控有措施，工作有保障。

三、实物地质资料管理与服务开展情况

1. 实物地质资料汇交情况

新疆油田分公司严格按照国土资源部有关地质资料汇交管理制度及规定，及时汇交油田有关探矿权和采矿权范围内的所有资料。2014年，公司有8个区块的矿权退出，2015年取得地质资料汇交凭证。

2. 实物地质资料馆藏情况

2015年，新疆油田分公司对委托保管实物地质资料数据库的数据进行了重新梳理，删除了两口重复井。截至2015年底，公司委托保管实物地质资料数据库有岩心226口井，

5834.66m；岩屑13口井，25004袋；井壁取心7口井、220颗（表1）。

表1　2015年度受托实物地质资料工作基本情况统计

<table>
<tr><th rowspan="4">年度</th><th colspan="6">实物地质资料汇交、接收情况</th><th colspan="12">实物地质资料馆藏及利用情况</th></tr>
<tr><th colspan="6">实物地质资料</th><th colspan="6">馆藏情况</th><th colspan="6">利用情况</th></tr>
<tr><th colspan="2">岩心</th><th colspan="2">岩屑</th><th colspan="2">井壁取心</th><th colspan="2">岩心</th><th colspan="2">岩屑</th><th colspan="2">井壁取心</th><th rowspan="2">利用人次</th><th colspan="2">取样数量</th><th>薄片数量</th><th>测试数量</th><th>收费</th></tr>
<tr><th>井数</th><th>米数</th><th>井数</th><th>袋数</th><th>井数</th><th>颗数</th><th>井数</th><th>米数</th><th>井数</th><th>袋数</th><th>井数</th><th>颗数</th><th>件数</th><th>质量 g</th><th>件</th><th>件</th><th>元</th></tr>
<tr><td>2014</td><td>9</td><td>92.73</td><td>10</td><td>14667</td><td>7</td><td>220</td><td>228</td><td>7301.01</td><td>20</td><td>24100</td><td>7</td><td>220</td><td>2</td><td>162</td><td>6800</td><td>115</td><td>0</td><td>0</td></tr>
<tr><td>2015</td><td>0</td><td>0</td><td>0</td><td>0</td><td>0</td><td>0</td><td>226</td><td>5834.66</td><td>13</td><td>25004</td><td>7</td><td>220</td><td>43</td><td>32</td><td>320</td><td>93</td><td>0</td><td>0</td></tr>
</table>

3. 实物地质资料服务情况

新疆油田分公司实物地质资料服务范围面向全油田的科研人员和与新疆油田分公司有关的科研项目的其他外来人员。公司进馆保管的岩心大部分进行了岩心数字化扫描，并建立岩心数据库和岩屑及孔渗测后样数据管理台账，实现了岩心入库动态信息化管理，进一步提高了新进岩心的管理水平，提高了岩心选样和查询时效性。2015年，公司提供实物地质资料服务利用43人次；二次观察岩心987口井，9134盒；选取岩心样品2841块；借阅薄片93件（表1）；并接待来自院校的师生和科研单位的工程技术人员8批次，为他们提供岩心观察学习和研究，共计上、下架岩心475盒，二次采样79块。

4. 取得的经验及措施

1）通过加强实物档案管理，提高了实物档案到位率。2015年，饱和度、含油性评价快速分析等现场选取样品100%进行了归位，岩心入库率100%，岩心二次观察后重新入库率100%，孔渗测后样保存率在96.5%以上。

2）2015年9月，利用数字网络及大数据分析技术，完成了岩心数据管理系统软件的研发，并正式上网运行。该系统最大限度地利用现有信息资源，使岩心图像与实验分析、录井、测井数据进行关联，实现数据资料的综合应用；同时，可在网上进行岩心图像选样、审批，提高岩心选样科学性，减少不必要的重复取样，保护珍贵的岩心资源。

3）基于目前国际上较为热门的数字岩心技术领域，公司实验检测研究院联合多家科研机构和院校，组建了数字岩心实验室，通过数字化技术在同一块岩心上开展多种实验项目研究，有效减少了传统实验对实物岩心的使用损耗；同时，将建好的三维数字岩心模型永久保存于岩心数据管理系统中，通过开发初期油藏数字岩心模型与开发中后期油藏数字岩心模型的对比，便于直观认识其孔隙结构特征变化以及物理参数的对比等，支持开发方案的调整。

四、实物地质资料工作的相关文件及各项规章制度

新疆油气分公司根据油气田勘探开发工作的不断发展，逐步建立了较为完善的实物地质资料接收、验收、整理、保管、利用、销毁、保密、库房管理、设备管理和人员管理等配套制度。目前，仍沿用《新疆油田公司勘探开发资料汇交管理办法》《实物地质档案管

理办法》《岩心库管理制度》《岩心库工作管理流程》《岩心库管理岗位职责》《岩心观察区管理制度》《岩心中转库管理制度》《消防控制室火灾事故应急处理程序》《安全巡检标准》《岩心库安全风险及控制措施》《岩心库安全提示》等制度，确定了“在保护中利用，以利用促保护”的原则，使实物地质资料在管理和利用各个方面做到了有保障、可利用。

（撰稿人：王红梅、黑逵、刘慧敏）

中国石油天然气股份有限公司西南油气田分公司实物地质资料委托保管工作

一、单位概况

西南油气田分公司是中国石油天然气股份有限公司下属地区公司，于1999年10月由中国石油天然气股份有限公司将原四川石油管理局核心业务剥离，重组改制而成立，总部设在四川省成都市。西南油气田分公司主要负责四川、西昌盆地油气勘探开发、管网集输和终端销售，现有重庆、蜀南、川中、川西北、川东北五大（油）气生产区。

西南油气田分公司实物地质资料委托保管工作由公司岩心库负责。西南油气田分公司岩心库现有实物地质资料管理专职人员3人，外聘人员4人；专职人员中大学本科2人、大专1人，高级职称2人、中级职称1人。

二、实物地质资料库房基础设施建设情况

西南油气田分公司岩心库位于成都市华阳镇，占地面积10.1亩。岩心库由岩心存储库房、配套楼、岩心观察棚、加工房4个部分组成，总面积3023m^2。

库内有10列钢质货架，每列有64行13层、832个货位，共有8320个货位，可存放19×10^4m岩心。

2015年共接收83口井的2700m岩心入库，西南油气田分公司岩心库现存1200口井的岩心，长约53000m，剩余货位13.5×10^4m，可用20年。

三、实物地质资料管理与服务开展情况

1. 实物地质资料汇交情况

2015年，西南油气田分公司完成了“四川省四川盆大塔场气田开采”“川渝四川盆地东部达州—梁平地区油气勘查”两个矿权应汇交实物地质资料的整理、编目、接收、验收和管理信息系统数据更新工作，累计接收入库实物地质资料岩心79.61m、岩屑7268包。其中“四川省四川盆地大塔场气田开采”汇交1口井771包岩屑，此井未取心；“川渝四川盆地东部达州—梁平地区油气勘查”汇交两口井，岩心79.61m、岩屑6497包（表1）。

2. 实物地质资料馆藏情况

截至2015年11月30日，西南油气田分公司累计委托保管实物地质资料岩心117口井、2742m，岩屑13口井、20726袋，无井壁取心资料（表1）。岩心保存在西南油气田分公司岩心库，岩屑由属地所在（油）气矿委托乙方单位保管。

表 1　2014～2015 年度受托实物地质资料工作基本情况统计

年度	实物地质资料汇交、接收情况						实物地质资料馆藏及利用情况											
	实物地质资料						馆藏情况						利用情况					
	岩心		岩屑		井壁取心		岩心		岩屑		井壁取心		利用人次	取样数量		薄片数量	测试数量	收费
	井数	米数	井数	袋数	井数	颗数	井数	米数	井数	袋数	井数	袋数		件数	质量 g	件	件	元
2014	3	92.27	5	13458	0	0	115	2662.39	10	13458	0	0	2	0	0	0	0	0
2015	2	79.61	3	7268	0	0	117	2742	13	20726	0	0	5	9	200	30		0

3. 实物地质资料服务情况

西南油气田分公司实物地质资料主要以查阅、借阅和复制等方式向用户提供利用，服务对象主要是西南油气田分公司机关处（部）室、下属各单位、川庆公司相关单位以及部分石油大专院校的师生。西南油气田分公司实物地质资料利用方式主要是到岩心库采样和观察。2015 年，委托保管实物地质资料利用数量为 5 人次，取样 9 件、200g，薄片 30 件（表 1）。

4. 取得的经验及措施

（1）实物地质资料立卷归档工作

实物地质资料按照要求入库后，依照入库时间先后顺序依次登记。岩心填写井号、井别、开钻时间、完钻时间、完钻层位、井段、进尺、心长、收获率、取心次数、盒数、入库时间、存放位置、移交人、接收人、移交人单位等信息后，按年度打印出当年入库台账，与入库验收单及清单核实无误后，按照台账顺序入库，将纸质入库验收单及清单一并装订成册，立卷归档；同时将相应的电子文件一并保存，形成电子档案。

（2）开展实物地质资料的数字化工作

为保护实物地质资料实体，提高岩心资料的利用率，西南油气田分公司开展了岩心数字化工作。实物地质资料管理人员对库存岩心进行清理，并通过扫描形成了完整的岩心扫描图像数据。截至 2015 年底，西南油气田分公司完成全部探井、重点开发井岩心的数字化工作，对完善岩心资料起到重要作用，为实物地质资料的服务与利用提供保障。

（3）开展油气受托井钻井数据情况摸底工作

2015 年 4 月，西南油气田分公司组织人员对受托油气钻井数据管理现状、钻井数据库建设工作量进行了摸底调查工作。通过调查，一是明确了西南油气田分公司汇交范围内油气钻井数量，二是落实了属于汇交范围内的单井结构化数据与图文数据的数据量、数据完整度、数据结构，以及这些数据与国土资源部要求的数据之间的差异等情况，为下一步全面开展全国油气钻井数据库建设工作奠定基础。

（4）积极参加地质资料管理培训

2015 年，西南油气田分公司选派业务管理人员参加了全国地质资料馆组织召开的地质资料汇交监管平台、委托保管年报编写等培训，同时还参加了股份公司组织的油气钻井数据库建设研讨会和《中国石油天然气股份有限公司地质资料管理规定》的起草、修订和征求意见工作，学习了国家和集团公司对地质资料管理新的要求，提升地质资料管理水平。

四、实物地质资料工作的相关文件及各项规章制度

为了收好、管好、用好实物地质资料，西南油气田分公司严格按照国家《地质资料管理条例》和《地质资料管理条例实施办法》等制度，结合西南油气油田分公司实际，2015 年对现有实物地质资料管理办法进行了梳理和修订，建立了较为完善、更具操作性的实物地质资料管理制度。目前正在适用的管理制度有《岩心管理办法》《岩心管理实施细则》《叉车岗位操作规程及岗位职责》《堆垛机岗位操作规程及岗位职责》等，服务质量和服务环境建设能够满足利用者的需求。

（撰稿人：孔令兴）

中国石油天然气股份有限公司吉林油田分公司实物地质资料委托保管工作

一、单位概况

吉林油田分公司是中国石油天然气股份有限公司下属地区公司，是集石油天然气勘探开发、生产销售和油田工程技术服务、矿区生产生活服务于一体的大型石油企业，总部位于吉林省松原市，勘探开发和生产区域遍布吉林省20多个市、县（区）。

吉林油田于1959年9月29日发现，1961年1月17日建矿并正式投入开发建设。1999年10月，吉林油田重组分立为吉林油田公司和吉林石油集团有限责任公司。2007年7月，两个公司重组整合为吉林油田分公司。50多年来，吉林油田分公司油气勘探不断取得重大发现，通过勘探思路创新、地质理论创新和工程技术创新，找到了多个亿吨级大油田，发现了松辽盆地南部第一个$1000\times10^8m^3$大气田。油气产量持续稳定增长，先后跨越500×10^4t、600×10^4t、700×10^4t。50多年来，吉林油田分公司的地位和影响力显著提升。先后荣获“全国五一劳动奖状”“全国先进基层党组织”“全国文明单位”等荣誉称号。

吉林油田分公司档案工作实行集中统一管理。按照上级规定，吉林油田分公司档案工作实行统一领导、分级管理的原则。档案馆是吉林油田档案工作的专业归口管理机构，代表公司对机关各部门、各直属单位和所属单位的档案资料、史志（年鉴）编纂等工作行使一体化管理职能，进行检查、考核、监督和指导，形成了公司档案馆、各直属单位档案室和各基层单位档案组的三级档案管理组织网络。

吉林油田分公司档案馆始建于1985年。1999年10月，吉林油田重组分立，吉林油田公司在总经理办公室设立档案馆，与吉林石油集团有限责任公司信息中心档案馆分立办公。2007年7月，吉林油田重组整合，档案馆成为公司所属单位。2009年7月，前郭石化公司档案室划归吉林油田分公司档案馆。档案馆建筑面积$4200m^2$，库房建筑面积$1880m^2$，保管档案17.3万卷，53.6万件；公司所属各档案全宗单位61家，保管档案120万卷，82万件。吉林油田分公司档案馆设有6个科室，分别是地质档案室、文书档案室、基建档案室、电子档案室、史志办公室、综合办公室。现有员工54人，其中：研究生学历1人，大学本科31人，大学专科16人，中专3人，高中3人；高级职称10人，中级职称35人，助级职称7人。有专职档案员184人，兼职档案员347人。

二、实物地质资料库房基础设施建设情况

吉林油田分公司实物地质资料由勘探开发研究院信息所负责保管，设有专门的岩心库。岩心库始建于1994年，实物地质资料两个库房总面积为$4200m^2$，可容纳岩心21×10^4m。每个库房长95m、宽22m、高9m，空间容积$18810m^3$。库房内配备14个墙壁消防

栓，24 个干粉灭火器，2 个配电柜，2 台电瓶叉车，4 台巷道车，2 台转移车。

三、实物地质资料汇交、管理与服务开展情况，主要做法，取得的经验及措施

1. 实物地质资料汇交情况

2015 年，吉林油田分公司完成了“吉林省松辽盆地南部伏龙泉联合区油气勘查”（探矿权编号：0200001430285）和“吉林省松辽盆地南部长岭凹陷油气勘察”（探矿权编号：0200001330454）两个矿权应汇交实物地质资料的整理、编目、接收、验收和管理信息系统数据更新工作，累计接收入库实物地质资料岩屑 3312 袋、50 箱（表 1）。

2. 实物地质资料馆藏情况

截至 2015 年 12 月 31 日，吉林油田分公司馆藏实物地质资料岩心 39 口井、1121.55m，岩屑 54 口井、37558 袋（表 1）。

表 1　2015 年度受托实物地质资料工作基本情况统计

年度	实物地质资料汇交、接收情况						实物地质资料馆藏及利用情况											
	实物地质资料						馆藏情况						利用情况					
	岩心		岩屑		井壁取心		岩心		岩屑		井壁取心		利用人次	取样数量		薄片数量	测试数量	收费
	井数	米数	井数	袋数	井数	颗数	井数	米数	井数	袋数	井数	袋数		件数	质量 g	件	件	元
2014	9	280.24	13	16162	0	0	39	1121.55	52	34246	0	0	18	68.23	4753	0	0	0
2015	0	0	2	3312	0	0	39	1121.55	54	37558	0	0	25	871.44	7407	0	0	0

3. 实物地质资料服务情况

岩心库员工不断更新和转变服务观念，增强服务意识，将被动服务转变为主动服务，急科研人员之所急，想科研人员之所想，增强大局意识，主动加压，想尽一切办法做好各项服务工作。2015 年，吉林油田分公司提供实物地质资料 25 人次，取样 871.44 件、7407g（表 1）。

4. 主要做法，取得的经验及措施

（1）认真做好样品归位工作

为保证实物资料的连续性、准确性和完整性，在样品归位时根据样品返还记录，准确核查样品的数量，规格；逐井、逐块检查位置和顺序合理归位；样品全部归完后再进行一次全面查看，是否有其他问题，发现问题及时改正。2015 年完成样品归位 175 口井，归位 7295 块。

（2）稳步推进岩心成像工作

岩心成像档案发展空间广阔，意义重大。吉林油田分公司着眼于高科技技术在档案管理中的应用与发展，岩心数字化成像工作稳步推进，岩心数字化图像库逐步建成，高分辨率图像采集不仅使新、老岩心从另一种档案保管形式上得以永久保存，而且更能满足科学

研究之需要，网上远程浏览观察研究极为方便。岩屑成像、荧光成像孕育之中，伴随着岩心库档案存储介质类型的不断增加，管理模式的不断创新，必将丰富岩心库的馆藏，为油田发展做出更大贡献。岩心成像使岩心的直观信息以一种新的载体得以永久保存，有着广阔的开发和利用前景，为科学研究提供珍贵的第一手直观信息资料，极大地满足了科研生产需要。截至 2015 年 12 月 30 日，岩心成像累计 688 口井，合计 21637.39m。

（3）注重人才队伍建设

为了进一步提高岩心岩屑实物档案的管理工作，提高员工业务技能，积极开展岩心岩屑实物资料入库验收岗位业务培训，深入逐条学习岩心岩屑入库验收标准，做到牢记于心、熟练掌握准确应用。在具体验收过程中，精确使用标准逐项查对，发现问题及时整改，合格后才能入库，不得有半点瑕疵，从而使数据准确、资料齐全的实物档案陈列在馆内，为科研人员提供优质的档案资料。

（4）时刻提高警惕，做好保密工作

档案管理是涉密性极强的一项重要工作，岩心库员工不但在思想上深刻认识，在行动中积极体现，经常学习和认真执行《中华人民共和国档案法》和档案有关保密制度，认真学习、积极宣传、坚决贯彻执行《档案法实施办法》。利用各种手段，通过多种生动、活泼的形式，全面、准确、广泛地宣传《中华人民共和国档案法》及《档案法实施办法》。岩心岩屑得到良好妥善保管，从未发生过失泄密、失窃和损毁事故，确保了实物地质资料的保管安全。

（5）文化建设日新月异

认真学习“三个代表”和“科学发展观”，与时俱进。对实物档案精细管理的重大意义有了新的常态化认识，不断进行岗位业务培训和岗位练兵等一系列的活动，形成一个人人认同做好实物档案管理工作的重大意义及宗旨，形成一个人人讲政治、顾大局，讲团结、扬正气，自觉遵守员工行为规范、遵守各项制度和各种合约的良好局面，深刻领会岩心库的“服务、保障、勤奋、奉献”管理理念，认真落实“严格要求、踏实工作、服务至上”工作理念，成为具有精细管理意识、和谐、高效、高素质的战斗集体。

（6）安全环保工作常抓不懈

为了确保岩心库能够高效、顺畅、安全地工作，库内特设了接收整理区、存放区、观察区、加工区等不同的功能区。库内的防光、防尘、防水、防火、防窃等完全符合档案安全管理要求。另外岩心库员工每周至少召开一次档案安全例会，总结上周档案安全工作的不足和隐患进行加强和整改，为下一周的档案安全工作顺利进行打下坚实的基础，与此同时学习关于档案的各项安全知识，做好安全记录、检查、培训及演练等工作，坚持“安全第一，预防为主”的方针。“以人为本”的安全理念，把《中华人民共和国保密法》《中华人民共和国档案法》及《六条反违章禁令》深入贯彻到每个人的心中，认真落实上级安全文件和要求，安全环保工作做精做细，不留死角，确保实物地质资料保管安全。

（7）不断加强设备管理

经常组织岩心库的管理人员深入学习各种设备的安全操作规程、保养制度和方法、利用制度和规定。做好各项岗位职责培训、岗位练兵工作，熟练掌握各种制度、规程、规定的内容，提高设备的理论管理水平和实际操作技能，增强设备管理意识，做到人人懂、人人通、人人精。使各种设备经常处于完好的待机状态和高效率的安全运行状态，避免和消除设备在运转工作中可能出现的故障，提高设备的使用寿命，做到精心维护、正确操作、安全运行。

四、实物地质资料工作的相关文件及各项规章制度

吉林油田分公司在实物地质资料管理过程中，严格执行《地质资料管理条例》《实物地质资料管理办法》《中国石油天然气集团公司档案管理手册》、《吉林油田公司勘探开发档案管理规定》。同时不断完善实物管理各项规章制度，建立了《岩心库入库须知》《岩心（岩屑）入库验收管理规定》《岩心、岩屑取样观察管理规定》《库房安全管理制度》。

（撰稿人：刘玉梅、王玉茹）

中国石油天然气集团公司大港油田分公司实物地质资料委托保管工作

一、单位概况

中国石油天然气股份有限公司大港油田分公司（以下简称大港油田公司）是隶属于中国石油天然气集团公司的集油气勘探开发、工程技术、科研攻关、物资供销、信息通信、水电供应、医疗卫生、矿区服务、多元投资等多种业务为一体的正局（厅）级地区分公司。大港油田东临渤海，西接冀中平原，东南与山东毗邻，北至津唐交界处，地跨津、冀、鲁25个区、市、县。大港油田公司机关位于国家综合配套改革试验区和国家级新区—天津市滨海新区，距北京190km，距天津新港40km，距天津国际机场70km，地理位置优越，海陆空交通发达，往来便捷，是环渤海经济圈的重要组成部分。截至2015年底，大港油田设机关处室16个、机关附属单位4个、直属单位10个、所属单位37个；共有各类用工27376人，其中合同化用工22233人、市场化用工5143人；拥有资产总值531.64亿元。

大港油田公司档案实施三级管理，即：油田公司主管勘探开发副总经理牵头组成档案管理委员会，负责公司档案工作的统筹、规划与协调；档案管理委员会下设档案中心，负责公司档案管理制度、标准的制定与组织实施，并负责对公司各单位档案管理机构的业务管理、监督、指导与检查；公司所属各单位设专门的档案管理部门，负责本单位的档案管理。作为公司核心档案，大港油田地质资料由档案中心管理，共配备实物资料管理人员5人，其中中级技术人员4人，占管理人员总数的80%。

二、实物地质资料库房基础设施建设情况

大港油田公司自动化立体库于2010年底投入使用，具备两个特点：一是库容高。自动化立体库占地面积3168m^2，设计容量20×10^4m。截至目前，岩心库岩心（井壁取心）、岩屑共占5400个货位，按照现行发展速度计算，剩余3000个货位能有效满足未来20年增长需求。二是效率高。实施机电一体化、自动数字化物流仓储系统管理模式。岩心库采用钢制组合横梁式货架，结构为14排×25列×12层，货位4200个，托盘位8400个，每个托盘位可存储岩心24米（12盒）。岩心出入库作业由2台堆垛机、1台转轨车和7台库前交接车完成，并实行计算机系统控制，岩心数据变化实时保存至数据库，操作便捷，安全可靠。

三、实物地质资料汇交、管理与服务开展情况

（一）实物地质资料汇交情况

2015年，大港油田公司未发生矿权变更，故未产生实物汇交相关资料。

（二）实物地质资料馆藏情况

大港油田公司档案中心实物地质资料库面积 3168m²。截至 2015 年底，接收 200 口井的相关地质资料，其中岩心 4790.93m、岩屑 51057 包。

（三）实物地质资料服务情况

大港油田地质资料服务工作围绕“便捷、高效、精准”目标，持续强化档案管理信息化建设，初步实现库房可视化借阅管理。凡有借阅权限的用户均可在局域网络浏览预约而后借阅，馆藏资料整体呈现、档案查找有的放矢，地质资料利用率和利用时效有效提高。2015 年，大港油田档案馆提供实物地质资料服务利用 11 人次，岩心库接待岩心观察 1534 人次，取样 5800g（表 1）。

表 1　2015 年度受托实物地质资料工作基本情况统计

实物地质资料汇交、接收情况						实物地质资料馆藏及利用情况											
实物地质资料						馆藏情况						利用情况					
岩心		岩屑		井壁取心		岩心		岩屑		井壁取心		利用人次	取样数量		薄片数量	测试数量	收费
井数	米数	井数	袋数	井数	颗数	井数	米数	井数	袋数	井数	袋数		件数	质量 g	件	件	元
0	0	0	0	0	0	200	4790.93	200	51057	0	0	11	0	0	652	0	0

（四）经验及措施

2015 年，大港油田公司档案系统干部员工众志成城、奋发进取，积极筹备，顺利通过国土资源部油气钻井数据库建设现场验收，一年来工作举措如下：

1）牢记宗旨，强化担当。突出服务职能，大力实施“全日制”值班管理，始终坚持“7×24”服务，努力实现“即查即用”目标；贯彻服务理念，敞开大门征求意见，不断改进，努力提高服务效能。打造服务平台，建设完成档案利用网络平台，实现档案利用网络预约，努力提高利用效率。

2）狠抓管理，安全第一。在严格落实“八防”措施的基础上，积极践行“安全第一、预防为先”的安全方针，组织全员签订安全责任书，并严格责任追究，推动形成“人人有指标、处处有责任”的良好局面。成立专项小组，全面开展隐患排查，对于发现的问题及时制定解决方案，堵塞安全漏洞，提升安全水平，确保万无一失。

3）人才支撑，持续发展。注重人才队伍建设，积极组织相关人员参加国家、天津市及中油集团公司举办的档案业务培训，开阔眼界、拓宽思路、增强能力。严格效能考核，通过定期考核与不定期抽查等形式检验业务人员工作能力，不断提高业务水平。开展业务交流，促进档案工作人员互通有无、取长补短、共同提高。

四、各单位实物地质资料工作的相关文件及各项规章制度

“不以规矩，不能成方圆”，作为管理工作的刚性需求，大港油田公司高度重视制度

建设。2015 年，为进一步加强实物地质资料管理，提高实物地质资料的利用效率，不断适应公司发展新形势，大港油田公司立足实际，重新编制修订了《实物地质资料观察取样管理办法》、《实物地质资料化验分析管理办法》，对相关工作做出更加严格、具体、明确的要求，助推公司实物地质资料管理水平的持续提升。

中国石油天然气股份有限公司青海油田分公司实物地质资料管理工作

一、单位概况

青海油田分公司岩心自动化立体仓库始建于2008年7月，2009年6月20日正式投入使用。岩心库的使用实现了岩心存取机械化、查询自动化、样品分析信息化、资料共享网络化。2011年又建立了岩心图像采集系统，使实物岩心资料得到了永久性保存，实现岩心数字化。2015年12月，青海油田分公司岩心自动化立体仓库共有职工7人，高级工程师1人，高级技师1人，高级工5人；文化程度：本科1人，大专1人，技工学校毕业5人；分为6个岗位，分别是岩心岩屑验收入库岗、岩心地面伽马测试岗、岩心制备岗（钻样和切样）、岩心洗油岗、岩心中央控制岗（岩心出库、入库）、中心调度岗（收发样、报告发放、周报发放等）。

二、实物地质资料库房基础设施建设情况

青海油田分公司岩心自动化立体仓库共有8400个货位（50列×12排×14层），每个货位存储岩心12盒（24m），可存储岩心100800盒（201600m）。到2015年12月库内共存有1298口井总计71571盒（其中岩心32673盒，岩屑38898盒），已占用货位7241个，剩余货位1159个，占空间86%。按目前勘探进度，每年按3500盒入库算，其中占用货位291个，还可存放4年。库房占地面积为$2790m^2$，库房总容积为$50220m^3$，岩心库房间共16间。

1. 库房分为五大功能区

1）货架存放区：容积为$19667m^3$，配有暖气、通风扇，确保货架存放区空气流通，温度适宜。

2）整理区：面积为$150m^2$，为岩心整理、贴标签、上下架区域。

3）观察区：面积为$236m^2$，配备了空调、岩心观察台、聚光灯等设备。

4）加工区：面积为$180m^2$，包括岩心钻切、图像扫描、伽马测试、岩心洗油等项目。

5）办公区：容积为$1620m^3$，分为2～4层，分别设有完美的洗油室、岩心图像扫描室、岩心制备室、办公室、中控室和调度室。

2. 制度建设

自2009年6月20日投入使用以来，根据青海油田分公司岩心自动化立体仓库工作的实际需要，制定了《岩心及岩屑取样规定》《岩心库安全操作制度》《岩心库安全防火制度》《岩心库保密制度》《岩心库房综合管理制度》《岩心库特种设备管理制度》6项管理制度和《设备操作规程》，并悬挂在库房醒目位置。

3. 安全生产

本着安全第一理念，除了制定详细的安全生产制度，在库房内的要害部位，均设“注意安全”“禁止吸烟”“小心触电”等警示牌，配电柜、配电箱、电源开关均有专人负责。应急设备齐全，库内配备消火栓，推车式灭火器，手提式灭火器，应急照明灯。根据需要对货架区原有的黄色警戒线又向外拓宽了1m，并安放了22个警示标志。

库房工作人员，每周一次对库房进行全方位的巡回检查，青海油田分公司岩心自动化立体仓库自投入使用以来，安全零事故。

三、实物地质资料汇交、管理与服务开展情况

1. 实物地质资料利用情况

青海油田分公司实物地质资料利用方式分为网络查询、到馆采样和观察3种。2015年度实物地质资料利用75人次，到馆采样4501件（135030g）、薄片2221件，观察样969盒（表1）。

表1　实物地质资料利用情况

年度	利用人次	取样数量/件数（质量）	薄片数量/件	测试数量/件	收费/元
2013.12～2014.11	77	4016（12048g）	1042	4016	0
2014.12～2015.11	75	4501（135030g）	2221	4501	0

2. 实物地质资料服务情况

2015年，青海油田分公司岩心自动化立体仓库全体工作人员，在各级领导的关怀指导下，在其他兄弟队室和技术人员的协助下，秉承标准化管理、优质服务的工作理念，共完成岩心入库39口井、岩屑入库66口井，其中岩心1720.27m，岩屑127933包，岩心上下架22514井次，伽马扫描2243.00m，岩心钻切4546块，岩心洗油1521块。

3. 库房设备情况

自动化岩心库设备：堆垛机2台，转轨车1台，移动台车6台，手推式全直径剖切切割机1台，端面切割机1台，钻取机1台，FE4P20型蓄电池平衡重式叉车1台，牛腿式仓储货架1套（50列×14高×12排，共8400货位，存放岩心201600m），实物扫描仪1台。

4. 存在的主要问题

1）核心机械设备无专业人员定期检修，需要确保核心机械设备的安全运行。

2）需要对岩心库管理人员进行地质资料管理方面的学习和培训，提高他们的业务水平和管理水平。

5. 工作业绩

2009～2015年，共完成岩心（岩屑）入库1298口井，共计71571盒，其中岩心32673盒（56420m），岩屑38898盒（1831390包），岩心上下架88650井次，伽马扫描8520m，岩心钻切28300块，岩心洗油4391块。

青海油田分公司岩心自动化立体仓库自2009年启用以来，标准化管理、优质服务。由于管理到位、制度完善，7名工作人员有着高度的责任心和工作热情，岩心库不仅得到取样科研人员的好评，也得到了上级部门的嘉奖。

6. 下一步工作计划

1）青海油田分公司岩心自动化立体仓库是为科研提供及时准确的岩心资料服务的单位，因此怎样服务很重要。每位员工都要准确定位，牢固树立服务意识和大局意识，把自己的言行同科室的发展、油田的发展紧密地结合在一起，优质服务，力求进步，为科研提供满意的服务。

2）青海油田分公司岩心自动化立体仓库作为保管数量最多、利用最频繁的地质资料库，应不断学习引进新方法，完善和丰富岩心的管理。

3）为前来观察、取样的科研人员开辟休息间，配备连接网络的电脑、打印机，沙发座椅及纯净水等，方便科研人员临时查阅资料和打印相关数据，为他们提供良好的工作环境。

今后，青海油田分公司岩心自动化立体仓库的工作人员会继续努力，为建设“千万吨级高原油气田”做出自己应有的贡献。

四、2015年出台的相关文件及规章制度

1）中国石油青海油田勘探开发研究院文件：《关于印发〈勘探开发研究院科研劳务收费标准〉的通知》（石油青研究〔2015〕47号）。

2）中国石油青海油田勘探开发研究院文件：《关于印发〈勘探开发研究院科研服务劳务费结算流程〉的通知》（石油青研究〔2015〕48号）。

（撰稿人：惠爱英、张治国）

中国石油天然气股份有限公司华北油田分公司实物地质资料管理工作

一、单位概况

华北油田是全国最后一个以会战方式开发建设的油田，是中国石油天然气股份有限公司华北油田分公司的简称，是中国石油旗下的地区分公司、上游油气企业，主要从事石油天然气和煤层气勘探开发、储气库建设管理运营、燃气市场开发利用、对外技术服务与劳务承包、多种经营，以及与之配套的矿区服务、社会服务等业务。总部座落于河北省任丘市，勘探区域集中在河北省中部、内蒙古中部、山西沁水盆地三大探区。

公司设置机关职能部门13个，直属单位10个，附属单位2个，油气生产单位13个，新能源单位4个，对外合作单位3个，多种经营单位3个，矿区服务单位14个，生产服务及社会服务单位10个。现有员工3.98万人。

华北油田分公司档案管理体制采用局处两级分管领导挂帅、办公室分管、档案中心（室）具体负责、业务部门全力配合的四级管理架构。下设43个档案室，共有专兼职档案管理人员102人，是渤海湾盆地冀中坳陷碳酸盐岩油气地质资料和沁水盆地煤层气地质资料的重要馆藏机构。2015年11月20日，将档案中心的管理职能上移到公司办公室，其年鉴、史志编纂及所有档案的收交、保存、开发利用等具体执行职能划入数据中心，数据中心加挂档案中心的牌子，同时将勘探开发研究院的自管档案业务全部划入数据中心。数据中心（档案中心）担负地质资料接收、保管和开发利用职责。目前共有专职地质资料管理人员14人，其中高级职称2人、中级职称12人，本科12人、大专2人。

二、实物地质资料库房基础设施建设情况

华北油田实物地质资料库房分岩心库和磁带库。岩心库建筑面积4700m^2，总库容8.6×10^4延米，现存2508口井岩心地质资料，总长度7.7026×10^4m，157口井岩屑地质资料，正样岩屑2.6万包；磁带库有库房2间，建筑面积846m^2，现存地震勘探数据磁带12.34万盘。库房装具采用高层货架式仓库，出入库为人工手动操作。配置了灭火器、禁烟禁火标识、监控装置、防盗门、排水系统等。此外，为方便采样与观察，专门购置了切片机、钻柱机、剖切机等采样设备。办公设备配置了台式计算机、便携式计算机、普通复印机、工程复印机、普通扫描仪、实物扫描仪、条形码打印机、服务器、防磁柜、加湿机、除湿机、温湿度表等。

三、实质地质资料管理与服务开展情况情况、主要做法、取得的经验及措施

1. 管理与服务开展情况

（1）实物地质资料汇交情况

2015 年，华北油田分公司按照国家和中国石油天然气股份有限公司的要求，完成了 4 个矿权的地质资料汇交工作，分别是“河北渤海湾盆地冀中坳陷晋县凹陷油气勘查”探矿权缩减变更、“河北渤海湾盆地冀中坳陷饶阳凹陷油气勘查”探矿权缩减变更、“河北天津渤海湾盆地冀中坳陷霸县凹陷油气勘查”探矿权缩减变更、“河北渤海湾盆地冀中坳陷深束凹陷油气勘查”探矿权缩减变更。截至 2015 年底，华北油田分公司在渤海湾盆地冀中坳陷、内蒙古二连盆地、山西沁水盆地及其邻区共有油气（煤层气）勘查、开采区块有效矿权 59 个，总面积为 74261km^2。其中油气（煤层气）勘查区块 37 个，面积 67285km^2；油气（煤层气）开采区块 22 个，面积 6976km^2。

2015 年，华北油田分公司完成了 4 个矿权的实物地质资料汇交接收工作，接收实物岩心 2 口井、12. 86m，无岩屑、井壁取心资料。其中“河北渤海湾盆地冀中坳陷深束凹陷油气勘查”岩心 1 口井、1 筒/次 1. 95m，“河北天津渤海湾盆地冀中坳陷霸县凹陷油气勘查”岩心 1 口井、2 筒/次 10. 91m。实物地质资料汇交、接收情况见表 1。

表 1　2014 ~ 2015 年度受托实物地质资料工作基本情况统计

年度	实物地质资料汇交、接收情况						实物地质资料馆藏及利用情况											
	实物地质资料						馆藏情况						利用情况					
	岩心		岩屑		井壁取心		岩心		岩屑		井壁取心		利用人次	取样数量		薄片数量	测试数量	收费
	井数	米数	井数	袋数	井数	颗数	井数	米数	井数	袋数	井数	颗数		件数	质量 g	件	件	元
2014	10	166. 33	3	12	0	0	501	14597. 80	0	0	0	0	8	22	1800	6	0	0
2015	2	12. 86	0	0	0	0	503	14610. 66	0	0	0	0	300	57	13813	40	0	0

（2）实物地质资料馆藏情况

华北油田分公司地质资料委托保管工作 2014 年度报告上报的实物地质资料馆藏数据为岩心 334 口井 10591m，岩屑 4 口井 1070 袋，无井壁取心资料。2015 年，按照国土资源部要求，华北油田分公司对实物委托保管油气地质资料目录数据库进行了健全完善，馆藏实物岩心数据更正为 501 口井 14597. 80m；委托保管的实物岩屑资料全部是 2003 年以前产生的地质资料，根据《中国石油华北油田岩心、岩屑、井壁取心及分析化验管理规定》中“岩屑保存管理期限参数井、区域探井为 10 年，重点探井为 2 年，一般探井为 3 ~ 6 个月”的文件规定，所有委托保管系统中的岩屑资料全部超过保存期限，因此对其进行了销毁，没有上报数据。加之 2015 年接收的实物岩心 2 口、井 12. 86m，无岩屑、井壁取心资料，截至 2015 年底，华北油田分公司累计委托保管 28 个矿权的实物地质资料岩心 503 口井 14610. 66m，无岩屑、井壁取心资料。均按要求保存在华北油田分公司岩心库。

（3）实物地质资料服务情况

2015 年，华北油田分公司地质资料馆藏机构接待的利用人员主要包括本公司从事油气勘探开发生产人员、科研人员，以及中国石油天然气股份有限公司所属与华北油田分公司关联交易单位人员。

华北油田分公司实物地质资料利用方式包括网络查询、到岩心库观察和采样。2015 年，300 人次到库观察岩心 69 口井、1567m，取样 13 口井、57 块、13813g；利用人员均为本单位所属单位的人员和关联交易单位人员，不收取服务费（表 1）。

2. 主要做法、取得的经验及措施

1）理顺归档工作流程。针对多次重组分离的情况，组织公司勘探开发相关部门和单位以及关联交易施工作业单位召开地质资料归档研讨会和归档工作部署会，明确立卷归档部门（单位）主体责任，以及归档范围、格式、时间、标准等内容和要求，理顺立卷归档程序。

2）加强审核验收管理。明确验收标准，规定归档部门（单位）向档案部门移交档案时，一要归档文件材料齐全、完整、准确，实体档案和电子文件一一对应；二要在档案管理系统完成全部电子文件的归档，符合有关质量标准；三要归档部门（单位）在档案交接文件上签字并盖章。达到标准，档案部门方办理签字盖章交接手续，确保了地质资料归档质量，建立了地质资料电子文件与实体档案同时归档的长效机制。

3）推进信息数据与档案资料整合与开发利用。有计划地逐步整合原始、实物和成果地质资料资源，打造地质资料管理知识中心、凭证中心、信息中心。一是全面整合信息数据与油气勘探开发档案资源，构建了信息数据和勘探开发档案统一管理、统一开发利用的体制。二是开展实物地质资料数字化建设。新入库岩心先扫描、后上架，建设网络数字化岩心图文数据库，将岩心扫描图片、单井岩心描述、岩心分块长度记录、地质综合记录等信息录入数字化岩心库发布平台。2015 年，规范化整理并扫描岩心 3 口井 26m，实现了岩心资料馆藏数字化、应用网络化。三是建立应用华北油田地质数据资源池。以物探地质资料为基础，以虚拟地质云桌面系统为平台，将所有勘探开发应用软件、静态地质数据集成到统一的公共资源池，实现资源共享，建成勘探开发处理解释一体化的研究环境，能够满足华北油田分公司 500 个地质研究用户同时使用。利用地质云计算中心，科研人员能够通过信息网络进行地震资料解释、储层预测以及三维可视化等各种地质研究和汇报工作。

（撰稿人：鲜勇）

中国石油天然气股份有限公司吐哈油田分公司实物地质资料委托保管工作

一、单位概况

吐哈油田分公司为中国石油的地区分公司，是在20世纪90年代初我国陆上石油工业“稳定东部、发展西部”的战略背景下，坚持“新体制、新技术，高水平、高效益”工作方针开发建设的现代化油田。其前身吐哈石油勘探开发会战指挥部成立于1991年2月，以玉门石油管理局为主体；1995年与玉门石油管理局分离；1999年重组为吐哈油田公司和吐哈石油勘探开发指挥部；2007年12月整合。

吐哈油田分公司主要从事油气勘探与生产、油气销售、石油工程技术服务、矿区后勤服务等业务，现有探区包括吐哈、三塘湖、民和、银额、总口子5个中小盆地，总面积$22\times10^4km^2$，探矿权面积$4.82\times10^4km^2$，区域横跨新疆、甘肃、青海三省（自治区）。截至2015年底，在吐哈和三塘湖盆地发现了7个亿吨级油气富集带，探明油气田23个，开发油气田23个，累计生产油气当量7046×10^4t，其中原油5230×10^4t、天然气$228\times10^8m^3$。

吐哈油田分公司内设办公室（党委办公室）等14个机关职能部门，设勘探部、开发部等9个直属单位和档案中心等5个附属单位，下属勘探开发研究院、工程技术研究院、勘探公司、鄯善采油厂、销售事业部、井下技术作业公司、鄯善物业管理公司等37个二级单位。现有员工15620人，其中经营管理人员2818人，占18%；专业技术人员2545人，占16.3%；技能操作人员10257人，占65.7%。吐哈油田分公司生产基地位于新疆鄯善县火车站镇，生活基地位于新疆东大门哈密市。

吐哈油田分公司档案中心是国土资源部审核通过的吐哈油田油气地质资料委托保管挂牌单位，其前身为吐哈油田档案馆，成立于1998年5月，2010年1月更名为吐哈油田分公司档案中心，是油田机关附属管理部门，全面负责油田的档案管理工作。内设综合管理科、档案管理科、档案编研科。现有员工15人，平均年龄45岁；大专以上学历15人；高级职称4人，中级职称7人，中、高级技术人员占工作人员73%。

二、实物地质资料库房基础设施建设情况

吐哈油田分公司岩心库是吐哈油田公司保存和管理岩心实物资料的专业场所，建筑面积$1371m^2$，室内安装8组照明线路，配备6个消防栓、13个灭火器，以及1个389V/220V的控电柜；库房南墙、北墙和西墙共安装通风换气扇18个，库区配备暖气片30组。岩心库采用立体仓库模式，安装10排由钢结构件加工、焊接、组装而成的实体岩心高层货架，每排货架26列，每列10层10个货位，共计2600个货位，设计库存容量约$62000m^3$；安装岩心传输轨道5组，配备DDP－0.5堆垛起重机2部；配备可编程序控制

器（PLC）4 个、高性能数字式变频调速器 4 个，以及检测、计数等多种器件，基本实现岩心存放、提取的自动化操作。

吐哈油田分公司岩屑库是吐哈油田分公司保存和管理钻井岩屑实物资料的专业场所，总占地面积 $1995m^2$，库房面积 $1400m^2$，为砖混结构 + 彩钢棚，最多可存放 11000 盒岩屑。在彩钢棚四周设置防护围栏并安装铁门上锁管理；配备防护套，对库存岩屑按每 9 盒进行遮盖和防风尘管理。

三、实物地质资料管理与服务开展情况

1. 实物地质资料汇交情况

2015 年，吐哈油田分公司未开展矿权申请和变更业务工作，无实物地质资料接收和汇交。

2. 实物地质资料馆藏情况

截至 2015 年底，吐哈油田分公司馆藏受托保管的实物地质资料：岩心 100 口井、总长 4103. 85m，岩屑 29 口井、40691 袋，无井壁取心资料。均按要求保存在吐哈油田分公司岩心库和岩屑库（表 1）。

表 1　2014 ~ 2015 年度受托实物地质资料工作基本情况统计

年度	实物地质资料汇交、接收情况						实物地质资料馆藏及利用情况												
	实物地质资料						馆藏情况						利用情况					
	岩心		岩屑		井壁取心		岩心		岩屑		井壁取心		利用人次	取样数量		薄片数量	测试数量	收费
	井数	米数	井数	袋数	井数	颗数	井数	米数	井数	袋数	井数	袋数		件数	质量 g	件	件	元
2014	2	7. 63	1	2622	0	0	169	6689. 1	67	108101	0	0	53	134	13900	0	0	0
2015	0	0	0	0	0	0	100	4103. 85	29	40691	0	0	16	122	19500	0	0	0

注：按全国地质资料馆要求，2015 年吐哈油田分公司对委托保管目录数据库数据重新进行核查、补录，目前系统目录数据库数据与 2014 年委托保管年报不一致。2014 年委托保管年报的数据：实物地质资料岩心 169 口井、6689. 1m，岩屑 67 口井、108101 袋，没有井壁取心资料。

3. 实物地质资料服务情况

吐哈油田分公司地质资料馆藏机构接待的利用者主要是油田内部的油气勘探开发生产、科研单位的科技人员，服务方式以网络查询和现场调档、借阅、复制、拷贝为主，利用目的包括油气勘探开发生产、科技项目研究、地质资料数据库建设等方面。实物地质资料利用包括网络查询、到库区观察和采样，2015 年吐哈油田分公司勘探开发研究院、工程技术研究院及合作科研院校的研究人员到岩心库区观察和采样 15 批次，其中观察服务 3 批次，观察长度 26. 86m，使用 16 人次；取样服务 12 批次，22 井次，取样数量为 122 件/19500g（表 1）；样品薄片、测试数量没有变化。

4. 取得的经验及措施

吐哈油田分公司始终强化“收集是档案的第一要务”的原则，按照“收集齐全、整

理科学、编研有序、利用便捷、保管安全”的工作方针，围绕“收集全、保管好、信息化”关键环节，落实实物地质资料管理各项制度要求，保障服务质量。

1）严格审核把关确保质量。切实抓好资料归档范围确认工作，通过确认落实归档责任，明确归档时间、人员和标准；严格执行资料交接制度，严把资料入库验收关，强化资料形成各环节质量控制，对数据逐条审核不遗漏，将实物与资料清单所列项目一一对应不漏项，严格做好交接记录，做到专业部门审核手续齐全、入库实物资料数据信息准确完整，确保入库质量；在实物资料入库上架等过程中，按照HSE作业程序规范作业，执行安全作业技术要求；对库区相关设施设备定期检查维护保养，实现安全质量风险的有效控制。

2）持续数字化提升服务水平。为了更好地保存岩心实物资料，方便研究人员异地观察岩心，建立吐哈油田网络数字化岩心库系统，通过精细采集入库岩心的外表面和纵剖面图像，有效保护吐哈油田岩心资源；同时建立新井跟踪信息、录井采集图像、岩心观察描述、岩心入库管理、观察采样管理等网络平台，实现岩心实物的网络数字化、远程化管理与应用，提高岩心资料的利用、更新效率；用户通过分析检测图文综合信息数据库系统，进行各类分析检测数据及微观图像查询、下载等工作。为勘探开发技术人员高效利用岩心地质资料信息提供极大便利。

四、实物地质资料工作的相关文件及各项规章制度

为更好地适应实物地质资料管理工作，按照合规管理要求，依据中国石油勘探与生产分公司《关于加强油气原始和实物地质资料委托保管有关工作的通知》和相关技术标准、规范，吐哈油田分公司于2015年对原《钻井岩屑管理规定》《岩心岩屑保存、管理及销毁的规定》进行梳理整合，修订发布了《中国石油天然气股份有限公司吐哈油田分公司钻井岩心岩屑管理办法》。该办法对岩心、岩屑管理机构和职责，岩心、岩屑实物资料生成及验收，岩心、岩屑资料管理，岩心、岩屑资料销毁等进行规范，进一步明确管理部门、职责和流程，将实物资料管理工作落到实处。在实物地质资料管理过程中，除严格执行《地质资料管理条例》《地质资料管理条例实施办法》等国家和国土资源部发布的各项法规制度以及中国石油相关规章制度外，吐哈油田分公司目前正在适用的实物地质资料工作的相关文件及规章制度主要有《钻井岩心岩屑管理办法》《实物地质资料保管制度》《实物地质资料使用制度》和《实物地质资料安全保密制度》。

（撰稿人：崔京玉）

中国石油天然气股份有限公司冀东油田分公司实物地质资料委托保管工作

一、单位概况

冀东油田分公司是中国石油天然气股份有限公司下属地区公司，主营业务包括油气勘探、开发、集输、销售以及油田工程技术、工程建设、机械制造、物资供应、电力通信、油田化学、矿区服务等为油田配套、保障、支持和服务业务。总部机关坐落于渤海之滨、燕山南麓的京津唐“金三角”地带——河北省唐山市。公司勘探区域包括冀东探区和庙岛群岛探区，登记矿权面积 9846km^2。

冀东油田成立于 1988 年 4 月，设办公室（单位办公室）、生产运行处、规划计划处、财务处、人事处、勘探处等 16 个机关职能部门，设审计部、资本运营部、信访保卫部（人民武装部）、外围勘探评价项目部 4 个直属部门，并拥有勘探开发研究院、钻采工艺研究院、南堡油田作业区、陆上油田作业区、井下作业公司、油气集输公司、勘探开发建设项目部等 23 个二级单位。

油气地质资料委托保管工作由冀东油田信息中心负责，油田负责原始与实物地质资料管理人员 22 人，其中具有中、高级技术职称人员 17 人，占地质资料管理人员总数 77%，符合国土资源部 40% 以上的标准。

二、实物地质资料库房基础设施建设情况

冀东油田分公司自动化岩心库位于唐海县新城大街 261 号，建筑面积 2740m^2，包括立体库区、观察区、加工室、扫描室、中央控制室、薄片存放室、井壁取心存放室、办公室、接待室、多功能室等，可满足油田实物地质资料的接收、整理、加工、观察、取样、存放、利用等功能及相关办公需要。

立体库区为立体高架结构，面积为 1423m^2，用于存放岩心和岩屑，由 5 个巷道、10 排、9 层、28 列、2520 个货位组成，可储存岩心（岩屑）30240 盒。观察区使用面积 438m^2，是实物地质资料利用、岩心、岩屑观察的区域。加工室使用面积 142m^2，为实物地质资料接收、岩心加工、处理、地面伽马测试用房。扫描室使用面积 40m^2，为岩心数字化用房，是岩心图像采集、数字化处理工作区域。中央控制室为岩心库主库区的自动化控制枢纽，岩心、岩屑上下架及 AGV（Automatic Guided Vehicle，装备有电磁或光学自动导引装置）小车使用运行，均由中央控制室发出指令进行操作，同时为主库区实物资料数据储存和全库区监控系统集中管理的区域。

三、实物地质资料管理与服务开展情况

1. 实物地质资料汇交情况

2015 年，冀东油田分公司 5 个矿权未发生矿权信息变化，没有新增实物地质资料汇

交（表1）。

表1　2014～2015年度受托实物地质资料工作基本情况统计

<table>
<tr><td rowspan="4">年度</td><td colspan="6">实物地质资料汇交、接收情况</td><td colspan="12">实物地质资料馆藏及利用情况</td></tr>
<tr><td colspan="6">实物地质资料</td><td colspan="6">馆藏情况</td><td colspan="6">利用情况</td></tr>
<tr><td colspan="2">岩心</td><td colspan="2">岩屑</td><td colspan="2">井壁取心</td><td colspan="2">岩心</td><td colspan="2">岩屑</td><td colspan="2">井壁取心</td><td rowspan="2">利用人次</td><td colspan="2">取样数量</td><td>薄片数量</td><td>测试数量</td><td>收费</td></tr>
<tr><td>井数</td><td>米数</td><td>井数</td><td>袋数</td><td>井数</td><td>颗数</td><td>井数</td><td>米数</td><td>井数</td><td>袋数</td><td>井数</td><td>袋数</td><td>件数</td><td>质量 g</td><td>件</td><td>件</td><td>元</td></tr>
<tr><td>2014</td><td>192</td><td>3631.3</td><td>6</td><td>17470</td><td>0</td><td>0</td><td>192</td><td>3631.3</td><td>6</td><td>17470</td><td>0</td><td>0</td><td>35</td><td>21</td><td>3205</td><td>0</td><td>0</td><td>0</td></tr>
<tr><td>2015</td><td>0</td><td>0</td><td>0</td><td>0</td><td>0</td><td>0</td><td>192</td><td>3631.3</td><td>6</td><td>17470</td><td>0</td><td>0</td><td>25</td><td>16</td><td>3020</td><td>0</td><td>0</td><td>0</td></tr>
</table>

2. 实物地质资料馆藏情况

截至2015年底，冀东油田分公司馆藏实物地质资料192口井，回次647个，岩心3631.3m，岩屑17470袋（表1）。

3. 实物地质资料服务情况

为更好地实现实物地质资料的运用与观察取样的数字化管理，2015年冀东油田分公司正式投用自主开发的岩心库数据管理系统。系统提供多条件筛选查询，实现观察取样数据与岩心化验、岩心实物动态等数据的关联，减少了人工处理数据的工作量，优化了工作流程，同时保障了实物地质资料的数据安全。2015年全年提供实物地质资料岩心观察服务25人次，取样16件，共计3020g（表1）。

4. 取得的经验及措施

1）严格质量验收，重视安全管理。一是严格执行《入库岩心质量验收及管理规范》，确保新井岩心、岩屑实物资料规范入库；二是认真梳理工作流程，制定管理细则，完善管理标准，实现岩心保存、管理与取样的标准化，三是熟知《入库岩心质量验收及管理规范》和库区管理制度；四是对已入库的实物地质资料定期检查维护；五是严格执行实物地质资料利用制度，做好服务记录。

2）实现信息化管理，提高工作效率。冀东油田自主研发了岩心库数据管理系统，并于2015年通过验收。该系统实现了由计算机处理实物地质资料管理的全新模式。系统的建立促使岩心管理、分析研究工作与信息新技术接轨，减轻了专业技术人员收集、整理、分析、处理、解释地质基础资料的工作量，提高了沉积微相研究、储层精细评价、油藏精细描述及成像测井定量分析等基础研究工作的质量和水平，提高了工作效率，同时增强了实物地质资料数据的安全性和兼容性。

3）注重维护保养，确保运转正常。每季度主动维护保养岩心库设备，保障实物地质资料全年安全生产。2015年重点设备保养12次，设备及电气维修1次，配合厂家维护设备4次。保养主要包括堆垛机、转轨车的传动部分润滑，钢丝绳检查打黄油，电器设备的除尘及检查等。

4）实行巡检制度，保障设备安全。实物地质资料库区人员每日巡检，主要检查电器设备有无虚接、发热等现象，机械部分有无卡死或松动情况，各种安全装置是否有效等，漏电开关每月做一次漏电实验测试；严格执行设备操作规程，防止发生因误操作引发的事故。

四、实物地质资料工作的相关文件及各项规章制度

冀东油田分公司积极贯彻落实国家、中国石油天然气股份有限公司有关实物地质资料管理规章制度的同时，制定了《中国石油冀东油田公司岩心、岩屑分析化验管理规定》，编制了《岩心库实物地质资料管理制度及规程汇编》，不断完善岩心库安全管理制度、实物资料保密制度、实物资料接收制度、实物资料整理制度、实物资料入库保管制度、岩心岩屑保存及销毁制度、实物资料利用等制度，规范了实物地质资料管理工作，确保实物地质资料在钻取、整理、验收、接收、保管和观察等过程的规范化管理，做到实物地质资料管理有据可依。

（撰稿人：杨海玲）

中国石油天然气股份有限公司玉门油田分公司实物地质资料委托保管工作

一、单位概况

玉门油田分公司是中国石油天然气股份有限公司下属的集勘探开发、炼油化工、工程技术、矿区服务于一体的地区分公司。玉门油田开发于1939年，是新中国第一个天然石油基地。油田总部和科研生活基地位于古丝绸之路重镇、飞天的故乡、甘肃历史文化名城——酒泉，地处河西走廊西端，东临张掖，南接青海，西通新疆维吾尔族自治区，北连内蒙古自治区。

公司下设老君庙、鸭儿峡、青西、酒东4个采油厂和炼油化工总厂、勘探开发研究院、规划设计院、勘探事业部、油田开发事业部等单位。玉门油田分公司地质实物资料由勘探开发研究院信息档案室保管。现有档案管理人员12名，其中高级职称2人、中级职称6人，中、高级职称人员占地质资料管理人员的66.67%。

二、实物地质资料库房基础设施建设情况

玉门油田分公司档案馆总建筑面积6536m^2，共有档案库房42间。其中地震磁带资料库房2间，面积323m^2，配备有密集架48组，地震磁带预存量6万余盘。岩心岩屑分酒泉基地和玉门矿区两处存放，其中普通库房32间，总面积5049m^2。玉门油田在建设百年油田战略目标的实施下，按照国土资源部委托保管油田实物地质资料的要求，于2012年6月12日正式立项建设自动化岩心库，设计建筑面积1665.5m^2。整体工程于2013年3月15日开工，2013年11月22日土建工程竣工验收，2014年1月9日内部自动化设施安装完毕并成功投运。

自动化岩心库位于酒泉市南郊工业园区油田机械厂内，共分为岩心存储、岩心观察、管理办公和陈列展示4个区域。配备了组合横梁式岩心货架、全自动堆垛机、自动扫描监控系统、智能化配电系统、搬运叉车、升举台架、电子化数据录入存储系统、影像宣传播放系统、岩心刨切机、岩心切割机、岩样钻取机等。岩心库采用全自动数字化物流仓储系统，具有高效、省时、省力、充分利用空间的特点。其自动化程度高、操控简便且安全可靠，达到了岩心资料现代化和规范化管理。

立体库存储托盘单元尺寸为W860mm × L1050mm × H660mm，每层承载最大重量为1000kg，库存区共有2560个货位，可存储岩心样本61440m。库存区有5个巷道，10排货架，8层高，两台堆垛机负责工作区托盘搬运。出入库作业，由计算机系统自动调度完成，其中计算机与设备以及设备之间通过无线通讯来连接和控制。岩心数据资料保存在数据库服务器，可供科研人员提取、分析、研究。自动化岩心库配备的岩心剖切机、岩样钻取机和切割机，可实现重点井岩心的剖切存放，柱塞岩样的制备工作。

2015 年 7 月玉门油田分公司老岩心清理工程结束后，又对玉门矿区老旧岩心库房进行了修缮，对所存放的岩屑集中进行了整理，定制了岩心盒支架，将所有岩心盒全部放置在支架上，改善了库房存储环境。

三、实物地质资料管理与服务开展情况、主要做法、取得的经验及措施

1. 实物地质资料汇交情况

截至 2015 年 11 月 30 日，玉门油田分公司在酒西盆地共有老君庙、鸭儿峡、石油沟、白杨河、单北、青西 6 个区块采矿权。玉门油田按照整理规范、保管完整、汇交及时的要求，尽职尽责做好地质资料的汇交工作。制定了委托保管地质资料移交、接收、汇交的程序，明确了相关职责。2015 年，玉门油田共接收实物地质资料岩心 297. 42m，岩屑 97443 袋（表 1）。

2. 实物地质资料服务情况

借阅利用工作是地质资料工作的主旋律，也是地质资料价值的体现。为了充分利用地质资料信息资源，促进油气生产发展，紧密围绕稳产、上产目标，为公司和协作单位的科研人员及时提供了大量的实物地质资料，开发人员通过对老区地质资料的复查，不断完善开发方案，优化开采措施，大力实施稳油控水的综合治理，确保了老区稳产与上产。玉门油田分公司实物地质资料利用方式主要有资料查询、到馆实物采样和观察。2015 年实物地质资料利用共计为 38 人次、取样 2425 件、71150g（表 1）。

表 1　2014 ~ 2015 年度受托实物地质资料工作基本情况统计

<table>
<tr><td rowspan="4">年度</td><td colspan="6">实物地质资料汇交、接收情况</td><td colspan="12">实物地质资料馆藏及利用情况</td></tr>
<tr><td colspan="6">实物地质资料</td><td colspan="6">馆藏情况</td><td colspan="6">利用情况</td></tr>
<tr><td colspan="2">岩心</td><td colspan="2">岩屑</td><td colspan="2">井壁取心</td><td colspan="2">岩心</td><td colspan="2">岩屑</td><td colspan="2">井壁取心</td><td rowspan="2">利用人次</td><td colspan="2">取样数量</td><td>薄片数量</td><td>测试数量</td><td>收费</td></tr>
<tr><td>井数</td><td>米数</td><td>井数</td><td>袋数</td><td>井数</td><td>颗数</td><td>井数</td><td>米数</td><td>井数</td><td>袋数</td><td>井数</td><td>袋数</td><td>件数</td><td>质量 g</td><td>件</td><td>件</td><td>元</td></tr>
<tr><td>2014</td><td>14</td><td>405. 34</td><td>34</td><td>24665</td><td>0</td><td>0</td><td>139</td><td>3190. 48</td><td>467</td><td>538419</td><td>0</td><td>0</td><td>32</td><td>2073</td><td>246300</td><td>0</td><td>0</td><td>0</td></tr>
<tr><td>2015</td><td>25</td><td>297. 42</td><td>81</td><td>97443</td><td>0</td><td>0</td><td>164</td><td>3487. 9</td><td>548</td><td>635862</td><td>0</td><td>0</td><td>38</td><td>2425</td><td>71150</td><td>0</td><td>0</td><td>0</td></tr>
</table>

3. 取得的经验及措施

油田自动化岩心库的建成投运，使实物地质资料管理软硬件都得到了提升，健全的管理制度保证了资料管理更加规范，为油田的科研工作提供了更优质的服务。

（1）注重岩心清理各个环节，确保清理质量和进度

自 2012 年开展油田老岩心岩屑清理工作以来，勘探开发研究院信息档案室全力以赴投入清理工作，历时近 4 年完成了自 1941 年以来直径从 4. 5cm 至 18cm 老岩心清理。在清理过程中，依照严格的操作流程和质量管理程序，确保了清理工作有序进行。期间开展劳动竞赛和小改小革，激发了员工的积极性和创新性，加快了清理进度，降低了清理费

用，其中岩心盒喷字模板的制作和字体刻制节约成本十余万元。清理工作结束后，将所有清理完成的岩心运输至自动化岩心库并上架入库，保证了整个清理项目顺利完成。

（2）从提高队伍业务素质入手强化管理

勘探开发研究院信息档案室实物资料管理班组，全面负责自动化岩心库的管理工作。为实现管理标准化、服务优质化，班组从提高管理水平抓起，努力提高业务技能，实现管理水平有根本性提高。

自动化岩心库采用的是大型物流仓储系统，不同于传统的岩心库管理。摆在管理人员面前最大的问题是如何让系统正常运转。操作人员经过一年多的认真学习、反复实践，弄清了设备工作原理，掌握了流程细节，并建立了一套完善的操作程序和系统的故障诊断、排除方法，目前设备故障已能及时、有效排除，切实提高了队伍操作水平。另外，还注意设备的维护保养和定期检修，提高了设备完好率，保证了其“健康”水平，促进了安全生产。

（3）优质服务树窗口形象

规范制度，实行标准化管理。自动化岩心库引入目视化和痕迹管理，并且制定了一整套完善的入库、出库、观察、制样制度和规范，使得管理达到标准化。注重窗口文明，规范服务形象。强化管理人员文明服务的意识，要求做到业务操作符合制度规定，服务行为符合礼仪规范。截至目前，油田自动化岩心库共接待 56 批次，其中观察岩心 161 口井、2694 盒；岩心取样 320 口井、3207 个样，约 128300g；岩屑 51 口井、997 个样，共计 191950g。为油田内外专家提供了优质的服务，也树立了油田实物地质资料管理的良好形象。

四、实物地质资料管理工作的相关文件及各项规章制度

管理是企业永恒的主题，管理带队伍，管理强企业，管理出效益。管理靠制度，优秀的企业源于优秀的制度，规范化、标准化和流程化是企业管理的必由之路。研究院信息档案室为提升实物地质资料的规范化、精细化管理水平，在 2015 年重新修订了《岩心岩屑资料入库验收实施细则》《岩心岩屑库房管理制度》《岩心岩屑观察及取样制度》等制度，努力建立健全一系列适应自身需要的管理制度，作为实物地质资料管理强有力的保障。

（撰稿人：李全文）

中国石油天然气股份有限公司浙江油田分公司实物地质资料委托保管工作

一、单位概况

浙江油田分公司隶属于中国石油天然气股份有限公司，2005 年 7 月由原浙江勘探分公司与浙江石油勘探处重组整合，成立中国石油浙江油田分公司。该公司拥有油气勘察矿权区 10 个，分布在江苏、安徽、云南、四川、贵州、广西、湖北 7 省（自治区）的 5 个沉积盆地（坳陷），矿权面积 $4.1\times10^4km^2$。浙江油田分公司总部设在浙江省杭州市；原油业务在江苏省苏北盆地，地处长江三角洲水网、经济发达、人口稠密区域；天然气业务主要位于云南、贵州、四川三省交界区块和湖北荆门地区，属于西南边陲高原山地和华中丘陵等多类型地貌，山高谷深，地表条件十分复杂，道路地势险恶，生产、生活条件艰苦，社会依托条件差。

浙江油田分公司按照中国石油天然气股份有限公司运行模式，实行扁平化管理。共设办公室、勘探开发处、人事处、财务处、规划计划处、党群工作处、生产运行处、质量安全环保处、审计监察处、企管法规处、工程技术处、基建设备处 12 个机关处室，苏北采油厂、西南采气厂、地质与工艺研究院、天然气勘探开发事业部、矿区服务事业部、物资装备部、工程监督中心、安全环境监督中心、交通服务站、信息中心、档案馆 11 个二级单位及生产前线临时派出机构 1 个（西南天然气建设工作协调组）。公司现有在职用工总量 491 人，平均年龄 35.6 岁；合同化职工 270 人，占 55%，市场化职工 221 人，占 45%；本科以上学历 226 人，占 46%；中级以上职称 149 人，占 30%，高级职称 56 人，占 11%。

浙江油田分公司档案馆于 2007 年正式组建，是浙江油田分公司档案管理的责任单位，主要负责油气地质等各类资料的管理，并负责对公司各部门、二级单位的档案工作进行督查与指导。浙江油田分公司档案工作实行统一领导、集中管理的原则，馆藏文书、财务、基建、油气勘探等十大类档案资料，是一个综合性油气田企业档案馆。

档案馆目前共有专职员工 6 人，学历全部在大专以上。其中，中级以上职称 3 人，中级以上职称人数占工作人员的 50%。

浙江油田分公司负责油气地质资料管理的人员共 37 名，除档案馆专职人员以外，另有勘探开发处、地质与工艺研究院、西南采气厂、苏北采油厂等单位相关人员 31 名共同参与油气地质资料管理。37 人中，具有中级、高级技术职称人员 28 人。中、高级以上职称人数占工作人员的 76%。

二、实物地质资料库房基础设施建设情况

浙江油田分公司实物资料库房于 2010 年 7 月修建完成，建筑面积 $1000m^2$，安装了 23

列、4 层的立体仓储货架。防火方面，库房内有移动消防器材，库房外有消防栓；防盗方面，整个院子有电子监控，保安 24 小时值班。随着油田油气业务的迅速发展，2015 年浙江油田公司在四川筠连西南采气厂新建 1040m^2 的岩心库，安装了 26 列、4 层、5 行的立体仓储货架，由西南采气厂安排专人管理，业务上受浙江油田公司档案馆指导。

三、实物地质资料汇交、管理与服务开展情况，主要做法，取得的经验及措施

1. 2015 年实物地质资料汇交情况管理与服务开展情况

2015 年，浙江油田分公司完成了两个矿权的实物地质资料接收汇交工作，共接收汇交实物地质资料岩心 4 口井、211.67m，岩屑 4 口井、4760 袋（表 1）。

表 1　2014～2015 年度受托实物地质资料工作基本情况统计

年度	实物地质资料汇交、接收情况						实物地质资料馆藏及利用情况														
	实物地质资料						馆藏情况						利用情况						
	岩心		岩屑		井壁取心		岩心		岩屑		井壁取心		利用人次	取样数量		薄片数量	测试数量	收费
	井数	米数	井数	袋数	井数	颗数	井数	米数	井数	袋数	井数	袋数		件数	质量 g	件	件	元
2014	0	0	0	0	0	0	21	241.93	21	26067	7	174	2	5	1500	0	0	0
2015	4	211.67	4	4760	0	0	25	453.6	25	30827	7	174	12	544	27200	0	0	0

2. 实物地质资料馆藏情况

截至 2015 年底，浙江油田公司馆藏受托实物地质资料岩心 25 口井、453.6m，岩屑 25 口井、30827 袋（表 1）。

3. 实物地质资料服务情况

目前浙江油田分公司所形成的油气地质资料主要服务于油田公司相关专业技术人员。同时，也有高等院校和公司外部协作单位与本公司联合开展一些科研项目，按照规定办理相关手续进行地质资料的查阅和借阅，但在地质资料利用上没有进行收费服务。2015 年，浙江油田分公司提供受托馆藏实物地质资料服务利用 12 人次，取样 544 件，27200g（表 1）。

4. 主要做法、取得的经验及措施

（1）依靠主干专业建立专业化的实物地质资料管理队伍

浙江油田分公司由于档案专职人员少，所以在地质资料管理过程中注重借力于地质与工艺研究院等相关专业单位，在公司主管领导的大力支持下，相关单位都配备了较高素质的油气地质资料管理人员，这些专业能力强、工作负责的同志在为公司切实履行国土资源部所赋予的地质资料委托管理光荣使命下起到了重要的作用。

（2）强化考核提升地质资料管理水平和服务质量

浙江油田分公司除了通过培训和学习不断提升业务水平，在服务质量上采用全员绩效

考核制来加以保证，对地质资料接收、保管以及利用等各个环节进行量化考核，考核结果在绩效工资中予以体现，充分调动了员工的工作积极性和创造性，为优质高效完成受托地质资料保管任务起到良好的催化作用。

四、实物地质资料工作相关文件及各项规章制度

在地质资料的收集整理、借阅利用、库房管理、安全保密、信息化建设等方面制度建设的基础上，2015 年浙江油田分公司根据业务需要，新出台了《浙江油田公司勘探开发项目成果资料验收管理办法》，进一步规范了实物等油气地质资料的归档验收流程及其他相关要求。

（撰稿人：曹红英、徐芬）

中国石油天然气股份有限公司中国石油煤层气有限责任公司实物地质资料委托保管工作

一、单位概况

中国石油煤层气有限责任公司（以下简称中石油煤层气公司）是中国石油天然气股份有限公司独资设立的专门从事煤层气业务的有限责任公司，成立于2008年9月，其业务范围包括：煤层气资源的勘探、开发；对外合作进行煤层气勘探、开发；煤层气田范围内的浅层气勘探、开发；煤层气勘探、开发的工程施工；设备租赁；技术服务、技术咨询、信息咨询；勘探开发技术培训；销售机械电器设备。

中石油煤层气公司机关位于北京市，设综合办公室、人事处（党委组织部）、规划计划处、财务处、安全环保处、科技信息处（标准化技术委员会办公室）、勘探开发处、生产运行处、设备物资处、审计监察处（纪委办公室）和工程技术处11个机关处室，2个机关附属机构、4个直属机构，并下设韩城分公司、山西分公司、吕梁分公司、临汾分公司、忻州分公司、陕西技术服务分公司、中石油渭南煤层气管输有限责任公司及勘探开发研究院8个所属单位，同时根据中国石油天然气股份有限公司的授权负责管理中联煤层气国家工程研究中心。

中石油煤层气公司档案中心共有员工5人，具体负责原始、成果地质资料的实体和电子文件的管理，地质资料委托保管系统的建立、运行和维护，以及实物地质资料的监督、指导等工作，形成了以档案管理专业为主体的专业化队伍，为地质资料管理各项工作的有序开展奠定了坚实基础。

2012年9月，中石油煤层气公司顺利通过国土资源部资质检查，成为油气原始和实物地质资料委托保管单位。

二、实物地质资料库房基础设施建设情况

中石油煤层气公司实物地质资料库房位于陕西省韩城市，面积300m^2，排列99组岩心架。内设扫描室、观察室、办公室等办公用房，库房内配备了观察台、扫描仪、电动拣选车、空调、灭火器、防盗窗及岩心观察实验相关用具等基础设施设备，以满足实物地质资料库房防盗、防火、防水等委托保管要求。

为不断提升地质资料安全保管能力，积极做好地质资料委托保管安全防护工作，中石油煤层气公司着力加强了实物地质资料库房的属地管理，划分了属地区域，明确了区域责任人，将岗位职责和属地责任融为一体，做到事事有人管、人人有专责。在库房内悬挂《消防安全疏散图》和《库房安全须知》，保障岩心入库、观察等过程中人员的生命安全。制定了《岩心扫描步骤》，确保岩心整理、扫描工作的开展以及设备设施使用的合法合规。

三、实物地质资料管理与服务开展情况、主要做法、取得的经验及措施

1. 实物地质资料汇交情况

2015 年，因“陕西鄂尔多斯盆地白马滩煤层气勘查”“山西陕西鄂尔多斯盆地大宁—吉县油气煤层气勘查”两个矿权性质发生变更，中石油煤层气公司依据国土资源部《地质资料管理条例》要求完成实物地质资料汇交工作，累计汇交岩心 59.3m，岩屑 2250 袋（表 1）。

2. 实物地质资料馆藏情况

中石油煤层气公司将受托的实物地质资料目录信息全部录入地质资料委托保管系统，截至 2015 年 12 月 31 日，中石油煤层气公司馆藏岩心 35 口井、总长 1381.74m，岩屑 20713 袋，井壁取心 15 袋（表 1）。

3. 实物地质资料服务情况

2015 年，中石油煤层气公司实物地质资料库提供岩心观察服务 1 人次，取样 1 件，50g，接待利用人员主要为公司内部煤岩分析项目测试人员，因此未收取服务费（表 1）。

表 1　2014～2015 年度受托实物地质资料工作基本情况统计

年度	实物地质资料汇交、接收情况						实物地质资料馆藏及利用情况											
	实物地质资料						馆藏情况						利用情况					
	岩心		岩屑		井壁取心		岩心		岩屑		井壁取心		利用人次	取样数量		薄片数量	测试数量	收费
	井数	米数	井数	袋数	井数	颗数	井数	米数	井数	袋数	井数	袋数		件数	质量 g	件	件	元
2014	2	54.92	2	2017	0	0	31	1307.72	31	14520	0	0	1	4	950	0	0	0
2015	4	59.3	2	2250	1	15	35	1381.74	59	20713	1	15	1	1	50	0	0	0

4. 取得的经验及措施

（1）加强实物地质资料的集中统一管理

中石油煤层气公司工区分布在韩城、临汾、保德等多个地区，为加强实物地质资料的统一管理，中石油煤层气公司在韩城建立了岩心库。韩城分公司负责实物地质资料的入库、保管和观察，其他所属单位为实物地质资料形成单位，负责实物地质资料整理、暂存、运输等工作。入库前，实物地质资料形成单位按照公司相关岩心岩屑管理办法对岩心岩屑进行整理、验收、暂存，并派专人将岩心送至韩城岩心库，岩心库实物地质资料管理人员对入库的岩心进行核对、登记、接收。入库后，实物地质资料管理人员定期检查岩心保管情况并按需提供岩心观察、取样服务。实物地质资料的统一管理，不仅妥善保管了日益增长的实物地质资料，并且能够最大程度地促进实物地质资料的集中利用。

（2）开展实物地质资料的数字化工作

为保护实物地质资料实体，提高岩心资料的利用率，中石油煤层气公司开展实物地质

资料的数字化建设。实物地质资料管理人员借助岩心扫描仪对岩心进行图像扫描，形成数字化的岩心数据，截至2015年12月31日，中石油煤层气公司不仅完成了库存岩心的数字化工作，而且对新入库岩心实行先扫描后上架，实现了岩心资料馆藏数字化、应用信息化，为科研、地质人员高效利用岩心资料提供便利。

（3）提升实物地质资料管理人员的业务水平

中石油煤层气公司始终坚持以加强教育培训、提高业务水平作为实物地质资料管理的着力点、支撑点，努力打造一支文化素质高、专业能力强的地质资料管理队伍。截至2015年12月31日，档案中心已先后组织原始和实物地质资料委托管理系统培训、所属单位实物地质资料管理培训等多场地质资料管理培训。通过宣传地质资料管理制度、实地演练油气地质资料管理系统等方式，有效提升了实物地质资料管理人员的业务素质。

四、实物地质资料工作的相关文件及规章制度

中石油煤层气公司领导高度重视实物地质资料管理工作，充分强调了实物地质资料管理对公司生产经营工作的重要作用，在积极贯彻落实国家、中国石油天然气股份有限公司有关实物地质资料管理法律法规、规章制度的同时，制定了包括《中石油煤层气有限责任公司档案网络服务管理暂行办法》《岩心库房安全须知》《岩心保管制度》在内的多项管理制度，建立了实物地质资料制度体系。2015年，中石油煤层气公司结合实际对《中石油煤层气有限责任公司岩心岩屑管理办法》进行了修订，新办法进一步规范了实物地质资料管理工作，确保了实物地质资料在钻取、整理、验收、接收、保管和观察等全过程的规范管理，切实保障实物地质资料管理工作有章可循，有据可依。

（撰稿人：张月）

中国石油天然气股份有限公司南方石油勘探开发有限责任公司实物地质资料委托保管工作

一、单位概况

1. 单位性质及主要职责

南方石油勘探开发有限责任公司（以下简称南方公司）是中国石油天然气股份有限公司下属的油气田企业，主要从事南方地区的石油勘探开发、油气处理、油气销售等业务，勘探区域覆盖广东、海南、广西三省（自治区）。其前身为中国石油天然气勘探开发公司，公司于1985年在北京注册成立，1991年迁至广州；1995年以南方石油勘探开发有限责任公司名称在广州注册；1997年南方公司划入中国石油天然气勘探开发公司管理；2008年9月，南方公司调整为中国石油天然气股份有限公司直属单位；2011年10月，中国石油天然气股份有限公司正式完成对南方公司的股权收购。

根据中国石油的定位，多年来南方公司借鉴国际石油公司的管理模式，坚持立足油气勘探开发主业，按照油藏经营项目化、管理目标化、运作市场化、人员精干化、效益最大化的目标，积极创新油公司管理实践，努力追求质量效益与安全环保持续发展。

南方公司实物地质资料委托保管于2012年顺利通过国土资源部专家组的检查，成为国土资源部批准的第二批受托保管油气原始和实物地质资料单位。

2. 机构设置及人才队伍情况

公司机关设有10个部门：综合办公室，规划计划处，财务处，人事处，审计监察处，企管法规处，质量安全环保处，勘探开发处，生产运行处，工程技术处。9个直属机构：勘探开发研究中心，生产作业部，福山油田采油厂，物资采购管理部，油气销售经营部，行政事务部，广州基地管理部，三水项目部，三亚项目部。公司现有在职员工179人，其中合同化员工106，市场化员工73人，平均年龄40岁，其中党员占49%，本科及以上学历占58%，中级及以上职称占53%，高级职称占25%，教授级高级工程师3人。

信息档案中心挂靠南方公司综合办公室，归口管理公司信息、档案业务，行使部门管理职能，为机关直属单位。

信息档案中心下设4个管理室：信息室，文书档案室，综合研究资料室，实物地质资料室。

信息档案中心目前有档案工作负责人1人，专职档案员4人，全部持有档案培训上岗证。各业务部门配有兼职档案员，负责本部门档案的收集、录入及移交工作。

二、实物地质资料库房基础设施建设情况

南方公司岩心岩屑库房位于海南澄迈福山油田，于2011年落成，库房总面积

1312.11m^2，另外设有观察室、切割室及办公区，岩心和岩屑分区存放。岩心岩屑库目前整个实物架区共由5个巷道、3层、21列、1044个货位组成，整个岩心库可存放19×10^4m岩心。

岩心库现已使用货位640个，按福山油田每年平均完井40口计算，预计还能使用10年。

库房配备了24小时防盗摄像头、灭火筒、人工叉车、岩心切割机、抽湿机等基础设施设备，满足实物地质资料的委托保管要求。

三、实物地质资料管理、服务开展情况

2013年9月，在接到国土资源部《关于进一步做好油气地质资料目录数据库建设和汇交监管工作的函》后，南方公司针对现有1个采矿权区块的参数井、区域探井、发现井、评价井的原始及实物地质资料进行了梳理和完善，完善了目录数据库。南方公司2015年的矿权未发生变更或延续，所以年报数据没有变动。

南方公司目前有开采区块1个，即海南北部湾盆地花场凝析油气田开发，该矿权面积37.74km^2。目前主要的勘探开发工作量和产量集中在海南福山凹陷。

1. 实物地质资料汇交情况

2013~2015年，南方公司共完成了1个矿权的地质资料接收汇交工作，累计汇交实物岩心9口井、192.72m，岩屑由于保存期限原因，办理了相关手续后已销毁。

因为2015年矿权未发生变更或延续，所以本年度数据为0。

2. 实物地质资料馆藏情况

截至2015年12月31日，南方公司累计委托保管实物地质资料岩心9口井、127.78m，均按要求保存在本公司岩心库；岩屑由于保存期限原因，办理了相关手续后已销毁。

3. 实物地质资料服务情况

南方公司始终严格按照《地质资料管理条例》《涉密地质资料管理细节》等有关规定积极开展地质资料借阅服务工作。利用人员多为从事油气勘探开发、科研以及石油院校的研究人员。服务方式以网络查询、借阅和复制、拷贝为主。在地质资料利用过程中，档案专职工作人员认真履行借阅审批手续——填写借阅单交由主管领导签字，实行保密制度——外方单位需和公司签订保密协议。

南方公司实物地质资料利用方式为到馆采样和观察。2015年，实物资料档案馆实物地质资料利用数量为17人次，取样0件、0g。

4. 取得经验及措施

（1）油气地质实物资料立卷归档工作

实物地质档案按照要求入库后，依照入库时间先后顺序依次登记。岩屑填写井号、井别、完钻层位、开钻时间、完井时间、入库时间、盒数、包数、井段、存放位置、移交人、接收人、移交人单位等信息，按年度打印出当年入库登记台账，与入库验收单及清单核实无误后，按照台账顺序将纸质入库验收单及清单一并装订成册，立卷归档。岩心填写井号、井别、开钻时间、完钻时间、完钻层位、井段、进尺、心长、收获率、取心次数、

盒数、入库时间、存放位置、移交人、接收人、移交人单位等信息后，同岩屑一样，将纸质入库验收单及清单一并装订成册，立卷归档。同时将相应的电子文件一并保存，形成电子档案。

（2）从制度入手，做好档案管理的基础工作

随着档案管理理念的不断提升，档案信息化建设的不断深入，及时修订和完善各项规章制度、管理办法。公司先后修订完善了《南方石油勘探开发有限责任公司档案管理办法》《南方石油勘探开发有限责任公司档案安全保密制度》《南方勘探开发有限责任公司档案库房保管制度》《南方石油勘探开发有限责任公司档案利用办法》《南方石油勘探开发有限责任公司档案销毁制度》等11项管理制度，信息档案中心的综合研究资料室同时完善了涉及档案工作收集、归档、整理、保管、利用、统计等各个方面的规章制度使公司档案工作标准更加统一、规范。为档案管理基础工作的开展提供了坚实的制度保障。

（3）认真仔细做好地质档案的保管工作

1）地质资料库房设有门禁以及钥匙双保险。

2）地质资料库房内加装监控摄像头。

3）地质资料库房配备了防火、防盗等“八防”措施，每层密集架放置防虫药丸，把防虫、防霉作为重点工作。

4）严格控制库房的温湿度，定期巡查库房，检查温湿度记录，检查设备运转情况，遇到情况及时处理，确保档案资料无霉变、无虫蚀情况的发生。

（4）加强油气档案安全保密工作

信息档案中心组织档案管理工作人员认真学习和履行《中国人民共和国保守国家秘密法》（修订版）、《中国石油天然气股份有限公司领导干部保密责任制实施办法（试行）》及《南方石油勘探开发有限责任公司保密管理办法》，并与公司签下了保密承诺书。

（5）全面开展档案数字化，充分利用网络资源

南方公司于2013～2015年进行档案数字化项目，目前已数字化完成档案总量的100%，为实现生产现场资料的及时共享打下坚实的基础。

四、实物地质资料工作相关文件及规则制度

实物地质资料是反应地下地质情况的原始资料，具有极高的分析研究和保护价值，属永久保存地质资料。

1）岩心入库前，录井公司须及时整理清洗出筒岩心，将岩心由顶到底在钻具上按从左到右的顺序依次对接好，用钢卷尺丈量岩心长度，计算岩心收获率。

2）将整理好、描述好的岩心按岩心块号依次从左到右、从前到后装盒，装盒后每逢半米和整米的标记处在岩心盒对应的地方用白漆画一个直径为1.5cm的圆点，用红漆写上岩心半米和整米长度。

3）每筒岩心连续装盒后，要做一个岩心底部挡板，挡板宽度与岩心盒宽度相当，高度略矮，用白纸封上，再将打印出的标签贴上，用塑料袋密封好放在每筒岩心底部。

4）岩心实物资料及原始记录资料整理完后，由录井公司通知生产作业部业务主管人员现场验收岩心资料，包括岩心实物资料、岩心描述记录、岩心入库清单、岩心出筒分块

丈量记录等。岩心资料通过验收后，岩心岩屑送库房保存。

南方公司为规范岩心岩屑管理工作，建立健全长效机制，最大限度保存岩心岩屑资源，充分发挥岩心岩屑在油田油气勘探开发科研与生产中的作用，结合岩心岩屑管理工作实际，特制订了《南方石油勘探开发有限责任公司岩心岩屑管理暂行规定》《岩心资料整理制度》《岩心资料利用制度》《岩心观察采样网上审批管理制度》《观察采样“十不准”制度》《残样回收管理制度》《岩心、岩屑销毁管理制度》。

（撰稿人：孙艳华）

中国石油化工股份有限公司胜利油田分公司实物地质资料委托保管工作

一、单位概况

1. 单位性质及主要职责

2010年中国石油化工股份有限公司胜利油田分公司（以下简称胜利油田分公司）下发《关于成立胜利油田分公司地质资料中心的通知》（胜油分公司发编字〔2010〕2号），与地质科学研究院（2015年更名为勘探开发研究院，下同）实行“一套机构、两块牌子”，正式成立胜利油田分公司地质资料中心。2014年按照国土资源部地质资料委托保管检查工作的要求，进一步理顺管理体制，落实分公司地质资料集中统一、协调管理的业务需求，分公司下发《关于调整胜利油田分公司地质资料管理机构的批复》（胜油编委办发〔2014〕1号），将胜利油田分公司地质资料中心更名为胜利油田分公司地质资料管理中心，撤销地质科学研究院胜利油田分公司地质资料中心的牌子，由胜利石油管理局信息中心（档案管理中心、档案馆）（2015年更名为分公司信息化管理中心（档案管理中心，下同））挂胜利油田分公司地质资料管理中心的牌子，作为胜利油田机关直属单位行使油田地质资料的管理职能。

主要职责：贯彻执行有关法律、法规和中国石油化工股份有限公司地质资料管理有关规定；制定完善胜利油田地质资料管理规章制度、标准及规范；负责胜利油田地质资料汇交、上交；负责胜利油田地质资料信息化系统的建设与开发；指导和监督胜利油田各地质资料馆藏机构资料的归档、保管和利用等工作；向胜利油田各单位提供地质资料借阅服务。

2015年，胜利油田分公司严格按照国土资源部《油气等原始和实物地质资料委托保管工作规则（试行）》要求，认真做好国家托管地质资料的接收、验收、编目、信息系统数据更新、保管和利用服务工作，圆满完成了各项工作任务。

2. 内部机构设置及人才队伍情况

胜利油田地质资料管理实行统一领导与分级管理相结合的管理体系。油气勘探管理中心、油气开发管理中心、科技处为地质资料业务主管部门；地质资料管理中心为地质资料归口管理部门。地质资料管理中心主任由信息化管理中心主任担任。地质资料管理中心办公室设在信息化管理中心地质资料管理科，负责组织和协调委托保管油气地质资料的日常管理工作。信息化管理中心、勘探开发研究院、物探研究院3家单位负责委托保管油气地质资料的收集、整理、汇总和系统数据库的维护。

截至2015年11月30日，胜利油田分公司油气地质资料委托保管工作人员与2014年度未发生变动。现有各级管理人员16名，其中教授级高级工程师4人、高级工程师7人，中级工程师4人，助理工程师1人。

二、实物地质资料库房基础设施建设情况

胜利油田分公司实物地质资料库房于1990年建成投产，建筑总面积5000m^2，设有岩心立库、接待室、观察室、处理室、扫描室和地质实物展厅等设施，可以开展岩心加工、测试、研讨和图像采集等工作。其中岩心立库建筑面积3300m^2，有岩心巷道12条，货架24列，总货位数量7680个。

胜利油田分公司为全面解决实物地质资料库房存储空间饱和的问题，于2012年在东营市东营区玉山路、北二路交叉口东北角处，开工建设新实物地质资料库房一座。库区东西长107m，南北宽66m，占地面积超7000m^2，分为岩心立库、观察厅、处理厅、展厅及辅助办公等部分。岩心立库建筑面积5118m^2，设计巷道14条，货位16800个，理论库容量约$40\times10^4m^3$，能够满足25年库容要求。具备地质实物资料存储及岩心处理、标本制备、科研应用的功能。新建岩心库采用先进的仓储管理系统，通过无线局域网实现岩心自动存储及远程管理。拥有专业的岩心加工设备、先进的岩心处理工艺、完善的基础设施，实现油田岩心、岩屑的集中统一管理，将进一步提升油田实物地质资料管理水平。截至2015年11月30日，新建岩心库已完成主体设施的建设。

三、实物地质资料管理和服务开展情况

1. 实物地质资料汇交情况

2015年，胜利油田分公司所属矿权中有6个矿权发生矿权信息变化，其中新疆库木库里盆地油气勘查和新疆吐哈盆地东部哈密地区油气勘查为矿权延续，宁蒙中卫—银川地区油气勘查、新疆准噶尔盆地北缘索索泉凹陷油气勘查、新疆准噶尔盆地北缘石英滩地区油气勘查和新疆准噶尔盆地南缘油气勘查为矿权新立。根据国土资源部《地质资料管理条例》的要求，这6个矿权的油气地质资料的汇交工作已全部完成。

汇交的6个区块内无实物地质资料。

2. 实物地质资料馆藏情况

截至2015年11月30日，胜利油田分公司累计汇交104个所属矿权的成果、原始和实物地质资料。著录“石油天然气地质资料委托管理系统”数据库原始数据50778条、实物数据11076条，共计61854条数据。所有汇交和委托保管的油气地质资料由胜利油田档案馆、勘探开发研究院、物探研究院3家馆藏单位妥善保管，库房保存条件符合国土资源部有关地质资料委托保管的要求。

委托保管油气实物地质资料岩心352口井、8450.66m，岩屑166口井、117394袋（表1）。实物地质资料由勘探开发研究院保存，资料存放在胜利油田分公司地质科学研究院的岩心库中，库房保存条件符合国土资源部有关地质资料委托保管的要求。

3. 实物地质资料服务情况

胜利油田分公司一直以来都非常重视委托油气地质资料的服务利用工作，通过建立目录查询平台、查阅、复印等多种便利的服务手段，为分公司及社会广大的油气勘探开发技

术人员提供了有力的支持。

服务方式：到馆查阅。

服务范围：油田内部单位、外部协作单位。

服务资料数量：14 人次，取样 35 件，7800g（表 1）。

服务对象：油田内部各单位勘探开发技术人员，承担中石化和胜利油田分公司各类科研项目的科研机构与院校等协作单位。例如，勘探开发研究院利用岩心资料开展济阳坳陷东营凹陷沙四段膏岩层成因研究工作，项目组科研人员先后观察了史深 100、义深 18 等 12 口井的岩心 500m，绘制了丰深 2 井、郝科 1 等 5 口井的岩心剖面。通过对东营凹陷北部沙四段膏盐岩层沉积特征的研究，明确了东营凹陷膏盐岩层的干盐湖、振荡盐湖两种成盐模式，详细描述了各种成因模式的沉积特征，为下一步对东营凹陷深部油气藏的勘探和开发奠定了扎实理论基础。

表 1　2014～2015 年度受托实物地质资料工作基本情况统计

年度	实物地质资料汇交、接收情况						实物地质资料馆藏及利用情况											
	实物地质资料						馆藏情况						利用情况					
	岩心		岩屑		井壁取心		岩心		岩屑		井壁取心		利用人次	取样数量		薄片数量	测试数量	收费
	井数	米数	井数	袋数	井数	颗数	井数	米数	井数	袋数	井数	袋数		件数	质量 g	件	件	元
2014	0	0	0	0			352	8450.66	166	117394	0	0	20	77	16200			
2015	0	0	0	0			352	8450.66	166	117394	0	0	14	35	7800			

4. 取得经验及措施

（1）加强实物地质资料管理的统筹规划

积极协调新岩心库项目的实施进度，根据新建岩心库建设规划，明确提出油田岩心统一管理的要求。制定合理的收归方案，对油田暂存在各单位的岩心、岩屑实物地质资料的基本情况进行摸底调查和编号，统一协调入库，确保新建岩心库尽快投入使用，实现油田岩心的统一管理，进一步提高岩心、岩屑实物资料的利用率。

（2）强化实物地质资料的借阅管理

修订了岩心观察及采样的审批表单和流程。将岩心样品类型由 3 类界定为 4 类，大样品和小样品的审批由勘探管理中心负责，将 3 种采样表单合并为 1 种采样表单。根据工作实际，将分析化验单位调整为省市级以上的重点实验室。建立了岩心图像借阅制度，由岩心室、生产科、勘探管理中心负责审批，院内设计单位由岩心室、生产科审批后交付使用，非设计单位由生产科和勘探管理中心审批后使用。推行“押金＋诚信”制度，加强人性化管理。调整报告返回期限，由原来的 4 个月增至为 6 个月。为方便距离较远的用户领取押金，实行了打卡制。对逾期未返还报告的，先打电话催促，超过 1 年的，将取样单位列入不良记录名单，取消单位入库资格，待报告返回后，再恢复其入库工作。

（3）加强技术交流

为提高岩心管理水平，学习先进管理技术和经验，2015 年 9 月 7～9 日，安排技术人员参加了国土资源实物地质资料中心举办的实物地质资料管理政策及技术方法研究项目工作成果意见征询研讨会。通过技术交流，开拓了管理人员的眼界，增强了事业心和责任感，为岩心管理水平的提高提供了技术储备。

四、实物地质资料工作的相关文件及规章制度

组织专家、技术人员对2015年下发的《中国石油化工股份有限公司地质资料管理办法》《中国石油化工股份有限公司实物地质资料管理细则》《胜利油田分公司地质资料管理办法》等规章制度进行学习，并按上级要求编写了《胜利油田分公司实物地质资料管理细则》。

（撰稿人：宋来亮）

中国石油化工股份有限公司中原油田分公司实物地质资料委托保管工作

一、单位概况

中国石油化工股份有限公司中原油田分公司（以下简称中原油田分公司）是2011年12月31日经国土资源部批准的第一批受托保管油气原始和实物地质资料的单位。中原油田分公司档案馆为中原油田分公司直属处级单位，是油田地质资料归口管理部门和馆藏机构，具体负责全油田地质资料的收集、整理、编目、保管、提供利用和汇交、上交工作，承担国家委托保管地质资料的管理任务。2015年，中原油田分公司严格按照国土资源部《油气等原始和实物地质资料委托保管工作规则（试行）》要求，认真做好国家托管地质资料的接收、验收、编目，信息系统数据更新、保管和利用服务工作，圆满完成了各项工作任务。

截至2015年12月31日，中原油田分公司档案馆共有专职地质资料管理人员45人，其中高级职称15人，中级职称14人，中、高级技术人员占地质资料管理人员总数的64.4%。

二、实物地质资料库房基础设施建设情况

中原油田分公司档案馆下设的勘探开发研究院岩心库、普光岩心库和油气开发公司岩心库3个实物地质资料库，承担着中原油田的实物地质资料保管任务，库房总建筑面积2539m^2。其中勘探开发研究院岩心库建筑面积2200m^2，为大型立体仓库，总库容量为4800个格架、12×10^4m^3。该库有堆垛机2台、转移台车1台、岩心扫描仪2套、微机3台，配备了安全消防设施设备，管理规范，具备防火、防盗、防水等安全保管条件。实物地质资料管理办公用房与库房分开，建筑面积共30m^2，实物地质资料接收整理用房、暂存用房、岩心数字化扫描用房均单设。普光岩心库建筑面积324m^2，油气开发公司岩心库建筑面积15m^2。

三、实物地质资料汇交、管理和服务开展情况

1. 实物地质资料汇交情况

2015年，中原油田分公司无地质资料汇交任务，未汇交地质资料。

2. 实物地质资料馆藏情况

截至2015年12月31日，中原油田分公司共受托保管26个矿权区块193口井的实物地质资料。其中岩心7532.72m、4239箱，岩屑121842袋、2823箱（表1）。

表 1　2014～2015 年度受托实物地质资料工作基本情况统计

年度	实物地质资料汇交、接收情况						实物地质资料馆藏及利用情况											
	实物地质资料						馆藏情况						利用情况					
	岩心		岩屑		井壁取心		岩心		岩屑		井壁取心		利用人次	取样数量		薄片数量	测试数量	收费
	井数	米数	井数	袋数	井数	颗数	井数	米数	井数	袋数	井数	袋数		件数	质量 g	件	件	元
2014	2	121.09	10	8509			192	7532.72	192	121842	0	0	41	8	400			0
2015	0	0	0	0			192	7532.72	192	121842	0	0	878	216	5120			0

3. 地质资料服务情况

2015 年，中原油田分公司地质资料馆藏机构提供利用服务方式包括到馆现场查阅、资料外借、复印和网络利用 4 种形式。利用者主要来自油田内部和外部两方面。内部利用者主要是油田油气勘探、开发系统单位的生产、管理和科研人员。外部利用者主要是与油田有科研协作关系及承担国家重大研究专项的石油大专院校的师生。利用目的包括油气勘探开发生产、科技项目研究、地质资料数据库建设、地方公益性项目建设等方面。全年累计接待原始、成果、实物地质资料利用者 878 人次，提供地质资料 17117 件次；完成《桥口地区井斜数据汇编（上、下册）》《胡状集地区常规物性数据汇编》《采油六厂科研成果汇编（1998～2014 年）》等多项地质资料编研成果，为油田精细勘探、效益开发提供有效帮助。

4. 取得经验及措施

（1）通过全国地质资料馆数据质量验收

2015 年 1 月，中原油田分公司对受托保管范围内的地质资料目录数据库进行自查和整改，共清查核对委托保管范围内 27 个矿权的原始和实物地质资料目录，并利用系统"数据质量检查工具"，对数据库数据质量进行了全面检查与整改，圆满达到验收要求，成为中国石化股份公司首家通过委托保管地质资料目录数据库现场预验收的单位。6 月，中原油田分公司正式通过全国地质资料馆组织的数据质量验收。

（2）完成油气钻井数据情况清查

根据中国石化地质资料中心要求，中原油田分公司档案管理中心联合勘探管理部、勘探开发研究院、信息化管理中心、录井公司 4 家单位，根据工作重心不同分头开展数据清查，通过取诸家数据资源之长，摸清了油田钻井资料结构化数据和图文数据的齐全程度及保管情况。截至 12 月 31 日，共清查矿权区块 32 个，汇交单井 276 口，完成汇交范围内 22 项油气钻井资料数据管理状况的统计与汇总。

（3）有序推进地质资料数字化建设

以提高档案信息化水平、提升档案服务能力为目标，坚持"先目录、后全文，先近期、后早期，先利用率高、后利用率低"的原则，组织专人开展地质资料档案数字化工作。举办档案数字化业务培训班，强化专兼职档案员数字化加工能力，推动地质资料全文数据库建设。截至 12 月 31 日，中原油田分公司第二批地质资料数字化工作进展顺利，已完成库藏油气田开发研究总结报告、开发规划、物化探规划、成果报告、地震年报、单井设计任务书等59.19万页、图纸4.85万张的数字化加工任务。组织开展地质资料规范化整理劳动竞赛，加快原始及成果地质资料数字化步伐，实现了地质资料目录数据网上查询及条形码扫描登记。

（4）提升地质资料管理水平

汇总中原石油勘探局、中原油田分公司、中原石油工程公司下发的相关文件，帮助各基层档案室及时掌握并落实辖区单位2015年勘探开发档案的形成情况，全力以赴做好档案收集工作，确保地质资料齐全、完整、准确归档。成立地质资料档案业务指导小分队，对辖区单位地质资料的归档工作进行重点指导，梳理电子文件归档流程，规范电子文件格式，促进地质资料保管单位与辖区利用单位的沟通与交流，进一步提升地质资料管理水平。

（5）创新地质资料服务方式方法

针对部分科研院所异地办公难查档的实际，为354名科研人员完成网上注册和赋权，开通其地质资料网上查询功能。编制《地质资料信息查询系统利用指南》，对操作规程和注意事项进行详细解读，并充分利用QQ、飞秋等形式对查档人员进行远程指导。同时，为确保档案服务不缺位、不断档、不滞后，中心还选派两名业务骨干远赴郑州等异地科研单位，现场完成地质资料档案的续借与归还，并分5批向科研人员系统讲解、演示地质资料查询系统的功能和使用方法，确保用户只需轻点鼠标，就可对地质资料数据库进行检索、在线浏览和原文下载，为科研人员勘探决策、井位部署提供及时有效的数据支持。

（6）上报地质资料管理信息及时有效

2015年1月，中原油田分公司档案管理中心报送的《中原油田通过委托保管地质资料目录数据库预验收》一文，在全国地质资料馆主办的《地质资料动态与参考》第二期发表，中国石化地质资料中心对中原油田分公司进行了通报表扬，推广了其加强地质资料宣传工作经验的做法。

四、实物地质资料工作相关文件及规章制度

为做好实物地质资料的归档、保管、利用工作，中原油田分公司档案管理中心结合自身实际，组织勘探管理部、地质录井公司、勘探开发研究院等单位的兼职档案员学习了《油气等原始和实物地质资料委托保管工作规则（试行）》《石油天然气勘探与开发地质成果报告编制格式要求》《石油天然气勘探与开发地质资料立卷归档规则》等规章制度，为依法汇交、精细管理、确保安全、优质服务打好了基础。

（撰稿人：黄琥）

中国石油化工股份有限公司河南油田分公司实物地质资料委托保管工作

一、单位概况

1. 单位性质及主要职责

中国石油化工股份有限公司河南油田分公司（以下简称河南油田分公司）是2011年12月31日国土资源部批准的第一批受托保管油气实物地质资料的单位。河南油田分公司地质资料中心为河南油田分公司直属处级单位，是油田地质资料归口管理部门和馆藏机构，具体负责全油田地质资料的收集、整理、编目、保管、提供利用和汇交、上交工作，承担国家委托保管地质资料的管理任务。2015年，河南油田分公司严格按照国土资源部《油气等原始和实物地质资料委托保管工作规则（试行）》要求，认真做好国家托管地质资料的保管和利用工作，圆满完成了各项工作任务。

2. 内部机构设置及人才队伍情况

2015年河南油田分公司资料馆有2名同志退休，同时根据工作变动，馆长人选改变。根据工作需要调入1名同志。现在人员数量为17人，具备中、高级职称人员13人，占76%。

二、实物地质资料库房基础设施建设情况

2015年河南油田分公司资料馆库房设备情况无变化。

三、实物地质资料管理和服务开展情况

1. 实物地质资料汇交情况

2015年度河南油田分公司没有发生矿权变更，因此没有开展实物地质资料汇交工作。

2. 实物地质资料馆藏情况

截至2015年12月底，应汇交实物地质资料全部保存于河南油田分公司岩心库房。单井239口，其中取心井121井，岩心总长4589.8m，4059箱；岩屑158井，岩屑正样133763袋，2149箱（表1）。

2015年河南油田分公司没有汇交地质资料，但委托保管地质资料数量有大幅增加，主要原因是在目录数据库建设自查工作中发现部分委托保管目录不齐全，因此进行了补充完善。

所有实物地质资料全部存放于专用岩心箱中，库房条件符合国土资源部有关地质资料委托保管要求。

3. 地质资料服务情况

截至 2015 年 12 月底，共提供委托保管地质资料利用 6 人次，155 件次（均为成果地质资料）。委托保管的服务方式为到馆查阅、电话咨询、代查资料、地质资料查询系统在线查阅浏览等，服务的范围和对象全部为承担中石化和本油田分公司油气勘探、开发生产和科研项目的人员。

表 1　2014～2015 年度受托实物实物地质资料工作基本情况统计

年度	实物地质资料汇交、接收情况						实物地质资料馆藏及利用情况												
	实物地质资料						馆藏情况						利用情况						
	岩心		岩屑		井壁取心		岩心		岩屑		井壁取心		利用人次	取样数量		薄片数量	测试数量	收费
	井数	米数	井数	袋数	井数	颗数	井数	米数	井数	袋数	井数	袋数		件数	质量 g	件	件	元
2014	0	0	0	0			121	4589.81	158	133763	0	0	0	0	0	0	0	
2015	0	0	0	0			121	4589.8	158	133763	0	0	6	0	0	0	0	

4. 取得经验及措施

为了进一步搞好地质资料委托保管工作，提高地质资料管理人员的业务素质，更好地开展地质资料的服务工作，2015 年河南油田分公司地质资料中心先后派出 5 人次参加国土资源部及中石化地质资料管理培训班。

四、实物地质资料工作的相关文件及规章制度

1）《岩心库管理规定》。

2）《中国石化实物地质资料管理细则》。

3）《岩心库实物资料利用管理办法》。

（撰稿人：李越）

中国石油化工股份有限公司江苏油田分公司实物地质资料委托保管工作

一、单位概况

江苏油田分公司是2011年12月31日国土资源部批准的第一批受托保管油气实物地质资料的单位。江苏油田分公司档案馆为江苏油田分公司直属处级单位，是油田地质资料归口管理部门和馆藏机构，具体负责全油田地质资料的收集、整理、编目、保管、提供利用和汇交、上交工作，承担国家委托保管地质资料的管理任务。2014年，江苏油田分公司严格按照国土资源部《油气等原始和实物地质资料委托保管工作规则（试行）》要求，认真做好国家托管地质资料的接收、验收、编目、信息系统数据更新、保管和利用服务工作，圆满完成了各项工作任务。

二、实物地质资料库房基础设施建设情况

目前江苏油田分公司岩心库为全钢结构，全自动化仓储式库房，面积 $2363m^2$（可存放岩心 10×10^4m）。现存放32100m岩心，库房容积能满足未来5年以上的地质资料入库余额，同时配有能满足接收、存放、扫描、借阅利用地质资料的服务办公用房。

三、实物地质资料管理和服务开展情况

1. 地质资料汇交情况

江苏油田分公司截至2015年11月30日，共有26个矿权，实物地质资料81口井、416回次、1873箱、2807.8m岩心，812袋岩屑。全部完成资料汇交工作。2014年油田没有新增及矿权变更，因此没有汇交工作量。

2. 地质资料馆藏情况

江苏油田分公司累计汇交26个区块的成果地质资料306档、2178件（表1）。委托保管原始地质资料共计14689件，其中纸质8076件。实物地质资料岩心81口井、2801.31m，岩屑57口井、34958袋（表2）。库房保存条件均符合国土资源部有关要求。

表1　2014～2015年度地质资料馆藏情况（累计汇交量）

年度	档数/档	纸质/件	电子/个
2014	306	2178	133
2015	306	2178	133

表 2　2014～2015 年度受托实物地质资料工作基本情况统计

年度	实物地质资料汇交、接收情况						实物地质资料馆藏及利用情况												
	实物地质资料						馆藏情况						利用情况						
	岩心		岩屑		井壁取心		岩心		岩屑		井壁取心		利用人次	取样数量		薄片数量	测试数量	收费
	井数	米数	井数	袋数	井数	颗数	井数	米数	井数	袋数	井数	袋数		件数	质量 g	件	件	元
2014	0	0	0	0	0	0	81	2801.31	57	34958	0	0	63	53	4824	60	468	0
2015	0	0	0	0	0	0	81	2801.31	57	34958	0	0	60	39	2840	0	0	0

3. 地质资料服务情况

（1）提供服务情况

2015 年，全油田地质档案管理人员在“全员挖潜，大众创新”的热潮中，断续发扬埋头苦干的精神，用精细管理来打造上游上板、不断强化服务意识，创新服务机制，改进服务方式，拓展服务领域，充分发挥地质档案的作用。

（2）服务方式

提供纸质地质资料的原件。在常规方式提供借阅之外，采用多途径，如电话调卷的服务，预约借阅、直接提供纸质资料原件。全年提供地质资料利用。

通过计算机管理，局域网检索查询提供目录信息。局域网上提供目录检索条件自由组合查询，方便快捷，现在已成为技术人员借阅资料前必需的检索方式。档案管理系统实现了档案录入、查询、统计等一系列工作的网络化管理。方便技术人员查询利用。

提供地质资料电子文档，按照保密规定，通过拷贝提供利用。

（3）服务范围与对象

全油田需要提供服务利用的单位与进行相关研究的科研人员及提供领导决策。

（4）服务资料数量

2015 年全油田借阅利用 60 人次，充分发挥了档案资料的凭据和参考作用，保证了油田的各项工作需要。充分发挥了档案资料的凭据和参考作用，保证了油田各项工作的需要。部分实物资料数字化，生产科研人员可以通过网络调阅。

四、地质资料信息化工作

随着油田信息化工作大力推进，地质资料信息化工作也在进一步推进，地质实物资料数字化一直是个难题，涉及档案安全、保密、整理、抢救，以及数字化范围确定、扫描的标准和质量等诸多方面，地质资料馆在领导的关心下经过努力，慢慢推进岩心库的信息化工作，目前完成了部分岩心扫描工作，对利用率较高的先扫描，现在已完成岩心扫描 5060.46m，大大方便了地质科研人员查阅利用，提高了工作质量和效率，更有利于保护档案原件。

随着油田井位的不断增加，资料数量越来越多，结合实际工作情况地质资料管理人员根据生产经验调整电子文件的存储周期，尽量将同井位的资料装在一张光盘中，有效减少了存储介质，节约了资源，也解决了部分库存紧张问题。2015年江苏油田分公司档案馆抽出人力物力将光盘中的数据进行进一步整理、系统化，将数据备份到存储介质中，对油田地质资料管理中的光盘进行试点取消。磁带转储600盘，备份中间数据和最终成果带308盘，清洁磁带10202盘。

五、地质资料安全工作

地质资料档案的安全工作也是档案管理工作的重中之重，江苏油田分公司档案馆把安全当作“天字号工程”来抓，2015年7月专门组织了地质资料安全工作的检查，并请安全专家现场检查指导，发现问题及时整改，为了加强职工安全意识，增强职工实际操作技能，2015年11月组织人员进行了消防实战演习。

（撰稿人：陈新）

中国石油化工股份有限公司江汉油田分公司实物地质资料委托保管工作

一、单位概况

江汉油田分公司是以江汉盆地及其周缘地区石油勘探开发为基础逐步发展起来的跨区域国有大型综合性企业，包括中国石化集团江汉石油管理局和中国石油化工股份有限公司江汉油田分公司（以下简称江汉油田分公司）。江汉油田地处美丽富饶的江汉平原，本部设在中国明星城市——湖北省潜江市，北临汉水，南依长江，东距九省通衢之都武汉150km，西距历史文化名城荆州60km，地理位置优越，交通条件便利。经过50多年的开发建设，江汉油田已形成油气勘探开发、石油工程技术、石油机械制造、油气盐卤化工、社区生产生活服务五大板块。

江汉油田于2004年成立地质资料中心和地质资料管理领导小组，领导小组组长由油田主管勘探工作的副总经理担任。2013年5月经国土资源部审核通过后成为油气地质资料委托保管单位并挂牌。江汉油田分公司油气勘探管理部为江汉油田分公司直属处级单位，是江汉油田地质资料归口管理部门，江汉油田分公司地质资料中心是其一级馆藏机构，具体负责全油田地质资料的收集、整理、编目、保管、提供利用和汇交、上交工作，承担国家委托保管地质资料的管理任务，由原始地质资料中心库、物探资料库和实物岩心库三大库房构成。油田其他各二级油气生产和科研单位均设有地质资料馆（室）。

截至2015年12月底，江汉油田直接从事地质资料委托保管的专业管理人员共36人，原始地质资料中心库20人，物探资料库8人，实物岩心库8人。其中，高级职称5人，中级职称14人，中、高级职称人员占工作人员总数的52.8%。

二、实物地质资料库房基础设施建设情况

江汉油田实物地质资料库原有各类库房和简易棚8座，面积5600m^2，2015年底新库建设进入实施阶段，其他7座库房均已经拆除，仅保留面积3080m^{2}的仓储式立体岩心库1座。

目前面积3600m^{2}的新库正在建设中。另外原仓储式立体库也在进行升级改造，安装自动控制系统，由机械化升级到自动化，自动化程度与2015年底建成的新库同步。

三、实物地质资料管理和服务开展情况

1. 实物地质资料汇交情况

2015年，江汉油田汇交“鄂渝湘扬子准地台中段湘鄂西Ⅰ区块油气勘查”区块缩减（探矿权编号：0200001330175）和“重庆市四川盆地涪陵地区油气页岩气勘查”探矿权转采矿权（探矿权编号：0200001320309）两区块的资料。其中实物地质资料4口井，岩

心70箱、112.93m，岩屑188箱、2088袋（表1）。

表1　2014～2015年度受托实物地质资料工作基本情况统计

年度	实物地质资料汇交、接收情况						实物地质资料馆藏及利用情况												
	实物地质资料						馆藏情况						利用情况						
	岩心		岩屑		井壁取心		岩心		岩屑		井壁取心		利用人次	取样数量		薄片数量	测试数量	收费
	井数	米数	井数	袋数	井数	颗数	井数	米数	井数	包数	井数	袋数		件数	质量 g	件	件	元
2014	2	16.33	2	2385	0	0	72	1106	69	101305	0	0	0	0	0	0	0	0
2015	1	112.93	4	7088	0	0	53	1588.84	80	142171	0	0	58	0	0	0	0	0

2. 实物地质资料馆藏情况

江汉油田分公司地质资料中心有专业的实物地质资料库房，实物岩心库房受委托保管了53口井的岩心735箱，1588.84m；80口井的正样岩屑80箱，142171包；副样66箱、2596袋；百格盘，198箱、5040包（表1）。

3. 实物地质资料服务情况

江汉油田分公司地质资料中心2013年5月挂牌成为国土地资源部油气地质资料委托保管单位后，不断加强软硬件建设来满足社会科研生产的需要，为了实现委托保管地质资料利用和服务的基本宗旨，在地质资料业务工作环节中将服务和利用作为日常工作中的主导地位。委托保管地质资料利用和服务是联系社会的纽带，是了解地质资料利用和服务需求的窗口，为地质资料管理工作带来了活力和生机。

截至2015年底，接待油田内部、大专院校和科研院所等各类专业科研人员58人次（表1），提供利用了23口井次的委托保管岩心实物资料。

另外，还接待长江大学实习学生4个班约150人和其他科研人员300人次，岩心观察334口井次、16275m，岩心取样330口井次、2000块次；岩屑观察59口井次，岩屑取样59口井次、200余袋。

4. 取得经验及措施

1）在国家严令禁止兴建楼堂馆所的大背景下，历经3年多坚持不懈的调研、论证、可行性研究和向上级汇报，岩心库改扩建设项目最终通过中石化总部审核，并争取到3000万元资金支持。2015年已经完成岩心搬迁、异地保存、旧库拆除、新库设计、工程招标等工作。

2）切实做到岩心、岩屑按规范接收、按标准整理入库、按制度科学利用，使入库的岩心、岩屑资料达到验收合格、标注入库、管理规范、数据图像录入正确、查找精准服务于社会科研工作需要。

3）对委托保管实物地质资料进行醒目的标识，方便提供利用。

四、实物地质资料工作相关文件及规章制度

1）《江汉油田分公司地质资料管理办法》（江油〔2012〕41号）。

2）2011 年 3 月完成《地质档案管理制度》汇编工作，内有《实物地质资料的管理规定》，并含如下附件：①岩心入库清单；②岩屑入库清单；③进库岩心，岩屑登记总表；④取样清单；⑤岩心库查阅岩心、岩屑及取样登记表；⑥岩心库岩心排放位置表；⑦岩心、岩屑存放位置表。另有实物地质资料入库流程图和实物地质资料借阅利用流程图。

（撰稿人：石庆文）

中国石油化工股份有限公司西南油气分公司实物地质资料委托保管工作

一、单位概况

中国石油化工股份有限公司西南油气分公司（以下简称西南油气分公司）是2012年12月13日国土资源部批准的第二批受托保管油气实物地质资料的单位。西南油气分公司档案管理中心（西南油党〔2015〕61号）与西南油气分公司信息化管理中心，一套管理机构，两块牌子，是由西南油气分公司档案馆（二级单位）调整更名，是具有管理和服务职能的直属机构，履行中国石油化工股份有限公司西南石油局、西南油气分公司档案管理职能和国土资源部委托保管职能，统一负责局分公司档案的业务管理。档案管理中心的成立，彻底改变了中国石油化工股份有限公司西南石油局、西南油气分公司原分散管理现状，建立了新型的统一管理、分级负责的档案管理模式，为档案管理规范化提供了强有力的组织保障。

档案管理中心根据西南油气分公司的现状，分别在四川成都（原广西南宁档案室合并到成都）、云南曲靖设立地质档案室，按区域管理模式对地质资料进行有效监管与利用。

目前共有专职档案管理人员27人，其中高级职称7人，中级职称14人。从学历上统计，档案管理中心人员硕士研究生1人、本科生15人、大专生8人，本科以上学历占全馆人员的59%，为档案馆的发展提供了人才保障。

二、实物地质资料库房基础设施建设情况

岩心库是西南油气分公司档案馆一个重要组成部分，主要负责实物地质资料管理工作，任务是：保管和维护好库存实物资料，做到数据准确、质量完好、确保安全、收货迅速、服务周到；负责岩心、岩屑、百格盘入库检查验收、整理编码、数据录入、分类归档。同时担负着岩心库管理的多项业务职能，负责接待来岩心库采集地质资料和观察、描述岩心的中、外地质专家、地质研究人员，为他们提供热情周到的服务。

至2015年12月31日，西南油气分公司档案管理中心共建设有3座实物地质资料库房，分别位于四川省德阳市八角井镇、云南省昆明市和广西自治区百色市田东县。

1. 德阳八角岩心（屑）库

西南油气分公司档案管理中心实物地质资料委托保管库房设在四川省德阳市，岩心库总面积1944m^2，总库容达118000岩心·米，库房装具采用有轨巷道式高层货架仓库，货物存取与信息管理智能化，出入库为机械化；岩心库配置了灭火器、禁烟禁火标识，监控装置、防盗门、排水系统等。此外，为方便采样与观察，专门购置了切片机、钻柱机、剖

切机等采样设备，服务器磁盘阵列等信息利用设备以及除湿机空调等库房管理设备。

为了扩充西南油气分公司岩心库库容，以满足西南油气分公司发展需求，启动了西南地区岩心库扩建项目。该项目总建筑面积4645m^2，库区内设轨道式巷道12条、立体库货架24排10层20列，设计库容27.8×10^4岩心·米；购置轨道堆垛机4台、转移台车1台、链条输送机34台、辊筒输送机4台、顶升移载机2台、提升机2台等专用设备；配套建设给排水及消防、电气、通信、暖通、道路等公用工程。目前已完成审批报建手续。

2. 昆明岩心库

2009年，中国石油化工股份有限公司勘探分公司向西南油气分公司移交了云南古近－新近系盆地实物资料。为了便于实物资料的管理和利用，西南油气田决定将云南采气厂昆明凤凰山物资供应基地的7号、9号库改建为岩心库房，总面积616m^2。其中7号库长26m、宽11m、高4m，现已做高层钢架62×5×7＝2170个架位。9号库长16.5m、宽10m、高4m。两库共计架位3570个，总库容7140岩心·米。

3. 田东岩心库

2010年7月至2011年6月对田东岩心库进行了改建（1号库房）和扩建（2号库房），改造后的库房总面积为1108.94m^2，1号库房摆放钢架共有9层、399列，2号库房摆放钢架共有9层、464列，两库共能存放岩心箱7767个（2m岩心箱），总库容15534岩心·米。

三、实物地质资料管理与服务开展情况

自2014年12月5日接到《委托保管油气地质资料目录数据库验收工作方案》通知，西南油气分公司领导十分重视，召开相关人员会议，组织人员依据《关于开展国土资源部委托保管地质资料目录数据库验收工作的通知》附件及《地质资料管理条例实施办法》（国土资源部令第16号）开展工作。至2015年1月15日，根据西南油气分公司承担的地质工作项目名录、矿权储量报告、探矿权年检报告和成果地质资料汇交情况，形成了预验收抽检目录清单，对原始和实物地质资料目录进行抽检，抽检条目为1066条，抽检率为16%，并对照《委托保管地质资料目录数据库检查验收评分表》进行逐项打分，总评分为100分。形成《西南油气分公司委托保管油气地质资料目录数据库预验收报告》上报，完成了西南油气分公司委托保管油气地质资料目录数据验收工作。此次工作主要对委托保管库里的原始地质资料数据进行了查重、删除、补录等工作，整改后的原始资料目录由32319条纠正为19544条。

2015年6月，根据《委托保管地质资料目录数据库检查明细报告》，西南油气分公司对委托保管地质资料目录数据库数据的重复项、必填项、选填项、有效性、逻辑性、完整性进行检查、核对及整改共计完成检查数802993个，整改数为14106个，并将整改后的目录数据库上报，顺利通过了国土资源部的验收。此次工作尤其对实物地质资料数据进行了查找、补录等工作，整改后的实物资料井数由原来的355口井增加到377口井。

1. 实物地质资料汇交情况

2015年，西南油气分公司没有发生矿权变动，故没有做实物地质资料方面的汇交工作。

2. 实物地质资料馆藏情况

截至 2015 年 12 月 31 日，西南油气分公司累计委托保管实物地质资料岩心 370 口井、4926.12m，岩屑 358 口井、311996 袋，无井壁取心资料（表 1）。均按要求完整保存在西南油气分公司档案管理中心德阳岩心库。

3. 实物地质资料服务情况

2015 年，西南油气分公司地质资料馆藏机构接待的利用人员主要包括从事油气勘探开发生产人员、科研人员以及中国石油大学、长江大学、西南石油大学等石油大专院校师生和四川省矿产公司的科研人员。西南油气分公司实物地质资料利用方式包括网络查询、到馆采样和观察。2015 年，西南油气分公司档案管理中心实物地质资料利用数量为 4 人次、取样 75 件、3900g、薄片 8 件（表 1）。

表 1　2014～2015 年度受托实物地质资料工作基本情况统计

年度	实物地质资料汇交、接收情况						实物地质资料馆藏及利用情况												
	实物地质资料						馆藏情况						利用情况						
	岩心		岩屑		井壁取心		岩心		岩屑		井壁取心		利用人次	取样数量		薄片数量	测试数量	收费
	井数	米数	井数	袋数	井数	颗数	井数	米数	井数	袋数	井数	袋数		件数	质量 g	件	件	元
2014	26	645.53	26	59240	0	0	370	4926.12	358	311996	0	0	7	109	5500	12	0	0
2015	0	0	0	0	0	0	370	4926.12	358	311996	0	0	4	75	3900	8	0	0

4. 取得经验及措施

（1）大力推广地质资料归档著录一体化程序，实现实物地质资料归档规范化

归档著录一体化程序是西南油气分公司地质资料管理系统中将归档前置、档案检查与分配、档案著录入库一体化的运行程序，各归档单位在进行纸质资料归档前需先录入并提交地质资料的案卷元数据与文件元数据，经归档单位技术部门审核后，推送至西南油气分公司地质资料管理系统，从而有效地解决地质资料元数据著录的规范性、准确性与齐全性。健全了西南油气分公司成果资料数据库，为地质资料的查询利用提供了强有力的支撑。

2015 年，按西南油气分公司地质资料管理办法的要求与西南油气分公司各级领导的重视，归档著录一体化程序在西南油气田范围内进行了全面推广应用，2015 年度地质资料一次归档合格率上升了 20%，取得了良好的应用效果，并根据应用情况将地质资料网络归档流程作为归档必须流程写进了西南油气分公司地质资料管理细则中，使网络归档得到了制度保障。

（2）开展《重点探评井岩心图文数据库建设》，促进实物地质资料有效利用

西南油气分公司德阳岩心库现有岩心总量为 16140 箱、26365.55m。按《中国石油化工股份有限公司实物地质资料管理细则》与西南油气分公司勘探处对实物资料的规划要求，2015 年启动岩心图文数据库建设工作，建立各重点工区、重点构造的岩心图文数据库。经统计，上交入库的探评井总计取心长 22598.08m，现已扫描完成 5459.69m，其中

2015 年扫描完成 2564. 84m，占总工作量的 11%。此项工作的开展有利于提高西南油气分公司实物资料管理水平、提高实物资料的利用效率，支撑了西南油气分公司数据资源中心建设，更好地为西南油气田建百亿气田提供强有力的服务。

（3）利用信息技术全面推动实物资料管理现代化

按照西南油气分公司大力信息化建设的整体规划，档案管理中心充分利用信息技术，提升实物地质资料的管理与利用水平。

首先，全面实现实物资料数据的信息化，在总部与西南油气分公司原始与实资料清理领导小组的安排下，逐年展开了实物地质资料清理工作，截至 2014 年 12 月，清理完成了 2252 口井的实物资料，全面建立了西南油气分公司实物地质资料台账、库存信息表及井基础信息表等相关目录数据库，为西南油气分公司实现实物资料的系统化管理提供了支撑，为岩心库的自动化管理创造了条件。

其次，积极推动实物资料管理的系统化。安装部署了实物清理系统、岩心库仓储管理系统和委托管理系统，实现了实物地质资料管理系统化，利用的网络化和工作流程的计算机化。同时，开发了 3 个系统的数据接口，实现了数据同步与数据共享，有效地提升了实物资料的管理与利用效率。

第三，实现了岩心库管理的操作自动化。西南油气分公司为了改变实物资料保存现状、提高实物资料出入库效率，于 2012 年引进了有轨巷道式半自动化/全自动化形式的高层货架仓库，通过实物资料仓储管理系统，有效地实现了货物存取与信息管理智能化、出入库机械化。

四、实物地质资料工作相关文件及规章制度

西南油气分公司档案管理中心成立以后，为了使档案工作进一步规范化、制度化，西南油气分公司对档案管理的制度体系进行了全面梳理，其中列入西南油气分公司档案管理执行体系的国家法律法规 7 项、国家标准 24 项、行业及企业标准 42 项、股份公司档案管理制度 20 项、西南油气分公司档案管理相关制度 18 项，全面建立了分公司档案管理制度体系。

2015 年度针对西南油气田档案管理中薄弱环节，在原有档案工作制度基础上，结合信息化发展要求，积极开展制度修编工作，修订完成《西南油气分公司档案管理细则》和《西南油气分公司地质资料管理细则》，编制完成《西南油气分公司档案档号编制规则》，并于 2015 年 12 发布与使用。同时，在股份公司油田事业部的组织下，2015 年度承担了《中国石化地质资料电子文档管理细则》及《光磁介质转储管理要求》的修订任务，并于 6 月完成分公司档案管理制度终稿修订。2015 年 7 月参加股份公司在北京组织的制度验收会，通过终审。

（撰稿人：郭文玲、张莲）

中国石油化工股份有限公司上海海洋油气分公司实物地质资料委托保管工作

一、单位概况

1. 单位性质及主要职责

中国石油化工股份有限公司上海海洋油气分公司（以下简称上海海洋油气分公司）是2012年12月12日国土资源部批准的第二批受托保管油气实物地质资料的单位。上海海洋油气分公司档案管理中心为上海海洋油气分公司直属地质资料管理部门，具体负责分公司生产、科研产生各类地质资料接收、整理、编目、保管、利用服务等业务，承担国家委托保管地质资料的管理及地质资料上交、汇交等任务。2015年，上海海洋油气分公司严格按照国土资源部《油气等原始和实物地质资料委托保管工作规则（试行）》要求，认真做好国家托管地质资料的接收、验收、编目、信息系统数据更新、保管和利用服务工作，圆满完成了各项工作任务。

2. 内部机构设置及人才队伍情况

上海海洋油气分公司档案管理中心公司现有专职地质资料管理人员6人，其中高级职称2人、中级职称2人，中、高级技术人员占地质资料管理人员总数的67%。

二、实物地质资料库房基础设施建设情况

上海海洋油气分公司档案管理中心现有成果、原始地质资料库房600m^2；实物库房900m^2，办公及其他用房92m^2。目前正在准备改建一栋备用库房用作自动化立体岩心库，该库房面积约900m^2。

三、实物地质资料管理和服务开展情况

2015年，上海海洋油气分公司在国土资源部矿产储量司和全国地质资料馆的关心和指导下，认真落实国土资源部关于地质资料委托保管工作的相关规定，油气地质资料委托保管工作持续规范、有序推进，圆满完成了委托保管的各项工作任务。

1. 实物地质资料汇交情况

2015年，上海海洋油气分公司有3个矿权发生矿权信息变化。“东海残雪、断桥构造带油气勘查”“东海西泠构造带油气勘查”“东海平湖构造带油气勘查”因勘查面积缩减和探转采矿权变动需汇交相关地质资料。按照国土资源部油气地质资料委托保管的要求，3个矿权的油气地质资料的汇交工作已全部完成，并于2015年11月6日取得汇交凭证（国地资凭〔2015〕0813、国地资凭〔2015〕0817、国地资凭〔2015〕0831）。

2. 实物地质资料馆藏情况

截至2015年12月31日，上海海洋油气分公司馆藏实物地质资料：岩心823.49m，岩屑42366袋（表1）。

表1　2014～2015年度受托地质资料工作基本情况统计

年度	实物地质资料汇交、接收情况						实物地质资料馆藏及利用情况											
	实物地质资料						馆藏情况						利用情况					
	岩心		岩屑		井壁取心		岩心		岩屑		井壁取心		利用人次	取样数量		薄片数量	测试数量	收费
	井数	米数	井数	袋数	井数	颗数	井数	米数	井数	袋数	井数	袋数		件数	质量 g	件	件	元
2014	5	156.65	7	6928	0	0	17	615.26	20	26450	0	0	66	67	7180	0	38	0
2015	12	208.23	16	15916	0	0	29	823.49	36	42366	0	0	45	39	2750	0	0	0

3. 实物地质资料服务情况

上海海洋油气分公司一直以来都非常重视委托油气地质资料的服务利用工作，通过数字化目录查询平台（部分资料可以全文浏览），以现场查阅、借阅、复印等多种便利的服务手段，为本公司及相关合作单位的油气勘探开发技术人员提供有力的支持。全年累计接待实物地质资料利用人员45人次，实物取样2750g（表1）。由于海洋油气地质资料涉及保密性，暂未向社会提供服务。

上海海洋油气分公司在现有“中国石化地质资料管理信息系统”“实物地质资料管理系统”“地质资料委托管理系统”及原有数据库的基础上，建立档案管理、信息服务的数字化平台，并对库存岩心实施岩心扫描，在实现海域地质资料保密、安全的前提下，提供部分资料的网路利用服务。预期目标为建立电子阅览室，进行地质资料电子目录及部分地质资料全文成果查阅。

由于上海海洋油气分公司档案管理中心委托矿权的地质资料涉及保密问题，上海海洋油气分公司档案管理中心所有馆藏地质资料，仅对本系统及相关合作单位进行油气勘探、开发的科研生产项目提供借阅利用。目前，在没有对涉密地质资料的社会化服务制定针对性的泄密防范措施和相关的收费细则情况下，上海海洋油气分公司地质档案馆暂时没有实施委托保管地质资料的社会开放。

4. 取得经验及措施

（1）提升管理水平

上海海洋油气分公司高度重视地质资料管理及实物地质资料委托保管工作，从机构管理机制的变更到配套设施等方面的建设，为提升管理水平提供了基础和保障。为了便于业务管理，2015年10月将原属上海海洋油气分公司研究院管理下的资料信息所，改制为上海海洋油气分公司档案管理中心，机构的设置更加明确了业务职责和定位。自动化立体岩心库改建项目正在积极推进和实施之中，自动化立体岩心库建设为提升实物地质资料的综合管理及利用服务水平的提供具有重要意义。

（2）强化实物地质资料基础管理

做好岩心、岩屑入库前的准备工作。①为确保岩心、岩屑的长期保存，上海海洋油气分公司继续使用木质岩心、岩屑箱存放样品，每年依据年度钻井计划，通过招投标的形式委托加工木质岩心箱，同时严把质量关。②岩心、岩屑入库前，认真查验原始资料移交清单、确保移交的实物数量与清单一致，仔细核对岩心回次票、分层票有无错误。③及时将移交的实物地质资料数据导入“实物地质资料管理数据库”中。

四、实物地质资料工作的相关文件及规则制度

为了更好地利用实物地质资料，提高地质资料利用及管理服务效率，上海海洋油气分公司档案管理中心依据《关于加强中国石化地质资料利用管理的通知》（股份工单油矿〔2012〕180号）的规定，重新修订《上海海洋油气分公司馆藏地质资料申请单》，制定了《地质资料借阅须知》《岩心库行车操作流程》等管理规则、制度。

（撰稿人：王健）

中国石油化工股份有限公司西北油田分公司实物地质资料委托保管工作

一、单位概况

1. 单位性质及主要职责

中国石油化工股份有限公司西北油田分公司（以下简称西北油田分公司）是2011年12月31日国土资源部批准的第一批受托保管油气实物地质资料的单位。西北油田分公司档案管理中心为西北油田分公司直属处级中心，按照《关于西北油田分公司有关部门及单位名称变更的通知》（西北油发人〔2014〕131号）要求，自2015年1月1日起，西北油田分公司档案馆更名为西北油田分公司档案管理中心，是油田地质资料归口管理部门和馆藏机构，集中统一管理西北油田分公司所有地质资料。存储资料包括油气田物探、钻井、录井、科研、勘探、开发、岩心、岩屑等各类地质资料。主要保管有新疆塔里木盆地44个区块登记的矿权资料，矿权区块分布在塔里木盆地各区域，主要集中在沙雅隆起区，油气田地质特征以海相碳酸盐岩为主，是塔里木盆地碳酸盐岩油气地质资料重要的馆藏机构。具体负责全油田地质资料的收集、整理、编目、保管、提供利用和汇交、上交工作，承担国家委托保管地质资料的管理任务。2015年，西北油田分公司严格按照国土资源部《油气等原始和实物地质资料委托保管工作规则（试行)》要求，认真做好国家托管地质资料的接收、验收、编目、信息系统数据更新、保管和利用服务工作，圆满完成了各项工作任务。

2. 内部机构设置及人才队伍情况

截至2015年底，西北油田分公司从事地质资料委托保管的管理人员共计21人，具备中、高级技术职称人员占81%，档案管理中心下设技术档案管理室、综合档案管理室、档案开发利用室、信息管理室、年鉴编辑部5个职能科室；轮台基地设驻点资料室1个，归属技术档案管理室；岩心库由西北油田分公司勘探开发研究院进行日常管理，西北油田分公司档案管理中心行使统筹管理职能。

二、实物地质资料库房基础设施建设情况

2015年，西北油田分公司实施并完成“西站基地岩心库房改造”项目，该项目主要建设内容包括两间库房外部维修、原有其他用房改造为岩心及岩屑库房、强化室外视频监控系统。项目完成后，共新增实物地质资料库房面积1700m^2，新增设备架长度900m，可新增岩心库存12000箱。

库房及设备情况：目前已建设完成并投入使用的成果和原始地质资料库房面积3398m^2，办公及服务用房面积816m^2，资料设备架长度19000m。实物地质资料库房面积

9600m²，实物地质资料库房容积能满足为来年5年以上保管要求。各类设备111台。库房及设备满足地质资料委托保管的要求。

三、实物地质资料管理和服务开展情况

1. 实物地质资料汇交情况

依据国土资源部《油气等原始和实物地质资料委托保管工作规则（试行）》的要求，截至2015年底，西北油田分公司所属矿权区块共有22个区块矿权发生了变动，已完成实物地质资料汇交岩心类共计100口井、5025.98m，岩屑共计103口井、414924袋（表1）。

其中，2015年度，西北油田分公司所属的矿权区块有9项发生了变化，具体为："新疆塔里木盆地跃参一号区块油气勘查"探矿权变更为采矿权；"新疆塔里木盆地孔雀河东地区油气勘查""新疆塔里木盆地库尔勒地区油气勘查""新疆塔里木盆地孔雀河地区油气勘查""新疆塔里木盆地阿瓦提北地区油气勘查"4个矿权面积缩减；"新疆塔里木盆地南缘和田地区油气勘查""新疆塔里木盆地英吉沙—莎车山前区块油气勘查""新疆塔里木盆地满东地区1区块油气勘查""新疆塔里木盆地桑珠—皮牙曼地区油气勘查"4个矿权注销。实物地质资料汇交岩心类为11口井、314.67m，岩屑类为14口井、68202袋（表1）。

表1　2014～2015年度受托实物地质资料工作基本情况统计

年度	实物地质资料汇交、接收情况						实物地质资料馆藏及利用情况												
	实物地质资料						馆藏情况						利用情况						
	岩心		岩屑		井壁取心		岩心		岩屑		井壁取心		利用人次	取样数量		薄片数量	测试数量	收费
	井数	米数	井数	袋数	井数	颗数	井数	米数	井数	袋数	井数	袋数		件数	质量 g	件	件	元
2014	0	0	0	0	0	0	89	4711.11	89	346722	0	0	88	350	3600	600	350	0
2015	11	314.67	14	68202	0	0	100	5025.98	103	414924	0	0	310	360	4000	6520	450	0

2. 委托管理系统数据更新及维护情况

依据国土资源部《油气等原始和实物地质资料委托保管工作规则（试行）》的要求，2015年度对《石油天然气地质资料委托管理系统》进行了数据更新，完成了西北油田分公司所属区块应汇交的原始和实物地质资料目录数据并全部录入到委托管理信息系统中，利用数据检查工具对入库数据进行了正确性检查。西北油田分公司应汇交地质资料的矿权区块及目录数据汇总见表2。

表2　西北油田分公司应汇交地质资料的矿权目录数据汇总

矿权区块名称	实物类（岩心）/m	实物类（岩屑）/袋	原始类/件
新疆塔里木盆地亚松迪气田	204.26	6889	1826
新疆塔里木盆地西达里亚油田	76.82	2416	1434

续表

矿权区块名称	实物类（岩心）/m	实物类（岩屑）/袋	原始类/件
新疆塔里木盆地雅克拉凝析气田	405.64	31788	5388
塔河1、2号油气田	846.55	31879	832
新疆塔里木盆地艾丁油田	52.5	41262	2306
新疆塔里木盆地塔河区块油气勘查	571.69	42100	7393
新疆塔里木盆地塔河油田	2328.14	153109	4921
新疆塔里木盆地桑株—皮牙曼地区油气勘查	0	10538	1142
新疆塔里木盆地亚松迪区块油气勘查	61.07	6188	169
新疆塔里木盆地巴楚隆起扩克区块油气勘查	33.22	5530	366
新疆塔里木盆地大涝坝凝析气田	49.05	6738	524
新疆塔里木盆地天山南缘区块油气勘查	43.27	5625	4078
新疆塔里木盆地巴什托油气田	38.4	2660	108
新疆塔里木盆地孔雀河东地区油气勘查	9.03	12337	1395
新疆塔里木盆地库尔勒地区油气勘查	41.11	3226	713
新疆塔里木盆地南缘和田地区油气勘查	0	0	269
新疆塔里木盆地英吉沙—莎车山前区块油气勘查	0	0	223
新疆塔里木盆地满东地区1区块油气勘查	39.29	2765	2331
新疆塔里木盆地桑珠—皮牙曼地区油气勘查	0	10538	1420
新疆塔里木盆地跃参一号区块油气勘查	157.1	27005	414
新疆塔里木盆地孔雀河地区油气勘查	42.63	4992	1014
新疆塔里木盆地阿瓦提北地区油气勘查	25.51	7339	1535
总计	5025.98	414924	39801

3. 实物地质资料馆藏情况

截至2015年底，西北油田分公司共计保管受委托实物地质资料岩心类100口井、5025.98m，岩屑类103口井、414924袋（表1，表2）。受托实物地质资料全部保存于西北油田分公司岩心库房。库房条件符合国土资源部有关地质资料委托保管要求。

4. 实物地质资料服务情况

截至2015年底，共提供委托保管实物地质资料利用310人次，提供取样数量360件，4000g，薄片借阅数量6520件（表1）。委托保管服务的方式主要以到馆查阅为主，辅以西北油田分公司数字档案管理系统在线查阅浏览，极大地方便了广大技术及管理人员。服务的范围和对象全部为承担中石化和西北油田分公司油气勘探、开发生产和科研项目的人员，包括西北油田分公司内部科研及生产单位的科研和管理人员，以及承担西北油田分公司研究项目的中石化相关单位、科研院所等技术人员。

5. 取得经验及措施

（1）拓宽管理思路，提升地质资料开发利用深度

紧密结合西北油田分公司中心工作开展地质资料信息编研工作，2015年编纂完成了

《塔里木盆地塔中地区油气地质资料信息汇编》，得到研究单位的好评，编辑完成了近23万字的《档案资料动态及信息》并发布到西北油田分公司网站上，促进了档案资料的利用。

（2）顺利完成委托保管目录数据库建设

根据国土资源部的统一要求，档案管理中心对西北油田分公司地质资料委托保管目录数据库进行了自查自检，并形成了西北油田分公司委托保管目录数据库预验收报告上报；组织开展了国土资源部委托保管地质资料目录数据库数据校对、整改工作，并组织编写《西北油田分公司委托保管目录数据库建设情况》向国土资源部报送材料；完成向国土资源部全国实物地质资料中心上报实物年鉴材料；配合国土资源部全国地质资料馆完成新疆油气地质资料公开利用调研工作；中国石化在塔里木盆地所属4个区块已退出，已向中国地质调查局油气资源调查中心移交区块内所有成果及原始地质资料。

（3）重视培养，加强交流，不断提升地质资料管理队伍基本素质

组织档案管理中心及有关处室、单位20余人次外出参加了中国石油化工股份有限公司、新疆维吾尔族自治区档案局组织的档案专业业务和继续教育培训，通过培训使基层档案管理人员逐步提高了业务素质。组织人员参加新疆维吾尔自治区档案业务基础知识培训班。派人参加国土资源部地质资料汇交及年报编制培训班。组织档案管理中心内部有关人员开展了涉密档案资料管理的相关业务学习及培训工作。

四、实物地质资料工作相关文件及规则制定

由西北油田分公司档案管理中心承担的中国石油化工股份有限公司地质资料规章制度的编制工作已全面完成。目前，《中国石油化工股份有限公司实物地质资料管理细则》已完成终稿，待总部下发执行。

（撰稿人：侯朝晖）

中国石油化工股份有限公司华北油气分公司实物地质资料委托保管工作

一、单位概况

中国石油化工股份有限公司华北油气分公司（以下简称华北油气分公司）是2011年12月31日国土资源部批准的第一批受委托保管油气实物地质资料单位。华北油气分公司档案管理中心为华北油田分公司机关直属正处级部门，是华北油田分公司地质资料归口管理部门和馆藏机构，具体负责分公司地质资料的收集、整理、编目、保管、提供利用和汇交、上交工作，承担国家委托保管地质资料的管理任务。2015年，华北油气分公司严格按照国土资源部《油气等原始和实物地质资料委托保管工作规则（试行）》要求，认真做好国家委托保管地质资料相关工作要求，圆满完成了各项工作任务。

华北油气分公司档案管理中心由华北油田分公司副总经理直接负责，现有专职人员15人，2015年通过基层单位应聘考核引进新员工2人，因业务增加岗位调动新增3人，中、高级技术人员占总人数的50%，1980年后出生人员占近50%，石油地质、石油工程专业毕业人员占1/3。实物地质资料委托保管部门设在鄂北岩心库，鄂北岩心库工作人员共6人，其中岩心库管理岗1人，岩心库操作岗5人。目前档案管理中心已经建设成为由水平高、业务强、效率快的专业人员组成的馆藏机构。

二、实物地质资料库房基础设施建设情况

至2015年底，委托保管实物资料库面积2070m^2，设计可容纳岩心70650m。现库房中存放岩心累计26765.13m、岩屑1284035袋、砂样盘10667件，存放空间紧张。

基于实物资料库房已无剩余存放空间，已在陕西省咸阳市新建岩心库一处，建成库房面积6250m^2，可容纳岩心20×10^4m。

三、实物地质资料管理和服务开展情况

2015年，华北油气分公司继续在国土资源部、全国地质资料馆及中国石油化工油田事业部和国土资源实物地质资料中心的关怀指导下，稳步推进油气地质委托保管工作，圆满完成了2015年各项工作任务。经过4年的快速发展，华北油气分公司档案管理中心已经成长为国家级专业地质馆藏机构。

1. 实物地质资料汇交情况

2015年，华北油气分公司严格执行国家和中国石油化工股份有限公司的相关规定，顺利完成6个探矿权区块实物资料的托管工作，具体为鄂尔多斯盆地和二连盆地的陕西鄂尔多斯盆地南部富县地区油气勘查、陕—宁鄂尔多斯盆地南部定北地区油气勘查、内蒙古

二连盆地章古特南区油气勘查、内蒙鄂尔多斯盆地北部杭锦旗地区油气勘查、宁夏鄂尔多斯盆地南部麻黄山西油气勘查、陕西鄂尔多斯盆地南部旬邑—宜君地区油气勘查、陕甘鄂尔多斯盆地南部彬县—长武地区油气勘查。

实物汇交工作共完成汇交岩心 108 口井、4197.95m，岩屑 114 口井、174323 袋（表 1）。对比 2014 年委托保管情况，2015 年实物资料委托保管量有近 10 倍的增速。

表 1　2014～2015 年度受托地质资料工作基本情况统计

年度	实物地质资料汇交、接收情况						实物地质资料馆藏及利用情况												
	实物地质资料						馆藏情况						利用情况						
	岩心		岩屑		井壁取心		岩心		岩屑		井壁取心		利用人次	取样数量		薄片数量	测试数量	收费
	井数	米数	井数	袋数	井数	颗数	井数	米数	井数	袋数	井数	袋数		件数	质量 g	件	件	元
2014	13	474.95	13	18640	0	0	90	5612.08	38	58299	0	0	89	3214	—	0	0	0
2015	108	4197.95	114	174323	0	0	198	9810.00	152	232622	0	0	106	3510	—	0	0	0

2. 实物地质资料馆藏情况

至 2015 年底华北油气分公司累计完成 10 个矿权的汇交工作，馆藏累计岩心 198 口井、共 9810.03m，累计岩屑 152 口井、共 232622 袋。累计取心井数达 2014 年累计量的 2 倍以上，与矿权汇交增长量符合。累计岩屑资料保存井数增加明显，达到 2014 年累计量的 3 倍。部分工程施工年份在 2005 年前的井资料，在变更存储位的搬运前，岩屑资料已销毁。所以数据统计中累计汇交岩屑井数少于岩心井数。

3. 实物地质资料服务情况

华北油气分公司实物地质资料主要服务华北油气分公司科研单位及厂区生产单位科研勘探研究。研究方式主要通过对岩心、岩屑观察描述及取心研究分析。

2015 年实物地质资料共利用 106 人次（榆林岩心库共接待 21 批次，其中采集物性样品 18 批次、共 3510 个，岩性描述 3 批次）（表 1）。3 项资料共利用 208 人次、424 档、559 件，其中内部利用 203 人，以科研、开发部门人员为主；外部利用 5 人次，主要为外单位项目合作人员。地质资料利用工作充分发挥了档案资料的凭据、参考和学习的作用。

4. 取得经验及措施

（1）加强人员培训，提高人员素质

2015 年，针对华北油气分公司档案专、兼职人员及华北油气分公司（局）相关科研利用人员，举办了档案管理系统、地质资料管理系统、岩心扫描发布系统 3 个培训班，3 次累加培训 121 人次。

（2）严控出入标准，强化管理水平

按照实物管理相关标准规定，严控资料验收入库工作，确保入库资料质量。实物上下架过程严格按照 HSE 作业指导规范执行操作，坚决不打折扣。定期保养设备设施，加强过程管理，保证人和资料双安全。通过标准化、程序化的管理，实现安全质量风险的有效控制。

（3）增加投入资金，夯实基础建设

2015 年与华北石油工程有限公司录井分公司签订 192 万元岩心、岩屑委托管理项目，就鄂尔多斯盆地各工区岩心岩屑实物资料存放保管、岩心库设施建设、岩心岩屑的日常维护等管理工作做出资金的大力支持。

四、实物地质资料工作的相关文件及规章制度

华北油气分公司档案管理中心不断加强对实物资料管理工作的重视程度，组织学习《2014 全国实物地质资料管理年鉴》中编纂的技术标准及规章制度。根据《实物地质资料筛选要求》《实物地质资料整理工作指南》《实物地质资料保管工作指南》《实物地质资料数字化工作指南》《国土资源实物地质资料中心实物地质资料服务利用方法》中适用油田实物资料保管的相关标准、原则和工作方法，调整现行管理方案，进一步明确委托保管资料的范围和时间、上交清单、目录信息以及限期整改制度、催交制度、结算、拨付制度，不断提高资料管理的效率和质量。

（撰稿人：姜志超）

中国石油化工股份有限公司华东油气分公司实物地质资料委托保管工作

一、单位概况

1. 单位性质及主要职责

中国石油化工股份有限公司华东油气分公司（以下简称华东油气分公司）是2011年12月31日国土资源部批准的第一批受托保管油气实物地质资料的单位。华东油气分公司资料信息中心是华东油气分公司的地质资料统一归口管理机构，保管着华东地区形成的原始地质资料、实物地质资料，承担地质资料的上交、汇交工作，负责华东油气分公司受托地质资料的馆藏和服务。2015年，华东油气分公司严格按照国土资源部《油气等原始和实物地质资料委托保管工作规则（试行）》要求，认真做好国家托管地质资料的接收、验收、编目，信息系统数据更新、保管和利用服务工作，圆满完成了各项工作任务。

2. 内部组织机构及人才队伍情况

华东油气分公司资料信息中心行政归华东油气分公司研究院领导，业务归华东油气分公司油气勘探管理部领导。设有资料管理室、数据管理室和科技情报室。

截至2015年底，有资料管理人员15人。人员情况如下：高级职称5人，中级职称2人，中、高级技术人员占47%；男2人，女13人，以女性员工为主；大专以上学历占职工总数93%；40岁以下职工8人，占总数53%。

二、实物地质资料库房基础设施建设情况

办公地点位于江苏省南京市白下区，有原始、成果资料楼1幢，办公楼1层（与华东油气分公司物探院共用一幢办公楼），有两个岩心库基地（南京浦口、扬州施桥）。

实物地质资料库房内配备有灭火器、抽水泵，安装了防盗网，具备实物地质资料库房要求的防火、防盗、防水条件。南京浦口岩心库有4个全自动化立体库房，其中一个2015年改造完毕并投入运行，库容由44520m增加至64440m，扬州施桥岩心库有4个货架式库房，库容48096m。建有岩心扫描室、采样室、观察室。经测算，实物地质资料库房容积完全可以满足5年以上资料入库余额的要求。

三、实物地质资料管理和服务开展情况

华东油气分公司2015年在国土资源部储量司和全国地质资料馆委托保管工作推进下，认真按照国土资源部办公厅《关于印发〈油气等原始和实物地质资料委托保管工作规则（试行）〉的通知》要求开展委托保管各项工作，现将工作汇报如下：

1. 实物地质资料汇交情况

根据国土资源部和中石化的汇交要求，华东油气分公司2015年因矿权变化汇交地质资料5个批次。

（1）根据华东油气分公司油气勘探管理部要求，完成6个油气勘查地区的资料汇交工作

1）南黄海盆地南部海安东油气勘查：汇交原始地质资料总数335件，其中纸质263件，电子72个；共汇交成果资料3档、3件，电子文件1个。

2）皖、鄂、赣望江盆地九江地区油气勘查：由于潜山、安庆、九江油气勘查3个区块地理位置相邻、构造相近，为了方便3个区块统一评价，2011年、2013年下扬子望江二维地震项目施工包含3个勘查区块，汇交原始地质资料总数199件，其中纸质173件，电子26个；共汇交成果资料4档、4件，电子文件1个。

3）安徽省望江盆地安庆地区油气勘查：同2）。

4）安徽省潜山盆地石油天然气勘查：同2）。

5）江苏省苏北盆地溱潼凹陷油气勘查：汇交原始地质资料总数1618件，其中纸质1187件，电子431个；共汇交成果资料37档、107件，电子文件1个。实物地质资料11口井，岩心153.47m；岩屑共10014包。

6）江苏省苏北海安—黄桥地区油气勘查：汇交原始地质资料总数793件，其中纸质587件，电子206个；共汇交成果资料14档、27件，电子文件1个。实物地质资料5口井，岩心83.42m；岩屑共4870包。

（2）根据华东油气分公司非常规资源管理部要求，完成工作煤层气勘查地区的资料汇交工作

1）山西省鄂尔多斯盆地乡宁地区油气煤层气勘查：汇交原始地质资料总数796件，其中纸质766件，电子30个；共汇交成果资料45档、142件，电子文件1个。实物地质资料20口井，岩心532.57m；岩屑共15329包。

2）河南省平顶山地区煤层气勘查：因该区块部分资料为2000年前收集资料，无电子文件，汇交成果资料时对该部分资料进行重新扫描打印、出图，组织汇交电子格式等。汇交原始地质资料总数62件。其中纸质62件。共汇交成果资料3档、16件，电子文件1个；实物地质资料3口井，岩心81.3m；岩屑共875包。

2. 实物地质资料馆藏情况

2015年底，华东油气分公司委托保管的实物地质资料有16个矿权、67口井的岩心、岩屑资料。16个矿权为：①江苏省苏北盆地金湖凹陷金南油田；②江苏省苏北盆地金湖凹陷腰滩油田；③江苏省苏北盆地溱潼凹陷茅山油田；④江苏省苏北盆地溱潼凹陷储家楼、洲城、祝庄、淤溪油田；⑤江苏省苏北盆地溱潼凹陷台兴油田；⑥江苏省苏北盆地溱潼凹陷草舍油田；⑦山西省柳林杨家坪煤层气勘查；⑧安徽省合肥盆地南部油气勘查；⑨南黄海盆地南部海安东油气勘查；⑩皖、鄂、赣望江盆地九江地区油气勘查；⑪安徽省望江盆地安庆地区油气勘查；⑫安徽省潜山盆地石油天然气勘查；⑬江苏省苏北盆地溱潼凹陷油气勘查；⑭江苏省苏北海安—黄桥地区油气勘查；⑮山西省鄂尔多斯盆地乡宁地区油气煤层气勘查；⑯河南省平顶山地区煤层气勘查矿权。

实物地质资料馆藏数据如下：岩心有1202箱，1319.47m；岩屑1515箱，56750包，百格盘共96盒，5544包。

华东油气分公司有专门的岩心、岩屑库房来存放不同的实物地质资料。按照要求配备岩心、岩屑的库房设备。所有委托保管的实物地质资料存放在南京浦口全自动立体库房进行统一保管。配有专人按照相关管理办法进行管理，并提供服务，所有实物数据均按要求录入地质资料委托保管系统。

3. 实物地质资料服务情况

提供服务的方式有采样和观察。服务对象为华东系统内的科研生产单位、华东协作项目承担单位。因没有一定的收费标准，服务利用未收费。截至2015年底，委托保管实物地质资料服务利用共计3人次，取样11件次。

4. 取得经验及措施

积极参加相关培训，2015年5人次参加了全国资料馆组织的地质资料委托保管的规章、软件培训。培训结束后积极消化、领会新精神、新内容，遇到问题及时与全国地质资料馆（隶属于发展中心）老师和软件设计老师请教、沟通，保证工作正常开展。

（撰稿人：马艳）

中国石油化工股份有限公司东北油气分公司实物地质资料委托保管工作

一、单位概况

1. 单位性质及主要职责

中国石油化工股份有限公司东北油气分公司（以下简称东北油气分公司）是2012年7月31日国土资源部批准的第二批受托保管油气实物地质资料的单位。东北油气分公司档案馆为东北油气分公司直属处级单位，是分公司地质资料归口管理部门和馆藏机构，具体负责分公司地质资料的收集、整理、编目、保管、提供利用和汇交、上交工作，承担国家委托保管地质资料的管理任务。2015年，东北油气分公司严格按照国土资源部《油气等原始和实物地质资料委托保管工作规则（试行）》要求，认真做好国家托管地质资料的接收、验收、编目、信息系统数据更新、保管和利用服务工作，圆满完成了各项工作任务。

2. 内部组织机构及人才队伍情况

东北油气分公司档案馆现有员工13人，设馆长1人，副馆长1人。下设4个业务组，分别是单井资料组、综合资料组、复制本资料组和实物资料组。人员职称情况：高级职称2人，中级职称5人，初级职称4人，叉车司机2人；中、高级职称人员占比为53.8%。

二、实物地质资料库房基础设施建设情况

实物地质资料库房面积2000m^2，可容纳岩心30000m。库房、办公室均配有空调。借阅室配有电脑、扫描仪等。

三、实物地质资料管理和服务开展情况

1. 实物地质资料汇交情况

东北油气分公司档案管保管着东北油气分公司所有的实物地质资料。2015年接收、验收应汇交岩心40m、30箱，岩屑1966袋、15箱（表1）。所有数据全部录入“委托保管系统”中。根据矿权变更情况，共向全国地质资料馆汇交了17个变更或退出矿权的资料，其中单井资料2档、9件，物探资料16档、20件。

2. 实物地质资料馆藏情况

根据国土资源部地质资料委托保管的要求，实物资料保存全部使用标准的岩心箱、岩屑箱，并归档上架。全部资料信息录入实物资料清理数据库。岩心完成图像扫描，数据入库。东北油气分公司共有委托保管矿权12个，分布在东北三省和内蒙古地区，档案馆保

管各类委托保管资料 5737 件，岩心 1446. 21m。

表 1　2014 ~ 2015 年度受委实物质资料工作基本情况统计

年度	实物地质资料汇交、接收情况						实物地质资料馆藏及利用情况												
	实物地质资料						馆藏情况						利用情况						
	岩心		岩屑		井壁取心		岩心		岩屑		井壁取心		利用人次	取样数量		薄片数量	测试数量	收费
	井数	米数	井数	袋数	井数	颗数	井数	米数	井数	袋数	井数	袋数		件数	质量 g	件	件	元
2014	6	210	10	8987	0	0	14	520	20	24724	0	0	100	4	400	0	0	0
2015	2	40	2	1966	0	0	16	560	22	26690	0	0	70	5	700	0	0	0

3. 实物地质资料服务情况

2015 年，接待岩心观察、取样 70 人。6 月 10 ~ 13 日接待吉林大学 52 名同学岩心观察实习。档案馆积极开发资料利用平台，先后建立了地质资料管理系统、录井图成图系统、岩心图文综合系统等系统，努力服务科研一线，充分发挥、创造着地质资料的价值。

4. 取得经验及措施

2015 年，对热点区块、热点油田的资料专门进行分类、整理，包括数字化等，方便了科研人员的使用。

2015 年，完成地质资料委托保管系统升级。对数据的字段、格式等按新标准修改，以满足需求。

四、实物地质资料工作的相关文件及规则制定

2015 年，制定了《东北油气分公司实物地质资料库房用电管理办法》《实物地质资料库叉车操作规程》等制度。各项制度都落实到每个岗位，做到制度上墙。

（撰稿人：王仁祥）

中国石油化工股份有限公司勘探分公司实物地质资料委托保管工作

一、单位概况

1. 单位性质及主要职责

中国石油化工股份有限公司勘探分公司（以下简称勘探分公司）是中国石油化工股份有限公司唯一的专业勘探单位，主要负责中国南方、西藏、东北、南方海域等全国范围新区风险勘探工作，勘查区块48个，总面积$20.88\times10^4km^2$。勘探分公司地质资料档案馆为2012年12月底国土资源部批准的第二批受托保管油气原始和实物地质资料单位。2015年，紧紧围绕“以商业发现为中心，发现大中型油气田为目标”勘探生产中心工作，积极抓好档案资源为石油、天然气勘探生产服务工作。

2015年，勘探分公司无汇交任务，主要开展对实物资料管理系统的维护和实物档案资料的管理工作。

1）深化体制机制改革，进一步理顺实物资料保管程序，强化了实物资料委托保管工作。在勘探分公司（调整）机关处室和基层单位的基础上，进一步明确地质资料档案馆由勘探分公司直接管理，人员关系由勘探研究院代管。地质资料档案馆调整了班组设置，在原来班组设置基础上，优化组建了地质资料、文书档案资料、综合信息3个工作小组。

2）强化地质资料接收管理，严格按照地质资料规范接收各类资料，理清汇交的档案资料原件，单独摆放，为汇交工作做好资料实体准备。

3）及时落实矿权信息，积极理清各矿权区块需汇交的各项档案资料，及时与油气勘探管理部沟通，了解掌握分公司矿权区块变动情况，为相应的地质资料汇交做好矿权信息准备。

4）及时跟踪委托保管资料信息。每月对矿权管理系统中的矿权情况进行检查，如有变化及时更改并上传该保管区块的资料目录，保证了委托保管工作数据的及时、准确。

5）积极利用现有库藏档案资料，做好新区勘探生产和科研建设服务工作，为勘探分公司实施中国石化油气资源“战略展开、战略突破、战略准备”战略做好积极的油气地质基础资料档案支撑。

6）加强汇交档案资料管理，开展了档案制度、档案系统、档案数字化、档案目录库建设工作，促进了中国石化石油天然气勘探更好、更快发展。

2. 机构设置及人才队伍情况

勘探分公司地质资料档案馆，采用一套班子两块牌子的方式管理勘探分公司勘探生产经营所形成的各类档案资料，地质资料档案馆对勘探分公司地质资料及委托保管的实物资料实施全面管理。截至2015年底，地质资料档案馆有专职地质资料管理人员24人，高级职称3人，中级职称7人，中、高级技术人员占地质资料管理人员总数的40%。

二、实物地质资料库房基础设施建设情况

实物地质资料档案馆库房除承担委托保管的18口井实物地质资料外，还承担中石化勘探区块其他实物地质资料的保管任务。勘探分公司实物地质资料档案馆库房建筑面积4300m^2。其中，昆明凤凰山岩心库面积2000m^2，主要保存普光、大湾、河坝等区块岩心2736m、岩屑375223包、百格盒1916盒。成都岩心库面积2300m^2，为临时租赁大型立体仓库，主要保存元坝、涪陵、焦石坝等区块岩心岩屑155口井，总库容量能满足近1年的实际需要。档案馆拥有各类设备28台（含岩心扫描仪、岩心剖切机、钻柱机、计算机等），库房及设备满足地质资料委托保管的要求。

2015年接续2014年新岩心库计划，无新增岩心库建设计划。中国石化2013年已拨付专款4000余万元，用于修建德阳岩心库，计划于2018年下半年完成投入使用，该库房总建筑面积4645m^2。新库房容量为10×10^4岩心·米。

三、实物地质资料管理、服务开展情况

1. 实物地质资料汇交情况

勘探分公司截至2015年，共有累计矿权57个。2015年无汇交矿权项目，馆藏数据与2014年一致，没有发生变化。6月，按照国土资源部的安排，对委托保管系统数据进行核验检查。勘探分公司对委托保管系统中的57个矿权中的52个矿权（其中5个矿权无资料）、44324条数据（其中原始资料目录37978条，实物资料目录32043条）进行了机检，Ⅰ级项缺陷数为0，合格率100%，委托保管数据与馆藏数据一致。

（1）原始地质资料汇交情况

2015年无原始汇交资料，其数据与2014年一致。原始资料管理方面主要工作是对原始馆藏资料进行馆藏安全管理和编研工作。

（2）实物地质资料汇交情况

2015年无实物汇交资料，其数据与2014年一致。实物资料管理方面主要对馆藏的实物地质资料加强维护保养工作。

（3）成果地质资料汇交情况

2015年无成果汇交资料，其数据与2014年一致。成果资料管理主要工作是加强成果资料管理制度调研、纸质库房管理和编研管理。制度调研方面主要对原始资料、实物资料现场接收、检查制度开展研究工作。编研工作主要是不定期汇集有关区块成果资料目录发给有关油气勘探科研部门，方便其开展科研利用工作。

（4）地质资料馆藏情况

勘探分公司每年投入10～20亿元资金开展地球物探采集处理、科研攻关和钻井形成的大量地质资料。馆藏科技类档案约合31万件。地质资料档案馆克服馆藏资料地域分散（成都、昆明两地）、资料跨度大（川、渝、黔、桂、藏及东北地区15省（自治区、直辖

市）矿权资料）、年代久远（40年代以来地质资料）、管理人员少、档案管理工作量大等困难，切实做好档案馆藏管理，促进了油气勘探生产和科研工作。

（5）原始地质资料馆藏情况

勘探分公司共受托保管57个矿权区块的原始地质资料，其中在用有效矿权38个，累计馆藏37978件，电子文件17810件（表1）。

表1　2014～2015年度受托地质资料工作基本情况统计

年度	地质资料汇交、接收情况					
	实物地质资料					
	岩心		岩屑		井壁取心	
	井数	米数	井数	袋数	井数	颗数
2014	3	85.71	3	37842	0	0
2015	0	0	0	0	0	0

年度	原始地质资料馆藏及利用情况							
	馆藏情况			利用情况				
	总数	其中		利用人次	利用份次	利用件次	数据量	收费/元
		纸质/件	电子/个					
2014	37978	20114	17810	5	14	368	18	0
2015	37978	20114	17810	7	16	559	22	0

年度	实物地质资料馆藏及利用情况											
	馆藏情况						利用情况					
	岩心		岩屑		井壁取心		利用人次	取样数量		薄片数量	测试数量	收费
	井数	米数	井数	袋数	井数	颗数		件数	质量/g	件	件	元
2014	16	633.64	18	200393	0	0	30	9	585	344	0	0
2015	16	633.64	18	200393	0	0	40	41	4850	485	0	0

（6）实物地质资料馆藏情况

强化实物馆藏管理，不断提升馆藏岩心、岩屑利用率。一是利用实物地质资料系统，不定期进行馆藏实物与系统库藏对比，全面掌握实物地质资料运行现状。二是加强看样、采样管理，严格审批手续，控制采样次数，及时收回采样分析报告，对采取相同分析项目、层位接近的单位，尽量提供资料共享，减少岩心、岩屑缩减。

截至2015年底，勘探分公司共受托保管57个矿权区块、18口井的实物地质资料，累计馆藏：岩心633.64m、419箱，岩屑3982箱、200393袋（含百格盘）（表1）。

（7）成果地质资料馆藏情况

2015年，勘探分公司共受托保管57个矿权区块的成果地质资料，2015年无新增成果地质资料，详见表2。

表 2 2014～2015 年度成果地质资料馆藏情况（累计汇交量）

年度	档属/档	纸质/件	电子/个
2014	197	3355	190
2015	197	3355	190

（8）地质资料服务情况

2015 年，勘探分公司地质资料馆藏机构接待利用者主要是内部科研人员以及中国石油大学（北京）等外协科研合作单位，利用目的主要是勘探生产管理和科研课题服务。利用服务方式主要以现场看样、取样、资料查阅、复印、拷贝为主。一年来，勘探分公司地质资料管理人员紧紧围绕油气勘探和科技攻关等中心工作，积极开展地质资料服务活动，全年累计借阅资料 51 人次、790 件次，岩心观察 339 口井、154 天、922 人次，同比增加 57%，较好地为本企业科研生产及高校研究提供了地质资料的社会化服务。

在涪陵焦石坝页岩气田提交储量工作过程中，地质资料档案馆集中人员重点对涪陵区块所有的地质资料档案目录进行整理，对钻井报告及数据、分析化验等档案资料整理，形成专门的涪陵区块资料包，对储量申报提供了支持，提高了生产效率。

合理利用长沙老资料清理，及时为科研人员提供对档案资料成果的学习和吸收。利用长沙老资料，科研人员提出“以古近－新近系牛三下—牛二上亚段扇三角洲前缘孔隙性砂岩储层岩性圈闭”为主要勘探对象，精选井位，论证部署了旺 1 井、旺 2 井两口预探井，其中旺 1 井钻进过程中油气显示良好。

（撰稿人：张波、文善平）

中海石油（中国）有限公司湛江分公司实物地质资料委托保管工作

一、单位概况

1. 单位性质及主要职责

中国海洋石油总公司成立于1982年，是中央特大型国有企业，也是中国最大的海上油气生产商。公司注册资本949亿元人民币，现有员工9.58万人。中国海洋石油总公司成立以来一直保持了良好的发展态势，由一家单纯从事油气开采的纯上游公司，发展成为主业突出、产业链完整的综合型企业集团，形成了油气勘探开发、专业技术服务、化工化肥炼化、天然气及发电、金融服务、综合服务与新能源六大良性互动的产业板块，综合竞争实力不断增强，逐渐树立起精干高效的国际石油公司形象。

中海石油（中国）有限公司湛江分公司（以下简称中海油湛江分公司）隶属于中国海洋石油有限公司，主要负责南海西部海域油气资源勘探开发生产业务。继2010年被中国海洋石油总公司授予“中海油档案工作目标管理优秀等级单位”奖牌；2011年，湛江分公司以96分的优秀成绩，顺利通过国土资源部油气地质资料委托保管资格检查，2012年正式挂牌。

2. 内部组织机构及人才队伍情况

档案管理人员共24人，其中大专以上学历18人（含9人大学），占总人数75%。中级职称以上12人（含高级职称3人），占总人数50%。专业人员中，中、高级技术人员占管理人员的50%，接受过档案业务岗位培训人员达95%。

二、实物地质资料库房基础设施建设情况

实物地质资料档案库房面积共计1880m^2，具备集中保管原始和实物地质资料的库房。档案库房、借阅利用、办公室实行三分开，接收用房、暂存用房、数字化用房具备，库房建设符合保管要求，库房面积满足需要。

1. 库房面积

地质档案库房总面积为4350m^2。其中，实物档案库房1880m^2，包括研究院内岩心库580m^2、租赁物流公司岩心5、6库1300m^2，原始档案库房（磁带库）1570m^2，成果档案库房（科技楼档案库房）900m^2。

服务办公用房总面积为590m^2。其中实物档案服务办公用房与库房分开，接收用房、暂存用房、数字化用房、利用服务用房（岩心观察室）共220m^2；原始档案服务办公用房与库房分开，接收用房、暂存用房、数字化用房、利用服务用房共120m^2；成果档案服务办公用房与库房分开，接收用房、暂存用房、数字化用房、利用服务用房（整编室、借

阅室）共250m^2。

2. 实物地质资料库房条件

配置充足的灭火器；设置防盗门，单位大门有保安值班；库房房顶、门窗、排水完好，库房内无水管和水暖设备；库房容积满足实物地质档案资料今后5年增长需要。

3. 成果地质资料库房条件

配置充足的灭火器；设置防盗门，单位大门有保安值班；库房房顶、门窗、排水完好，库房内无水管和水暖设备；中央空调系统，大功率除湿机，温湿度控制良好，温湿度记录受监控；库房容积满足成果地质档案资料今后5年增长需要。

4. 设备情况

配置了各种规格的灭火器99个和1套自动灭火系统。配备各种档案柜架1769个、电脑25台、打印机5台、扫描仪4台、复印机1台。专业精密空调设备4套、空调机16台、抽湿机8台、堆垛机2台、叉车1台、光盘柜20个。档案装具满足保管要求，柜架数量充裕质量好，现代化管理设备满足档案现行管理需求。

5. 档案库房安全管理情况

档案库房安全设置设施基本达到“七防”要求，基本能够满足防光、防尘、防火、防水、防盗、防有害气体、防害虫。库房设有防盗防火门窗、防光窗帘等；空调机、除湿机运转正常；消防灭火器材满足库房需要；档案保管设施设备的完好率达到100%。

岩心6号库房改造项目投资178万元，于2014年12月底顺利完成。

整个库房进行自流平环氧地面漆地板更新，配备岩心架96个、岩心盒8500个、轴流风机4台、防爆灯26套、除湿机2台、不锈钢工作台1个。6号库计划存放8500盒岩样，比原来6500盒增量30%。实现了信息化管理与查询利用。

三、2015年实物地质资料汇交管理和服务开展情况

中海石油所形成的全部地质资料资产均归属于中国海洋石油总公司，中国海洋石油总公司授权中海石油（中国）有限公司全权管理所有地质资料，中海油湛江分公司负责管理其所产生的全部地质资料。

1. 地质资汇交情况

（1）成果地质资料汇交情况

2015年度完成成果地质资料汇交包括涠洲11－4N一个开采矿权变更扩大部分，涠洲12－1W、涠洲12－2两个新立开采矿权，在设计2个勘查矿权，包括22口井的87件纸质、13个光盘（表1）。

（2）原始地质资料汇交情况

2015年度原始地质资料汇交为涠洲11－4N一个开采矿权变更扩大部分，涠洲12－1W、涠洲12－2两个新立开采矿权，在设计2个勘查矿权，包括22口井的地震磁带1145个，除地震磁带外的纸质共1399件（表1）。

（3）实物地质资料汇交情况

2015年度，实物地质资料汇交任务包括涠洲11－4N一个开采矿权变更扩大部分，

涠洲 12－1W、涠洲 12－2 两个新立开采矿权，在设计 2 个勘查矿权，包括岩心 10 口井、178.48m，岩屑 22 口井、14721 袋，其中岩心 122 条数据，岩屑 361 条数据，共 483 条数据（表 2）。

表 1　2014～2015 年度成果和原始地质资料汇交情况

年度	成果地质资料		原始地质资料	
	纸质/件	电子/个	纸质/件	电子/个
2014	0	0	0	0
2015	87	13	1399	1145

表 2　2014～2015 年度受托地质资料工作基本情况统计

年度	地质资料汇交、接收情况					
	实物地质资料					
	岩心		岩屑		井壁取心	
	井数	米数	井数	袋数	井数	颗数
2014	0	0	0	0	0	0
2015	10	178.48	22	14721	0	0

年度	原始地质资料馆藏及利用情况							
	馆藏情况			利用情况				
	总数	其中		利用人次	利用份次	利用件次	数据量 GB	收费/元
		纸质/件	电子/个					
2014	#10734	#6954	#3780	450	520	520	32	0
2015	13278	8353	4925	520	726	726	46	0

年度	实物地质资料馆藏及利用情况											
	馆藏情况						利用情况					
	岩心		岩屑		井壁取心		利用人次	取样数量		薄片数量	测试数量	收费
	井数	米数	井数	袋数	井数	颗数		件数	质量/g	件	件	元
2014	*69	2678.33	95	50317	0	0	330	243	24300	0	0	0
2015	79	2856.81	117	65038	0	0	422	275	27500	0	0	0

注：#表示 2014 年年报统计原始地质资料馆藏为总数 9605、纸质 6469、电子 3136，经 2015 年 1 月预验收，对库房资料进行核实，更新为总数 10734、纸质 6954、电子 3780。* 表示 2014 年年报统计的实物地质资料馆藏为 69/2678.3，保留两位小数则为 69/2678.33。

2. 实物地质资料馆藏情况

作为主营石油的经营单位，地质资料是中国海洋石油总公司发展几十年来、几辈人智慧积淀下来最宝贵的国家财富，这些地质资料被反复应用于日后的科研生产，对推动勘探、开发和生产起到重要作用，它的重要性不容忽视。地质资料汇交工作关乎国家海洋石油开采的统一规划与部署，关乎南海西部海域石油开采的可持续发展。中海油湛江分公司十分重视地质资料的管理与利用。其中，原始地质资料库房面积 2470m^2，实物地质资料档案库房面积共计 1880m^2。馆藏整个湛江地区 30 多年来采集处理的各类地震原始及综合研究成果、化验资料、钻井资料、原始录井资料、试油资料、物探资料、岩心岩屑实物档案等资料。其存储介质主要是各种纸质、胶片、磁带、磁盘、光盘等。

中海油湛江分公司从 2004 年开始向国土资源部汇交南海西部海域的资料。2015 年，经过层层把关，中海油湛江分公司严格按照国家级标准完成油气地质资料汇交及委托保管任务。

经过 11 年工作积累，中海油湛江分公司地质资料馆藏丰硕，根据统计：

1）成果地质资料馆藏情况。截至 2015 年 12 月，成果地质资料馆藏 23 个矿权，117 口井，674 件纸质，36 个电子光盘（表 3）。

表 3　2014～2015 年度成果地质资料馆藏情况

年度	档数/档	纸质/件	电子/个
2014	587	587	23
2015	674	674	36

2）原始地质资料馆藏情况。截至 2015 年 12 月，原始地质资料馆藏共 23 个矿权，117 口井，其中有地震磁带 4925 盘、录井资料 562 份、测井资料 2030 份、化验分析 5761 份，共 13278 件。另外，不需汇交的目录有 554 条数据。

3）实物地质资料馆藏情况。截至 2015 年 12 月，实物地质资料馆藏有 23 个矿权，其中岩心 79 口井、2856.81m、1442 条数据，岩屑 117 口井、65038 袋、1620 条数据，总计 3062 条数据（表 2）。

所有数据严格执行油气地质资料目录数据库建设要求，关键字段著录项齐全，应汇交的资料和已建立目录数据库中的资料数量、名称一致，中海油湛江分公司严格按照国家要求开展了汇交和委托保管相关工作。

3. 实物地质资料服务情况

（1）提供服务情况

2015 年，中海油湛江分公司围绕油气勘探开发工作，持续加强地质资料提供利用及服务的力度，利用档案综合管理信息系统，通过网络服务方式，提供纸质、光盘、电子文件的查借阅服务。服务人员主要是中海油科研人员和生产单位。一年来，中海油湛江分公司在服务内容、手段上不断开拓创新，提高服务质量。具体利用情况如表 4、表 5 所示。

表 4　2014～2015 年度成果地质资料利用情况

年度	利用人次	利用份次	利用件次	数据量/GB	收费/元
2014	230	445	445	12	0
2015	160	320	320	15	0

2015 年 6 月 7 日，中国地质调查局副局长李金发，中国地质调查局地质力学所所长徐勇、副所长侯春堂等一行 28 人到中海油湛江分公司考察实物资料。

2015 年 9 月 22～23 日，中海油湛江分公司积极配合国土资源实物地质资料中心的《实物地质资料整理工与保管工作指南》编制任务。接待国土资源实物地质资料中心 4 人进行海洋油气实物地质资料整理与保管工作调研。

表5　2014～2015年度地质资料利用情况合计

年度	利用人次	利用份次	利用件次	数据量 GB	取样数量 件（质量）	薄片数量 件	测试数量 件	收费 元
2014	1010	965	965	44	243（24300g）	0	0	0
2015	1102	1046	1046	61	275（27500g）	0	0	0

（2）开发利用情况

2015年，中海油湛江分公司接待利用者主要是中海油内部单位，利用目的主要是为完成科研课题服务。利用服务方式主要以看样、取样、资料查阅复印、拷贝为主。以下是各方面提供资料的情况：

1）2015年1月25日，国土资源部评审组对陵水17－2深水气田储量现场调查，借阅了多口井的地质、钻井设计等12份资料。

2）2015年2月5日，协助中海油湛江分公司行政部完善电子文档建立健全数据库管理，提供借阅资料114份（设计、井史）。

3）2015年5月27日，协助陵水作业公司申请购买区块资料，为其提供多口井的测井数据，完井地质总结以及钻井总结报告。共提供合同区内老三维地震成果数据55份。

4）2015年6月15日，根据中海油湛江分公司勘探开发部“开发生产项目管理系统”项目需要，借阅2004～2013年油气田ODP光盘资料16份。

四、实物地质资料工作的相关文件及规章制度

日常工作严格执行档案管理规章制度，规范档案接收归档、借阅利用手续，及时进行库房安全记录及库房温湿度记录；定期对档案进行整理和修补破损档案，及时维护档案资料。

（撰稿人：胡斐、马丽萍）

中海石油（中国）有限公司深圳分公司实物地质资料委托保管工作

一、单位概况

中海石油（中国）有限公司深圳分公司（以下简称中海油深圳分公司）是中国海洋石油总公司（以下简称中国海油）控股的中国海洋石油有限公司下属的一家境内分公司，它座落在美丽的深圳湾畔，是中国海油重要的原油生产基地与对外合作的沃土。其主要业务是在中国南海东部海域通过对外合作和自营的方式，从事海上石油和天然气的勘探、开发和生产，同时受中海石油（中国）有限公司委托执行中国海油与外国石油公司签订的石油合同。截至2015年底南海东部海域已实现连续20年油气产量超$1000\times10^4m^3$，为国家能源安全保障做出了重大贡献。

中海油深圳分公司2012年成为全国35家石油地质资料委托保管单位之一，可代表国土资源部负责接收、验收、保管向国土资源部汇交的石油天然气的原始和实物地质资料，并向社会提供利用服务。2015年中海油深圳分公司严格按照国土资源部和中国海洋石油有限公司的统一部署，认真执行国土资源部关于地质资料委托保管工作的相关文件，圆满完成油气地质资料委托保管的各项工作任务。

中海油深圳分公司下设档案馆专职负责整个公司的档案资料管理工作，成立了委托保管工作小组兼职负责地质资料委托保管相关工作。2015年底，档案馆工作人员10人，其中大专以上学历9人，占总人数的90%，中级及以上职称5人，占总人数的50%，所有专职档案人员都接受过档案管理岗位资格培训和在职培训教育，满足日常管理需要。

中海油深圳分公司地质资料委托保管工作主要由委托保管工作小组负责，采用档案和专业人员双线管理，专业人员负责组织各项工作的开展，档案管理人员负责具体工作的落实和实施。其中实物地质资料日常管理工作由中海油深圳分公司授权委托给中海油实验中心负责，中海油实验中心负责岩心库管理的工作人员主要有5人，2人负责岩心库的日常维护，另外3人负责岩心切割、照相等处理工作。

二、实物地质资料库房基础设施建设情况

中海油深圳分公司现有实物库房面积$1400m^2$，位于深圳前海地区。设备配置较为齐全，能满足日常实物地质资料的管理需要。在实物资料保管方面，实物地质资料库房采用密集架作为存储实体，共有密集架100列，较好地利用了空间。在日常管理方面，实物地质资料库房配有升降平台1台、叉车1辆、空调3台、工业风扇2台，满足日常库房实物取用需要。在安全管理方面，库房配置了相应的防火防盗设备，配置有各种规格的灭火器、消防栓5个；所有窗户安装有防盗窗，并且门卫24h值班监控；鉴于库房设置在1楼，深圳分公司对库房周边进行了改造，库区周边统一垫高了5~10cm，周围放置了排水

渠、沙包等，以应对暴雨和台风等恶劣天气。

2015 年，因库房接近饱和，中海油深圳分公司计划于年中启动库房改造，加装密集架以应对日益增长的实物资料需要，后因收到深圳市城市规划调整征地通知而搁浅。随即中海油深圳分公司启动库房新建计划，计划在周边城市寻找合适地方重新建库。新岩心库房拟全部采用固定架加堆垛机自动模式，固定架设计规模不仅能容纳当前岩心库的库存，保证所有岩心全部入库，同时预留后续岩心库改造升级的空间，可满足未来 10 年库容需求，为岩心库能长期使用奠定了基础。

另外，现有库房还配有一间高规格的岩心观察室和 1 间日常管理用的办公室，配备了 2 台电脑、1 台复印扫描一体机，能满足日常管理和利用需要。

三、实物地质资料管理和服务开展情况

1. 实物地质资汇交情况

截至 2015 年 12 月底，中海油深圳分公司已汇交 30 个油田和 1 个油田弃置的成果资料，已入库 30 个油田和 1 个油田弃置 99 口井的实物和原始数据。所有数据严格执行油气地质资料目录数据库建设要求，关键字段著录项齐全，应汇交的资料和已建立目录数据库中的资料数量、名称一致，严格按照国家要求开展了汇交和委托保管相关工作。

实物地质资料总体汇交 49 口井、2749 箱、2233.6m 岩心资料以及 82 口井、2032 箱、45345 包岩屑资料。期间 2015 年 1 月在按国土资源部要求开展入库数据预验收检查时发现几处问题，对已入库的 29 个矿权数据进行了修正，由此实物汇交井数、岩心米数和岩屑包数统计数都发生了细小的变动，此次上报数据为更正后的数据。其中 2015 年汇交 1 个矿权的实物资料，汇交岩心 1 口井、1.4m，岩屑 2 口井、1036 包。具体情况如表 1 所示。

表 1　2014 ~ 2015 年度实物地质资料汇交、接收情况

年度	岩心		岩屑		井壁取心	
	井数	米数	井数	包数	井数	颗数
2014	7	168.11	23	16714	0	0
2015	1	1.4	2	1036	0	0

2. 实物地质资料服务情况

2015 年，中海油深圳分公司地质资料的服务对象主要为本公司的科研人员和少部分外协项目的服务承包商人员（含中海油内部单位的科研人员、石油院校的师生）。另外，为配合对外区块推介工作，还组织过一家外国公司的专业技术人员前往观察岩心。2015 年全年实物地质资料累计提供利用 24 人次，取样分析化验 476 件、98200g，为中海油深圳分公司油气田勘探开发提供了重要的资料支持。

四、实物地质资料工作的相关文件及规章制度

中海油深圳分公司实物地质资料管理严格执行公司各项规章制度和实物地质资料管理

相关规范，在结合国土资源部地质资料委托保管要求和中海油深圳分公司地质资料利用需求的基础上，2015 年进一步细化了管理制度和借阅流程，并继续使用 6S 精益管理考核标准（Seiri、Seiton、Seisou、Seiketsu、Shitsukei、Safety，整理、整顿、清扫、清洁、素养、安全），持续提高实物地质资料的管理水平。

在日常安全作业方面，继续按原来制定的安全规范和使用须知进行日常作业；在对样品的保护方面，建立了日常维护、定期巡视、严格取样程序、严格执行样品报废流程等主要保护措施；在实物地质资料库房日常管理方面，沿用原来制定的《入库验收制度》《岩心观察及样品采集管理规定》《岩心库库房操作管理规则》，确保从样品接收整理上架等操作流程、实物盒标签的标注、目录的打印制作到日常库房清洁保养、取心观察利用等工作步骤得到规范和标准化。同时，建立了岩心库工作人员的岗位职责，明确了工作内容和工作职责。总之，从各个方面来规范库房管理工作，切实做到实物地质资料管理有章可依，有据可查。

（撰稿人：李芸）

中海石油（中国）有限公司上海分公司实物地质资料委托保管工作

一、单位概况

1. 单位性质及主要职责

1983 年 11 月，中国海洋石油总公司（以下简称中国海油）组建中国海洋石油总公司南黄海石油公司，承担东海、南黄海海域油气勘探开发工作。1990 年 1 月，中国海洋石油总公司南黄海石油公司更名为中国海洋石油东海石油公司。1999 年 8 月，成立中海石油（中国）有限公司上海分公司（以下简称中海油上海分公司），隶属于中海石油（中国）有限公司，主要以合作和自营方式，在东海、黄海从事石油、天然气的勘探、开发和生产。

中海油上海分公司于 2012 年 8 月通过国土资源部地质资料委托保管单位现场检查和考核，同年 12 月被授予油气等原始和实物地质资料委托保管资质，2013 年 9 月正式挂牌成为国家第二批地质资料委托保管单位。中海油上海分公司严格执行国家相关政策法规，始终贯彻集中管理、分散实施、统一汇交的工作原则，以严谨务实的工作作风，认真负责的工作态度，按照国土资源部和有限公司的统一部署，圆满完成 2015 年地质资料委托保管任务。

2. 内部组织机构及人才队伍情况

中海油上海分公司按照汇交及委托保管工作需要，全面贯彻落实《地质资料管理条例》和《地质资料管理条例实施办法》，加强地质资料的保管和利用，充分发挥地质资料的作用。根据总公司的要求，分别成立了地质资料汇交工作领导小组及执行小组。领导小组负责全面部署和指导地质资料委托保管工作的开展；审定地质资料委托保管工作方案；协调解决项目重大事项等。勘探部为地质资料委托保管工作执行小组牵头管理部门，负责编制地质资料委托保管工作方案；调配地质资料委托保管场地、设备、人员、物资等相关资源和地质资料委托保管工作的组织与实施等工作。执行小组下设成果资料管理组、实物资料管理组、原始资料管理组和综合管理组 4 个管理组，分别负责原始、成果、实物地质资料的日常管理和服务利用。

地质资料委托保管管理人员共 23 人，其中本科以上学历 18 人，占总人数 78%。中级职称以上 13 人，占总人数 57%。所有专职档案管理人员均有档案人员岗位业务培训上岗证，并定期参加在职业务培训，持续改进和完善工作方法。

二、实物地质资料库房基础设施建设情况

中海油上海分公司实物地质资料库房位于上海市宝山区月罗公路，面积约 900m^2。包

括实物保管库房、接收用房、暂存用房、数字化用房、利用服务用房（岩心观察室），其中实物保管库房面积约720m²。库房按照不同介质档案的保管要求，配置了足够的灭火器以及七氟丙烷自动灭火系统，库房内实时电子监控系统和库房外红外线防盗系统，并安排保安24h值班。严格执行相应的出入库审批登记手续。

为满足日益增加的实物档案存放需求，中海油上海分公司于2014年提出实物库房改造需求及计划，于2015年实施并完成实物库房改造，扩充库容，新增库位484个。改造后实物库房配备有3个巷道、6列货架、1452个库位。此外，2015年7月中海油上海分公司新购买了一台CM41岩心切割机，为实物地质资料入库的有序高效开展提供了保障。现拥有岩心、岩屑出入库全自动化堆垛机3台，叉车1辆，堆垛机计算机管理系统1套，红外线防盗系统1套，电子监控设备1台，电脑4台、打印机1台、传真机1台、复印机1台，钻床、伽马扫描仪、切片机、岩心（岩屑）白光荧光采集分析系统、岩心刨切机等设备。

三、实物地质资料管理和服务开展情况

1. 实物地质资料汇交情况

截至2015年12月31日，中海油上海分公司已汇交1个区块、3口井的实物地质资料（包括29箱、53.93m岩心以及51箱、1217袋岩屑），所有数据全部入库。所有数据严格执行油气地质资料目录数据库建设要求，关键字段著录项齐全，应汇交的资料和已建立目录数据库中的资料数量、名称一致，严格按照国家要求开展了汇交和委托保管相关工作。

2. 实物地质资料服务情况

中海油上海分公司实物地质资料的服务对象主要是本公司科研人员和少部分外协项目的服务承包商（含海油内部单位的科研人员、石油院校师生）。2015年度提供实物地质资料服务利用14人次，取样8件，共计324g（表1）。为完成东海海域研究工作提供了扎实的基础数据，充分体现了油气地质资料在中海油上海分公司勘探开发和科学技术研究中发挥的重大作用。

表1　2014～2015年实物地质资料馆藏及服务情况统计

年度	馆藏情况						利用情况					
	岩心		岩屑		井壁取心		利用人次	取样数量		薄片数量	测试数量	收费
	井数	米数	井数	袋数	井数	颗数		件数	质量/g	件	件	元
2014	2	53.93	3	1217	0	0	2	10	416	0	0	0
2015	2	53.93	3	1217	0	0	14	8	324	0	0	0

四、实物地质资料工作的相关文件及规章制度

中海油上海分公司全面贯彻落实《地质资料管理条例》和《地质资料管理条例实施办法》，根据国土资源部要求《地质资料服务公约》上墙，接受广大服务对象的监督。为

加强实物地质资料管理，在实物地质资料接收制度、整理、保管、保密、利用以及网络服务、服务质量、服务环境建设等方面严格执行现有的规章制度，规范工作流程，保证实物地质资料委托保管和服务利用工作的有序开展。同时，在岩心库各项设施设备的操作过程中，中海油上海分公司也制定了一系列的安全操作规范和使用说明，并张贴于设备正上方，树立和强化安全意识，提高安全技能。

（撰稿人：石岚、徐迪）

中海石油（中国）有限公司天津分公司实物地质资料委托保管工作

一、单位概况

1. 单位性质及主要职责

中海石油（中国）有限公司天津分公司（以下简称中海油天津分公司），位于天津市塘沽区，隶属于中国海洋石油总公司（以下简称中国海油），主要负责渤海油田油气资源勘探开发生产业务。所辖渤海油田与辽河油田、冀东油田、大港油田、胜利油田、华北油田、中原油田同属于渤海湾盆地。作为中国海油国内重要能源基地，已发现三级石油地质储量 $54.6\times10^8m^3$，2015 年渤海油田矿区总面积 $4.5\times10^4km^2$，勘查矿区 8 个，面积 $4.29\times10^4km^2$，开采矿区 36 个，面积 $0.25\times10^4km^2$。

2011 年 9 月，中海油天津分公司通过国土资源部原始和实物地质资料委托保管单位工作检查组的审核，成为首批通过油气地质资料委托保管检查验收单位，并于 2012 年正式挂牌。

2. 内部组织机构及人才队伍情况

中海油天津分公司地质资料档案馆（室）承担着渤海油田原始和实物地质资料管理工作，现有档案管理人员 39 人。其中，高级职称 9 人，中级职称 7 人，中、高级职称占管理人员的 41%。实物地质资料管理人员 10 人。其中，高级工程师 1 人、工程师 3 人、岩心管理工 6 人，中、高级职称占总人数的 40%。

二、实物地质资料库房基础设施建设情况

中海油天津分公司共有滨海岩心库房、港区岩屑库房、宝坻油样库 3 个实物地质档案库房，总面积达 $3800m^2$。另外，还设有样品观样间 $100m^2$，配备岩心扫描仪 1 台、岩屑扫描仪 1 台、便携式岩屑扫描仪 1 台、岩心地面伽马测量仪 1 台、岩心切割机 2 台、升降平台 3 台、叉车 1 辆。按照危险品管理要求油样库房配备了消防系统，监控系统及其油样管理所需要的设备设施。为了加强实物地质样品信息化建设，由公司自主研发的信息采集设备正式投入使用，该设备可以实现在井场对岩心、岩屑、井壁取心等样品进行图像采集。

三、实物地质资料管理和服务开展情况

1. 实物地质资汇交情况

2015 年，中海油天津分公司汇交、验收实物地质资料岩心 7 口井、86.21m，岩屑 17 口井、254 盒、7209 袋（表 1），所有汇交目录数据均已上传至“油天然气地质资料委托

管理系统”目录数据库。

2. 实物地质资料馆藏情况

截至 2015 年 11 月 30 日，中海油天津分公司馆藏实物地质资料岩心 125 口井、3170.59m，岩屑 230 口井、80375 袋（表 1）。

3. 实物地质资料服务情况

中海油天津分公司严格遵守《地质资料服务公约》的要求，竭诚为中海油内部单位、项目合作单位以及石油院校提供现场观样、取样等物地质资料服务利用。

截至 2015 年 11 月 30 日，中海油天津分公司提供实物地质资料 1320 人次，观察取样 1450m，观察岩屑 12560 袋（表 1）。

表 1　2014～2015 年度受托地质资料工作基本情况统计

年度	实物地质资料汇交、接收情况						实物地质资料馆藏及利用情况											
	实物地质资料						馆藏情况						利用情况					
	岩心		岩屑		井壁取心		岩心		岩屑		井壁取心		利用人次	取样数量		薄片数量	测试数量	收费
	井数	米数	井数	袋数	井数	颗数	井数	米数	井数	袋数	井数	袋数		件数	质量 g	件	件	元
2014	0	0	0	0	0	0	118	3084.38	213	80375	0	0	530	646	16200	57	0	0
2015	7	86.21	17	7209	0	0	125	3170.59	230	87584	0	0	1320	855	112296	45	0	0

注：2014 年统计的岩屑井数由 218 改为 213。

4. 取得的经验及措施

（1）注重人才队伍建设

中海油天津分公司力求组建一支专业、稳定的地质档案管理队伍，要求工作人员持证，规范地质档案管理工作。

针对不同时期的工作重点和难点，制定详尽的培训计划，积极组织参加内外部培训、工作交流会等，提高专业素养。2015 年组织内部专业培训 2 次，专业技能比武 1 次，共计 20 人参加培训、技能比武活动，极大地提高了公司地质档案管理人员的业务水平。

同时，设置专门的地质资料管理小组和负责人，确保汇交和委托管理工作的连贯性和队伍建设的稳定。

（2）加强库区 6S 管理

根据中国海油 6S 管理要求，对地质资料档案借阅室和岩心库库房功能区域重新划分，并完善管理制度和借阅流程，强化现场安全管理。通过这些措施改善了地质资料的利用条件，为地质资料多层次利用提供了方便。

（3）系统开发与应用

中海油天津分公司根据自身实物地质档案业务特点，自主研发了岩心岩屑地质样品管理系统。该系统主要开发了基础数据管理、岩心岩屑图像成果管理以及岩心伽马曲线图绘制等功能，入库的实物地质样品的基础信息及时录入到地质样品管理系统，实现了实物地质资料基础数据和图像信息在线查询利用功能，在线应用申请和审批功能，全面提升了天津分公司实物地质资料信息化管理与利用水平。

（4）设备创新与引进

天津分公司根据岩心前处理工作的技术要求，针对松散岩心切割的特点全新引进了岩心带锯切割机。带锯式切割机在切割过程中具有噪音小、粉尘量低、切割面平整等特点，同时解决了传统盘锯式切割机切割作业损坏面大、刀痕严重的缺陷。

四、实物地质资料工作的相关文件及规章制度

根据国家、上级档案管理部门有关规定，中海油天津分公司编制了《地质资料汇交工作注意事项说明书（指南）》，补充、完善了《实物地质资料著录规范》《岩样保存管理制度》《岩样取样管理制度》《岩心库安全管理制度》《岩屑库安全管理制度》《实物地质资料整理制度》《实物地质资料利用制度》等文件及规章制度，规范实物地质资料管理工作。

（撰稿人：兰雁）

陕西延长石油（集团）有限责任公司实物地质资料委托保管工作

一、单位概况

1. 延长石油简介

陕西延长石油（集团）有限责任公司（以下简称延长石油）是中国拥有石油和天然气勘探开发资质的四家企业之一，也是集石油、天然气、煤炭等多种资源一体化综合开发、深度转化、循环利用的大型能源化工企业。延长石油已有百余年历史，是中国陆上石油工业的发祥地和开拓者。1905年经清政府批准创建延长石油厂，1907年打成中国陆上第一口油井，结束了中国陆上不产石油的历史。1935年起，延长石油在中国共产党的领导下不断发展。1944年毛泽东同志题词“埋头苦干”予以鼓励。在民族独立、解放战争和建国初期，延长石油曾为中国革命和建设做出重要贡献，被誉为“功臣油矿”。改革开放以来，特别是历经1998年和2005年两次重组，延长石油走上了集团化、规模化快速发展道路。2010年营业收入突破千亿元；2013年进入世界企业500强，也是陕西乃至中国西部地区首家世界500强企业。财政贡献连续多年保持陕西省第一和全国地方企业前列，成功荣获第三届中国工业大奖。延长石油是符合现代企业制度要求的集团型企业。全集团已形成油气探采、加工、储运、销售，以及矿业、新能源与装备制造、工程设计与建设、技术研发、金融服务等专业板块，设有31个全资子公司、27个控股子公司、20个参股公司、50多个生产经营单位。

延长石油是中国千万吨级大油田之一和油气煤盐综合化工产业的开拓者。2007年原油产量突破1000×10^4t，现已形成天然气产能$20\times10^8m^3$。2011年打成中国第一口陆相页岩气井，成为中国首批矿产资源综合利用示范基地之一和首个国家级陆相页岩气示范区。获得煤炭资源配置百亿吨，正在开展煤炭勘探开发前期工作。特别是创造性地提出油气煤盐综合转化的新理念、新模式，建成投产了全球首套煤油气综合利用示范项目，正在建设煤油共炼、煤焦油加氢、合成气制油等一大批以资源综合利用和深度转化为特色的能源化工项目，基本形成了油气煤盐综合发展的产业格局。

延长石油是国家认定企业技术中心和陕西省首批创新型企业。拥有5个科研设计机构、16个省级工程技术研发中心、10个研发试验平台、8个国家级和省级企业技术中心和3个中试基地。集团公司加入了中国科学院“低阶煤利用产学研协同创新联盟”“中国精细化工催化产业技术创新战略联盟”，参与我国战略性先导科技专项的攻关。累计获得国家专利授权312项。掌握着特低渗透油气田勘探开发的成套技术和油气煤盐综合利用的集成技术，其中鄂尔多斯盆地深层勘探理论与关键技术荣获国家科学技术进步奖二等奖，正在合作研发30多项具有世界领先水平的创新型油气煤资源高效转化技术。

2. 延长石油档案馆简介

延长油田股份有限公司档案馆是国家一级企业档案馆，最早成立于1982年，当时为延长油矿档案室（科）。1999年被国家档案局批准为全国大型企业档案馆，2005年延长石油企业重组后更名为延长油田股份有限公司档案馆。2011年9月，经陕西延长石油（集团）有限责任公司批准，成立延长油田股份有限公司档案馆，与油田公司档案馆合署办公，并成立油田公司档案部。负责集团档案归口管理，承担集团重大项目、科技及机关永久档案的管理以及集团在延安市板块的重要档案的管理工作。

延长石油档案馆于2012年12月底经国土资源部批准授予全国22家受委托保管油气原始和实物地质资料的单位之一。按照国土资源部集团公司的统一部署，执行国家相关政策法规，开展油气地质资料委托保管工作，承担国家托管地质资料的接收、验收、保管和利用服务工作。

档案馆共有在职人员22人，其中配备一名馆长，两名副馆长。8人具有高级职称专业资格；石油地质工程专业人员4人；实物地质资料管理人员3名，负责实物地质资料的接收、保管及提供利用工作。

二、实物地质资料库房基础设施建设情况

延长石油区域地层与地质构造简单，勘探与开采技术也比较简单，所形成的实物地质资料相对较少。岩心资料管理基础条件相对滞后，岩心库房位于档案馆地下一层，库房面积2527m^2，配有装载机、登高梯，专用货架920个，配备自动灭火装置、防盗监控设备，排水泵6台。

三、实物地质资料管理情况

1. 管理职责及保密工作

延长石油实物地质资料实行统一领导、分级管理，主要有油田公司、油气勘探公司两大保管单位，档案馆岩心库保管油田公司所属各采油厂（部）上交的岩心资料；油气勘探公司自行保管本单位的实物地质资料。为了保管好这些重要的实物地质资料，公司通过加强保密制度建设、保密知识培训、签订保密合同和严格岩心利用等有效措施，切实保障了资料信息安全。

2. 岩心的入库验收及接收

在接收各采油厂的岩心资料时，做到严格细致。根据入库验收单对照实物资料逐箱核对，检验后在验收单上签署意见。验收单一式两份，交接双方各执一份，并存档备查。凡验收不合格的，库管人员不予签字，待差错消除后再办理正式入库手续。

3. 岩心服务情况

延长石油地质资料主要用于延长石油内部查阅，实物地质资料信息主要为延长石油内部地质研究及油气生产服务。岩心取样时严格办理相关手续方可进行岩心取样。

4. 实物地质资料汇交和服务利用情况

2015年汇交实物地质资料4个矿权下的22口井，岩心长1286.71m。岩心利用8人

次，取样56件（表1）。

表1　2014～2015年度受托实物地质资料工作基本情况统计

年度	实物地质资料汇交、接收情况						实物地质资料馆藏及利用情况											
	实物地质资料						馆藏情况						利用情况					
	岩心		岩屑		井壁取心		岩心		岩屑		井壁取心		利用人次	取样数量		薄片数量	测试数量	收费
	井数	米数	井数	袋数	井数	颗数	井数	米数	井数	袋数	井数	袋数		件数	质量 g	件	件	元
2014	18	1307.66	0	0	0	0	218	7756.86	0	0	0	0	10	65	0	0	0	0
2015	22	1286.71	0	0	0	0	240	9043.57	0	0	0	0	8	56	0	0	0	0

四、实物地质资料工作相关文件及各项规章制度

继2014年公司出台《岩心资料归档制度》后，在2015年延长石油出台的《地质资料档案管理标准》中，对实物地质资料在归档移交和保管利用上做了进一步的补充和规定。其中，《地质资料档案管理标准》中有关实物地质资料管理有“7.3 地质档案的归档时间和归档数量。研究中心于每年8月前，将上年度勘探井形成的原始地质资料、成果地质资料的纸质资料及电子文档各一份移交油田公司档案馆。实物地质资料由各厂（部）直接移交档案馆。”和“9.6 对岩心、岩屑等实物地质资料，要同时兼顾采样分析和归档保存。所有采样分析试验数据须交档案馆一份，提供油田公司系统内公共利用。同一部位同类分析测试项目原则上不重复采样。建有岩心库的保管单位应做岩心存档备查。”

2015年，档案馆对延长石油馆内库藏岩心以及基层分库暂存岩心进行了细致地清理和统计，针对现有岩心库容不足的问题，向延长石油提出新建岩心库的请示报告。

（撰稿人：高东芳）

第四篇　重要文件与规章制度

地质资料管理条例

（国务院令第 349 号　2002 年 3 月 19 日发布）

第一章　总　则

第一条　为加强对地质资料的管理，充分发挥地质资料的作用，保护地质资料汇交人的合法权益，制定本条例。

第二条　地质资料的汇交、保管和利用，适用本条例。

本条例所称地质资料，是指在地质工作中形成的文字、图表、声像、电磁介质等形式的原始地质资料、成果地质资料和岩矿心、各类标本、光薄片、样品等实物地质资料。

第三条　国务院地质矿产主管部门负责全国地质资料汇交、保管、利用的监督管理。

省、自治区、直辖市人民政府地质矿产主管部门负责本行政区域内地质资料汇交、保管、利用的监督管理。

第四条　国务院地质矿产主管部门和省、自治区、直辖市人民政府地质矿产主管部门的地质资料馆（以下简称地质资料馆）以及受国务院地质矿产主管部门委托的地质资料保管单位（以下简称地质资料保管单位）承担地质资料的保管和提供利用工作。

第五条　国家建立地质资料信息系统。

第六条　在地质资料管理工作中做出突出贡献的单位和个人，由国务院地质矿产主管部门或者省、自治区、直辖市人民政府地质矿产主管部门给予奖励。

第二章　地质资料的汇交

第七条　在中华人民共和国领域及管辖的其他海域从事矿产资源勘查开发的探矿权人或者采矿权人，为地质资料汇交人。

在中华人民共和国领域及管辖的其他海域从事前款规定以外地质工作项目的，其出资人为地质资料汇交人；但是，由国家出资的，承担有关地质工作项目的单位为地质资料汇交人。

第八条　国家对地质资料实行统一汇交制度。

地质资料汇交人应当按照本条例附件规定的范围汇交地质资料。

除成果地质资料、国家规定需要汇交的原始地质资料和实物地质资料外，其他的原始地质资料和实物地质资料只需汇交目录。国家规定需要汇交的原始地质资料和实物地质资料细目，由国务院地质矿产主管部门商国务院有关部门制定。

第九条　本条例附件规定的下列地质资料，由地质资料汇交人向国务院地质矿产主管部门汇交：

（一）石油、天然气、煤层气和放射性矿产的地质资料；

（二）海洋地质资料；

（三）国务院地质矿产主管部门规定应当向其汇交的其他地质资料。

前款规定以外的地质资料，由地质资料汇交人向地质工作项目所在地的省、自治区、直辖市人民政府地质矿产主管部门汇交。

第十条 地质资料汇交人应当按照下列规定的期限汇交地质资料：

（一）探矿权人应当在勘查许可证有效期届满的30日前汇交。

（二）除下列情形外，采矿权人应当在采矿许可证有效期届满的90日前汇交：

1. 属于阶段性关闭矿井的，自关闭之日起180日内汇交。

2. 采矿权人开发矿产资源时，发现新矿体、新矿种或者矿产资源储量发生重大变化的，自开发勘探工作结束之日起180日内汇交。

（三）因违反探矿权、采矿权管理规定，被吊销勘查许可证或者采矿许可证的，自处罚决定生效之日起15日内汇交。

（四）工程建设项目地质资料，自该项目竣工验收之日起180日内汇交。

（五）其他的地质资料，自地质工作项目结束之日起180日内汇交。

第十一条 因不可抗力，地质资料汇交人不能按照本条例第十条规定的期限汇交地质资料的，应当向负责接收地质资料的地质矿产主管部门提出延期汇交申请，经批准后，方可延期汇交。延长期限最长不得超过180日。

第十二条 汇交的地质资料，应当符合国务院地质矿产主管部门的有关规定及国家有关技术标准。

任何单位和个人不得伪造地质资料，不得在地质资料汇交中弄虚作假。

第十三条 汇交的地质资料，经验收合格后，由负责接收地质资料的地质矿产主管部门出具地质资料汇交凭证，并按照国务院地质矿产主管部门的规定及时移交地质资料馆或者地质资料保管单位。

第三章　地质资料的保管和利用

第十四条 地质资料馆和地质资料保管单位，应当建立地质资料的整理、保管制度，配置保存、防护、安全等必要设施，配备专业技术人员，保障地质资料的完整和安全。

第十五条 探矿权人、采矿权人汇交的地质资料，自勘查许可证、采矿许可证有效期届满之日起30日内，由地质资料馆或者地质资料保管单位予以公开；勘查许可证、采矿许可证获准延期的，自延续期届满之日起30日内，由地质资料馆或者地质资料保管单位予以公开。

前款规定以外的地质资料，自汇交之日起90日内，由地质资料馆或者地质资料保管单位予以公开。需要保护的，由汇交人在汇交地质资料时到负责接收地质资料的地质矿产主管部门办理保护登记手续，自办理保护登记手续之日起计算，保护期不得超过5年；需要延期保护的，汇交人应当在保护期届满前的30日内，到原登记机关办理延期保护登记手续，延长期限不得超过5年。地质资料自保护期届满之日起30日内，由地质资料馆或者地质资料保管单位予以公开。

第十六条 涉及国家秘密或者著作权的地质资料的保护、公开和利用，按照保守国家秘密法、著作权法的有关规定执行。

第十七条 保护期内的地质资料，只公开资料目录。但是，汇交人书面同意提前公开其汇交的地质资料的，自其同意之日起，由地质资料馆或者地质资料保管单位予以公开。

第十八条 保护期内的地质资料可以有偿利用，具体方式由利用人与地质资料汇交人协商确定。但是，利用保护期内国家出资勘查、开发取得的地质资料的，按照国务院地质矿产主管部门的规定执行。

因救灾等公共利益需要，政府及其有关部门可以无偿利用保护期内的地质资料。

第十九条 地质资料的利用人应当按照规定利用地质资料，不得损毁、散失地质资料。

地质资料馆和地质资料保管单位应当按照规定管理地质资料，不得非法披露、提供利用保护期内的地质资料或者封锁公开的地质资料。

第四章 法律责任

第二十条 未依照本条例规定的期限汇交地质资料的，由负责接收地质资料的地质矿产主管部门责令限期汇交；逾期不汇交的，处 1 万元以上 5 万元以下罚款，并予以通报，自发布通报之日起至逾期未汇交的资料全部汇交之日止，该汇交人不得申请新的探矿权、采矿权，不得承担国家出资的地质工作项目。

第二十一条 伪造地质资料或者在地质资料汇交中弄虚作假的，由负责接收地质资料的地质矿产主管部门没收、销毁地质资料，责令限期改正，处 10 万元罚款；逾期不改正的，通知原发证机关吊销其勘查许可证、采矿许可证或者取消其承担该地质工作项目的资格，自处罚决定生效之日起 2 年内，该汇交人不得申请新的探矿权、采矿权，不得承担国家出资的地质工作项目。

第二十二条 地质矿产主管部门、地质资料馆、地质资料保管单位违反本条例规定，有下列情形之一的，对直接负责的主管人员和其他直接责任人员依法给予行政处分；造成损失的，依法予以赔偿：

（一）非法披露、提供利用保护期内的地质资料的；

（二）封锁地质资料，限制他人查阅、利用公开的地质资料的；

（三）不按照规定管理地质资料，造成地质资料损毁、散失的。

地质资料利用人损毁、散失地质资料的，依法予以赔偿。

第二十三条 非法披露、提供利用保密的地质资料的，依照保守国家秘密法的规定予以处罚。

第五章 附 则

第二十四条 本条例施行前，汇交人按照规定应当汇交而没有汇交的地质资料，由国务院地质矿产主管部门组织清查后，按照本条例汇交、保管和提供利用。

第二十五条 由国家出资在中华人民共和国领域及管辖的其他海域以外从事地质工作所取得的地质资料的汇交，参照本条例执行。

第二十六条 本条例自 2002 年 7 月 1 日起施行。1988 年 5 月 20 日国务院批准、原地质矿产部发布的《全国地质资料汇交管理办法》同时废止。

附件　地质资料汇交范围

一、区域地质调查资料，包括：各种比例尺的区域地质调查地质资料。

二、矿产地质资料，包括：矿产勘查和矿山开发勘探及关闭矿井地质资料。

三、石油、天然气、煤层气地质资料，包括：石油、天然气、煤层气资源评价、地质勘查以及开发阶段的地质资料。

四、海洋地质资料，包括：海洋（含远洋）地质矿产调查、地形地貌调查、海底地质调查、水文地质、工程地质、环境地质调查、地球物理、地球化学调查及海洋钻井（完井）地质资料。

五、水文地质、工程地质资料，包括：

（一）区域的或者国土整治、国土规划区的水文地质、工程地质调查地质资料和地下水资源评价、地下水动态监测的地质资料。

（二）大中型城市、重要能源和工业基地、县（旗）以上农田（牧区）的重要供水水源地的地质勘察资料。

（三）地质情况复杂的铁路干线，大中型水库、水坝，大型水电站、火电站、核电站、抽水蓄能电站，重点工程的地下储库、洞（硐）室，主要江河的铁路、公路特大桥，地下铁道、6km以上的长隧道，大中型港口码头、通航建筑物工程等国家重要工程建设项目的水文地质、工程地质勘察地质资料。

（四）单独编写的矿区水文地质、工程地质资料，地下热水、矿泉水等专门性水文地质资料以及岩溶地质资料。

（五）重要的小型水文地质、工程地质勘察资料。

六、环境地质、灾害地质资料，包括：

（一）地下水污染区域、地下水人工补给、地下水环境背景值、地方病区等水文地质调查资料。

（二）地面沉降、地面塌陷、地面开裂及滑坡崩塌、泥石流等地质灾害调查资料。

（三）建设工程引起的地质环境变化的专题调查资料，重大工程和经济区的环境地质调查评价资料等。

（四）地质环境监测资料。

（五）地质灾害防治工程勘查资料。

七、地震地质资料，包括：自然地震地质调查、宏观地震考察、地震烈度考察地质资料。

八、物探、化探和遥感地质资料，包括：区域物探、区域化探地质资料；物探、化探普查、详查地质资料；遥感地质资料及与重要经济建设区、重点工程项目和与大中城市的水文、工程、环境地质工作有关的物探、化探地质资料。

九、地质、矿产科学研究成果及综合分析资料，包括：

（一）经国家和省一级成果登记的各类地质、矿产科研成果资料及各种区域性图件。

（二）矿产产地资料汇编、矿产储量表、成矿远景区划、矿产资源总量预测、矿产资源分析以及地质志、矿产志等综合资料。

十、专项研究地质资料，包括：旅游地质、农业地质、天体地质、深部地质、火山地质、第四纪地质、新构造运动、冰川地质、黄土地质、冻土地质以及土壤、沼泽调查、极地地质等地质资料。

国务院关于加强地质工作的决定

（国发〔2006〕4号）

各省、自治区、直辖市人民政府，国务院各部委、各直属机构：

地质工作是经济社会发展重要的先行性、基础性工作，服务于经济社会的各个方面。贯彻党的十六届五中全会精神，全面落实科学发展观，构建社会主义和谐社会，对地质工作提出了新的更高的要求。为了全面增强地质勘查的资源保障能力和服务功能，促进地质工作更好地满足经济社会发展的需要，现作出如下决定：

一、以科学发展观指导地质工作

（一）充分认识地质工作的重要意义。新中国成立以来，地质工作得到党和国家的高度重视，地质勘查和科学研究成就显著，为经济社会发展作出了重要贡献。近年来，地质勘查队伍管理体制改革取得积极进展，地质事业有了新的发展。但是，当前地质工作与经济社会发展的要求不相适应，存在体制不顺、活力不足、投入不够、功能不强和人才缺乏等问题，特别是矿产资源勘查滞后，重要资源可采储量下降，难以满足现代化建设的需要。我国工业化、城镇化进程加快，经济社会发展与资源环境的矛盾日益突出。加强地质工作，是缓解资源约束、保障经济发展的重要举措，是推进城乡建设、开展国土整治的重要基础，是防治地质灾害、改善人居环境的重要手段。必须从全面建设小康社会、加快推进社会主义现代化的战略高度，进一步提高对地质工作重要性的认识，增强责任意识和紧迫感，切实加强地质调查、矿产勘查和地质灾害监测预警等工作。

（二）加强地质工作的总体要求。坚持以邓小平理论和“三个代表”重要思想为指导，全面贯彻落实科学发展观。按照以人为本、全面协调可持续发展的要求，统筹地质工作部署与经济社会发展需要，统筹公益性地质调查与商业性地质勘查，统筹矿产地质勘查与环境地质勘查，统筹国内地质事业发展与地质领域对外开放。深化体制改革，大力推进地质勘查管理体制和运行机制转变，加快构建与社会主义市场经济体制相适应的地质工作体系。切实加强重要矿产资源勘查，努力实现地质找矿新的重大突破，为全面建设小康社会提供更加有力的资源保障和基础支撑。

（三）加强地质工作的基本原则。坚持立足国内、适度超前、突出重点、完善体制、依靠科技。充分挖掘国内资源潜力，加大找矿力度，提高资源供给能力和保障程度。面向社会需求，搞好统筹规划，超前部署和开展地质勘查。集中力量加强矿产资源勘查，突出重点矿种和重点成矿区带勘查工作，增加资源地质储量。建立政府与企业合理分工、相互促进的地质勘查体系，健全中央和地方政府各负其责、相互协调的地质工作管理体制，形成矿产资源勘查开发和资金投入的良性循环机制。推进地质理论研究与创新，广泛应用高新技术和先进适用技术，加快地质工作现代化步伐。

二、明确地质工作主要任务

（四）突出能源矿产勘查。能源矿产是重要的战略资源，必须放在地质勘查的首要位置。按照深化东（中）部、发展西部、加快海域、开辟新区、拓展海外的方针，重点加强渤海湾、松辽、塔里木、鄂尔多斯等主要含油气盆地勘查，积极探索陆地新区、新领域、新层系和重点海域勘查，切实增加可采储量。加快神东、陕北、晋北、鲁西、两淮等大型煤炭基地普查和必要的详查，加强南方缺煤省区和边远地区的煤炭勘查。加强铀矿勘查，尽快探明一批新的矿产地。积极开展煤层气、油页岩、油砂、天然气水合物等非常规能源资源的调查评价和勘查。

（五）加强非能源重要矿产勘查。非能源矿产是经济社会发展的重要物质基础。以国内急缺的重要矿产资源为主攻矿种，兼顾部分优势矿产资源，按照东部攻深找盲、中部发挥特色、西部重点突破、境外优先周边的方针，实施矿产资源保障工程。重点加强铁、铜、铝、铅、锌、锰、镍、钨、锡、钾盐、金等矿产勘查。在西南三江、雅鲁藏布江、天山、南岭、大兴安岭等重点金属成矿区带，合理部署矿产普查，引导和鼓励商业性勘查，形成一批重要资源基地。继续实施国土资源大调查，积极开展矿产远景调查和综合研究，加大西部地区矿产资源调查评价力度，科学评估区域矿产资源潜力，为科学部署矿产资源勘查提供依据。

（六）做好矿山地质工作。矿山地质工作对合理开发利用资源、延长现有矿山服务年限意义重大。按照理论指导、技术优先、探边摸底、外围拓展的方针，搞好矿山地质工作。加强矿山生产过程中的补充勘探，指导科学开采。加快危机矿山、现有油气田和资源枯竭城市接替资源勘查，大力推进深部和外围找矿工作。开展共生伴生矿产和尾矿的综合评价、勘查和利用。做好矿山关闭和复垦阶段的地质工作。

（七）提高基础地质调查程度。基础地质调查是提高国土调查程度的基本手段。在重要经济区域、重点成矿区带、重大地质问题地区，按照多目标、多学科、多技术的要求，系统开展区域地质、地球物理、地球化学和遥感地质等调查，建立地质图文更新机制，为社会提供有效快捷的地质信息服务。实施海洋地质保障工程，开展区域海洋地质调查，进行海岸带、大陆架和海底地质情况探测，系统掌握海洋地质基础数据，摸清海域油气资源潜力。积极参与国际海洋地质调查计划和国际海底矿产资源勘查活动。

（八）强化地质灾害和地质环境调查监测。地质环境特别是地质灾害调查监测，是减少地质灾害损失、促进人与自然和谐的基础工作。实施地质环境保障工程，全面提高地质灾害防治和地质环境保护水平。完善全国地下水监测网络，加强地下水动态调查评价和过量开采与污染的监测。尽快完成重点地区地质灾害普查，建立健全群专结合的地质灾害防治体系，继续做好三峡库区等重点地区地质灾害防治工作。开展基础设施建设、城镇建设以及乡村建设前期地质勘查，搞好西电东送、南水北调、交通网络建设等重大工程的地质基础工作。强化地质灾害易发区工程建设和城镇规划地质灾害危险性评估。全面推进农业地质、城市地质、矿山环境地质调查工作。

（九）推进地质资料开发利用。地质资料是地质工作服务社会的主要载体。建立健全地质资料信息共享和社会化服务体系，加快利用现代信息技术，建设国家地质资料数据中心和全球矿产资源勘查开采投资环境信息服务系统。严格执行地质资料汇交制度，开展地质资料专项清理，推进地质资料的研究开发，充分发挥现有地质资料的作用，避免工作重复和资料浪费。全面公开地质资料目录，推进地质图书档案、重点实验室等向社会开放，依法及时向社会提供地质信息服务。

三、完善地质工作体制机制

（十）健全公益性地质工作体系。国家根据经济社会发展的需要，开展公益性地质工作。中央政府主要负责全国能源和其他重要矿产资源远景调查与潜力评价，全国性、跨区域、海域基础地质和环境地质的综合调查与重大地质问题专项调查。省级政府主要负责为本地区经济社会发展服务的基础地质、矿产地质和环境地质调查。实施公益性地质调查，应当积极引入市场竞争机制，优选项目承担单位。中央和省级政府要按照部门预算管理要求，将公益性地质调查队伍经常性支出等有关经费列为本级财政支出的重点内容，切实保障公益性地质调查队伍的运行和工作的开展；项目经费按实际工作量核定。

（十一）加强公益性地质调查队伍建设。中国地质调查局统一部署、组织实施中央政府负责的基础性、公益性地质调查和战略性矿产勘查工作，强化相关技术、质量、成果管理和社会化服务。以中国地质调查局直属单位为基础，按照人员精干、结构合理、装备精良、能承担重大任务的要求，抓紧建精建强中央公益性地质调查队伍。面向社会招聘专业技术骨干，充实野外地质调查技术力量，增强野外调查和科研能力。省级政府也要尽快建实建强地方公益性地质调查队伍，中国地质调查局应通过项目联系对其进行业务指导。

（十二）建立矿产资源勘查投入良性循环机制。充分发挥中央、地方和企业等各方面的积极性，形成多渠道投入地质勘查的机制。加大财政对矿产资源勘查的资金投入力度，注重发挥对社会资金的引导作用。国家建立地质勘查基金（周转金），着重用于重点矿种和重点成矿区带的前期勘查，主要通过招投标的方式确定项目承担单位，充分发挥各类地质勘查单位的人才和技术优势。对地质勘查基金出资查明的矿产资源，除国家另有规定外，一律采用市场方式出让矿业权（包括探矿权、采矿权），所得收入由中央和地方按比例分成，主要用于补充地质勘查基金，实现基金的滚动发展。完善资源税、矿产资源补偿费和矿业权使用费政策。合理划分中央与地方矿产资源收益，按照取之于矿、用之于矿的原则，确定使用方向，规范资金管理。中央财政和省级财政分成所得的矿产资源补偿费、矿业权使用费和矿业权价款等收益，主要用于矿产资源勘查。省级财政的资源税收入，也应拿出一定比例用于矿产勘查。省级政府可以根据需要，建立省级地质勘查基金。允许矿业企业的矿产资源勘查支出按有关规定据实列支。

（十三）完善商业性矿产资源勘查机制。对可以由企业投资的商业性地质勘查项目，政府原则上不再出资，主要运用政策调控，改善市场环境，发挥引导和促进作用。对勘查风险大的能源和其他重要矿产资源，政府适当加大前期勘查力度，带动商业性矿产勘查投资。鼓励各类社会资本参与矿产资源勘查，培育壮大商业性勘查市场主体，确立企业在商业性矿产资源勘查中的主体地位。各类矿业企业新建矿山或采区，必须依法投资矿产资源勘查或有偿取得矿业权，承担投资风险，享受投资权益。鼓励国有矿山企业实行探采结合、组建具有国际竞争力的矿业公司或企业集团，增强在国内外参与矿产资源勘查开采的能力。鼓励国有地质勘查单位与社会资本合资、合作，组建矿业公司或地质技术服务公司。鼓励发展多种所有制的商业性矿产资源勘查公司和机制灵活的找矿企业。

（十四）培育矿产资源勘查市场。深化矿产资源有偿使用制度和矿业权有偿取得制度改革，建立健全全国统一、竞争、开放、有序的矿业权市场。加强政策支持和信息引导，完善市场规则，建设交易平台，加强市场监管，维护市场秩序。培育矿产资源勘查资本市场，支持符合条件的勘查开采企业在境内外上市融资。培育和规范地质勘查市场中介服务机构，完善矿业权、矿产储量评估机制，健全矿业权评估师、矿产储量评估师制度，建立注册地质师执业准入资格制度。

（十五）深化国有地质勘查单位改革。进一步落实国务院关于地质勘查队伍管理体制改革的方案，按照企事分开的原则，推进国有地质勘查单位改革。省级政府和国务院相关部门要认真总结改革经验，加大工作力度，因地制宜，区别对待，加强对改革的指导。各地区、各部门应从实际出发，积极探索有利于加强地质工作的改革途径。加强中央管理的地质勘查队伍建设，提高矿产资源勘查技术水平和国际竞争能力。按照事业单位改革的有关规定，尽快落实国有地质勘查单位离退休人员和在职职工社会保障政策。对实行属地化管理的地质勘查单位，地方政府要按照当地统一政策，加快落实有关住房改革所需经费，解决职工住房和基础设施建设欠账过多等问题。对其中的原中央直属地质勘查单位，在“十一五”时期，国家继续实行中央预算内投资补助，主要用于基础设施建设。积极推进分离地质勘查单位办社会职能的改革。对中央管理的煤炭、核工业、冶金、有色、武警黄金、化工、建材、盐业地质勘查单位，比照上述有关政策执行。

（十六）扩大地质领域对外开放。以开放促改革促发展，全面提高矿产资源勘查开采效率和水平。进一步创造稳定、公平、透明的法制和政策环境，保障外商投资矿产资源勘查开采的合法权益。完善相关政策，加大鼓励外商投资矿产资源勘查开采的力度，积极引进国外资本、先进技术和管理方法。鼓励国内有条件的企业到境外开展重要矿产资源勘查开采。广泛开展地球科学和地质勘查领域的国际交流与合作。

四、增强地质科技创新能力

（十七）推进地质科技进步。完善地质科技创新体系，编制全国地质科学和技术发展中长期规划，建立健全鼓励创新的机制，营造良好的科研环境。积极开展重大地质问题科技攻关，突出重点矿种和重点成矿区带地质问题研究，大力推进成矿理论、找矿方法和勘查开发关键技术的自主创新。积极开展非常规油气资源、低品位资源、难利用资源以及尾矿资源的开发利用技术研究。加快推进地质工作信息化，继续实施数字国土工程，在矿产资源勘查中广泛应用地理信息系统、全球定位系统和遥感技术等现代信息技术，加快对地观测、深部探测和分析测试等高新技术的开发与应用。实施地壳探测工程，提高地球认知、资源勘查和灾害预警水平。提升地质装备水平，提高现有地质装备利用的效率，增强矿产资源勘查核心技术和关键装备的自主研究开发能力。加强重点实验室、工程技术研究中心、野外长期观测站网等科技平台建设。充分发挥地质类高等院校和科研机构在地质科技领域的作用。建立多渠道的地质科技投入体系。国家逐步增加地质科技投入，并在相关地质专项中合理安排重大科技问题研究和新技术推广的经费。

（十八）积极发展地质教育。大力发展地质高等教育和中等职业教育。加强地质类学科建设，调整优化地质专业设置和教学内容。有关院校要增设地学综合类课程。积极推进地质类高等院校与行业企业的合作和共建。加大对地质类教育的财政投入，加强地质类院校办学条件建设。根据地质工作的实际需要，保持合理的地质类学生招生规模。国家奖学金和资助贫困学生政策进一步向地质类学生倾斜，鼓励学生报考地质类专业。提倡高等院校地质类教师到地质勘查单位挂职，加强地质类院校野外实习教学，鼓励学生毕业后到地质一线就业。在中小学教学中增加地球科学方面的内容。加大宣传力度，普及地球科学、资源环境、地质灾害等方面的知识。

（十九）加快地质人才开发。建立健全鼓励创新的地质人才开发机制和管理体制。造就一大批品德优良、基础厚实、知识广博、专业精深的地学新人。以重大地质勘查和科技攻关项目为依托，大力培养创新型人才、复合型人才和科技领军人才；项目负责人中要有一定比例的中青年技术骨干。改善野外地质工作条件，对野外地质工作人员继续实行工资倾斜政策，完善津贴补贴政策。逐步建立知识、技术、管理等要素按贡献参与勘查开采项目收益分配的新机制，为稳定地质人才队伍创造良好环境。

五、提高地质工作管理水平

（二十）加强对地质工作的领导。各地区要进一步提高加强地质工作重要性和紧迫性的认识，将地质工作列入重要议事日程，强化对地方公益性地质调查队伍、实行属地化管理的地质勘查队伍的管理，落实和完善相关政策，指导各类地质队伍的改革和发展。国务院有关部门要认真履行各自职责，研究制定政策，加大支持力度，加强协作配合，共同做好地质工作。要建立健全地质勘查法规体系，严格依法行政，依法维护地质工作秩序，为地质调查和矿产资源勘查提供良好的工作环境。

（二十一）科学编制和实施地质勘查规划。通过规划明确地质勘查的发展目标、重点任务和保障措施，统筹全国地质工作布局，引导地质勘查资源合理配置。国务院和省级国土资源管理部门要根据经济社会发展的需要，充分利用现有工作基础，科学编制地质勘查规划，分别纳入国家和省级国民经济和社会发展规划，与相关专项规划搞好衔接，并通过年度计划、勘查项目、专项措施等予以落实。省级地质勘查规划要符合全国地质勘查规划的要求，报国土资源部批准后实施。

（二十二）做好地质勘查行业管理工作。国务院和省级国土资源管理部门要认真履行地质勘查行业管理职能。组织制定地质勘查政策措施，引导各类地质勘查企业健康发展，指导国有地质勘查单位改革和发展。完善地质勘查技术规范、行业标准，建立健全地质勘查单位资质管理制度，依法规范行业准入。建立统一的地质勘查行业统计制度，及时提供信息服务。规范和发展行业协会，发挥好行业自律、中介服务等作用。有关部门和单位要积极配合国土资源管理部门做好行业管理工作。

（二十三）强化矿业权管理。按照分类分级管理的原则，调整矿业权审批权限，增强中央政府对重要矿产资源勘查开采的调控能力。根据国家矿产资源规划，科学设置探矿权，并明确探矿权人的权利和义务。对发现有商业价值矿产地的探矿权人，依法维护其继续勘查、探矿权转让、采矿权取得等权利。加强对矿产资源勘查活动的监督管理，依法禁止圈而不探或以采代探的行为。整顿规范矿产资源勘查开采秩序，规范矿业权出让转让，依法查处矿产资源勘查开采违法行为。

（二十四）发挥地质工作者的积极性和创造性。各级政府都要积极创造条件，改善环境，充分发挥现有地质队伍和广大地质工作者的作用。广大地质工作者要进一步解放思想、转变观念，主动面向经济社会发展的主战场，积极拓展为现代化建设服务的领域。要适应新形势的需要，强化业务培训，不断更新知识，提高业务素质，增强服务能力。要大力弘扬“热爱祖国、追求真理、开拓创新、无私奉献”的精神，继承和发扬“以献身地质事业为荣、以艰苦奋斗为荣、以找矿立功为荣”的优良传统，在新时期地质工作中再创辉煌。

加强地质工作，任务光荣，责任重大。各地区、各部门要认真贯彻本决定，抓紧制定有关配套政策措施，加强监督检查，协调解决好执行过程中出现的问题，重大问题要及时向国务院报告。

国务院

二〇〇六年一月二十日

地质勘查钻探岩矿心管理通则

中华人民共和国地质矿产行业标准（DZ/T 0032—92）

1 主要内容与适用范围

岩矿心是地质勘查工作中一项重要基础实物资料，是研究和评价地质矿产的重要依据。

为妥善保护和保存岩矿心资料，根据《中华人民共和国矿产资源法》第二十四条规定，特制定本标准。

1.1 主题内容

本标准规定了地质勘查钻探岩矿心（含岩屑，下同）的现场管理、减缩处理、移交入库和库房管理。

1.2 适用范围

本标准适用于地质勘查行业钻探岩矿心的全程管理。

2 岩矿心的现场管理

2.1 钻前准备

2.1.1 平整机场时，机台要平出放置岩矿心的场地，并有防雨和遮阳设施。

2.1.2 开钻前，机台（井队）应将钻孔（井）地质编录所需的各种物资，包括岩矿心装具和用于岩矿心编号的书写工具、材料等准备好，没有足够的岩心箱不得开钻。

2.2 钻孔（井）取心

2.2.1 采取岩矿心应严格按照岩心钻探操作规程和项目地质设计的有关规定执行。

2.2.2 退取岩矿心，严禁吊打岩心管，避免岩矿心人为破碎或次序颠倒。对于松软岩矿心要尽量保持原状。

2.3 岩矿心整理

2.3.1 从岩心管取出的岩矿心应按其出筒的顺序摆放，随即进行清洗。岩屑要用清水漂洗，以露出岩石本色为准。不能水洗的岩矿心（盐类矿产和含油气岩心等）应揩去泥浆或除去泥皮。并清除假岩心和外来混杂物质。

2.3.2 将清理好的岩矿心按由浅至深的顺序从左到右、自上而下依次摆放在岩心箱（盒）内。

岩屑以及中心取样（center sample recovery）钻孔样品应先进行干燥处理，一般可采用自然凉晒的干燥方法，必要时采用可控温或低温烘干，禁止高温烘烤。经干燥处理后的岩屑，应连同标签一并装入岩屑袋内。CSR 样品晾干后先行缩分，作为地质副样的一份装袋保留。从微型旋流器收集的柱状样品需要时可作为岩性实物剖面保存。

2.3.3 松散、破碎的岩矿心应按其所在位置分段装入袋内。易挥发、潮解和易于氧化的岩矿心要及时装入密闭容器保存。对油基泥浆取心和密闭取心井的油砂必须立即用无色玻璃纸或油纸包好用蜡密封，以便取得含油饱和度等有关资料。

2.3.4　岩矿心丈量要准确。丈量时应尽量将各自然断块对接好，对于松散、破碎的岩心不得随意拉长或压缩，必要时可采用体积法换算其长度。

2.3.5　所有岩矿心均需按回次（筒次）统一编号。凡长度大于10cm的岩心（矿心为5cm）直接在圆柱面上或横切面上编号；小于上述长度的岩矿心分段装袋后编号。

2.3.6　编号时，用红（白）漆或油浸色笔写明回次号（左侧）、本回次岩心总块数（分母）和该块岩心的序号（分子）。其右端应为靠近孔底（或钻头）的一端。袋装岩矿心只在袋上标记，袋内放入标签。

2.3.7　每个回次的岩矿心整理后应当即填写岩心牌（票），写明本回次取心数据，并置于本回次岩矿心的末端。岩心牌采用木牌，其外加套透明薄塑。

2.3.8　岩矿心编号标记和岩心牌填写必须书写工整，字迹清楚，数据准确。

2.4　岩矿心的现场保管

2.4.1　现场岩矿心均应装入岩心箱（盒）内，箱内岩矿心上下回次应插放挡板（岩心牌），行与行之间应有岩心隔板隔开。岩心箱外侧标明矿区名称、孔号、箱号（以孔为单元按所装岩矿心自浅而深的顺序用阿拉伯数字连续编号）、起止回次号。若为岩屑或CSR样品还应标明孔深和袋数。

2.4.2　现场岩矿心应摆放整齐，岩心箱垛高不得超过1.5m，钻孔验收后岩矿心应及时入库保管。

2.4.3　岩心箱（盒）必须质地坚固，便于搬运，规格符合要求。

2.4.4　地质编录时要检查岩矿心编号和摆放情况，其上下次序是否颠倒，连接是否合理，并复核岩矿心长度。若发现问题，应立即向机（班）长提出，并及时纠正。

2.4.5　地质编录后应将岩矿心放回原处。若需采集标本应在记录本上注记，并填写取心票放入箱内相应位置。

2.4.6　凡因观察岩性或采样致使岩矿心断裂、编号破损的，应由当事人重新标记。

2.4.7　对钻孔岩矿心采取化学分析样品时，除个别特殊矿种，均应采用劈分法或切割法。劈分的一半作为岩矿心幅样保存。岩屑正样保存重量不少于200g。若因实验测试需要，必须采取全部岩矿心或整段岩心柱时应在项目地质设计中加以明确。

2.4.8　现场岩矿心由机台（井队）负责保管。除编录人员外，不允许其他人员在机台（井队）现场采样。

3　岩矿心移交入库

3.1　岩矿心入库

3.1.1　终孔后，岩矿心经现场验收，由机台（井队）负责派人护送到矿区岩心房或岩心分库暂存。

3.1.2　矿区勘查工作结束，岩矿心按规定缩减后，凡需长期或永久保存的应移交岩心总库保管。

3.1.3　若有条件时，各地质队应将各矿区需永久保存的岩矿心移送局级中心库或地区性岩心库。

3.1.4 岩矿心转运途中应有专人负责。岩心箱应加盖保护，以防运输过程中岩心箱翻倒，造成岩矿心散乱、污损、丢失。

3.1.5 岩矿心入库均需办理入库手续，填写入库验收单。库房人员应对入库岩矿心进行认真检查，严格把关，验收合格后方可入库。

3.1.6 验收时应根据入库验收单对照实物资料逐箱核对，检验后在验收单上签署意见。验收单一式两份，交接双方各执一份，并存档备查。

3.1.7 凡验收不合格的，库管人员不予签字，待差错消除后再办理正式入库手续。

3.2 岩矿心移交

3.2.1 矿区勘查工作结束，分队应将需要长期保存的岩矿心移交大队岩心库保管。

3.2.2 勘探矿区的岩矿心，若矿山建设需要，可在勘探报告批准后，经双方协议和局级主管部门批准，按有关规定全部或部分转让给生产部门。

3.2.3 岩矿心移交时需办理移交手续，交接双方应按岩矿心移交登记表清点实物，核对无误后连同岩心箱（盒）一并移交，并在移交登记表签字盖章。岩矿心移交登记表一式三份，一份由接受单位保存，一份由移交单位存档备查，一份报主管部门备案。

4 岩矿心的缩减与清除

4.1 岩矿心缩减

4.1.1 岩矿心缩减应遵循留存适度、处理慎重和经济合理的原则。

4.1.2 缩减必须在做好现场管理的基础上对岩矿心实物资料进行了充分研究和利用之后。缩减工作一般在矿区工作的后期进行。

4.1.3 缩减岩矿心应根据矿区的具体情况，有区别地、审慎地做出取舍。一般应视地质工作性质、阶段，矿区地质研究程度和综合评价的深度以及是否做了系统的测井工作而定。矿区地质研究程度高的，综合评价工作做得好的，做过系统测井工作的，以及一般性矿种的岩矿心原则上可以较大量的缩减；反之，则应多留或暂不缩减。

4.1.4 如有下列情况之一者可以适当增加留存数量：

a. 我国特有的矿床类型或新类型；

b. 在成因类型上属于典型的有代表性的矿床；

c. 矿石组分复杂，选冶性能较差，综合利用问题尚未解决的矿床；

d. 工业远景尚不明的矿区；

e. 未进行综合评价的矿区；

f. 在国内外知名度较高或具有特殊意义的矿区（地区）；

g. 还存在其他方面的原因或问题的矿区。

4.1.5 凡基准井、参数井、资料井、主要超深井、油气发现井和各类控制孔以及地质设计规定需要全孔保留的钻孔岩矿心不得缩减。

4.1.6 凡具有进一步工作价值的普查矿区（点）或物化探异常场区，其钻孔岩矿心暂不缩减。已做出否定评价的矿点或异常点亦应保留少量有代表性的岩矿心。

4.1.7 缩减方法

4.1.7.1 每个矿区应保留一定数量有代表性的控制钻孔。勘探矿区可选择 1 ~ 2 条最有代表性的钻孔剖面和若干个在地层、构造等方面有重要意义的钻孔，上述钻孔的岩矿心全孔保留，其余钻孔的岩矿心在确认无遗留问题后可按规定缩减后保存。

4.1.7.2　油气勘查中各类性质的深井岩心与岩屑（正样）原则上不进行缩减。各类探井的岩屑和中浅井的岩心在保留具有地区代表性及特殊意义剖面的基础上按设计要求进行缩减。

4.1.7.3　水文地质、工程地质、环境地质以及地热地质探察中的各类控制孔、基准孔、最具有代表性的典型钻孔以及具有区域性水文工程地质条件对比或特殊科学意义的钻孔，其岩心原则上应全孔保留，余者按规定分层缩样后保存。

4.1.7.4　对于钻孔中的矿体（矿层）包括油气储集层段、热储层、含卤水层和其他目的层段及其直接顶底板、矿化蚀变带、标志层、有重要意义的构造现象和可能的含矿层、储集层以及各类技术测试样品的取样层段等的岩矿心，原则上不进行缩减或增加留存数量。

4.1.7.5　某些矿层很厚的非金属矿床和极个别的金属矿床，允许在已证实属相同矿石类型或工业品级内，结合考虑其他地质因素，按适当的比例缩减矿心，但留有的矿心其长度不得小于矿层厚度的1/3。

4.1.7.6　钻孔岩心应按岩性分层缩减。根据岩性分层和厚度，每层选留长度大于8cm的（松散岩心样品规格为5cm^3）有代表性的岩心标本1～3块。选留的岩矿心应编号，连同所有岩心牌依次摆放在岩心箱（盒）内，并填写岩心缩减登记表。

4.1.8　岩矿心缩减，应在矿区或项目地质技术负责人主持下，组织有关专业技术人员讨论研究，按缩减的原则要求，结合矿区的具体情况，拟定出切实可行的缩减方案，报请上级批准后执行。

岩矿心缩减方案应包括以下内容：

文字部分　主要叙述缩减岩矿心的地质依据和缩减的方案；

附表　岩矿心缩减登记表；

必要时可附加有关图件，表示缩减的钻孔位置或钻孔岩矿心缩减的具体层段。

4.1.9　缩减方案的审批权限：一般矿区或勘查项目，包括异常验证和普查评价项目的岩矿心的缩减方案由大队审批，报上级主管部门备案；重要勘探矿区和地质勘查项目的缩减方案由大队报请上级主管部门批准。

4.2　岩矿心清除

4.2.1　清除范围

4.2.1.1　根据批准的项目地质设计或岩矿心缩减方案，凡缩减后无须保留的岩矿心以及保管期满的岩矿心均属清除对象。

4.2.1.2　油气钻井的岩屑副样原则上不保留。参数井与重点普查的岩屑副样保留到该区评价报告提交后，其他类井的岩屑副样，完井验收后即可清除。

4.2.1.3　对在第四系中施工的水文地质、工程地质钻孔，除按规定分层留取样品外，非控制性钻孔的岩心，经野外验收后即可清除；控制性钻孔的岩心先行入库，待报告审定后再行处理。

4.2.1.4　在报废钻孔的位置上重打新孔时，原报废孔的岩矿心可以根据具体情况确定部分或全部清除。

4.2.1.5　若需进行补充勘探或补打部分钻孔，在新老孔位相近时，待补充勘探报告审查批准后可酌情清除老孔的全部或部分岩矿心。

4.2.1.6 勘探矿区在已有钻孔附近施工的深孔，或在同一孔位上施工的扇形孔、定向孔，以及为探求高级储量的加密孔，当岩性及其他地质现象相差不大时，所取围岩的岩心可酌情部分清除。

4.2.1.7 在进行岩矿心缩减的同时，对岩性单一、厚度大、分布广而稳定的岩层，除该区的基准孔和控制孔外，其他钻孔的岩心在钻孔竣工验收和按规定留取标本后，在确认没有遗留问题的前提下可以清除。

4.2.1.8 不论何种原因造成岩矿心混乱，无法恢复原状而不能利用者，在查清原因并经上级批准后可予以清除。

4.2.2 清除方法与原则要求

4.2.2.1 凡需清除的岩矿心，均须填报岩矿心登记表，经批准后方可进行。

4.2.2.2 清除的岩矿心原则上就地点或利用拟平复的槽、井探工程掩埋，不得随意丢弃。

4.2.2.3 具放射线的岩矿心必须深埋或送专门冶炼厂处理，以防污染环境。

4.2.2.4 埋心应以孔为单位，自深而浅依次埋存。埋心坑点要编号、标明位置。并设立地石标志。岩矿心埋存的有关材料要与钻孔地质编录一起存档备查。

5 岩矿心的管理

5.1 岩心库

5.1.1 凡需长期或永久保存的岩矿心都应在专门库房内保管。

5.1.2 大队、油田一级保管单位应设永久性的岩心库（总库）；分队或矿区可根据实际需要设临时性的岩心房或分库。有条件的局级单位可建局级中心库或地区性的永久性岩心库。

5.1.3 岩心总库接收和保管全队经缩减处理后需长期或永久保存的岩矿心，由大队资料管理部门负责管理。岩心分库和岩心房接收、保管本分队正在进行工作的矿区及其他项目的岩矿心，由分队或矿区地质组负责管理。局级中心库负责管理所辖地区有特殊意义的或独具特色的矿床和其他反映重要地质成果的需要永久保存的岩矿心。大队和局级岩心库应逐步实行现代化管理，使库房岩矿心与编录资料配套，保证可随时提取完整的文字和实物资料。

5.1.4 岩心库面积应根据各单位的实际需要而定。

5.1.5 岩心库建筑按标准建筑。

5.1.6 永久性岩心库应具备长期保存岩矿心的条件，库内设施应保证库房管理和防火等安全防范的需要。凡需长期保存的岩矿心应逐步采用塑料岩心箱（盒）。

5.2 库房管理

5.2.1 岩矿心入库应按预留的架位摆放。未设箱架的库房应留出堆放场区。库内岩心箱要排列有序，垛放稳固。

5.2.2 入库岩矿心都要分类登记，按矿区建立岩矿心总账并绘制库存岩矿心平面位置图。

5.2.3 放射性矿产的岩矿心应存放在专门的岩心库内，按放射性矿物保管的有关规定采取严格的保安措施。

5.2.4 易于潮解和氧化的岩矿心，如盐类矿产、硫铁矿等必须蜡封，或用塑料袋、玻璃瓶封闭保存，以防潮解或氧化变质。

5.2.5 库管人员要定期检查岩矿心保管情况，防止库房漏雨、倒塌或岩心箱损坏、丢失导致的岩矿心混乱或损毁。若发现问题应及时上报，并采取必要措施迅速处理。

5.2.6 库存岩矿心的使用管理

5.2.6.1 用户入库采集样品或标本须持大队主管部门的证明方可进行。

5.2.6.2 采集样品或标本要有库管人员在场，采后在岩心箱的相应位置插放取样牌，注明采样的岩矿心编号、长度、起止孔深等，并办理登记手续。

5.2.6.3 孤本样品或已经二次劈分的矿心，一般不再允许取样。如有特殊需要须经上级主管部门批准。

5.2.6.4 岩矿心用毕应即时归位。

5.2.7 库存岩矿心的处理及审批手续

5.2.7.1 保管期满的岩矿心，如保管期内无新的发现或其他遗留问题，即可申请处理，清除出库。但一个矿区至少要选留 1 ~3 个钻孔的岩矿心永久保存。

5.2.7.2 处理前，岩心库负责人应提交岩矿心清除出库的专题报告，并填写岩矿心清除登记表。

5.2.7.3 岩心库清除出库专题报告应经大队组织有关人员审议，由大队总工程师或总地质师签字后报局主管部门批准。

5.2.7.4 库存岩矿心清除由库管人员负责，主管部门派人监督，清除方法与要求同 4.2.2 有关各项款。

5.2.7.5 经批准的清除报告应由地质资料管理部门存档。

5.2.8 岩矿心的保管年限

5.2.8.1 凡属控制孔、基准孔（井）、参数井、资料井、重要探井和认定有重大科研价值以及有特殊纪念意义的钻孔，其岩矿心应长期保留或永久保存。

5.2.8.2 除上款规定以外的钻孔岩矿心，一般保管年限为 10 年，或矿山（工程项目）正式投产（运行）满 3 年，也可移交矿山继续保管。

5.2.8.3 各单位执行上述原则时，允许根据工作需要，矿区地质构造复杂程度、库容量的大小以及其他实际情况做适当调整。

5.2.8.4 岩矿心的保管年限一律按勘查报告经审批或通过之日起算。

5.2.9 岩矿心管理工作应遵循妥善保管、方便利用、留存适度、慎重处理的基本原则，并实行年报制度。大队一级基层管理单位每年应向上级业务主管部门编报岩矿心管理年报，内容包括岩矿心管理情况、库存岩矿心的利用率、存在问题、经验教训等，并附岩矿心年报表。

实物地质资料馆藏管理技术要求

中国地质调查局（DD 2010－05）

1 范围

本标准规定了实物地质资料馆藏管理的总则、实物地质资料的接收、整理、数字化、著录、保管及服务的技术要求。

本标准适用于实物地质资料馆藏管理工作。

2 规范性引用文件

下列文件对于本文件的应用是必不可少的。凡是注日期的引用文件，仅注日期的版本适用于本文件。凡是不注日期的引用文件，其最新版本（包括所有的修改单）适用于本文件。

GB/T 2260—2007 中华人民共和国行政区划代码

GB/T 3792.1—1983 文献著录总则

GB/T 7156—2003 文献保密等级代码与标识

GB/T 9649.16—1988 地质矿产术语分类代码矿床学

GB/T 9705—1988 文书档案案卷格式

GB/T 11822—2000 科学技术档案案卷构成的一般要求

GB/T 11821—2002 照片档案管理规范

GB/T 18894—2002 电子文件归档与管理规范

DA/T 6—1992 档案装具

DA/T 7—1992 直列式档案密集架

DA/T 15—1995 磁性载体档案管理与保护规范

DA/T 18—1999 档案著录规则

DA/T 22—2000 归档文件整理规则

DA/T 31—2005 纸质档案数字化技术规范

DZ/T 0032—1992 地质勘查钻探岩矿心管理通则

JGJ 25—2000 档案馆建筑设计规范

JGJ 66—1991 博物馆建筑设计规范

DD 2010－06 成果地质资料管理技术要求

中华人民共和国国务院令第 349 号 地质资料管理条例

中华人民共和国国土资源部部令第 16 号 地质资料管理条例实施办法

国土资发〔2006〕210 号 成果地质资料电子文件汇交格式要求

国土资发〔2008〕69 号 涉密地质资料管理细则

3 术语和定义

3.1 实物地质资料 physical geological data

地质工作中形成的岩（矿）心、标本、光（薄）片、样品等实物及其相关资料。

3.2　实物地质资料馆　physical geological library

承担实物地质资料接收、整理、保管、提供利用的专门机构。

3.3　实物地质资料整理　physical geological data arrangement

按照一定规则对实物地质资料进行分类、排列、编号和编目，使之有序化的活动。

3.4　著录　description

在编制地质资料目录时，对其内容特征和形式特征进行分析、选择和记录的过程。

4　总则

4.1　目的任务

4.1.1　目的

使馆藏的有重要价值的实物地质资料得到妥善保管和合理开发利用，为地质调查、地质科研、矿产开发以及地质教学、科学普及等提供服务。

4.1.2　任务

接收、整理、数字化、著录、保管有重要价值的实物地质资料；建立实物地质资料社会化服务体系，全方位地向用户提供服务。

4.2　基本原则

4.2.1　馆藏实物地质资料的种类应齐全。

4.2.2　保存的实物地质资料应系统、完整。

4.2.3　利用实物地质资料应便捷。

4.2.4　馆藏管理工作应做到对实物地质资料精心爱护，仔细整理，妥善保管，慎重处理，合理利用。

4.3　工作内容

包括实物地质资料的接收、整理、数字化、著录、保管和服务等工作。

5　馆藏设施及人员

5.1　馆址

5.1.1　实物地质资料馆馆址的选择，应符合 JGJ 66—1991 中 2.0.1 的要求和城市规划总体要求。

5.1.2　实物地质资料馆的总平面布置，应符合 JGJ 66—1991 中 2.0.2 的要求。

5.2　设施

实物地质资料馆应配备相应的基础设施，配备要求见附录 A。

5.3　设备

实物地质资料馆应配备相应的设备，配备要求见附录 B。

5.4　人员

实物地质资料馆藏管理人员应具备以下条件：

a）掌握实物地质资料管理的基本业务知识；

b）了解实物地质资料管理工作有关的方针、政策和规章制度；

c）掌握实物地质资料馆藏管理工作的基本方法和技能。

6 资料接收

6.1 资料来源

实物地质资料馆主要通过汇交、收集、交换、购买、捐赠等方式接收有重要保管价值的实物地质资料入库。

6.2 接收要求

接收实物地质资料的基本要求包括：

a）实物地质资料的来源、流转情况清楚；

b）实物地质资料应保存完好；

c）实物标识清晰；

d）实物的相关资料齐全。

6.3 接收手续

实物地质资料馆接收实物地质资料，应对照实物地质资料移交清单（见附录C）逐箱（盒、袋、件）核对，检查实物地质资料状况，清点数量。核对无误的，签署接收意见。有差错的，待消除差错后，办理接收手续。

7 建档与编目

7.1 建档原则

7.1.1 馆藏保管的实物地质资料，应按入库顺序和种类编制档案。

7.1.2 一个工作项目产生的实物地质资料为一个建档单元。

7.1.3 一个项目包含若干个独立专题且分专题编写报告的，一个专题产生的实物地质资料可作为一个建档单元。

7.1.4 实物地质资料馆以专项形式采集的实物地质资料，以专项为单元建档；专项中划分专题的，以专题为单元建档。

7.1.5 一个建档单元赋予一个档号，档号采用阿拉伯数字按入库先后编流水号。也可采用体系分类编号法、分类流水编号法。实物的档号标记在装具标签上。纸质资料的档号标记在每册封面右上角以及档案袋（盒）的封面和脊背上。图件的档号标记在每幅图纸背面以及档案袋（盒）的封面和脊背上。电子文档的档号标记在电子文档载体标签上。

7.1.6 资料种类的代字，一类一字，采用汉字表示。实物种类代字标记在装具标签上。纸质资料的代字标记在每册封面右上角。图件的代字标记在每幅图纸背面。电子文档的代字标记在电子文档载体标签上。

7.1.7 件（箱、盒）号。由档号、资料种类、顺序号组成。以资料种类为单位，类内每件（箱、盒）均按顺序编号，一件（箱、盒）一号，采用阿拉伯数字表示。

a）岩心和岩屑，以钻孔为单元以箱为单位顺序编号，一个档号中有几个孔的岩心就有几条以“心”为代字的岩心箱流水号，岩心箱号标记在标签上并用油漆喷在岩心箱长边右侧。

b）标本，剖面或组合成地层剖面的，以剖面为单元以箱为单位顺序编号，一个档号中有几条剖面的标本就有几条以“标”为代字的标本箱流水号；不能构成剖面的零散标本，以箱为单位一条流水编号，标本箱号标记在标签上并用油漆喷在标本箱长边右侧。

c）样品，以图幅为单元以箱为单位顺序编号，一个档号中有几个图幅的样品就有几条以“样”为代字的样品箱流水号；零散样品以箱为单位一条流水顺序编号，样品箱号标记在标签上并用油漆喷在样品箱上。

d）光（薄）片，以剖面或钻孔为单元以盒为单位按光片和薄片两条流水顺序编号；零散光（薄）片以盒为单位按光片和薄片两条流水编号，光（薄）片盒号标记在光（薄）片盒标签上。

e）其他实物根据具体情况一般采用按箱一条流水顺序编号。

f）纸质资料、图件、电子文档等相关资料按照 DD 2010－06 的规定编制件号，并标记在标签上。

7.2　编目

7.2.1　实物地质资料馆应建立实物地质资料明细目录，应按档号登记每档实物地质资料所包含的所有各资料种类的详细目录。一档一份，格式见附录 D。

7.2.2　实物地质资料馆应建立实物地质资料案卷目录，应按档号登记每档实物地质资料所包含的所有资料种类的数量。一馆一套，格式见附录 E。

8　整理

8.1　实物整理

实物整理包括清洁实物、更换装具、重新排列、测量长度、核准位置、规范标识等。工作内容包括：

a）清洁实物：用清洁工具或清洗液除去实物表面的污物及尘土。

b）更换装具：将接收的实物从原装具中取出，移放到符合馆藏要求的标准装具中保存。

c）重新排列：将实物移放到标准装具，按照要求排列。

d）测量长度：重新排列的岩心应按回次测量岩心长度。

e）核准位置：依据钻探原始记录，参照重新测量的岩心长度，登记岩心的孔深位置。

f）规范标识：按照统一的样式，制作实物的标识。

8.2　相关资料整理

相关资料整理包括纸质文件归类、装订整饰、排序编号、组成保管单位。电子文件的组织和载体整理等。主要包括：

a）文件归类：根据纸质文件的类型、信息类别、相互关系进行分类分册。

b）装订装饰：采用国际标准 A4 型（297mm × 210mm）或 A3 型（297mm × 420mm）幅面尺寸，对纸质文件分册装订和修饰。

c）排序编号：对同一档号中的单册文件进行排序并赋予编号。

d）组成保管单位：把同一档号中的文件材料按编号次序组装成盒（袋）。

e）电子文件组织：根据电子文件的内容和格式，编制电子文件目录、排列电子文件、制作电子文件光盘。

f）电子文件载体整理：把同一档号下存储电子文件的载体，按光盘、磁盘、磁带等分类，并编号。

8.3 整理原则

8.3.1 实物整理必须保持实物的原有状态，除特殊情况外，不能进行加工处理，实物的原始标识和基本数据不能改动，存在疑义的在备注中说明。

8.3.2 实物的原有各类标识保留在原处；新增标识，不得掩盖实物的重要地质特征。

8.3.3 实物整理形成的各类数据必须完整，整理数据反映实物的整理情况和实物整理前后的状况，存档备查。

8.3.4 实物整理过程中产生的各类数据必须准确，必须使用可靠的测量工具，保证精度。测量岩心长度应使用钢卷尺或钢尺，精度为厘米级；测量岩心直径应使用卡尺，精度为毫米级；样品质量使用普通天平称量，精度为克。

8.3.5 实物整理方法应适当。依据实物的性状选择不同的整理方法。

8.3.6 相关资料的整理应按照 DD 2010－06 的规定整理，整理后的相关资料既要便于资料保管，又要便于服务利用。

8.4 资料种类

8.4.1 实物地质资料馆对接收入库的实物地质资料进行分类。

8.4.2 实物种类

8.4.2.1 岩心（代字：心）

指钻探工程中，钻取的圆柱状或碎裂的岩块或含矿岩块。包括岩心、矿心，以及取样后所剩余的劈分岩心、岩心碎块等。

8.4.2.2 岩屑（代字：屑）

钻探工程中，钻取的岩矿碎屑。

8.4.2.3 标本（代字：标）

地质工作中采集的符合一定规格要求的地质体的一部分。包括岩石标本、矿石标本、矿物标本、古生物化石标本及陨石等。

8.4.2.4 样品（代字：样）

地质工作中，采集的各种岩（土）体样本。主要包括化探副样及化学分析样、岩组分析样、粒度分析样、人工重砂样、同位素年龄样、物理试验样、光谱分析样以及液（气）态样品等。

8.4.2.5 光（薄）片（代字：片）

各类矿石、岩石标本的切面或切片。包括光片、岩石（矿物）薄片、化石薄片等。

8.4.2.6 其他实物（代字：他）

上述 5 种主要实物以外的实物类型。如标准物质、揭片等。

8.4.3 相关资料种类

8.4.3.1 文字类（代字：文）

与实物相关的各类报告、说明书及附件、附表、审批文据等纸质资料。如地质工作报告、钻孔质量验收报告、岩矿鉴定报告、钻孔地质记录表、采样登记表、岩心缩减登记表、实物地质资料汇交或采集报告、实物地质资料移交说明、岩心整理表等。

8.4.3.2　图件类（代字：图）

与实物相关的各类附图。如矿区地质图、钻探工程布置图、勘探线剖面图、钻孔柱状图、实测地质剖面图、地层综合柱状图、实际材料图等。

8.4.3.3　电子文档类（代字：电）

与实物相关的各类电子文件。以磁带、磁盘、光盘等为载体储存的电子文件。

8.5　整理要求

8.5.1　岩心整理

8.5.1.1　准备工作

岩心整理需要做以下准备工作：

a）岩心整理由熟悉地质和钻探知识、具有中级以上技术职称的人员负责岩心整理工作，负责制定岩心整理计划，解决整理技术问题，编写岩心整理报告。

b）制定岩心整理计划。岩心整理以单个钻孔为一个整理批次。岩心整理前，应编制计划，填写岩心整理计划表格式见表1。报实物地质资料馆批准后实施。

c）备齐整理用品。包括岩心箱、喷漆枪、岩心挡板、岩心牌、样袋、整理登记表及清洁工具等。岩心箱应依据岩心直径选用规格（两格或三格或多格）一致的标准岩心箱。特殊岩心需根据需要选择。

表1　岩心整理计划表

项目（矿区）名称：　　　　　　　　　　　　　　　　　钻孔编号：

接收岩心箱数		岩心总长度/m		岩心直径/mm	
整理人					
整理时间		需要标准岩心箱个数		标准岩心箱格数	
所需文本资料					
所需耗材					
其他					

批准人：　　　　　　　　　　编制人：　　　　　　　　　　日期：

8.5.1.2　核对并开箱。核对每箱岩心及相关资料与移交清单是否一致，确认无误后，方可进行开箱整理工作。按照原岩心箱号从小到大顺序开箱。开箱前登记原岩心箱号和起止深度；开箱后核查回次岩心牌内容、次序和位置，清点岩心块数。填写开箱登记表，格式见表2。

表2　岩心开箱登记表

项目（矿区）名称：　　　　　　　　　　　　　　　　　钻孔编号：

原岩心箱号	起止孔深/m		回次	岩心完整情况	备注
	起	止			

组长：　　　　　　开箱人：　　　　　　记录人：　　　　　　开箱日期：

8.5.1.3 清洁岩心

不同性状的岩心应采取不同的清洁方法：

a）一般岩心用清水洗去岩心表面的灰尘，以不破坏岩心原生状态为宜。清洗时注意轻拿轻放，不要弄坏岩心表面的标识、标签，清洗后30min内自然晾干或用棉布擦干，防止水分内浸。

b）用硬毛刷或钢丝刷，除去坚硬岩心表面的泥及污物；用水清洗坚硬岩心表面的泥土；用气泵吹除坚硬岩心表面的尘土；用软毛刷清除岩心表面的尘土；用湿抹布擦除岩心表面微尘。

c）含油岩心应用刮刀清除外表面脏物或用布擦拭于净；易溶解水的岩心，如盐岩、石膏等，用干布将岩心外表面擦拭干净；遇水膨胀的岩心和松软、疏松的岩心，用湿度适宜的抹布将岩心外表面擦拭干净。易碎或渗透性高的岩心表面的污物，宜用钝刃的刀子将其刮掉。

d）禁止用水管从上到下冲洗岩心。

e）清洗岩心时，应将岩心盒同时清洗干净。

8.5.1.4 岩心箱号。以钻孔为单元以箱为单位顺序编号，岩心箱号由3位（必要时用4位及其以上）阿拉伯数字构成，每个钻孔从001开始，依次编排。岩心箱号用硝基漆喷在岩心箱长边右侧，字体一般为宋体，字号大小比例适当、字迹清晰。

8.5.1.5 制作挡板。为便于岩心的分段管理和数据采集，在岩心特征点上放置挡板。岩心特征点包括岩心回次分隔点、取样位置等。挡板用薄木板制作，宽度以略小于岩心箱隔槽为宜，高度应低于岩心箱格高。在挡板上应用记号笔标注特征点类型及有关数据。

8.5.1.6 制作岩心牌。有污损的岩心牌应按表3样式重新制作。岩心牌的数据来源于钻孔原始记录和原岩心箱中的岩心牌。岩心牌用激光打印机输出，用塑封膜塑封，其大小以放入岩心箱隔槽内为宜。

表3 岩心牌

岩　心　牌			
钻孔编号		回次	
孔深/m		进尺/m	
岩心长/m		编号及块数	
残留岩心/m		采取率/%	
年　月　日		记录员	

8.5.1.7 岩心移箱。岩心按照钻孔从浅至深的顺序移箱。工作人员面对岩心箱号，按从左到右、从上到下的顺序连续摆放；摆放时，对接岩心，紧密排列，带有标识的一面向上；有方向线的，要将方向线对齐；破碎和风化严重的岩心，先将其装入样品袋中，再放入岩心箱的相应位置；移箱过程中，插放挡板，放置岩心牌，按回次重新测量岩心长度、计算代表孔深；移箱时保留原有标识。填写岩心整理表，格式见表4。

表4　岩心整理表

项目（矿区）名称：　　　　　　　　　　　　　　钻孔编号：

岩心箱号	起止回		起止深度/m		隔槽	回次	实际孔深/m	岩心长/m	回次	实际孔深/m	岩心长/m	备注
	自	止	自	止								
					1							
					2							
					3							
					4							
					…							

组长：　　　　　　　　校对人：　　　　　　填表人：　　　　　　日期：

8.5.1.8　填写岩心箱标签。岩心移入新箱后，需测量和计算每箱的起止孔深，填写岩心箱标签，并将标签贴在岩心箱号附近。岩心箱标签格式见表5。

表5　岩心箱标签

档号		资料种类	
钻孔编号		岩心箱号	
题名			
入库岩心	m	共　箱　第　箱	
回次	至	孔深	m 至　m
填表人		日期	

8.5.1.9　编写岩心整理报告。一个档号的岩心整理完毕，应编写岩心整理报告。主要内容应反映岩心整理的过程、遇到的问题和处理方法以及利用提示等。

8.5.2　岩屑整理

8.5.2.1　岩屑整理准备工作参照8.5.1.1和8.5.1.2条岩心整理的要求。

8.5.2.2　清洁岩屑

不同性状的岩屑应采取不同的清洁方法：

a）一般岩屑用清水洗去岩屑表面的灰尘与污物，清洗后，岩屑应自然晾干，不能烘干。

b）含油、易溶解于水的岩屑（如盐岩、煤、石膏等）、遇水膨胀的松软、疏松岩屑（如泥岩、泥质岩等）应用湿度适宜的抹布，将岩屑擦拭干净，不能用水清洗。

c）岩屑装具应清洗干净。

8.5.2.3　岩屑箱号。以钻孔为单元以箱为单位顺序编号，岩屑箱号由3位（必要时用4位及其以上）阿拉伯数字构成，每个钻孔从001开始，依次编排。岩屑箱号用硝基漆喷在岩屑箱长边右侧，字体一般为宋体，字号大小比例适当、字迹清晰。

8.5.2.4　岩屑入库编号。按钻孔采用阿拉伯数字编制岩屑入库编号。一个钻孔的岩屑入库编号构成一个数字系列，编号位数以本钻孔岩屑总量而定，空位以“0”补齐。编号填写在岩屑标签上。

8.5.2.5　制作岩屑标签。标签根据不同类型地质工作特点设计，其参考格式见表6。标签用激光打印机输出，用塑封膜塑封。

表6　岩屑标签

入库编号		岩屑编号	
孔号		岩屑类型	
取样位置			
采集人		采集日期	

8.5.2.6　装袋（瓶）。将岩屑装入新的岩屑袋（瓶）中，放入岩屑标签。

8.5.2.7　装箱。岩屑装箱时，按入库编号从小到大的顺序，工作人员面对岩屑箱号，从左到右、从上到下连续摆放。

8.5.2.8　粘贴岩屑箱标签。在岩屑箱外面粘贴上标签，格式见表7。

表7　岩屑箱标签

档号		资料类型	
钻孔编号		岩屑箱号	
题名			
入库岩屑	袋（瓶）	共　　箱　　　第　　箱	
岩屑类型		入库编号	至
填表人		日期	

8.5.2.9　编写整理报告。一个档号的岩屑整理完毕，应编写整理报告。主要内容应反映整理的过程、遇到的问题和处理方法以及利用提示等，并附岩屑入库编号与岩屑编号对照表，对照表格式见表8。

表8　岩屑编号对照表

项目（矿区）名称：　　　　　　　　　　　　　　　　　　档号：

岩屑编号	岩屑编号	入库编号

校对人：　　　　　　　　　　填表人：　　　　　　　　　　日期：

8.5.3　标本整理

8.5.3.1　准备工作

标本整理需要做以下准备工作：

a）标本整理应由熟悉地质工作、具有中级以上技术职称的人员负责标本整理工作，编写标本整理报告。

b）编写整理计划。一个档号的标本为一个整理批次。标本整理前，应编写计划，填写标本整理计划表，格式参见表1。报实物地质资料馆批准后实施。

c）准备整理用品。包括标准标本箱（也可用岩心箱代替）、喷漆枪、标本签、透明塑料袋及清洁工具等。

8.5.3.2　核对并开箱。应认真核对每箱标本及相关资料与移交清单是否一致，确认准确无误后，方可进行整理工作。按照原标本箱号从小到大顺序开箱。检查每块标本是否有标签，标签的内容是否齐全；标本块数与移交清单上的记录是否一致。

8.5.3.3　清洁标本

整理时应对标本表面进行清洁，不同性状的标本应采取不同的清洁方法：

a）一般标本用湿抹布擦拭表面的污物，或用清水洗去标本表面的污物，以不破坏标本原生状态为宜，清洗时轻拿轻放，不要弄坏标本表面的标识、标签，清洗后30min内自然晾干，防止水分内浸。

b）含油标本应用刮刀清除外表面污物或用布擦拭干净；易溶解于水的标本（如盐岩、石膏等）用干布将外表面擦拭干净；遇水膨胀的和松软、疏松的标本，用湿度适宜的抹布将标本外表面擦拭干净。易碎或渗透性高的标本表面的污物，宜用钝刃的刀子将其刮掉。

c）禁止用水浸泡标本或用水管直接冲洗标本。

d）清洗标本时应将标本盒同时清洗干净。

8.5.3.4　标本箱号。按剖面或组合成地层剖面的，以剖面为单元以箱为单位顺序编号；不能构成剖面的零散标本，以箱为单位一条流水编号。标本箱号由3位（必要时用4位及其以上）阿拉伯数字构成，编号从001开始，依次编排。编号用硝基漆喷在标本箱侧面上。字体一般为宋体，字号大小比例适当、字迹清晰。

8.5.3.5　入库编号。标本入库编号按剖面或组合成地层剖面的，以剖面为单元按自然顺序用阿拉伯数字编制，零散标本按自然顺序编号从001开始，依次编排。编号位数以本批次标本总量而定，空位以“0”补齐。入库编号填写在标本标签上。

8.5.3.6　制作标签。对每块标本编制对应的标本标签，标签根据不同类型地质工作特点设计，格式参见表9。标签用激光打印机输出，用塑封膜塑封。

表9　标本标签

入库编号		标本编号	
产地			
图幅号		剖面号	
地理位置			
名称			
层次		时代	
采集人		采集日期	

8.5.3.7　装袋。一般手标本应单独用布袋或透明塑料袋包装，同时放入对应的标签。体积较大的标本应单独放置，特殊标本应放置在符合保管条件的装具内。

8.5.3.8　装箱。一般手标本按入库编号依次装箱，工作人员面对标本箱号，从左到右、从上到下连续摆放；摆放时标签向上。

8.5.3.9　粘贴标本箱标签。标本箱表面粘贴标本箱标签，格式见表10。

表 10 标本箱标签

档号		资料种类		标本编号	
图幅号		剖面号			
题名					
入库标本	块	共 箱 第 箱			
入库编号	至				
填表人		日期			

8.5.3.10 编写整理报告。一个档号的标本整理完毕，应编写标本整理报告。主要内容包括标本整理过程中遇到的问题与处理方法，并附标本编号对照表，格式见表 11。

表 11 标本编号对照表

项目（矿区）名称： 档号：

标本箱号	标本编号	入库编号

校对人： 填表人： 日期：

8.5.4 样品整理

8.5.4.1 准备工作

整理样品需要做以下准备工作：

a）样品整理应由熟悉地质工作、具有中级以上技术职称的人员负责样品整理工作，编写样品整理报告。

b）编写整理计划。一个档号的样品为一个整理批次。样品整理前，应编写整理计划，填写样品整理计划表，格式参见表 1。报实物地质资料馆批准后实施。

c）准备整理用品。包括标准样品箱（也可用岩心箱代替）、喷漆枪、样品袋（瓶）、样品签等。

8.5.4.2 核对并开箱。应认真核对每箱样品及相关资料与移交清单是否一致，确认准确无误后，进行整理工作。按照原样品箱号从小到大顺序开箱。检查每件样品上是否有样品签，样品签上的内容是否齐全；样品数量与资料清单上的数量是否一致。

8.5.4.3 样品箱号。以图幅为单元以箱为单位顺序编号，零散样品以箱为单位一条流水顺序编号。样品箱号由 3 位（必要时用 4 位及其以上）阿拉伯数字构成，编号从 001 开始，依次编排，用硝基漆喷制，字体一般为宋体，字号大小比例适当、字迹清晰。

8.5.4.4 样品入库编号。按图幅采用阿拉伯数字编制样品入库编号。一个图幅的样品入库编号构成一个数字系列。零散样品按自然顺序编号从 001 开始，依次编排。编号位数以本批次样品总量而定，空位以“0”补齐。编号填写在样品标签上。

8.5.4.5 制作样品标签。标签根据不同类型地质工作特点设计，格式参见表 12。标签用激光打印机输出，用塑封膜塑封。

表 12　样品标签

入库编号		样品编号	
样品类型		图幅号	
取样位置			
采集人		采集日期	

8.5.4.6　装袋（瓶）。将样品装入新的样品袋（瓶）中，并粘贴样品标签。

8.5.4.7　装箱。样品装箱时，按入库编号从小到大的顺序，工作人员面对样品箱号，从左到右、从上到下连续摆放。

8.5.4.8　粘贴样品箱标签。在样品箱表面粘贴上标签，格式见表 13。

表 13　样品箱标签

档号		资料类型	
图幅号		样品箱号	
题名			
入库样品	袋（瓶）	共　　箱　　　第　　箱	
样品类型		入库编号	至
填表人		日期	

8.5.4.9　编写整理报告。一个档号的样品整理完毕，应编写整理报告。主要内容应反映整理的过程、遇到的问题和处理方法以及利用提示等，并附样品入库编号与样品编号对照表，对照表格式见表 14。

表 14　样品编号对照表

项目（矿区）：　　　　　　　　　　　　　　　　档号：

样品箱号	样品编号	入库编号

校对人：　　　　　　　　　填表人：　　　　　　　　　日期：

8.5.5　光（薄）片整理

8.5.5.1　准备工作

光（薄）片整理需做以下准备工作：

a）光（薄）片整理应由熟悉地质工作、具有中级以上技术职称的人员负责光（薄）片整理工作，编写光（薄）片整理报告。

b）准备预整理的光（薄）片。

c）备齐整理所需物品（包括清洁工具、标签等）。

8.5.5.2　核对。核对光（薄）片的数量与移交清单是否一致；检查每个光（薄）片编号与资料清单和鉴定报告上的编号是否一致。

8.5.5.3 清洁。根据光（薄）片的类型，选取湿度适宜的抹布或其他适当的方法将其擦拭干净。

8.5.5.4 光（薄）片盒号。以剖面或钻孔为单元以盒为单位按光片和薄片两条流水顺序编号；零散光（薄）片以盒为单位按光片和薄片两条流水编号，编号标记在光（薄）片盒标签上。

8.5.5.5 入库编号。以剖面或钻孔为单元，采用阿拉伯数字编制入库编号，一个批次按光片和薄片分别编号，编号位数以光（薄）片的数量而定，空位以“0”补齐。编号用极细油漆笔写在光（薄）片上，编号从001开始，依次编排。零散光（薄）片按自然顺序从001开始编号，依次编排。

8.5.5.6 装盒。编号后，按次序将光片和薄片分别放入光片盒和薄片盒中，一盒装不下时，可装入多盒。

8.5.5.7 贴标签。应在光（薄）片盒外面粘贴上标签，格式见表15。

表15　光片和薄片盒标签

档号		资料类别		□ 光片　　□ 薄片	
图幅号		剖面（孔）号		光薄（片）盒号	
题名					
入库光薄片	片	共　　盒　　　第　　盒			
入库编号	至				
填表人		日期			

8.5.5.8 编写整理报告。一个档号的光（薄）片整理完毕，应编写整理报告。主要内容应反映整理的过程、遇到的问题和处理方法以及利用提示等，并附入库编号与光（薄）片编号对照表，格式见表16。

表16　光（薄）编号对照表

项目（矿区）名称：　　　　档号：　　　　□ 光片　　□ 薄片

光（薄）片盒号	光（薄）片编号	入库编号

校对人：　　　　填表人：　　　　日期：

8.5.6 其他实物整理

其他实物整理可参照上述实物整理方法进行整理。其他实物根据具体情况一般采用按箱一条流水顺序编号。

8.5.7 相关资料整理

按照DD 2010－06的规定进行整理。

8.5.8 电子文档整理

按照GB/T 18894—2002中第7、8章的规定和DD 2010－06的规定进行整理。

9　数字化

9.1　数字化内容

9.1.1　实物地质资料数字化包括实物数字化和相关资料数字化。

9.1.2　数字化工作包括扫描预处理、扫描、图像处理、图像存储、图像文件归档等工作。

9.2　实物数字化

9.2.1　岩心数字化

9.2.1.1　岩心扫描数字化是应用专门的岩心扫描设备，对岩心进行扫描，并对采集的图像进行处理和存储管理，形成附有岩心图像的钻孔综合柱状图，为岩心图像服务提供基础。

9.2.1.2　岩心扫描设备：岩心图像采集仪、计算机、图像管理软件等。

9.2.1.3　岩心扫描方式：白光彩色平动扫描、白光彩色滚动扫描、荧光平动扫描等。

9.2.1.4　扫描工作环境：工作室内无强磁场，无腐蚀性气体，远离火（热）源，温度5～35℃，湿度5%～90%，白光扫描要求光线柔和，荧光扫描要求在暗室环境下。不得将仪器置于振动、潮湿和阳光直射的地方。

9.2.1.5　扫描技术指标：白光平动扫描的有效平面扫描宽度不应小于160mm；白光滚动扫描，扫描圆柱状岩心的直径范围不小于30～160mm；一次扫描成像的长度宜为1000mm或500mm。

9.2.1.6　预处理：清洁岩心，清洁后的岩心按编号（由浅至深）顺序摆放在岩心盒内，断面应对接整齐，破碎或风化严重的岩心碎块，按其相对应的岩心长度摆放在钻孔的相应深度位置处，各种标识放置齐全，缺失岩心的部位应放置标识牌，并做好记录。

9.2.1.7　扫描基本要求：岩心扫描的图像应清晰，岩心表面性状特征明显，数字信息完整。用最小内存的图像文件获取清晰的岩心扫描图像。

9.2.1.8　扫描工作要求

岩心扫描应检查设备工作状况，选择适当扫描参数。主要包括：

a）扫描前应仔细检查扫描工作环境，测试扫描设备工作状况和采集精度。

b）根据图像用途和岩心形状、规格，选择合适的扫描方式。

c）调整扫描焦距、设定扫描图像的色彩（正常色）、扫描宽度（略大于岩心宽度）、扫描长度（为扫描范围内的任意长度）。

d）选择合适的图像采集分辨率。特殊层段的岩心宜采用600dpi以上的分辨率；重要层段的岩心宜采用200～600dpi的分辨率；其他层段的岩心宜采用100～200dpi的分辨率。

9.2.1.9　图像处理基本要求

岩心扫描图像应与岩心原始性状一致，图像处理的基本要求包括：

a）保持岩心固有信息不变，图像与岩心的原始性状一致。裁除图像周边的非岩心物像，保留完整的岩心图像。

b）图像在1∶1或放大显示状态下，岩心表面的主要地质特征清晰可辨。

c）岩心图像齐全、完整，图像的长度值应与岩心的长度值一致，依据岩心深度值依次拼接图像，不允许图像重叠或移位。图像在钻孔柱状图中的位置应与岩心的深度值一致。

d）岩心图像柱状图应是垂直向上的正片图像，图像端正，倾斜度不得大于0.3°，其显示方向由浅至深，从上到下。对倾斜的图像进行纠斜，使图像端正。对有一定角度非正视的图像进行适当旋转调整。

e）亮度、对比度、饱和度：做适当调整，使图像清晰。处理后的岩心图像应清洁、美观，便于管理和分析应用。

f）删除图像上的污点和污迹。图像中若有油漆、铁锈等清洗不掉的污染物图像时，应加备注说明。若图像质量较差，应重新扫描。

9.2.1.10 图像存储基本要求

岩心扫描图像存储应完整，利于保管。基本要求包括：

a）图像数据保存必须完整、准确、可靠。

b）图像数据能在信息服务系统中方便地进行浏览和查询。

c）存储图像数据的载体应利于长期保存，并便于保管。

d）同一档号的岩心图像数据应尽可能保存在同一物理存储介质中；文件过大而需要保存在数个物理存储介质中时，应在第一个存储介质中保存一份完整的文件目录。

9.2.1.11 图像存储工作要求

岩心扫描图像存储格式、载体等的工作要求包括：

a）格式：图像存储格式宜采用JPG格式。

b）载体：图像数据的存储载体宜用“DVD－R”（光盘），也可用“CD－R”（光盘）。

c）检查：图像数据保存到载体后，应进行检查，保证存储数据可读。

d）备份：图像数据必须备份，以防丢失。数据保存应在3份（含3份）以上。

e）标注：保存图像数据的载体应标注标签，注明编号、形成时间，必要时注明电子文件目录。

9.2.1.12 图像文件归档

岩心扫描图像文件归档的要求包括：

a）登记：扫描生成的岩心图像文件应遵照GB/T 18894—2002中6.2的规定进行登记。

b）整理：扫描生成的岩心图像文件应遵照GB/T 18894—2002第8章的规定进行整理。

c）归档：数字化形成的图像电子文件应遵照GB/T 18894—2002第7章和DD 2010－06的规定进行归档管理。

9.2.2 岩屑数字化

9.2.2.1 岩屑数字化是应用专门的岩屑扫描设备，对岩屑进行扫描，并对采集的图像进行处理和存储管理，形成附有岩屑图像的钻孔柱状图，为岩屑图像服务提供基础。

9.2.2.2 岩屑图像采集设备：岩屑图像采集仪、计算机、图像管理软件等。

9.2.2.3 岩屑图像扫描方式：白光彩色扫描、荧光扫描等。

9.2.2.4 扫描工作环境：工作室内无强磁场，无腐蚀性气体，远离火（热）源，温度

5～35℃，湿度5%～90%，白光扫描要求工作室光线柔和。不得将仪器置于振动、潮湿和阳光直射的地方。

9.2.2.5　扫描技术指标：岩屑图像采集仪分辨率最小值应小于200dpi，最高值应大于600dpi，一般采用300dpi分辨率进行扫描。

9.2.2.6　预处理

岩屑扫描需做预处理工作，主要包括：

a）清洁后的岩屑，应按编号顺序（由浅至深）摆放好，各种标识齐全，放置整齐。

b）根据岩屑的新鲜程度、形状、新成分出现的百分比，结合钻探原始记录挑选代表地层岩性的岩屑。

c）软弱层位的岩屑（如煤、盐岩、石膏、泥岩、变质岩等）在岩屑总量中含量较少，应将其挑选出来，代表软弱地层的岩性。

d）挑选出的典型岩屑，摆放在扫描平板上。岩屑摆放应整齐、压紧，保证岩屑平整。

9.2.2.7　扫描基本要求：岩屑扫描的图像应清晰，岩屑个体的表面特征明显，信息完整。用最小内存的图像文件采集清晰表达岩屑个体特征的岩屑扫描图像。

9.2.2.8　扫描工作要求

岩屑扫描应检查设备工作状况，选择适当扫描参数。主要包括：

a）扫描前应仔细检查扫描工作环境，测试扫描设备工作状况和采集精度。

b）根据图像用途和岩屑规格，选择合适的扫描方式。

c）调整扫描焦距，设定扫描图像的色彩，扫描宽度和扫描长度应略大于岩屑摆放的宽度和长度。

d）选择合适的图像采集分辨率。颗粒细的岩屑宜采用600dpi以上的分辨率，一般岩屑宜采用300dpi的分辨率，较粗的岩屑宜采用200dpi的分辨率。

9.2.2.9　图像处理基本要求

岩屑扫描图像应与岩屑原始性状一致，图像处理的基本要求包括：

a）保持岩屑扫描图像固有信息不变，图像与岩屑的原始性状一致。

b）图像在放大显示状态下，岩屑个体的主要地质特征清晰可辨。

c）岩屑图像应是完整的正片图像，图像端正。

d）处理后的岩屑图像应清洁、美观，便于管理和应用。

e）图像中若有杂物等影响观察时，应剔除杂物重新扫描图像。

9.2.2.10　图像存储基本要求

岩屑扫描图像存储基本要求参照9.2.1.10岩心扫描图像存储基本要求。

9.2.2.11　图像存储工作要求

岩屑扫描图像存储工作要求参照9.2.1.11岩心扫描图像存储工作要求。

9.2.2.12　图像文件归档岩屑扫描图像文件归档参照9.2.1.12岩心扫描图像文件归档要求。

9.2.3　标本数字化

9.2.3.1　标本数字化是应用专门的标本摄像设备，对标本进行摄像，并对摄取的图像进行处理和存储管理，形成附有标本图像的电子文件，为标本图像服务提供基础。

9.2.3.2 标本摄像设备：标本摄像仪、计算机、图像管理软件等。

9.2.3.3 标本摄像方式：灰度摄像、彩色摄像、录像、全息照相等。

9.2.3.4 工作环境：工作室内无强磁场，无腐蚀性气体，远离火（热）源，温度5～35℃，湿度30%～90%。工作室要求光线柔和。不得将仪器置于振动、潮湿和阳光直射的地方。

9.2.3.5 技术指标：摄像仪宜采用不低150万像素的CCD摄像头，带特写镜头，影像录制不低于20帧/s。拍摄区域最大应大于60mm×90mm，最小应小于30mm×60mm。

9.2.3.6 预处理：清洁的标本按编号顺序摆放在摄像工作台上，破碎的标本将其从袋中取出，摆放在平板上，排列在与其相对应的编号位置，标本的各种标识齐全，放置整齐。

9.2.3.7 摄像基本要求：摄取的标本图像应清晰，标本表面的结构构造等特征信息完整。用最小内存的图像文件摄取表达标本个体特征的图像。

9.2.3.8 摄像工作要求

标本摄像应检查设备工作状况，选择适当的摄像参数。主要包括：

a）摄像前应仔细检查摄像工作环境，测试摄像设备工作状况、拍摄区域和像素。

b）根据图像用途和标本的形状、规格、标本的特征，选择合适的摄像方式。

c）设定摄取图像的色彩，调整焦距，使拍摄区域略大于标本的长度和宽度。

d）选择合适的拍摄像素，以图像清晰为宜。标本的特殊结构构造宜采用特写拍摄，重要标本宜采用400万以上的像素，其他标本宜采用150万～400万像素。

e）拍摄时注意调整光源的位置、角度和强度，消除标本表面反射光对图像造成的影响。

9.2.3.9 图像处理基本要求

标本摄取的图像应与标本原始性状一致，图像处理的基本要求包括：

a）保持标本固有信息不变，图像与标本的原始性状一致。

b）图像在放大状态下，显示标本的主要地质特征清晰。

c）标本图像应是完整的正片图像，图像端正；定向标本的图像应与其方位一致。

d）处理后的标本图像应清洁、美观，便于管理和应用。

e）图像中若有油漆、铁锈等清洗不掉的污物图像影响观察标本结构特征时，应加备注说明。

9.2.3.10 图像存储基本要求

标本图像存储基本要求参照9.2.1.10岩心扫描图像存储基本要求。

9.2.3.11 图像存储工作要求

标本图像存储工作要求参照9.2.1.11岩心扫描图像存储工作要求。

9.2.3.12 图像文件归档

标本图像文件归档参照9.2.1.12岩心扫描图像文件归档要求。

9.3 相关资料数字化

9.3.1 基本要求

9.3.1.1 相关资料数字化是选择相应规格的扫描仪，运用扫描的方法对与实物相关的文字、图件、表格等纸介质资料以及实物接收、整理、保管工作中形成的记录文字或图表进行扫描，对扫描生成的图像进行处理，生成电子文件，归档保存。

9.3.1.2　相关资料扫描生成的图像应完整，齐全。文字、图件、表格应清晰，能满足阅读要求。

9.3.1.3　图像处理后，生成的电子文件应符合相关资料的原意。对相关资料原件本身不清晰且无法考证的内容，原则上图像文件不做删改。

9.3.1.4　扫描图像为端正的正片图像，图像清洁、美观。

9.3.2　预处理

9.3.2.1　整理核对与实物相关的文字、图件、表格等纸介质资料。对原件中的破损处应予修复，资料中图件的折痕要熨平，不清晰处要描清。

9.3.2.2　实物接收、整理、保管工作中形成的记录文字、图表、批文等原件要进行修整和编排。

9.3.3　扫描

纸质资料的扫描应遵照 DA/T 31—2005 第 6 章的规定。

9.3.4　图像处理

图像处理应遵照 DA/T 31—2005 第 7 章的规定。

9.3.5　图像存储

图像存储应遵照 DA/T 31—2005 第 8 章的规定。

9.3.6　图像文件归档

9.3.6.1　登记：扫描生成的相关资料图像文件应遵照 GB/T 18894—2002 中 6.2 的规定进行登记。

9.3.6.2　整理：扫描生成的相关资料图像文件应遵照 GB/T 18894—2002 第 8 章的规定进行整理。

9.3.6.3　归档：数字化形成的图像电子文件应遵照 GB/T 18894—2002 第 7 章和 DD 2010－06 进行归档管理。

10　著录

10.1　著录内容

根据馆藏实物地质资料档案内容和形式特征进行著录。著录项目的内容包括：馆藏机构项、题名与责任说明项、馆藏实物地质资料项、密级与保管期限项、相关资料项、关键词与内容提要项。

10.2　一般要求

10.2.1　著录内容采集

实物地质资料著录内容主要来源于实物地质资料收集报告以及相关的原始编录、记录、采样登记表、岩矿鉴定报告和平面图、剖面图、柱状图、勘查报告等原始地质资料、成果地质资料。当上述信息不足时，可参考其他有关的资料进行著录。

10.2.2　著录单元

一档实物地质资料为一个著录单元，著录层次为案卷级，部分信息著录为件级。

10.2.3　著录格式

实物地质资料档案著录项目按特征组合排列后，采用表格方式著录。著录表由主表和副表组成。主表以档为单元著录各项内容。副表以件为单元分别著录钻孔岩心和岩屑，标本、样品、薄片、光片和其他实物以及相关资料等内容。著录格式见附录F。

10.2.4 著录用文字

a）应使用规范化的汉字，外文应符合书写规则。

b）表格中的编号项、时间项、地理坐标项、实物地质资料数量项、钻孔深度项等的数字应使用阿拉伯数字。

c）题名项中，图幅号内的英文字母应使用大写字母。

d）各种分子、离子等，一般使用中文名称。

e）计量单位应使用统一的国家计量标准。

10.2.5 比例尺符号

a）比例尺的比例符号著录为“/”。

b）小于和等于1/100的比例尺，分母用汉字“百”“千”“万”表示数字单位，例如“1/100”“1/5000”“1/250000”应分别著录为“1/1百”“1/5千”“1/25万”；大于1/100的比例尺，分母用阿拉伯数字表示，例如“1/50”。

10.2.6 时间项

a）非公元纪年的时间，著录时应换算成公元纪年。

b）缺少有关时间记载的，应根据其内容、形式特征等考证出的时间进行著录；无法考证的，可空缺。

c）年份采用4位数字表示，月、日采用两位数字表示，不足两位的月、日（1~9月和1~9日）在其前补“0”。例如，2009年04月08日、2009年04月18日、2009年10月08日。

10.3 著录项目要求

10.3.1 馆藏机构项

著录保存该档实物地质资料的实物地质资料馆的全称。

10.3.2 题名与责任说明项

10.3.2.1 档号

著录每档实物地质资料在实物地质资料馆的库藏号码。

10.3.2.2 题名

a）用于直接表达实物地质资料类型及其来源的名称。可分为正题名和副题名。正副题名用“:”分开。

b）正题名为必须著录的题名。一般形式为某地质工作项目（或矿区）的何种类型的实物地质资料。例如：辽宁红透山铜金矿接替资源勘查岩矿心、标本；新疆1/25万苏吾什杰幅区域地质调查标本；河南卢氏—栾川地区铅锌银矿评价岩矿心；江苏东海科钻一井岩心、岩屑；福建马坑铁矿岩心、标本等。

c）副题名是解释实物地质资料类型与来源的从属于正题名的说明性题名。当正题名能反映清楚实物地质资料的类型与来源时，不著录副题名。

10.3.2.3 形成单位及汇交人

a）形成单位指从事地质勘查、科研、其他生产技术活动，形成实物地质资料的单位。汇交人指依法向实物地质资料馆藏机构汇交实物地质资料，对汇交的实物地质资料负有主要责任的单位、部门或个人。

b）两个或3个单位合作（协作）完成的项目，应依次著录主办单位（牵头单位）、合作（协作）单位，其间以“，”号隔开。3个以上单位合作（协作）完成的项目，最多著录3个单位，但应加注“等”字。

c）单位名称著录至具有法人资格的队、院、所、公司等；单位名称应为在当地政府部门注册的名称；同一单位有两个或两个以上名称的，应在“（）”中注明别的名称，例如天津地质调查中心（天津地质矿产研究所）。

10.3.2.4　项目名称及代码

产生该档实物地质资料的地质工作项目名称及其编码。即汇交人汇交实物地质资料的地质工作项目名称及编码，是经过审批的设计书或工作方案确定的地质工作项目名称及编码，该名称应与汇交人报送给实物地质资料馆藏机构的实物地质资料目录清单上的项目名称一致。例如：江西诸广山—万洋山钨多金属矿评价；环渤海地面沉降专项；苏吾什杰幅、玉树幅1/25万区域地质调查。实物地质资料馆专项采集的实物地质资料，项目名称为实施专门采集的专项工作内容名称。例如：浙江煤山全球二叠系—三叠系界限层型剖面实物地质资料采集。通过交换、购买、捐赠等其他方式接收入库的实物地质资料，有明确地质工作项目的按上述方法确定项目名称，无明确地质工作项目的，项目名称及编码空缺。

10.3.2.5　资料类别与代码

产生该档实物地质资料的工作类别。参照成果地质资料分类方法，划分为8类：区调地质调查，海洋地质调查，矿产勘查，水工环勘查，物化遥勘查，地质科学研究，技术方法研究和其他。大类进一步划分为多个小类。资料类别及代码见表17。

表17　资料类别及代码表

代码	资料类别	代码	资料类别
10	**区调**	**40**	**水工环境地质勘查**
11	区域地质调查	41	区域水文地质调查
12	区域矿产调查	42	工程地质勘查
13	区域物化探调查	43	环境（灾害）地质勘查
14	区域水工环境调查	44	天然地震地质调查
15	城市地质调查	**50**	**物化遥勘查**
16	区域农业地质调查	51	物探
19	其他专项区调查	52	化探
20	**海洋地质调查**	53	遥感
21	海洋区域在地质调查	54	物化探异常查证
22	海岸带地质矿产调查	**60**	**地质科学研究**
23	大陆架地质矿产调查	**70**	**技术方法研究**
24	国际海洋资源地质调查	**80**	**软件和数据库类**
25	极地地质调查	81	软件类
29	其他海洋地质调查	82	数据库类
30	**矿产勘查**	**90**	**其他**

10.3.2.6 工作区及代码

a）一般地质工作项目著录所在的省（自治区、直辖市）及其所属的县（市、区、旗）。对于跨省（自治区、直辖市）和跨县（市、区、旗）的项目应填写工作区所包括的所有县级行政区。行政区划名称及其代码遵照 GB/T 2260 的规定和表 18 行政区划补充代码表确定。

表 18　行政区划补充代码表

代码	名称	代码	名称
000000	全国	4A0000	中南区
1A0000	华北区	5A0000	西南区
2A0000	东北区	6A0000	西北区
3A0000	华东区		
海洋名称代码			
00H000	中国海域	00H510	黄海
00H490	南海海域（南海）	00H51A	渤海
00H49A	巴士海峡	00H51B	渤海海峡
00H49B	北部湾	00H51C	辽东湾
00H49C	琼州海峡	00H51D	渤海湾
00H500	东中国海（东海）	00H51E	莱州湾
00H50A	台湾海峡	00H51F	海州湾
00H50B	杭州湾	00H520	日本海

b）行政区划级别最低为县级，海洋区划级别最低为海湾（海峡）。工作区处于 3 个和 3 个以上县级行政区时，应进行合理归并。

c）以山川、水系（流域）、构造单元为工作区的项目，如果有关文件资料中未注明具体工作区行政区划或海洋区划的，著录时以其大体对应的行政区划或海洋区划进行归属。

d）铁路、公路、管道等线性工作区，以起止两地的行政区划归属进行著录。

10.3.2.7 工作程度

区域地质调查类项目采用比例尺反映工作程度，区域地质调查工作程度代码见表 19。矿产勘查类项目采用勘查阶段反映工作程度，矿产勘查工作程度代码见表 20。一档实物地质资料包含两种或两种以上不同工作程度的项目或工作区时，应著录最高级别工作程度。无法确定地质工作程度的空缺。

表 19　区域地质调查工作程度代码表

代码	工作程度	代码	工作程度
11	1/100 万	15	1/10 万
12	1/50 万	16	1/5 万
13	1/25 万	19	其他比例尺
14	1/20 万		

表 20　矿产勘查工作程度及代码

代码	工作程度	说明
20	预查	找矿报告、矿点调查、矿产调查、概查、踏勘、物化探异常检查等归入此类
30	普查	
40	详查	初勘、细测等归入此类
50	勘探	详勘、滚动勘探开发等归入此类
60	开发勘探	基建勘探、生产勘探、改选与扩建地质报告、矿山地质、闭坑报告、回访调查、油气储量报告等入此类
70	钻进地质	限石油地质、煤层气使用。包括测井与试油等入此类
90	其他	

10.3.2.8　工作起止时间

地质工作项目的起始时间和结束时间。

10.3.2.9　工作区起始经纬度

a）工作地区的起始经纬度。按度、分、秒著录。在经纬度数值的前边加“E”“W”和“S”“N”，分别表示东经（E）、西经（W）和北纬（N）、南纬（S）。

b）经纬度著录到“秒”。“秒”后有小数数值的一律舍掉，不进行四舍五入。

c）若工作区分为不连续的若干小块，经纬度的起始值取其最小值，经纬度的终止值取其最大值。

d）1～9 分、1～9 秒以及经度小于 100 度、纬度小于 10 度时，在著录时分别在其前补“0”。例如：经度 098 度 08 分 06 秒；纬度 32 度 08 分 08 秒。

10.3.2.10　主要矿种及代码

矿产勘查项目发现的主要矿种及其代码，分为 9 类：能源矿产，黑色金属矿产，有色金属矿产，贵金属矿产，稀有稀土分散元素矿产，冶金辅助原料非金属矿产，化工原料非金属矿产，建材及其他非金属矿产，其他水气矿产。发现多个矿种的项目，按主次顺序填写，最多填 6 个矿种。遵照 GB/T 9649.16—1998 的规定，矿种名称及其代码见附录 G。

10.3.3　馆藏实物地质资料项

10.3.3.1　入库时间及移交清单编号

入库时间填写实物地质资料馆接收实物地质资料入库并办理移交手续的时间。移交清单编号为馆藏机构签署的办理实物地质资料入库手续的实物地质资料移交清单的编号。

10.3.3.2　类型及数量

a）实物地质资料著录表（主表）著录内容：收入馆藏的岩心的钻孔数量、箱数和总长度，岩屑的钻孔数量、箱数和袋数，标本箱数和块数，样品（副样）箱数和袋数（瓶数），光片盒数和件数，薄片盒数和件数，其他实物数量；文类、图类、电类相关资料的件数。

b）实物地质资料著录表（副表）是主表的补充。副表 A 是岩心和岩屑的详细著录。著录内容：档号、钻孔编号、勘探线号（无勘探线编号时空缺），钻孔位置，钻孔深度，钻孔获取的岩心长度、入库岩心箱数、入库岩心长度，钻孔获取的岩屑数、入库岩屑箱数、入库岩屑数，开孔日期和终孔日期。副表 B 是对标本、样品、光片、薄片的详细著录。著录内容：档号、剖面号、剖面位置、入库标本、样品、光片、薄片的数量，主要层位或主要矿石。对没有剖面归属的，剖面号和剖面位置空缺。副表C著录其他实物的类型、数量。副表D著录相关资料类别、名称、数量，相关资料包括收集的与实物密切相关的各种资料和馆藏机构在整理、建档过程中形成的资料。

c）实物地质资料数量用阿拉伯数字表示。钻孔数量、实物箱数、岩屑袋数、标本块数、样品袋数、光片件数、薄片件数精度到个位，高程、钻孔深度、岩心长度的计量单位为“米”，一般精确到小数点后2位。

10.3.4 密级与保管期限项

10.3.4.1 密级

保密等级。划分为公开级、限制级、秘密级、机密级、绝密级。著录时按照国土资发〔2008〕69号文和GB/T 7156—2003的规定，确定涉密种类和涉密事项，划分密级。保密等级及代码见表21。

表21 保密等级及代码表

代码	保密等级
1	公开级
2	限制级
3	秘密级
4	机密级
5	绝密级

10.3.4.2 保护期

为保护地质资料汇交人合法权益，经批准的保护期限。著录保护期截止的年、月、日。

10.3.4.3 保管期限

根据实物地质资料的价值确定的应该保存的时间。分为永久、长期、短期3种保管期限。

10.3.5 相关的成果（原始）地质资料项

著录相应的成果地质资料、原始地质资料的保存单位及档号。

10.3.6 关键词与内容提要项

10.3.6.1 关键词

表达实物地质资料关键特征的词或词组。一般为3~5个，关键词之间用“、”隔开。通常为实物地质资料类别、工作项目所在行政区或图幅号、工作程度、主要矿种等。

10.3.6.2 内容提要

对实物地质资料的简要介绍。总字数一般不超过500个汉字（包括标点符号）。主要内容包括：产生该档实物地质资料工作项目的性质、目的，取得的突破性进展，投入的主要勘查工作量，产生的实物地质资料类型、数量，馆藏实物地质资料类型、数量，筛选依据及其价值或保管意义。

10.3.7　备注项

著录需要解释或补充的内容。如：实物地质资料的收集方式（来自于汇交或专门采集、捐赠、购买等），实物地质资料是否进行了缩减等。

11　保管

11.1　工作内容

实物地质资料馆对实物地质资料保管包括实物保管、相关资料保管、库房管理。

11.2　实物保管

11.2.1　一般实物保管

11.2.1.1　基本要求

保管一般实物应根据实物类型分别保管。保管的基本要求包括：

a）根据实物类型、性状，分库分区存放保管，应遵照 JGJ 66—1991 第 4 章的要求。

b）采用优质耐腐的材料制作装具。

c）实物库定期进行通风，调控温度、湿度，满足实物的保管条件和环境要求。

d）库藏实物应避免阳光直晒。

e）库房内不应存放易燃、易爆等危险品及其他威胁实物安全的物品。

f）库房内应配备防火、防盗设备。

11.2.1.2　保管方法

保管一般实物应根据实物性状选取适当装具。保管方法主要包括：

a）岩心采用硬质塑料或木质岩心箱（盒）保存，岩心箱的长度一般为 1010mm，岩心箱隔槽宽度和高度适宜摆放岩心，岩心在其中不宜晃动。岩心箱的规格尺寸应遵照 DZ/T 0032—1992 附录 A 的规定。岩心箱堆垛高度不应超过岩心箱承载强度，且宜于存放和搬运。岩心箱应加防紫外线的防尘罩。

b）岩屑、样品应装入专用玻璃瓶、专用塑料袋或布袋内。存放在样品箱中，外罩防紫外线的防尘罩。

c）标本应用专用包装纸包装，装入专用标本布袋或塑料袋内，存放在标本箱中，外罩防紫外线的防尘罩。体积较大的标本，选择合适的材料制作专用装具存放。

d）光片、薄片类实物应存放在专用盒内，保存在储存室。

e）其他实物应选用或制作合适的装具，存放在实物库的货架上。

11.2.2　特殊实物保管

11.2.2.1　基本要求

保管特殊实物应根据实物特殊性质选择专用库房。保管的基本要求包括：

a）专用库房或专用容器的温度、湿度、压力等调控范围应满足存放特殊实物的条件。

b）根据实物特殊性质选择装具材质，按实物规格专门制作装具。

c）采取有利于保持实物原始性状的措施包装实物。

d）特殊实物应由专人负责保管，防止实物损毁、丢失。

e）定期检查实物保管状况，防止库房及设备出现故障或实物装具损坏，导致实物损毁，同时防止实物对人身健康和环境造成危害。

11.2.2.2 保管方法

保管特殊实物应根据实物的特殊属性，选择特殊装具。保管方法主要包括：

a）特殊实物应采取特殊设施或专门容器保管，主要包括特别珍贵的实物、松软或易风化、易潮解、易挥发、易污染和具有放射性以及需要低温冷冻或高压等条件保存的实物。

b）易潮解和易氧化的实物，如盐类矿产、硫铁矿等，应用蜡密封，或用塑料袋、玻璃瓶等密封容器封闭保存，以防潮解或氧化变质。

c）油砂等含油气实物应用无色玻璃纸或油纸包装好用蜡密封，以便保持含油等性状。

d）需低温保存的海洋调查实物、极地冰心、黄土、红土、冰雪、泥炭等，应存放在冰柜或冷冻库房内，冷冻库房温度一般保持在4℃以下。

e）需恒温恒湿、高压或低压等条件下保存的实物，应按实物的特殊保管条件专门设置库房调控设备。

f）放射性实物应保存在专用容器内，存放在专门的库房中。执行放射性实物保管的有关规定，并采取严格的保安措施。

11.3 相关资料保管

11.3.1 装具要求

11.3.1.1 直列式密集架：规格、结构和技术要求应遵照 DA/T 7—1992 第 4 章和第 5 章的要求。

11.3.1.2 资料柜、架：规格和技术要求应遵照 DA/T 6—1992 第 6 章和第 7 章的要求。

11.3.1.3 卷盒、卷夹：规格和要求应遵照 GB/T 9705—1988 第 2 章和 GB/T 11822—2000 第 7 章的要求。

11.3.1.4 光盘柜、箱式柜：规格自定。以保证光盘不受挤压，具备防尘、防磁、防异物侵袭功能为宜。

11.3.2 保管要求

11.3.2.1 相关资料保管应根据相关资料的载体类型，选择装具和库房。

11.3.2.2 纸质文本档案的环境要求和防护条件，主要包括保管环境温度、湿度以及防潮、防水、防光、防烟尘、防有害气体、防虫、防盗等防护要求，应遵照 JGJ 25—2000 第 5 章的要求。

11.3.2.3 电子文件的保管要求和有效性保证，应遵照 GB/T 18894—2002 中 9.4、9.5 的要求。

11.3.2.4 磁性载体档案贮存与保护，应遵照 DA/T 15—1995 第 7 章的要求。

11.3.2.5 照片档案的保管，应遵照 GB/T 11821—2002 第 6 章的要求。

11.4 保管年限

11.4.1 实物地质资料的保管年限分为短期、长期、永久。

11.4.2 短期：保管年限为 15 年（含 15 年）以下，一般的实物地质资料保管期限为短期。保管到期后，如无新的发现，则每个矿区（工作项目）除选留个别代表性的钻孔岩心等实物继续保留在库房保管外，其他的可浅埋保存。

11.4.3 长期：保管年限为 15 年至 50 年（含 50 年）。凡属控制孔、基准孔、参数孔、超深孔、油气发现井以及地质设计规定全孔保留的岩心等实物，应长期保留或永久保存。

11.4.4　永久：保管年限为50年以上。有特殊意义的重要典型矿区（工作项目）的岩心和有重大科研价值、档案价值以及有特殊纪念意义的重要实物地质资料应永久保存。

11.5　更替与清除

11.5.1　基本原则

实物地质资料更替与清除应以留存适度、处理慎重、经济合理为基本原则。包括：

a）保管期限已满的实物地质资料，经鉴定，不必保留的，可以清除。

b）已有钻孔附近施工了新的深孔，或应用新技术施工了获取新参数的钻孔，当岩性及其他地质现象相差不大时，可用新钻孔岩心资料更替原有岩心钻孔资料，原有钻孔岩心可以缩减或清除。

c）岩性单一、厚度大的岩层，除保留基准孔、控制孔外，其他钻孔的岩心可以清除。

d）因某种原因造成岩心等实物混乱，无法恢复原状而不能利用者，查明原因，报上级主管部门批准后可以清除。

e）实物地质资料虽未到保管期限，但同一地区或矿区产生了新的代表性更强的实物地质资料并汇交馆藏，可用新的实物地质资料更替馆藏原有的实物地质资料，被更替的实物地质资料可以清除。

f）未到保管期限，因馆藏容量等原因，部分保存时间较长、利用率较低的实物地质资料经缩减后可以部分清除。

11.5.2　基本要求

更替与清除的实物地质资料不得随意丢弃，应妥善处理。基本要求包括：

a）处理保管期满的实物地质资料，应选择合适地点掩埋，不得随意丢弃。

b）处理具有放射性或可能危害环境的实物地质资料，必须按相关要求执行，不应污染环境。

c）清除实物地质资料的批准文件及有关材料应与实物相关资料一并存档备查。

d）实物地质资料清除现场应有2名以上的监督人员监督。

11.5.3　审批登记

实物地质资料馆清除实物地质资料前，应组织专业技术人员进行论证，拟定更替与清除方案，填写实物地质资料更替与清除登记表，格式见附录H。报上级主管部门批准后实施，登记表应存档备案。

11.6　库房管理

11.6.1　日常管理

11.6.1.1　实物地质资料馆藏机构，应配备专职人员负责实物地质资料日常管理工作。日常管理工作主要包括实物地质资料的出入库管理、利用管理、定期检查与统计等。

11.6.1.2　出入库管理

实物地质资料出入库应登记入账。基本要求包括：

a）入库的实物地质资料应由库藏管理人员登记入账，做到账物相符、账账相符。

b）实物及相关资料的出库，必须经过严格审批。出库时应填写资料出库单，格式见附录I，在各有关责任人签字和登记后方可出库。

c）严格执行利用审批手续，对借出和利用后归还的实物及相关资料，应认真核查验收，保证资料不缺损，在确认无误后按照有关规定及时办理归还手续，并准确归位。

11.6.1.3 利用管理

实物地质资料取样等利用应按照要求进行：

a）库藏管理人员须核实用户的有效证件和单位的证明或审批文件。利用保护期内实物地质资料的须经汇交人同意。

b）利用涉密实物地质资料的，应按照国土资发〔2008〕69号文的要求办理相关手续。

c）实物利用应在库藏管理人员指定的场所。

d）进行实物取样的，取样后应在岩心箱等实物装具的相应位置插放标识牌，注明取样实物编号、长度或重量、位置等，并办理取样登记手续。

e）实物利用完毕，库藏管理人员应及时将实物归位。

11.6.1.4 定期检查与统计

实物地质资料库应定期进行检查与统计，记录实物地质资料保管状况。主要包括：

a）应建立库藏实物地质资料检查制度，定期检查实物地质资料。每年年底应进行一次库房清点工作，清查实物及相关资料有无丢失、损坏、严重变质等情况，对发现的问题要及时处理，并记录备案。

b）对于破损的资料，应及时采取保护措施，进行修复或复制。不能修复的，应进行登记并报上级主管部门及时处理。

c）定期检查磁介质资料的保管情况。对长期保存的录音带、录像带，应每2~4年重新缠绕一次。发现变形、断裂、磁粉脱落等现象要及时进行技术处理。对长期保存的光盘应不超过10年查阅一次。

d）做好实物地质资料的统计工作，应及时编制年报和统计报告，将实物地质资料接收、保管、利用、清除等工作情况以及存在问题上报主管部门。

11.6.2 安全管理

11.6.2.1 应建立严格的安全管理制度，严禁无关人员进库。外来人员参观，需经实物地质资料馆批准并办理相关手续。

11.6.2.2 涉及国家秘密的实物地质资料，应遵守《中华人民共和国保守秘密法》及其实施办法的规定，不得非法披露与传播。实物地质资料馆会同有关部门应定期进行实物地质资料密级的审查，根据有关规定及时调整密级。

11.6.2.3 库房管理人员岗位变动时，要对账目、资料与遗留问题及工作情况等进行交接，交接时需有3个人以上在场。

11.6.2.4 库藏工作的重大问题（如特别重要实物的出库利用及实物损毁、丢失等）应及时上报主管部门。对发生的问题和处理结果应及时记录备案。

11.6.2.5 重要实物的藏柜应安装报警装置，若发生火灾、藏品失窃等案件，应保护好现场，并立即报告有关部门及时处理，并协助有关部门查明原因。

11.6.3 环境管理

11.6.3.1 库房内及库外四周应保持整洁，禁止存放易燃、易爆、易腐蚀性危险物品及其他威胁库藏实物地质资料安全的物品。库内严禁吸烟和乱动消防器材。

11.6.3.2　库房应定时进行自然通风，调控库房的温度、湿度。每日观察记录库房的温度、湿度，月底和年底要对温度、湿度记录进行整理。

11.6.3.3　定期对实物库环境进行检测。

11.6.4　设施设备维护

11.6.4.1　应对库房设施与设备定期保养与维护，上下水管路、电器设备、安全防护设备等应定期检查，发现安全隐患，及时处理并报告主管部门。

11.6.4.2　库房管理人员应定期检查实物及相关资料的保管情况，防止因漏雨、设施与设备损坏等导致实物及相关资料混乱或损毁。发现问题应及时采取措施处理，并上报主管部门。

11.6.4.3　对破损或老化的岩心箱、标本箱、副样瓶、资料盒、袋、柜、架等实物地质资料装具，应及时进行更换。

11.6.4.4　对库房配备的消防器材，应按消防要求定期更换。

12　服务

12.1　服务对象

地质资料管理部门、国内外地球科学研究机构、地质勘查单位、矿山企业、大专院校以及有需求的其他单位和个人。

12.2　服务内容

12.2.1　查询服务

12.2.1.1　服务内容：提供实物地质资料目录及每一实物地质资料的属性资料、相关资料、图片资料和数字化产品。

12.2.1.2　服务要求：实物地质资料馆应有两套以上快速、准确的查询系统，其中之一可提供在线服务。应同时提供卡片式目录、书本式目录、微机检索目录，满足不同利用者的需求。

12.2.2　阅览服务

12.2.2.1　服务内容：提供相关资料借阅及复印。提供实物图片资料、科普性媒体资料及相关资料的阅览及复制。

12.2.2.2　服务要求：实物地质资料馆应有两台（其中一台大型）以上对外服务的扫描仪，满足大幅图件扫描的需要。配备复印机、数码照相机、摄像机、刻录机等服务设备，随时为用户使用。提供馆藏服务指南、馆藏目录、期刊、编研报告等。

12.2.3　实物观察服务

12.2.3.1　服务内容：为用户预约观察时间，存取、摆放用户观察的实物。

12.2.3.2　服务要求：实物地质资料馆应提供光线充足的观察室。配备双目显微镜、放大镜等观察设备。按用户要求提前将实物摆放在观察室。

12.2.4　取样加工服务

12.2.4.1　服务内容：实物（不含实物编号、标记部位）的取样、磨片、测试和鉴定。有重要意义的标志层、化石层以及易碎、易燃、易潮解、易挥发的实物和不宜暴露在正常气温、气压下的实物应严格控制取样。

12.2.4.2 服务要求：实物地质资料馆应配备取样机、切片机、磨片机和必要的检测仪器，应按取样要求为用户取样，按用户要求加工、测试。

12.2.5 其他服务

12.2.5.1 服务内容：根据用户需求，编研实物地质资料，提供专题服务。提供实物地质资料馆藏业务咨询服务。

12.2.5.2 服务要求：实物地质资料馆应按用户要求，编研实物地质资料，提交成果报告。解答用户提出的咨询问题。

附录 A
（资料性附录）
实物地质资料馆馆藏设施配备要求

A.1 一般要求

A.1.1 实物地质资料馆应根据其职能、规模、类型配置各类用房。

A.1.2 馆藏管理所需各类用房。

应根据收藏实物的类型和保管条件设置各类用房。

a）存储库房：实物库、文本资料库、电子文档库、实物临时存放库。

b）整理加工用房：实物整理室、文本整理室、电子文件处理室、岩心扫描室、标本摄像室、文本扫描室、实物取样加工室、岩矿鉴定室、检测分析室。

c）服务用房：资料查询室、文本资料阅览室、电子阅览室、实物观察室、展览室、打印复印室、接待室、来宾休息室。

d）其他辅助用房：网络主控室、会议室、报告厅、值班室等。

A.1.3 应根据馆藏管理职能和实际工作需要选择配置上述用房。规模较小的实物地质资料馆，可合并设置功能相近的用房。

A.2 实物库

A.2.1 实物库类型：岩心库、标本库、光（薄）片库、特殊实物库、珍品库等。特殊实物库是保存需要特殊保管条件（防辐射、恒温恒湿、冷冻等）实物的库房。

A.2.2 实物库的设计应遵循适用、经济、美观的原则。

A.2.3 实物库应独立建造，不宜同其他部门、单位合建于同一建筑；总平面布置可根据近远期建设规划要求，一次规划，分期建设。

A.2.4 实物库的平面布置应便于合理安排实物接收、临时存放、实物整理、扫描、观察等各功能用房的相对位置。

A.2.5 实物库的设计应符合防震要求，位于地震基本烈度7度以上（含7度）地区应按基本烈度设防，位于地震基本烈度6度地区重要城市的实物库可按7度设防。

A.2.6 实物库应位于建筑底层，有地下室时设在最下层，没有地下室时设在地面一层。实物库的设计地面承重应满足上部荷载需要。

A.2.7 实物库应具备通风、采光、采暖、防火、防盗、防水、防潮、防尘、防有害生物等功能。库房一般应设置通风口，墙壁和屋顶应设保温隔热层，门窗应为双层，外门及外窗应有可靠的安全防护设施。国家及省级实物库应设置防盗报警装置及视频监视系统。

A.2.8 实物库的防火、给水排水和电气设施应遵照 JGJ 66—1991 第5、6章的规定。库房内不应设置除消防以外的给水点，给排水管道不应穿越库区。

A.2.9 每个库房应有两个以上独立的出入口。

A.2.10 实物库库区道路应适宜实物运输、装卸和消防要求。路面应满足集装箱货车运输的需要。

A.3 文本资料库

存放纸质相关资料的库房。其建筑应符合 JGJ 25—2000 中 4.2 的有关要求。

A.4 电子文件库

存放与实物相关的电子文件存储载体的库房。其设施应符合 GB/T 18894—2002 中 9.4 的有关要求。

A.5 实物临时存放库

规模较大的实物馆应配置实物接收及临时存放库。

A.6 实物及文本资料整理室

A.6.1 实物馆应设置与其规模相适应的实物整理室和文本资料整理室。

A.6.2 实物整理室应邻近实物库，便于实物搬运和入库上架。室内应设置给排水系统，合理布置给水点和给排水管道。室内应配置机械通风装置。室内光线应稳定、柔和。

A.6.3 文本资料整理室应有单独的出入口与文本资料库相通，并与其他办公用房分开，室内光线应稳定、柔和，应设置防火、防尘、防虫和防盗等设施。

A.7 电子文件处理室

电子文件制作、检查、复制的场所。房间应具备防磁、防潮和防尘功能。

A.8 岩心扫描室

岩心扫描室应有单独的出入口与实物库相通，并与其他用房分开。室内宜采用日光灯照明，保持光线稳定、柔和。房间应防潮、防尘。应为扫描设备和微机等配备不间断电源。

A.9 标本摄像室

专业摄像技术用房，应满足摄像专业技术工作要求。

A.10 实物取样加工室

实物取样（钻、切、磨等）的场所。室内应设置各类设备运行所需的动力电源，合理布置给排水系统，设置通风、除尘、降噪装置。

A.11 资料查询室

放置检索工具，办理资料查阅手续，供用户进行检索、查询的场所。应符合一般办公用房要求。

A.12 文本资料阅览室

阅览纸质资料的场所。阅览室的设计应遵照 JGJ 25—2000 中 4.3.2 的要求。

A.13　电子阅览室

阅览电子文件的场所。电子阅览室的设计除符合文本资料阅览室的要求外，应合理设置电子文件阅览设备。

A.14　实物观察室

实物地质资料观察利用的场所。观察室应为独立用房，并有专门的出入口与实物库相通，不宜与其他用房交叉使用。观察室的面积应满足岩心等实物的批量观察需要。一般情况下，观察室面积不少于100m^2。室内应合理设置给排水系统。室内应设置通风装置。室内光线应稳定、柔和。

A.15　网络主控室

实物地质资料馆网络控制中心，包括主机房、配线间等。建筑设计应符合国家有关计算机房的要求。

A.16　其他用房

根据实物地质资料馆的规模、类型，按实际需要设置。

附录 B
（资料性附录）
实物地质资料馆馆藏设备配备要求

B.1 设备类型

B.1.1 实物地质资料馆应根据实物地质资料管理与服务工作的需要配置各类设备。
B.1.2 主要设备类型：存储设备，资料装具，整理设备，搬运设备，网络设备，检索设备，通讯设备，信息采集与存储设备，观察取样与检测设备，防护设备等。

B.2 存储设备

实物库宜采用立体存储，规模较大的实物地质资料馆应配备自动化立体仓储设备。自动化立体仓储设备一般由货架、托盘、堆垛机、转轨车以及仓储管理系统组成。

B.3 资料装具

B.3.1 应按不同的资料种类配备资料装具。
B.3.2 岩心箱：用于存放岩心。岩心箱可以是一个隔槽、两个隔槽、多个隔槽。岩心箱的容积应便于人工搬运。岩心箱的规格应与货架相匹配，适应立体仓储的需要。岩心箱一般采用木质或耐久性塑料材料，其耐用时间不应低于 20 年。
B.3.3 塑料套管：用于存放松软岩心，如海洋沉积物等。应配备与岩心直径相适应的各种规格的套管。
B.3.4 标本箱：用于存放标本。标本箱的规格应与货架相匹配，适宜立体仓储的需要。标本箱一般采用木质或耐久性塑料材料，其耐用时间不应低于 20 年。一般情况下可用岩心箱代替标本箱。
B.3.5 标本袋：用于存放标本。一般采用布袋或耐久性塑料袋，大小适宜标本装袋。
B.3.6 光（薄）片盒：用于存放光（薄）片。其规格和材质应适宜光（薄）片的保存。一般采用木质或耐久性塑料材料。
B.3.7 其他实物装具应根据实物的具体特征和保管条件，选择合适材质和规格，以有利于保管和储存实物。
B.3.8 档案架、密集架、档案柜、档案盒、资料袋等文本资料装具的规格和材质应符合 DA/T 6—1992 的要求。
B.3.9 光盘柜、光盘盒、磁带盒、录像带盒等磁性载体的装具应符合 GB/T 18894—2002 中 9.4 的存贮保管要求。

B.4 整理设备

B.4.1 分为实物整理设备和相关资料整理设备。
B.4.2 实物整理设备：工作台、蜡封机、微型计算机、激光打印机、条形码打印机、切纸机、塑封机等。

B.4.3 相关资料整理设备：工作台、微型计算机、激光打印机、装订机、切纸机、碎纸机等。

B.5 实物搬运设备

叉车和托盘车。根据馆藏规模配备实物搬运设备，大型实物库至少应配备电瓶叉车、手动液压托盘车各两台，有效载荷应在1000kg以上。小型实物库根据需要选配。

B.6 网络设备

网络服务器、路由器、交换机、配线架、机柜、UPS电源、网络操作系统、网络安全检测系统、防火墙、杀毒软件等。

B.7 检索服务设备

微型计算机、触控一体机、卡片打印机、激光打印机、卡片柜等。

B.8 信息采集与存储设备

彩色岩心扫描仪、标本立体摄像仪、A0号图纸扫描仪、A4（A3）幅面扫描仪、数码相机、刻录机、光盘拷贝机以及网络存储设备等。

B.9 观察取样设备

放大镜、显微镜、切片机、岩心钻柱机、岩心剖切机、碎样机、磨片机等。

B.10 防护设备

B.10.1 珍藏库、特殊实物库应配备实时视频监控系统。实物库、文本资料库、实物整理室、文本资料整理室、网络中心应合理设置监控点，不留监控盲点。馆区其他部位也应适当设置监控点。

B.10.2 网络主控室、电子文档库、电子文件处理室、文本资料库宜采用空调控制温湿度。

B.10.3 特殊实物库根据保管实物的需要，配备制冷、温湿度控制等设备。

B.11 通信设备

电话机、传真机、视频摄像机等。

附录 C
（规范性附录）
实物地质资料移交清单格式

表 C.1　实物地质资料移交清单

编号：

<table>
<tr><td>形成单位</td><td colspan="4"></td></tr>
<tr><td>项目名称</td><td colspan="4"></td></tr>
<tr><td rowspan="6">实物</td><td>序号</td><td>名称</td><td>单位</td><td>数量</td></tr>
<tr><td></td><td></td><td></td><td></td></tr>
<tr><td></td><td></td><td></td><td></td></tr>
<tr><td></td><td></td><td></td><td></td></tr>
<tr><td></td><td></td><td></td><td></td></tr>
<tr><td></td><td></td><td></td><td></td></tr>
<tr><td rowspan="6">相关资料</td><td></td><td></td><td></td><td></td></tr>
<tr><td></td><td></td><td></td><td></td></tr>
<tr><td></td><td></td><td></td><td></td></tr>
<tr><td></td><td></td><td></td><td></td></tr>
<tr><td></td><td></td><td></td><td></td></tr>
<tr><td></td><td></td><td></td><td></td></tr>
<tr><td colspan="5">馆藏机构（签章）　　　　　　　　　　　　形成单位（签章）
经办人：　　　　　　　　　　　　　　　　经办人：
年　　月　　日　　　　　　　　　　　　年　　月　　日</td></tr>
</table>

附录 D
（规范性附录）

表 D.1　实物地质资料明细录格式

档号：

顺序号	名称	资料种类	单位	数量	存放位置

附录 E
（规范性附录）
实物地质资料案卷目录格式

表 E.1　实物地质资料案卷

序号	档号	题名	形成单位	起始时间	终止时间	工作区	心（m/箱）	屑（袋/箱）	标（块/箱）	样（袋/箱）	片（片/盒）	它（件/箱）	文（册/卷）	图（张/卷）	电（盘）

附录 F
（规范性附录）
实物地质资料著录表格式

表 F.1　实物地质资料著录表（主表）

<table>
<tr><td>馆藏机构</td><td colspan="16"></td></tr>
<tr><td>档号</td><td colspan="16"></td></tr>
<tr><td>题名</td><td colspan="16"></td></tr>
<tr><td>形成单位</td><td colspan="16"></td></tr>
<tr><td>汇交人</td><td colspan="16"></td></tr>
<tr><td>项目名称</td><td colspan="9"></td><td colspan="2">项目编码</td><td colspan="5"></td></tr>
<tr><td>行政区</td><td colspan="9"></td><td colspan="2">行政区代码</td><td colspan="5"></td></tr>
<tr><td>资料类别</td><td colspan="16"></td></tr>
<tr><td>矿区名称</td><td colspan="16"></td></tr>
<tr><td>图幅名称</td><td colspan="9"></td><td colspan="2">图幅号</td><td colspan="5"></td></tr>
<tr><td>工作程度</td><td colspan="9"></td><td colspan="2">工作程度代码</td><td colspan="5"></td></tr>
<tr><td>起始时间</td><td colspan="2"></td><td>年</td><td></td><td>月</td><td></td><td>日</td><td colspan="2">终止时间</td><td colspan="2"></td><td>年</td><td></td><td>月</td><td></td><td>日</td></tr>
<tr><td>起始经度</td><td>E</td><td></td><td>度</td><td></td><td>分</td><td></td><td>秒</td><td colspan="2">终止经度</td><td>E</td><td></td><td>度</td><td></td><td>分</td><td></td><td>秒</td></tr>
<tr><td>起始纬度</td><td>N</td><td></td><td>度</td><td></td><td>分</td><td></td><td>秒</td><td colspan="2">终止纬度</td><td>N</td><td></td><td>度</td><td></td><td>分</td><td></td><td>秒</td></tr>
<tr><td>主要矿种</td><td colspan="16"></td></tr>
<tr><td>矿种代码</td><td colspan="16"></td></tr>
<tr><td>入库时间</td><td colspan="2"></td><td>年</td><td></td><td>月</td><td></td><td>日</td><td colspan="2">移交清单编号</td><td colspan="7"></td></tr>
<tr><td rowspan="4">实物数量</td><td colspan="8">岩心：　　个钻孔、　　箱、　　m</td><td colspan="8">岩屑：　　个钻孔、　　箱、　　袋</td></tr>
<tr><td colspan="8">标本：　　箱、　　块</td><td colspan="8">光片：　　盒、　　件</td></tr>
<tr><td colspan="8">样品：　　箱、　　袋</td><td colspan="8">薄片：　　盒、　　件</td></tr>
<tr><td colspan="16">其他实物：　　箱、　　件</td></tr>
<tr><td>相关资料</td><td colspan="16">文：　　件，图：　　件，电：　　件</td></tr>
<tr><td>密级</td><td colspan="3"></td><td colspan="3">密级代码</td><td colspan="2"></td><td>涉密事项</td><td colspan="7"></td></tr>
<tr><td>保护期</td><td colspan="3"></td><td>年</td><td></td><td>月</td><td colspan="2"></td><td>日</td><td colspan="7"></td></tr>
<tr><td>保管期限</td><td colspan="16"></td></tr>
<tr><td>成果资料
保存单位</td><td colspan="8"></td><td>成果资料档案</td><td colspan="7"></td></tr>
<tr><td>原始资料
保存单位</td><td colspan="8"></td><td>原始资料档案</td><td colspan="7"></td></tr>
<tr><td>关键词</td><td colspan="16"></td></tr>
<tr><td>内容摘要</td><td colspan="16"></td></tr>
<tr><td>备注</td><td colspan="16"></td></tr>
</table>

审核人：　　　　校对人：　　　　录入人：　　　　填表人：　　　　日期：　　年　　月　　日

表 F.2 岩心、岩屑著录表（副表 A）

档号												
钻孔编号				勘探线号								
钻孔位置	地理坐标		经度		度			分			秒	
			纬度		度			分			秒	
	直角坐标		*X*		*Y*			*H*				
实际孔深	m		钻取岩心长度		m	入库岩心长度			箱 m			
			钻取岩屑数量		袋	入库岩屑数量			箱 袋			
开孔日期		年		月		日	终孔日期		年		月	日

审核人： 校对人： 录入人： 填表人： 日期： 年 月 日

表 F.3 标本、样品、光片、薄片著录表（副表 B）

档号								
剖面图		剖面位置						
标本数量（块）			样品数量（袋或瓶）					
光片数量（片）			薄片数量（片）					
主要层次或主要矿石								
采集人：		采集日期		年		月		日

审核人： 校对人： 录入人： 填表人： 日期： 年 月 日

表 F.4 其他实物著录表（副表 C）

档号								
实物类型		实物数量						
采集人		采集日期		年		月		日

审核人： 校对人： 录入人： 填表人： 日期： 年 月 日

表 F.5 相关资料目录（副表 D）

序号	相关资料类别	相关资料名称	单位	数量

审核人： 校对人： 录入人： 填表人： 日期： 年 月 日

附录 G
（规范性附录）
矿种名称及其代码表

表 G.1　矿种名称及其代码表

代码	矿种名称	代码	矿种名称
10000	**能源矿产**	**40000**	**贵金属矿产**
11001	煤炭	42100	铂族金属
11002	油页岩	42101	铂矿
11003	石油	42102	钯矿
11004	天然气	42103	铱矿
11006	煤成气	42104	铑矿
11009	石煤	42105	锇矿
12712	铀矿	42206	钌矿
12713	钍矿	42201	金矿
17050	地热	42202	银矿
20000	**黑色金属矿产**	**50000**	**稀有稀土分散矿产**
22001	铁矿	52300	铌矿
22002	锰矿	52301	钽矿
22003	铬矿	52302	铍矿
22004	钛矿	52401	锂矿
22005	钒矿	52403	锆矿
		52404	锶矿
30000	**有色金属矿产**	52405	铷矿
32006	铜矿	52406	铯矿
32007	铅矿	52500	重稀土矿
32008	锌矿	52501	钇矿
32009	铝矿	52502	钆矿
32011	镁矿	52503	铽矿
32012	镍矿	52504	镝矿
32013	钴矿	52505	钬矿
32014	钨矿	52506	铒矿
32015	锡矿	52507	铥矿
32016	铋矿	52508	镱矿
32017	钼矿	52509	镥矿
32018	汞矿	52526	稀土矿
32019	锑矿	52600	轻稀土矿

续表

代码	矿种名称	代码	矿种名称
52601	铈矿	**70000**	**化工原料非金属矿**
52602	镧矿	73030	自然硫
52603	镨矿	73070	硫铁矿
52604	钕矿	73240	钠硝石
52605	钐矿	73500	明矾石
52606	铕矿	73510	芒硝
52701	锗矿	73530	重晶石
52702	镓矿	73600	毒重石
52703	铟矿	73610	天然碱
52704	铊矿	73901	电石用灰岩
52705	铪矿	73902	制碱用灰岩
52706	铼矿	73903	化肥用灰岩
52707	镉矿	73942	化工用白云岩
52708	钪矿	73953	化肥用石英岩
52709	硒矿	73975	化肥用砂岩
52711	碲矿	74080	含钾岩石
		74090	含钾砂页岩
60000	**冶金辅助原料非金属矿产**	74419	含钾黏土岩
63200	蓝晶石	74512	化肥用橄榄岩
63210	矽线石	74532	化肥用蛇纹岩
63220	红柱石	74950	泥炭
63640	菱镁矿	75510	盐矿
63701	普通萤石	75530	镁盐
63904	熔剂用灰岩	75550	钾盐
63941	冶金用白云岩	75610	碘矿
63951	冶金用石英岩	75630	溴矿
63971	冶金用砂岩	75650	砷矿
63976	铸型用砂岩	75670	硼矿
63992	铸型用砂	75690	磷矿
64031	冶金用脉石英		
64190	耐火黏土	**80000**	**建材及其他非金属矿产**
64310	铁矾土	83010	金刚石
64411	铸型用黏土	83020	石墨
64511	耐火用橄榄岩	83101	压电水晶
64531	熔剂用蛇纹岩	83102	熔炼水晶
		83103	光学水晶

续表

代码	矿种名称	代码	矿种名称
83104	工艺水晶	83974	砖瓦用砂岩
83110	刚玉	83977	陶瓷用砂岩
83230	硅灰石	83991	玻璃用砂
83250	滑石	83993	建筑用砂
83260	石棉	83994	水泥配料用砂
83270	蓝石棉	83995	水泥标准砂
83280	云母	83996	砖瓦用砂
83290	长石	84032	玻璃用脉石英
83300	电气石	84033	水泥配料用脉石英
83310	石榴子石	84050	粉石英
83320	黄玉	84070	天然油石
83330	叶蜡石	84110	硅藻土
83340	透辉石	84131	陶粒页岩
83350	蛭石	84132	砖瓦用页岩
83360	沸石	84133	水泥配料用页岩
83370	透闪石	84150	高岭土
83520	石膏	84170	陶瓷土
83620	方解石	84210	凹凸棒石黏土
83630	冰洲石	84230	海泡石黏土
83702	光学萤石	84250	伊利石黏土
83750	宝石	84270	累托石黏土
83800	玉石	84290	膨润土
83850	玛瑙	84412	砖瓦用黏土
83870	颜料矿物	84413	陶粒用黏土
83905	玻璃用灰岩	84414	水泥配料用黏土
83906	水泥用灰岩	84415	水泥配料用红土
83907	建筑石料用岩	84416	水泥配料用黄土
83907	饰面用灰岩	84417	水泥配料用泥岩
83908	制灰用石灰岩	84418	保温材料用黏土
83920	泥灰岩	84513	建筑用橄榄岩
82930	白垩	84533	饰面用蛇纹岩
83943	玻璃用白云岩	84541	饰面用辉石岩
83944	建筑用白云岩	84542	建筑用辉石岩
83952	玻璃用石英岩	84550	玄武岩
83972	玻璃用砂岩	84551	铸石用玄武岩
83973	水泥配料用砂岩	84552	岩棉用玄武岩

续表

代码	矿种名称	代码	矿种名称
84553	饰面用玄武岩	84810	粗面岩
84554	水泥混合材玄武岩	84811	水泥用粗面岩
84555	建筑用玄武岩	84812	铸石用粗面岩
84561	饰面用角闪岩	84830	霞石正长岩
84562	建筑用角闪岩	83850	凝灰岩
84570	辉绿岩	84851	玻璃用凝灰岩
84571	水泥用辉绿岩	84852	水泥用凝灰岩
84572	铸石用辉绿岩	84853	建筑用凝灰岩
84573	饰面用辉绿岩	84870	火山灰
84574	建筑用辉绿岩	84890	火山渣
84581	饰面用辉长岩	84910	大理岩
84582	建筑用辉长岩	84911	饰面用大理岩
84591	饰面用安山岩	84912	建筑用大理岩
84592	建筑用安山岩	84913	水泥用大理岩
84593	水泥混合材用安山玢岩	84914	玻璃用大理岩
84594	耐酸碱用安山岩	84920	板岩
84610	闪长岩	84921	饰面用板岩
84611	建筑用闪长岩	84922	水泥配料用板岩
84612	水泥混合材用闪长玢岩	84930	片麻岩
84613	饰面用闪长岩	84970	天然沥青
84621	饰面用二长岩		
84622	建筑用二长岩	**90000**	**其他水气矿产**
83630	冰洲石	97010	矿泉水
84631	饰面用正长岩	97030	地下
84632	建筑用正长岩	97070	二氧化碳气
84710	花岗岩	97090	硫化氢气
84711	建筑用花岗岩	97110	氦气
84712	饰面用花岗岩	97130	氡气
84720	麦饭石		
84730	珍珠岩		
84750	黑耀岩		
84770	松脂岩		
84790	浮石		

附录 H
（规范性附录）
实物地质资料清除登记表格式

表 H.1　实物地质资料清除登记表

项目（矿区）名称：　　　　　　　　　钻孔（剖面）编号：　　　　　　共　　页　　第　　页

相当孔深或剖面位置/m		岩心长度/m 或标本块数	岩性	清除依据
自	至			
实物浅埋位置：				

审核人：　　　　　　填表人：　　　　　　经办人：　　　　　　日期：　　年　　月　　日

附录 I
（规范性附录）
实物地质资料出库单格式

表 I.1　实物地质资料出库单

出库单号：

<table>
<tr><td rowspan="8" colspan="2">实物</td><td>档号</td><td colspan="3"></td></tr>
<tr><td>题名</td><td colspan="3"></td></tr>
<tr><td>资料种类</td><td>数量</td><td>库位号</td><td>备注</td></tr>
<tr><td>岩心</td><td></td><td></td><td></td></tr>
<tr><td>岩屑</td><td></td><td></td><td></td></tr>
<tr><td>光（薄）片</td><td></td><td></td><td></td></tr>
<tr><td>样品</td><td></td><td></td><td></td></tr>
<tr><td>其他</td><td></td><td></td><td></td></tr>
<tr><td rowspan="9">相关资料</td><td rowspan="5">文本资料</td><td>档号</td><td colspan="3"></td></tr>
<tr><td>题名</td><td colspan="3"></td></tr>
<tr><td>资料种类</td><td>数量</td><td>库位号</td><td>备注</td></tr>
<tr><td>文字类</td><td></td><td></td><td></td></tr>
<tr><td>图件类</td><td></td><td></td><td></td></tr>
<tr><td rowspan="4">电子资料</td><td>档号</td><td colspan="3"></td></tr>
<tr><td>题名</td><td colspan="3"></td></tr>
<tr><td>资料种类</td><td>数量</td><td>库位号</td><td>备注</td></tr>
<tr><td>电子文件</td><td></td><td></td><td></td></tr>
<tr><td colspan="3">出库原因</td><td colspan="3"></td></tr>
<tr><td colspan="3">预约出库时间</td><td></td><td>预计返库时间</td><td></td></tr>
<tr><td colspan="3">实际出库时间</td><td></td><td>实际返库时间</td><td></td></tr>
<tr><td colspan="3">批准部门意见</td><td colspan="3">签字：　　　　年　　月　　日</td></tr>
<tr><td colspan="3">领导审核意见</td><td colspan="3">签字：　　　　年　　月　　日</td></tr>
<tr><td colspan="3">出库审核</td><td colspan="3">出库经手人：　　　　年　　月　　日</td></tr>
<tr><td colspan="3">备注</td><td colspan="3"></td></tr>
</table>

中国地质调查局地质调查资料管理办法

（中国地质调查局　2003 年 12 月 31 日发布）

第一章　总　则

第一条　为加强地质调查资料的管理，充分发挥地质调查成果的作用，根据中国地质调查局（以下简称“地调局”）地质调查项目管理制度和有关规定，制定本办法。

第二条　本办法所称的地质调查资料，是指地调局组织实施的地质调查项目形成的文字、图表、声像、电磁介质等形式的原始地质调查资料、成果地质调查资料和岩矿心、各类标本、光薄片、样品等实物地质调查资料。

本办法主要规范成果地质调查资料（以下简称“成果资料”）的管理工作。原始地质调查资料暂由项目承担单位负责登记并妥善保管，原始地质调查资料和实物地质调查资料具体管理办法另行制定。

第三条　地调局负责地质调查资料汇交的组织管理和监督检查；组织制定地质调查资料管理工作的规章制度和有关技术要求；组织开展地质调查资料管理业务培训。

第四条　地调局发展研究中心（以下简称发展中心）和沈阳、天津、南京、宜昌、成都、西安地质调查中心（以下简称大区地调中心）是地调局成果资料管理单位。

大区地调中心负责本单位和辖区内由地方地调单位完成的工作项目成果资料的汇交验收、整理和保管工作。发展中心负责其他工作项目的成果资料汇交验收、整理和保管工作，指导大区地调中心资料管理业务；负责成果资料的统计、分析；负责保管地质调查项目有关立项论证材料、项目设计等技术文档资料。

第五条　成果资料汇交单位应按照《地质资料管理条例》和《地质资料管理条例实施办法》的规定，向国家地质资料管理部门汇交地质资料。

第二章　成果资料的汇交

第六条　所有地质调查工作项目均应汇交成果资料。因故终止项目均应提交阶段成果资料或工作总结报告。成果资料主要包括经审查后的成果报告和附件、附图、附表、计算机软件系统及源代码、数据库系统、说明书及地调局要求上缴的数据库资料等。

第七条　地质调查工作项目的承担单位为成果资料汇交单位，负责本单位成果资料的汇交工作。

第八条　地方地调单位和大区地调中心承担的工作项目成果资料，向项目工作区所在地的大区地调中心汇交。其他工作项目成果资料向发展中心汇交。

第九条　成果资料汇交单位应在成果报告审查意见书下发之日起 180 日内，向第七条规定的成果资料管理单位汇交成果资料纸介质资料及其电子文档各一式两套。汇交要求见《成果地质调查资料汇交要求》（附件 1）。

任何单位不得伪造成果资料，不得在成果资料汇交中弄虚作假。

第十条 成果资料管理单位根据通过审查的成果报告和《成果地质调查资料汇交要求》，对汇交的成果资料进行验收。

第十一条 涉及国家秘密的成果资料和涉及军事、海洋、测绘、放射性矿产资源等秘密的成果资料汇交，按照国家及有关主管部门的保密规定执行。汇交单位在汇交时应出具主管单位保密部门对成果资料密级确认等有关证明文件。

第十二条 成果资料管理单位自收到汇交资料之日起30日内作出汇交资料是否合格的决定。验收合格的，向地质调查资料汇交单位出具《成果地质调查资料汇交证明》（格式见附件2）；验收不合格的，通知地质调查资料汇交单位限期补充或修改（格式见附件3）。

第十三条 确因不可抗力，无法按期汇交成果资料的，应在汇交期限届满之日前30日内向本办法第七条规定的成果资料管理单位提出延期汇交申请，填写《成果地质调查资料延期汇交申请书》（见附件4）一式两份，成果资料管理单位应在收到申请后5个工作日内作出是否批准的决定，并通知申请单位。

第十四条 大区地调中心每季度开始10日内向发展中心报送上季度《成果资料汇交情况统计表》（格式见附件5），发展中心汇总后于每季度开始15日内向地调局上报上季度《成果资料汇交情况汇总表》（格式见附件6）。

第三章 成果资料的整理与保管

第十五条 成果资料管理单位应当建立完善的成果资料接收登记、整理和保管制度，配置保存、保护和安全等必要设施，配备专职专业技术人员，保障成果资料的完整和安全。

第十六条 成果资料管理单位对验收合格的成果资料要进行详细登记，建立文字记录档案。应按照规范的要求对纸介质和电子文档进行整理，并对纸介质进行必要的保存处理。

第十七条 大区地调中心对验收合格的成果资料，经登记和初步整理后，于90日内向发展中心转交成果资料纸介质和电子文档各一套。

第十八条 发展中心对其直接接收的有明确地域的成果资料，经登记和初步整理后，于90日内向项目工作区所在地的大区地调中心转交成果资料纸介质和电子文档各一套。

第十九条 成果资料管理单位对整理后的成果资料要按照有关规定，对纸介质资料进行归档保管，对电子文档进行归档（光盘或磁带）保管和转入数据库进行备份保管。

第二十条 成果资料管理单位对成果资料保管的安全负责。采取必要措施进行防盗、防火、防潮和电子文档的防磁化及防病毒等工作，对电子文档数据库每年备份一次，确保成果资料的安全。

第二十一条 涉及国家秘密的成果资料，按照《保守国家秘密法》、《国土资源管理工作国家秘密范围的规定》和国务院有关主管部门的保密规定保管。

第二十二条 大区地调中心应在每年1月15日前，向发展中心报送上年度成果资料管理工作年报。发展中心汇总后于1月25日前，向地调局报送上年度成果资料管理工作年报。

第四章　附　则

第二十三条　成果资料汇交单位不按期汇交成果资料的，由成果资料管理单位提出警告，并限期汇交；无正当理由不按期汇交的，取消该单位次年承担地质调查新开项目的资格。

第二十四条　伪造成果资料或者在成果资料汇交工作中弄虚作假的，成果资料管理单位责令限期改正，并予以通报。逾期不改的，取消该单位次年承担地质调查新开项目的资格。

第二十五条　成果资料管理单位由于管理不当，造成涉密资料泄密的，按照国家的有关保密规定处理；造成成果资料损毁、散失的，地调局视情节轻重追究直接责任人直接主管领导责任。

第二十六条　成果资料管理单位在规定时间内无故不向汇交单位出具汇交证明的、或在规定时间内无故不完成成果资料转交的，地调局视情节轻重给予批评或通报，并限期改正。

第二十七条　本办法自印发之日起实施。

附件1　成果地质调查资料汇交要求

一、基本要求

（一）汇交的成果资料应符合有关地质成果报告编制的要求。

（二）汇交的成果资料应是根据评审意见修改，并经审查的地质调查成果报告及附件等材料，同时，还要包括项目任务书、项目成果报告评审意见书、项目成果报告审查意见书复制件；项目发生变更的应提交变更批准文件；涉及探矿权的应附勘查许可证复制件等审批材料。

成果资料必须完整、齐全，与审查后的报告一致。

（三）成果资料一般分为以下类别：

1. 审批类　地质调查项目有关审批文件。
2. 正文类　地质调查项目成果报告全部正文（含插图、插照和插表）。
3. 附图类　地质调查项目成果报告中除正文插图外的各种图件。
4. 附表类　地质调查项目成果报告中除正文插表外的各种表格。
5. 附件类　地质调查项目成果报告所附的技术性或说明性材料。
6. 数据库类　数据库及其各种技术性和说明性材料。
7. 软件类　软件主体、源代码及各种技术性和说明性材料。
8. 其他类　地调局规定的其他成果资料。

（四）在汇交纸介质资料同时，应汇交与其内容一致的电子文档。

二、成果资料纸介质汇交要求

（一）一般要求

汇交的成果资料内容应与项目成果报告评审意见书的“提交的技术文件目录”清单一致。

（二）汇交的成果资料技术要求

1. 纸张

（1）正文、附件纸质资料规格为21.0cm×29.7cm（A4）；

（2）附表纸质资料规格一般为21.0cm×29.7cm（A4），特殊情况可为29.7cm×42.0cm（A3）；

（3）附图（册）纸质资料规格为21.0cm×29.7cm（A4）或29.7cm×42.0cm（A3）；

（4）单张附图无论附面大小，可折叠成21.0cm×29.7cm（A4）的手风琴状，图签折在外面；

（5）其他类纸质资料应以21.0cm×29.7cm（A4）为准。

2. 封面、扉页、封底

（1）文字报告的封面应包含地质调查项目名称、工作单位名称以及报告完成时间等；左上角标注“地质调查项目成果报告”（格式见附件7）。

（2）文字报告的扉页应包括地质调查项目名称、项目编号、任务书编号、工作起止时间、项目负责人、报告主编、报告编写人、单位负责人、总工程师、提交单位、提交时间、计划项目名称、实施单位、并加盖汇交单位公章（格式见附件8）；

（3）文字报告须在封底附300～500字的内容摘要；图件资料须在适当位置附300字左右的内容说明；数据资料要有元数据文件。

3. 正文、附图、附表、附件及图件等编排

正文、附图、附表、附件等目录须与内容相符，目录顺序编排：

（1）正文目录：按文字报告章节顺序编排，注明页码。

（2）附图目录：应反映图件的顺序号、图名、比例尺。顺序号应依序一张一号，一律采用阿拉伯数字编号。

（3）附表目录：附表与文字报告合订的，在附表目录标题后面应注明所在报告内的页码，如单独成册的，应分册编目。

（4）附件目录的编排要求与附表相同。单独成册的照片（图版）应作为“附件”编目。

（5）所有附图的右下角，必须有责任栏（图签），其中图件名称和顺序号尽可能明显突出，图签位置应利于折在外面。

4. 制印

（1）制印方式应采用胶印方式，或采用激光打印，纸质一般要求在70g以上中性纸；大幅面附图（A3以上）可采用喷墨打印，纸质应采用高质量绘图纸；

（2）文字、图件生成及打印精度应在300dpi以上；

（3）制印的纸质资料应清晰、完整。

5. 包封和装订

（1）装订厚度一般不超过20mm；

（2）封面、内衬、装订物不得使用塑料制品；

（3）装订固定物不得高于文件厚度。

三、成果资料电子文档汇交要求

（一）一般要求

1. 每份成果资料的电子文档必须要有一个说明文件（文件名为Readme.txt），说明该资料中各电子文件对应的文件名、大小以及运用或阅读所需的软件平台、版本、必要的参数。

2. 成果资料电子文档汇交一般要用光盘，采用通用格式存储。采用磁带或硬磁盘汇交的，应事先征得资料管理部门的同意。

3. 数据库建设类和软件开发类项目，成果资料由负责综合或集成的单位统一汇交。

（二）成果资料电子文档要求

成果资料的电子文档制作及要求按国土资源部发布的《成果地质资料电子文件汇交格式要求》执行。

（三）数据库建设类成果资料电子文档要求

数据库建设类成果资料电子文档应包括数据库、元数据库、数据库管理系统和相关文件及用户手册、建库研发报告等文档。

1. 属性数据

应汇交ACCESS、SQL、Server、Foxpro或Oracle格式。

（1）Access：全部*.mdb文件及其外部链接文件；

（2）Foxpro：全部＊.dbf、＊.dbc、＊.dct、＊.dcx、＊.fpt、＊.tbk及相关文件；

（3）SQL Server：对应的＊.mdf、＊.ldf文件、文件组及其外部链接文件；

（4）Oracle：＊.dat及各类入库数据文件。

2. GIS矢量数据

应按《地质图空间数据库建设工作指南》要求，汇交MAPGIS或ArcGIS数据文件。附加要求如下：

（1）MAPGIS：应包括全部图层文件、属性文件和系统库文件。

（2）ArcGIS：可采用以下格式（具体按照任务要求）：

1）ArcDIS Shape文件：应包含全部Shape文件（每一个图层文件包括SHP、SHX、DBF、PRJ、影像等类文件）；

2）ArcGIS Coverage：应包含完整的数据目录、INFO目录，并有PRJ投影定义文件；

3）ArcGIS数据交换EOO文件：应包含全部＊.EOO交换文件。

（3）元数据：按《地质调查元数据内容与格式标准》填写，并着重指明数据存储组织结构、空间数据投影各参数、代码库及新增代码。

3. 制图数据

应按《地质图空间数据库建设工作指南》的要求，汇交MAPGIS或ArcGIS格式数据文件。

（1）MAPGIS：工程文件＊.mpj及其所包含的全部要素的图层文件（＊.wt、＊.wl、＊.wp等格式点线面文件）、属性文件、系统库文件和图面整饰文件；

（2）ArcView 3.X：工程文件＊.apr及其所使用的全部数据源文件；

（3）ArcGIS 8.X及以上：工程文件＊.mxd及其所使用的全部数据源文件。

（4）元数据：按《地质调查元数据内容与格式标准》填写，并着重指明数据存储组织结构、空间数据投影各参数、代码库及新增代码。

4. 栅格数据

包括遥感数据和其他栅格类图像图形数据。

（1）遥感影像数据：TM/ETM、MSS、RBV、HRV、MODIS、AVHRR、STAR等各类原始遥感影像数据与数字影像数据；

（2）数字栅格数据：TIFF、PCX、IMG、ECW、MrSID、JPG等格式数字栅格数据及相关文件；

（3）数字高程模型数据：GRID、TIN等格式数字高程模型数据及相关文件。

5. 空间数据库

应汇交包含全部MDB文件并定义各数据集投影参数的ArcGISGeoDatabase空间数据库、或基于SDE的SQL Server或Oracle空间数据库的全部文件及其外部链接文件。

6. 地调局批准推广使用的其他信息系统，数据格式按相应要求执行。

（四）软件开发类成果资料电子文档要求

1. 软件开发类成果资料应汇交软件主体程序、源代码、软件研发工作报告、软件系统说明、用户手册及其他所有技术性或说明性相关文件。

2. 汇交软件的源代码可编译成主体程序并能被正确使用。

附件 2　成果地质调查资料汇交证明

（管理单位简称）资收字〔＊＊＊＊〕＊＊＊号

成果资料汇交单位：

你单位承担的地质调查工作项目名称（项目编码：＿＿＿＿）所形成的成果地质调查资料成果资料名称，于　　年　　月　　日汇交到成果资料管理单位。经检查汇交资料符合《中国地质调查局地质调查资料管理办法》要求。

现予以接收，特此证明。

成果地质调查资料管理单位（章）

年　　月　　日

说明

管理单位简称：发展中心—发，天津地调中心—津，沈阳地调中心—沈阳，南京地调中心—南京，宜昌地调中心—宜昌，成都地调中心—成都，西安地调中心—西安。

附件3　成果地质调查资料汇交补充修改通知书

（管理单位简称）资修字〔＊＊＊＊〕＊＊＊号

成果资料汇交单位：

你单位于________年____月____日汇交的地质调查工作项目名称（项目编码：____________）成果地质调查资料，经检查不符合《中国地质调查地质调查资料管理办法》有关规定，现暂不予接收。

一、存在问题：

二、补充、修改要求：

请按本通知要求补充、修改后于________年____月____日前重新汇交。

成果地质调查资料管理单位（章）

年　　月　　日

附件 4　成果地质调查资料汇交延期申请书

<table>
<tr><td colspan="2">汇交单位</td><td colspan="4"></td></tr>
<tr><td colspan="2">工作项目名称</td><td colspan="4"></td></tr>
<tr><td colspan="2">项目编码</td><td></td><td>任务书编号</td><td colspan="2"></td></tr>
<tr><td rowspan="2">联系方式</td><td>地　址</td><td colspan="2"></td><td>联系人</td><td></td></tr>
<tr><td>邮政编码</td><td></td><td>电　话</td><td colspan="2"></td></tr>
<tr><td rowspan="2">汇交时间</td><td>应汇交时间</td><td colspan="4"></td></tr>
<tr><td>申请汇交时间</td><td colspan="4"></td></tr>
<tr><td>申请延期理由</td><td colspan="5">（章）
年　　月　　日</td></tr>
<tr><td>管理单位意见</td><td colspan="5">成果地质调查资料管理单位（章）
年　　月　　日</td></tr>
<tr><td>备注</td><td colspan="5"></td></tr>
</table>

附件 5　成果地质调查资料汇交情况统计表

成果地质调查资料管理单位（章）：　　　　　　　　时间：　　　年　　月　　日

序号	项目名称	项目编码	任务书编号	工作年限	所属实施项目	汇交单位	成果资料数量						汇交时间	是否转交	备注
							附图	附表	附件	软件	电子文档	数据库			
1															
2															
3															
合计															

签发：　　　　　　　　审核：　　　　　　　　制表：

说明：要求使用 Excel 格式。若成果资料是从发展中心转交的，应在备注中说明。成果资料数量要求列出除成果文字报告以外的其他资料数量：附图　张、附表　个（册）、附件　个（册）、软件　套、电子文档　MB、数据库　MB 等。

附件6　成果地质调查资料汇交情况汇总表

成果地质调查资料管理单位（章）：

序号	项目名称	项目编码	任务书编号	工作年限	所属实施项目	汇交单位	成果资料数量						汇交时间	接收单位	备注
							附图	附表	附件	软件	电子文档	数据库			
1															
2															
3															
合计															

签发：　　　　　　　　审核：　　　　　　　　制表：

说明：要求使用 Excel 格式。成果资料数量要求列出除成果文字报告以外的其他资料数量：附图　张、附表　个（册）、附件　个（册）、软件　套、电子文档　MB、数据库　MB 等。

附件7 地质调查项目成果报告封面格式

地质调查项目成果报告（小三号、楷体、加粗、对齐）

地质调查项目名称

成果报告

（小一号、黑体、加粗、居中）

项目承担单位

（三号、仿宋粗体、居中）

年 月 日

（汉字、小三号、仿宋体、居中）

附件8　地质调查项目成果报告扉页格式

地质调查项目名称

成果报告

（二号、宋体、加粗、居中）

项目编码：（四号、仿宋体）

任务书编号：（四号、仿宋体）

工作起止年限：（四号、仿宋体）

项目负责人：（四号、仿宋体）

报告主编：（四号、仿宋体）

报告编写人：（四号、仿宋体）

单位负责人：（四号、仿宋体）

总工程师：（四号、仿宋体）

提交单位（盖章）：（四号、仿宋体）

提交时间：（四号、仿宋体）

计划项目名称：（四号、仿宋体）

实施单位：（四号、仿宋体）

中国地质调查局地质调查资料接收保管和服务管理办法（试行）

（中国地质调查局　2005 年 9 月 20 日发布）

第一章　总　则

第一条　为规范中国地质调查局（以下简称“地调局”）地质调查资料的接收和保管工作，加强地质调查资料的公益性服务工作，根据《地质资料管理条例》、《地质资料管理条例实施办法》及有关法律法规和规定，制定本办法。

第二条　地调局组织实施的地质调查项目（以下简称“地质调查项目”）形成的成果地质调查资料、原始地质调查资料和实物地质调查资料，以及中国地质调查局发展研究中心（全国地质资料馆）（以下简称“发展中心”）对其他地质资料的接收、保管和服务，适用本办法。

第三条　地调局组织实施的地质调查项目形成的地质调查资料归国家所有。

地质调查项目承担单位和个人不得擅自提供利用或转让地质调查资料。

第四条　地质调查项目承担单位为地质调查资料提交单位，负责地质调查资料的提交工作。

第五条　地调局地质调查资料的接收、保管和服务工作，接受国土资源部的指导和监督。

第六条　涉及国家秘密或著作权的地质调查资料的管理，按照《国家保守秘密法》或《著作权法》执行。涉及国土、测绘等专业秘密的地质调查资料的管理，按照国务院有关主管部门的保密规定执行。

第二章　地质调查资料管理单位职责划分

第七条　地调局是地质调查资料的主管单位。发展中心和天津、沈阳、南京、宜昌、成都、西安地质调查中心（中国地质调查局××地质资料馆）（以下简称“大区地调中心”）是地调局资料管理单位。

第八条　地调局履行以下职责：

（一）受国土资源部委托，负责管理地质资料的接收工作。

（二）负责地质调查资料接收、保管、服务的统一管理与检查监督。

（三）负责地质调查资料管理体系建设，组织制定相关管理制度和技术标准，并负责组织培训工作。

（四）负责地质调查资料服务信息的发布。

第九条　发展中心履行以下职责：

（一）负责地质资料接收工作。

（二）负责接收、保管地调局组织实施的全国性和无明确地域的地质调查资料。

（三）负责接收、保管大区地调中心转交的地质调查资料，并向大区地调中心转交与其区域相关的地质调查资料。

（四）负责所保管地质调查资料的服务工作。

（五）负责制定地质调查资料接收、保管和服务管理办法的操作性规定。

（六）负责大区地调中心地质调查资料和实物地质资料中心实物地质资料接收、保管与服务工作的日常业务管理。

第十条　大区地调中心履行以下职责：

（一）负责接收、保管大区范围内地质调查资料。

（二）负责所保管地质调查资料的服务工作。

（三）负责向发展中心转交所接收的地质调查资料。

（四）负责制定本中心馆藏地质调查资料的内部管理规程。

第三章　地质调查资料的提交

第十一条　所有地质调查项目均应提交地质调查资料。

第十二条　具有明确地域的地质调查项目形成的地质调查资料，按项目属地原则向项目工作区涉及的大区地调中心提交。

前款规定以外项目形成的地质调查资料向发展中心提交。

第十三条　地质调查项目承担单位应在项目成果审查意见书下发之日起180日内，向本办法第十二条规定的地调局资料管理单位提交地质调查资料。

第十四条　因故提前终止的地质调查项目应向地调局资料管理单位提交阶段性地质调查资料或工作总结报告。

第十五条　确因不可抗力，无法按期提交地质调查资料的，应在提交期限届满之前30日内，向本办法第十二条规定的资料管理单位书面提出延期提交地质调查资料申请。地调局资料管理单位应与地调局项目管理部门协商后，在收到申请后10日内，做出是否批准延期提交资料的决定，并书面通知提交单位。

第十六条　涉及国家秘密的地质调查资料，地质调查项目承担单位在提交资料时，应标注密级并出具本单位或主管单位保密部门对资料密级确认的证明文件。

第十七条　提交的地质调查资料，应当符合有关技术标准和地调局有关规定。任何地质调查项目承担单位不得伪造地质调查资料，不得弄虚作假。

第十八条　地质调查项目承担单位除向地调局资料管理单位提交地质调查资料外，应按照《地质资料管理条例》和《地质资料管理条例实施办法》的规定，向国土资源行政主管部门汇交地质调查资料。

第四章　地质调查资料的接收与保管

第十九条　地调局资料管理单位依据地调局项目管理部门提交的项目成果审查信息接收地质调查资料。

第二十条　地调局资料管理单位依据有关规定和技术标准，对提交的地质调查资料进行验收。

验收合格的，由负责接收地质调查资料的地调局资料管理单位自收到提交的地质调查资料之日起30日内，出具地质调查资料提交凭证。验收不合格的，书面通知提交单位进行补充或修改，并限期提交。

第二十一条 地调局资料管理单位应按照统一要求，对接收的地质调查资料进行分类、编目著录等工作。

第二十二条 地调局资料管理单位应当建立完善的地质调查资料验收、整理、保管、保密等制度，配备安全保管的必要设施，配备专职人员，保障地质调查资料的完整和安全。

第五章 地质调查资料的公益性服务

第二十三条 地调局资料管理单位应增强服务意识，改善服务条件，提高社会化服务水平。

地调局资料管理单位应及时、准确、安全、方便地提供服务，不得无故拒绝或拖延使用方的利用请求。

第二十四条 地质调查资料社会化服务信息实行公开发布制度。地质调查资料服务信息由地调局在网站或媒体上发布。

第二十五条 地质调查资料服务采用网上在线查询浏览服务和窗口查阅、复制、咨询和加工服务等方式。

第二十六条 地质调查资料分为公开性和非公开性（涉密、保护期）资料，使用方应按以下规定提供相关证明文件，办理有关手续后方可利用：

（一）公开性地质调查资料

查阅利用公开性地质调查资料的单位或个人，应出具单位证明、居民身份证等有效证件。

（二）涉密地质调查资料

查阅利用机密、秘密地质调查资料的，承办人应出具居民身份证等有效证件，同时出具县级以上单位的正式介绍信。介绍信上应注明承办人的姓名和查阅利用资料类别、地区范围及用途。

查阅利用绝密地质调查资料的，承办人应出具居民身份证等有效证件，同时出具主管部委或省级单位的正式介绍信，介绍信应注明上述内容。此外，还应出具原确定密级的机关、单位或上级机关批准查阅利用证明文件。

无法出具上述正式介绍信或公函的，按照国土资源部有关规定执行。

（三）保护期地质调查资料

查阅利用保护期内地质调查资料的，应当出具资料汇交人同意的书面证明文件。

县级以上人民政府有关部门因公共利益，需要查阅保护期内地质调查资料的，应按有关规定出具省级以上国土资源主管部门审查同意的书面证明文件。

第二十七条 使用非公开性地质调查资料的，使用方应与地调局资料管理单位签订《非公开性地质调查资料使用许可协议书》。

第二十八条 应使用方要求进行的专业地质调查资料加工处理服务，由发展中心委托地调局有关单位承担。

第二十九条　经地调局批准，已验收合格的地质调查成果或阶段性地质调查成果应及时提供社会利用。地调局与地方政府或其他单位合作项目的地质调查成果或阶段性成果按双方协议执行。

地质调查项目承担单位和个人不得擅自将地质调查成果或阶段性成果提供利用或转让。

第三十条　地质调查资料使用方未经地调局资料管理单位许可，不得以任何形式向第三方提供利用或转让地质调查资料。

第三十一条　地调局资料管理单位可根据物价部门收费许可证核定的收费项目和标准收取服务费用。

第六章　违规处理

第三十二条　违反本办法第十三条规定，地质调查项目承担单位不按期提交地质调查资料的，由地调局项目管理部门提出警告，并限期提交；无正当理由不按期提交的，视情节轻重给予通报批评，直至取消该单位次年承担地质调查新开项目的资格。

第三十三条　违反本办法第十七条规定，地质调查项目承担单位伪造地质调查资料或者弄虚作假的，一经发现，由地调局项目管理部门责令其限期改正，并予以通报。逾期不改的，取消该单位次年承担地质调查新开项目的资格。

第三十四条　地调局资料管理单位由于管理不当，造成地质调查资料损毁、散失、失密的，地调局视情节轻重追究直接责任人以及主管领导的责任。

第三十五条　地调局资料管理单位在规定时间内，无故不向地质调查资料提交单位出具资料提交凭证的，或无故拖延地质调查资料转交的，地调局将视情节轻重给予批评或通报，并限期改正。

第三十六条　地调局资料管理单位在地质调查资料服务过程中，出现下列情形的，按照以下规定处理：

（一）违反有关保密法规要求，造成重大泄密事故的，按照国家有关保密规定处理；

（二）违反地质调查资料服务收费标准收费的，对直接责任人给予行政处分，直至追究直接领导责任；

（三）对未按规定擅自提供或拒绝提供地质调查资料服务的，视情节轻重，追究直接责任人和直接领导的责任，并予以通报批评。

第三十七条　违反本办法第三条、第二十九条规定，地质调查项目承担单位或个人擅自提供利用或转让地质调查资料、地质调查成果或阶段成果的，由地调局责令限期改正。逾期不改的，取消该单位次年承担地质调查新开项目的资格。

第三十八条　违反本办法第三十条规定，资料使用方擅自向第三方提供利用或转让地质调查资料的，由地调局资料管理单位责令限期改正。拒不改正的，由地调局资料管理单位申请有关部门依法予以处理。

第七章　附　则

第三十九条　本办法自发布之日起实施。